الموسوعة السياسية والعسكرية

الجزء السادس

تأليف

د. فراس البيطار

دار أسامة للنشر والتوزيع

عمان - الأردن

الناشر

دار أسامة للنشر والتوزيع

عمان - الأردن

ت: ٥٦٥٨٢٥٣ - ٤٦٤٧٤٤٧

فاكس: ٥٦٥٨٢٥٤ ص. ب: ١٤١٧٨١

وإزاء الموقف السوفيتي المتشدد الذي يهدف إلى إفشال تنفيذ المشروع الأمريكي الـذي يؤكد على عدم المشاركة في أعمال اللجنـة المؤقتـة قررت اللجنـة المؤقتـة إحالة القضـية مـرة أخـرى أمـام الجمعية العامة من أجـل إجراء التشاور في ضوء المستجدات الآنفـة الـذكر التي أوجدها الموقف السوفيتي.

وفي ضوء تلك المستجدات تبنت الجمعية العامة في ١٩ شباط ١٩٤٨، مشروعا أمريكيا جديدا تقدم بـه المندوب الأمريكي الجديد في الجمعية العامة فيليب جيسون يؤكد إمكانية إجراء انتخابات عامة تحت إشراف الأمم المتحدة في منطقة الاحتلال الأمريكي مستبعدا قيام هذه الانتخابـات في منطقة الاحتلال السوفيتي، وفعلا تمت المصادقة على المشروع الأمريكي في الجمعية.

وإزاء ذلك رفض الحزب الشيوعي المؤيد للاتحاد السوفيتي هـذا القرار الـداعي إلى إجراء انتخابات منفصلة في جنوب خط العرض (°٣٨) ومن أجل رأب الصدع بين الأحزاب السياسية في جنوب كوريا، وتنفيذا لهذا الاقتراح، بعث كيم آل سونغ إلى كيم كو رئـيس حزب الاستقلال في جنوب كوريا رسالة تضمنت دعوته مع خمس عشر شخصية سياسية كورية جنوبية إلى حضور المؤتمر، فضلا عـن ذلك، أكد كيم في رسالته هذه ضرورة سحب قوات الاحتلال بصورة متزامنة من كلا الجزأين مـن أجل منح الكوريين الفرصة لتسوية مشاكلهم الداخلية، فقد أكد كو أنـه سـيقدم مقترحـات تعبر عـن وجهـة نظره فيما يخص توحيد كوريا في المؤتمر.

وفعلا تم عقد مؤتمر بحضور الأحزاب السياسية وفي هـذا المؤتمر نجح الحـزب الشيوعي في إقناع الأحزاب الأخرى بـإعلان معارضتها لأجراء انتخابـات منفصـلة في الجنـوب، كما أعلنت رفضها

المشاركة في تلك الانتخابات التي ستجريها اللجنة المؤقتة للأمم المتحدة وعـدم اعترافهـا بأيـة حكومـة تنبثق عـن تلك الانتخابات.

لكن النتائج النهائية التي أقّرها أعضاء المؤتمر لم تأخذ بنظر الاعتبار من اللجنة المؤقتة للأمـم المتحدة حيث أصرت على القرار الأمريكي الذي تقدم به المندوب الأمريكي، دون الالتفـاف إلى معارضة الأحزاب السياسية في جنوب كوريا فيما يخص إجراء انتخابات منفصلة في الجنوب، واستندت اللجنة في رفضها إلى مقترحات الأحزاب على المشروع الأمريكي الـذي يؤكد أن تلك الأحزاب تمثل وجهـة النظر السوفيتية المعارضة لذلك الاقتراح، علاوة على ذلك فقد أبدت سـلطات الاحـتلال الأمريكيـة مسـاندتها لهذا القرار وأبدت استعدادها لإنجاح تنفيذه حيث أعلن الجنرال هودج عن استعداد قيادته بتغطيـة النقص الحاصل في كادر الجمعية المؤقتة من أجل إجراء انتخابات.

وبعد إعلان اللجنـة المؤقتـة عـن كـون الظـروف مناسـبة لإجـراء انتخابـات في الجنـوب تـم إجراؤها في ١٠ أيار ١٩٤٨، حيث أسفرت تلك الانتخابات عن فوز حزب الاتحاد الوطني لاستقلال كوريا بالأغلبية في الجمعية الوطنية بزعامة ستكمان ري. حيث تـم انتخابـه رئيسا للجمعيـة الوطنيـة، وقد أصدر ري تعليماته إلى أعضاء الجمعيـة الوطنيـة لأعداد مسودة الدستور الـذي سـوف يـتم بموجبه تشكيل حكومة كورية مؤقتة. وفي الوقت نفسه، فقد بعـث الجنرال هـودج برسـالة إلى الجمعية الوطنية يقترح فيها تخفيض عدد المقاعد لممثلي الأحزاب السياسية في شمال خط العرض (٣٨°) مـن أجل التوصل إلى تحقيق الوحدة.

وفي الوقت نفسه، فقد تـم انتخاب سنكمان ري في ١٢ تمـوز ١٩٤٨، أول رئيس لجمهوريـة كوريا الجنوبية، فضلا عن ذلك فقد أعلن الجنرال هودج

رسميا عن سحب قوات الحكومة العسكرية الأمريكية من كوريا، ومن جهة أخرى، فقد اعترفت الحكومة الأمريكية بحكومة سيئول كحكومة شرعية في كوريا طبقا إلى قرار الأمم المتحدة ونتيجة لذلك فقد أرسلت الحكومة الأمريكية جون موكيو إلى سيئول الذي يعد أول سفير للولايات المتحدة في كوريا الجنوبية.

وإزاء إعلان جمهورية كوريا الجنوبية، رفضت اللجنة الشعبية لشمال كوريا الاعتراف بذلك الإعلان، وفي الوقت نفسه، أتاح ذلك الإعلان الفرصة أمام اللجنة الشعبية في عقد اجتماعها الأول في مدينة بيونغ يانغ، برئاسة كيم آل سونغ حيث صادقت هذه اللجنة على دستور لجمهورية كوريا الديمقراطية الشعبية وقد تم انتخاب كيم آل سونك رئيسا للوزراء، وباك هون يونك رئيس حزب العمال نائبا لرئيس الوزراء ووزيرا للخارجية. وأمام هذا الإعلان عن انبثاق الجمهورية في ١٢ تشرين الأول ١٩٤٨، قد تم تعيين الجنرال شتيكوف أول سفير للاتحاد السوفيتي لدى حكومة بيونغ يانغ، وعلى إثر هذا الاعتراف السوفيتي، أعلنت الحكومة السوفيتية عند موعد انسحاب قواتها العسكرية من شمال كوريا في نهاية شهر كانون الأول ١٩٤٨.

وشهدت الفترة التي تلت قيام جمهورية كوريا اهتماما متزايدا من الحكومة الأمريكية، وذلك بعد بروز أهمية موقعها الجغرافي، وظهور بوادر هزيمة الصين الوطنية أمام الشيوعيين في الحرب الأهلية خاصة، مما جعل الولايات المتحدة دائبة السعي من أجل تأمين الحماية لجزر اليابان القريبة من كوريا التي نشرت الولايات المتحدة حمايتها عليها من خطر وصول المد الشيوعي لها. وقد أكدت حكومة واشنطن اتباع أسلوب المساعدات الاقتصادية والعسكرية بسبب

كونها منطقة بعيدة عن الولايات المتحدة ولا يمكن الدفاع عنها فضلا عن ذلك، أعلنت واشنطن في ٢٨ كانون الأول ١٩٤٩، استعدادها لسحب جميع وحداتها العسكرية من كوريا في مطلع عام ١٩٤٩.

ولتأكيد تلك الضمانات المقدمة من حكومة واشنطن بعث الممثل الشخصي للرئيس ري بون يبونغ برسالة إلى ري تتضمن نصوص مشروع معاهدة تحالف مع الولايات المتحدة للدفاع المشترك التي أكدت في فقراتها على ضرورة تقديم المساعدات العسكرية الأمريكية إلى كوريا الجنوبية في حالة اندلاع حرب، مقابل التزام حكومة كوريا الجنوبية بالسماح للولايات المتحدة باستخدام أراضيها لتسهيل عمل القوات العسكرية الأمريكية وقد حددت مدة المعاهدة بعشرين سنة.

إعلان الحرب:

شهدت فترة نهاية الأربعينات من القرن العشرين فشل السياسية الأمريكية في منطقة الشرق الأقصى وذلك بعد إعلان جمهورية الصين الشعبية في ١كانون الأول ١٩٤٩، خاصة على إثر الانتصارات التي حققها الحزب الشيوعي الصيني بقيادة ماوتستونغ على الحزب الوطني الحاكم بزعامة شيان كاي شيك، وذلك بسبب الدعم الذي قدمه الاتحاد السوفيتي للقوات الشعبية الصينية خلال الحرب الأهلية، بعكس الولايات المتحدة التي كرست جهودها من أجل دعم شيان، وقد تزامن مع تطور تلك الأحداث في شرق أسيا، سحب معظم القوات العسكرية الأمريكية من كوريا في ذلك العام مما أضعف موقفها الأسيوي.

وأمام الوضع الجديد في شرق أسيا الذي أدى إلى خسارة الولايات المتحدة على الصعيدين الاقتصادي والعسكري، ففي الجانب الاقتصادي خسرت

الولايات المتحدة معظم مصالحها الاقتصادية، أما الجانب العسكري فقد فرض هذا التغير عليها وضع أسس جديدة لسياسة مخالفة لسياستها القديمة في مجال الدفاع. وبموجب هذه السياسية الجديدة فإن على الولايات المتحدة المحافظة على مناطق نفوذها في الشرق الأقصى، واعتبار المنطقة مجالها الطبيعي لحماية أمنها ومصالحها من المصير الذي آلت إليه الصين.

ونتج عن هذا الاهتمام الجديد للسياسة الأمريكية في منطقة الشرق الأقصى، إصدار وزير الخارجية الأمريكي دين أجسون بيانا في ١٢ كانون الثاني ١٩٥٠، عين فيه المناطق المهمة لأمن الولايات المتحدة الذي عرف باسم (خط الدفاع الدائم)، وقد عبر أجسون عن ذلك بقوله (إن هذا الخط يمتد من جزر اليابان إلى جزر الفليبين وأن على باقي المناطق الأخرى في المحيط الهادي أن تدير سلامتها عسكريا بنفسها).

وعلى الصعيد نفسه، فقد تعامل أجسون بشكل خاص مع كوريا، حيث لم يدخلها ضمن خط الدفاع الأمريكي الأنف الذكر غير أنه أكد على تقديم المساعدة لكوريا الجنوبية حتى على الرغم من وقوعها خارج نطاق خط الدفاع لأمن الولايات المتحدة، حيث أوضح ذلك بقوله (يجب علينا أن نأخذ الخطوات الجديدة في إنهاء الاحتلال العسكري والمشاركة الفعلية مع الأمم المتحدة في الحفاظ على استقلال ووحدة أراضي كوريا الجنوبية وأخذ الاعتراف الدولي لها، ونحن نطلب من الكونغرس تقديم المساعدة إلى كوريا للحفاظ على استقلالها والمحافظة على مصالحها).

وقد أحدث تصريح أجسون بشأن كوريا رد فعل في الكونغرس الأمريكي، حيث أوضح توم كانالى رئيس لجنة العلاقات السياسية في

الكونغرس، وجهة نظره بشأن التصريح الذي أدلى به أجسون حول كوريا، فقد أكد كانالي بان الكونغرس لا يعارض تقديم مثل هذه المساعدة، غير أن الكونغرس لا يرى جدوى في تقديم مثل هذه المساعدة لكوريا من أجل تحقيق استقلالها، وذلك بعد أن تم تقسيمها عند خط العرض (٣٨°) إلى منطقتين، ووجود النفوذ السوفيتي في القسم الشمالي من خط العرض (٣٨°).

ونتيجة لانتهاج الولايات المتحدة سياستها الجديدة في منطقة الشرق الأقصى- فإن ذلك أدى إلى إعادة النظر في سياستها تجاه كوريا الجنوبية ولا سيما في المجال الاقتصادي، حيث زادت من معوناتها الاقتصادية المقدمة إلى كوريا الجنوبية، ومن جهة أخرى عبرت عن قلقها تجاه التطورات السياسية في كرويا الجنوبية، والتي جاءت نتيجة لإعلان رئيس الوزراء لي بون سوك استقالته في ٣ نيسان ١٩٥٠، وذلك من أجل إجراء انتخابات الجمعية الوطنية، لكن الرئيس ري لم يكن مؤيدا لإحداث تطورات ديمقراطية في كوريا الجنوبية، وذلك لأنها تؤدي في نهاية المطاف إلى القضاء على سلطته، لذلك فقد قام بتعيين لي يون يونج خلفا لسيله غير أن أعضاء الجمعية رفضوا هذا التعيين، وكان هذا الرفض سببا لدفع الرئيس ري إلى فرض مرشحه الجديد سن سونغ مو بالقوة كرئيس للوزراء بشكل مؤقت لحين انتهاء الانتخابات وعلى الصعيد نفسه فقد عبر وزير الخارجية الأمريكي أجسون عن قلق حكومته بشأن الإرباك السياسي في كوريا الجنوبية مما دفعه ذلك إلى تهديده بقطع المساعدات الأمريكية المقدمة إلى حكومة كوريا الجنوبية، في حالة عدم إسراع الرئيس ري في إجراء الانتخابات للجمعية الوطنية في وقت مبكر.

ويمكن القول أن موقف الولايات المتحدة نابع من خوفها من تفاقم الصراع بين الرئيس ري وأعضاء الجمعية الوطنية الذي سيسمح للعناصر المعادية لها بفرصة الاستيلاء على السلطة في كرويا الجنوبية.

ومن أجل تحقيق الهدف الأمريكي المتمثل في قبول عضوية كوريا الجنوبية في الأمم المتحدة، قامت الولايات المتحدة بالضغط على الرئيس ري بضرورة الإسراع في إجراء انتخابات، التي على أساسها ستقوم اللجنة التابعة للأمم المتحدة بخصوص كوريا سيرفع تقريرها حول الوضع السياسي في كوريا إلى الأمم المتحدة للنظر فيه وقد كان الضغط الأمريكي متمثلا بتقليص حجم المساعدات الاقتصادية الأمريكية المقدمة لحكومة ري، ونتيجة أزمة اقتصادية نفذ الرئيس ري ما طلبته منه الحكومة الأمريكية، حيث أجريت الانتخابات في ٣٠ أيار ١٩٥٠، حيث تم انتخاب ١٢٠ مرشحا لأشغال مقاعد الجمعية الوطنية.

وبعد النجاح الذي حققته حكومة ري في الانتخابات، قامت حكومة كوريا الشمالية بتقديم مقترحات إلى نظيرتها الجنوبية في ٧ حزيران ١٩٥٠، تهدف هذه المقترحات إلى توحيد شبه الجزيرة الكورية. حيث تضمنت مقترحات حكومة كوريا الشمالية فكرة إجراء انتخابات عامة بحلول شهر آب، وذلك لانتخاب أعضاء الجمعية العامة المزمع عقد اجتماعاتها في ١٥ آب ١٩٥٠، حيث تلك الانتخابات سوف تؤدي إلى تشكيل برلمان يضم ممثلي الأحزاب السياسية في شطري كوريا، الذي سيعقد اجتماعاته للفترة من ١٥ إلى ١٧ آب مدينة كاي شنخ القريبة من خط العرض (٣٨°) للالتقاء بمندوبين من حكومة كوريا الشمالية. وقد استجابت اللجنة الدولية إلى تلك الدعوة، حيث عبر جون غايا ليراد العضو الأمريكي في اللجنة خط العرض (٣٨°)، رفضه لتسليم

المسودات التي تتضمن مقترحات حكومة بيونغ بانغ بشأن الانتخابات المزمع أجراؤها في شهر آب وبالمقابل رفض مندوب حكومة كوريا الشمالية بتسلم أي نوع من أنواع الوثائق الرسمية من أعضاء لجنة الأمم المتحدة بشان كوريا، وذلك بحجة عدم وجود تخويل من حكومتهم بستلم مثل هذه الوثائق.

فضلا عن ذلك، فقد شملت مقترحات حكومة كوريا الشمالية المقدمة إلى نظيرتها الجنوبية مقترحا يقضي بتبادل القادة السياسيين المحتجزين لدى الحكومتين، حيث عرضت حكومة بيونغ يانغ على نظيرتها سيئول إرسال جوه ماي سيك مقابل عودة القائدين الشماليين كيم وسان وقد رحبت حكومة سيئول بذلك المقترح الذي يدعو إلى تبادل الشخصيات السياسية بين الجانبين غير أنها لم تعط ردا بشأن باقي المقترحات التي قدمتها حكومة كوريا الشمالية.

وإزاء معارضة حكومة كوريا الشمالية للانتخابات في كوريا الجنوبية التي جرت في شهر أيار، التقى سفير كوريا الجنوبية جون مون مع مستشار وزير الخارجية الأمريكي جون فرستر دالاس، وبعد اللقاء بعث السفير مون برسالة للرئيس ري تضمن فيها نتائج لقائه مع دالاس الذي أكد في أثناء ذلك اللقاء، اهتمام وزارة الخارجية الأمريكية بمنطقة الشرق الأقصى، وقد قدم دالاس للسفير الكوري مون بعض الضمانات المقدمة إلى حكومة سيئول بشان ضمان وقوف الولايات المتحدة إلى جانبها في حالة تعرضها إلى أي عدوان خارجي، كما أكد دالاس للسفير مون أن كوريا الجنوبية ستدخل ضمن حدود خط الدفاع الدائم للولايات المتحدة في منطقة المحيط الهادي وقد عزز دالاس اهتمامه من خلال الإعلان عن زيارته المرتقبة إلى المنطقة.

وهذا التغير في السياسية الأمريكية تجاه منطقة الشرق الأقصى بصورة عامة وشبه الجزيرة الكورية بصورة خاصة وذلك على إثر نجاح العسكريين الأمريكيين في إقناع الساسة الأمريكيين بضرورة تغيير الاستراتيجية العسكرية للولايات المتحدة في المنطقة هو السبب في إخفاق الولايات المتحدة في إحكام سيطرتها على الصين، وكانت آثار ضغوط الجانب العسكري واضحة على الحكومة الأمريكية من خلال القرار الذي اتخذه مجلس الأمن القومي الأمريكي في نيسان عام ١٩٥٠، والذي عقد برئاسة الرئيس ترومان، حيث قرر المجلس تعديل المخططات العسكرية الأمريكية تعديلا كليا، والشروع ببناء قوة عسكرية قادرة على حماية مصالح الولايات المتحدة ونفوذها في العالم.

وعلى إثر زيادة خطر توسع النفوذ الشيوعي في أسيا بشكل خاص وأوروبا بشكل عام، الـذي أصبح يشكل تهديدا واضحا لمصالح الولايات المتحدة، أدى إلى مصادقة مجلس الأمن القومي الأمريكي بتغيير البرنامج العسكري للولايات المتحدة في شرق أسيا، مما أدى ذلك إلى زيادة التـدخل الأمـريكي في المنطقة بشكل مضطرد، ومن دون إثارة القوى الأخرى، والاتحاد السوفيتي خاصة. كما خصص المجلس في نهاية اجتماعه (٢٠%) من الدخل القومي الأمريكي لتعزيز المساعدات العسكرية الأمريكية المقدمـة إلى دول المنطقة.

وعلى صعيد آخر، أرسل السفير الأمريكي لدى سيئول موكيو مذكرة إلى حكومته في ٩ حزيران ١٩٥٠، أوضح فيها عدم قدرة جيش كوريا الجنوبية على مقاومة أي هجوم عسكري محتمل من كوريا الشمالية، كما أكد في مذكرته ظهور بعض الاستعدادات العسكرية لقوات كرويا الشمالية للإعداد إلى هجوم عسكري ضد كوريا الجنوبية وقد أضاف موكيو في مذكرته بأن الخطر مستمر

على كوريا الجنوبية ما دام هناك نظام شيوعي في كوريا الشمالية يسعى إلى السيطرة على شبه الجزيرة الكورية.

وعلى إثر مذكرة موكيو، أولت الإدارة الأمريكية اهتماما أكثر جدية بالمسألة الكورية، فقامت بإرسال وفد رسمي برئاسة دالاس في ١٨ حزيران ١٩٥٢، حيث ضم الوفد في عضويته وزير الدفاع لويس جونسون ورئيس هيئة الأركان الأمريكية الجنرال عمر برادلي وقد حاولت الحكومة الأمريكية من إخفاء هدف الزيارة الحقيقي، حيث أكدت واشنطن أن هدف الزيارة هو التشاور مع رئيس قيادة الشرق الأقصى للحلفاء في اليابان الجنرال دوكلس ماك آرثر بشأن معاهدة السلام مع اليابان.

ومن أجل طمأنة الجانب الكوري الجنوبي ومنحه الضمانات الكافية بشأن وقوف الولايات المتحدة إلى جانب حكومة سيئول في حالة وقوع اعتداء عليها، قام دالاس في أثناء زيارته الخاصة إلى كوريا الجنوبية، بجولة تفقدية إلى مقر البعثة العسكرية الأمريكية في كوريا، وبعد الانتهاء من تلك الجولة، استضافته الجمعية الوطنية الكورية، حيث ألقى في الجمعية الوطنية خطابا وعد فيه بتقديم المساعدات المادية والعسكرية الأمريكية إلى كوريا الجنوبية، وقد قال بهذا الصدد: (إن الشعب الأمريكي قدم مساندته لكم..... بشأن مساندة طموحاتكم السياسية في الوحدة مع الشمال وقدم لكم كل الضمانات لمنع أي تهديد باستخدام القوة ضد وحدة أراضيكم واستقلالكم السياسي).

وكانت التأكيدات الأمريكية المقدمة إلى حكومة كوريا الجنوبية بشأن ضمان علاقة أراضيها، أثره على سياسية حكومة سيئول خلال هذه المرحلة، حيث دفعت تلك الضمانات الرئيس ري إلى رفض المقترحات التي تقدمت بها

حكومة بوينغ يانغ السابقة بهدف توحيد شطري كوريا، حيث أعلن في ١٩ حزيران ١٩٥٠: (نحن نرفض إعطاء أية امتيازات للشيوعيين لأن ذلك سوف يقودنا إلى طريق الكارثة، ويقودنا إلى خسارة المساعدات الأمريكية).

وكان تصريح الرئيس ري القاضي برفض المقترحات التي تقدمت بها كوريا الشمالية من أجل تحقيق الوحدة بين شطري كوريا بالطرق السلمية، أثره السلبي على حكومة بيونغ يانغ، التي عدت هذا الرفض عبارة عن إعلان الحرب ضدها، فأخذت بالشروع بتحشيد قواتها العسكرية حيث حذرت من جانبها حكومة سيئول والسلطات العسكرية الأمريكية الموجودة في كوريا من مغبة القيام بعمل عدواني على كوريا، ونتيجة لذلك شهدت منطقة خط عرض (٣٨°) اضطرابات مستمرة من خلال العمليات العسكرية التي قامت بها قوات كوريا الشمالية.

وفي ٢٥ حزيران ١٩٥٠، عبرت قوات كوريا الشمالية خط العرض (٣٨°) وقامت بالتوغل في أراضي كوريا الجنوبية على طول الخط الفاصل بينهما، وفي الوقت نفسه، أعلن رئيس كوريا الشمالية (كيم سونغ) عن أن قواته قامت بالهجوم وذلك لرفض حكومة سيئول المقترحات التي تقدمت بها حكومته، علاوة على ذلك فقد ألقى مسؤولية إعلان الحرب على قوات كوريا الجنوبية بقيامها بالهجوم على بعض نقاط التماس التي تفصل بين شطري كوريا.

وفي الوقت نفسه، أذاع راديو بيونغ يانغ تصريح الرئيس كيم سونغ بإعلان الحرب ضد كوريا الجنوبية، الذي أكد في إعلانه أن الشعب الكوري يجب عليه تحرير الجزء الجنوبي من كوريا، وذلك لإعادة توحيدها وإقامة دولة مستقلة وأن هذه الحرب هي حرب من أجل الاستقلال.

وعلى الصعيد نفسه أعلنت حكومة بيونغ يانغ عن إلغاء خط (٣٨°) الذي أوجده الاحتلال العسكري الأمريكي السوفيتي أبان نهاية الحرب العالمية الثانية.

الولايات المتحدة وكوريا عشية الحرب:

بعد عبور قوات كوريا الشمالية خط العرض (٣٨°) ، تسلمت البعثة الاستشارية الأمريكية العسكرية في كوريا الأنباء عن وقوع الهجوم، وقامت البعثة بدورها بإرسال تقرير إلى السفارة الأمريكية في سيئول، حيث تسلم التقرير الملحق العسكري للسفارة الجنرال بوب ادوارد والذي ابلغ السفير موكيو عن عدم توفر المعلومات لكافية عن طبيعة الهجوم، ومن ثم فلا يمكن القيام بأي عمل عسكري إلى حين توفر المعلومات الكافية عن طبيعة الهجوم. على إثر ورود التأكيدات بشأن حقيقة الهجوم التي قامت به قوات كوريا الشمالية وأهدافه أرسل السفير الأمريكي موكيو بمذكرة إلى وزارة الخارجية الأمريكية، أوضح من خلالها طبيعة الهجوم وأكد أن الهجوم كان شاملا وموجها ضد كيان حكومة كوريا الجنوبية.

وبعد وصول رسالة السفير موكيو اتصل وزير الخارجية أجسون بالرئيس ترومان حيث أخبره بأنباء الهجوم الذي قامت به قوات كوريا الشمالية وقد أكد وزير الخارجية أجسون للرئيس ترومان عدم توفر التفاصيل الكافية عن الموقف العسكري في كوريا، لذلك فقد أقترح أجسون على الرئيس ترومان، ضرورة دعوة مجلس الأمن التابع للأمم المتحدة على عقد جلسة طارئة، وقد حصل اجسون على موافقة الرئيس ترومان على ذلك المقترح.

وبعد حصول أجسون على موافقة الرئيس ترومان، بشأن دعوة مجلس الأمن لجلسة طارئة اتصل أجسون بنائب وزير الوفد الأمريكي في الأمم المتحدة

رنست كرو حيث ابلغه بضرورة الاتصال بالأمين العام للأمم المتحدة ترغفلي وذلك مـن أجل الطلـب منه الموافقة لدعوة مجلس الأمن إلى عقد جلسة طارئة فيما يخص تطور الأحداث في كوريا.

ومن الجدير بالإشارة إلى أن الحكومة السوفيتية قد أعلنت عن رفضها المشاركة في مناقشـات مجلس الأمن بدعوة أن المندوب الذي ينبغي أن يمثل الصين لدى الأمم المتحدة هـو منـدوب حكومـة الصين الشعبية، وليس مندوب الحكومة الوطنية السابقة، وأكد مندوب الحكومـة السوفيتيـة جـاكوب ماليك أن الاتحاد السوفيتي لا يعترف بشرعية أي قرار يتم اتخاذه في مجلس الأمـن مـع مشاركة مندوب الحكومة الصينية السابقة في عضويته، وبفعل هـذا الغيـاب السوفيتي في مجلـس الأمـن فإن الأخير استطاع اتخاذ عدة قرارات بدون معارضة الحكومة السوفيتية.

وبعد تسليم كروس رسالة وزير الخارجية اجسون، فقد بعض برسالة إلى الأمين العام ليطلعه على الموقف في كوريا حيث أكد روس في رسالته تلك أن وزارة خارجية بلاده قد تسلمت مـذكرة مـن سفيره في كرويا تتضمن أنباء اجتياح قوات كوريا الشمالية أراضي كوريا الجنوبية، كما أضاف روس بـأن هذا الهجوم يشكل انتهاكا للسلام، بالإضافة إلى ذلك فقد تضمنت رسالة كروس إلى الأمين العـام طلب حكومته لدعوة مجلس الأمن لاجتماع طارئ إلى مناقشة الموقف في كوريا.

وبعد حصول كروس على موافقة الأمين العام لعقد جلسـة طارئـة لمجلس الأمـن التابـع إلى الأمم المتحدة، تقدم كروس بمشروع قرار أمريكي إلى أعضاء مجلس الأمـن، يـدين فيـه الهجـوم الـذي قامت به كوريا الشمالية على نظريتها

الجنوبية، ووصف كروس هذا الهجوم على أنه تهديد للأمن والسلام الدوليين، كما أكد كروس ضرورة وقف العمليات العسكرية بسحب جميع قوات كوريا الشمالية إلى خط عرض (٣٨°)، كما تضمن القرار مناشدة مجلس الأمن أعضاء الأمم المتحدة بتقديم المساعدات الضرورية إلى كوريا الجنوبية، ولتنفيذ هذا القرار أكد كروس إلى المجلس عدم تقديم أعضاء الأمم المتحدة أي شكل من أشكال المساعدة إلى حكومة يوبنغ بانغ، وقد تمت المصادقة على المشروع الأمريكي بمجلس الأمن في ٢٥ حزيران ١٩٥٠، بغياب المندوب السوفيتي.

وقد أبدى الرئيس ترومان اهتماما كبيرا لبدء العمليات العسكرية بين شطري كوريا، حيث دعا إلى عقد اجتماع طارئ مع مستشاريه في ٢٥ حزيران، ١٩٥٠ وخلال الاجتماع قدم وزير الخارجية أجسون شرحا مفصلا عن التطورات خلال (٢٤) ساعة منذ وصول تقرير السفير الأمريكي في سيئول، وما تضمنه من معلومات بشأن هجوم كوريا الشمالية حيث قدم أجسون مقترحا يقضيـ إلى دعوة مجلس الأمن القومي الأمريكي إلى عقد اجتماع طارئ لبحث تطورات الأزمة الكورية.

وبعد تسلم الرئيس ترومان رسالة من الرئيس ري، يدعو فيها حكومة واشنطن إلى تقديم مساعداتها العسكرية إلى قوات كوريا الجنوبية، وعلى إثر تسلم الرئيس ترومان هذه الرسالة دعا إلى عقد اجتماع ثان لمستشاريه بمناقشة مستجدات الموقف على الساحة الدولية، حيث أكد أجسون في هذا الاجتماع، بشأن الفشل في التوصل إلى قرار يقضي كبح العدوان ضد كوريا الجنوبية، وهذا سيفسرـ بأنه فشل لجهود الولايات المتحدة لفترة ما بعد الحرب العالمية الثانية. والتي كرستها في إقامة نظام الأمن المشترك.

وقد أكد أجسون أيضا، أن فقدان كوريا لن يشكل تهديدا مباشرا إلى أمن الولايات المتحدة فحسب، وإنما سيهدد كيان الأمم المتحدة من المصير الذي آلت إليه عصبة الأمم المتحدة ، ونتيجة لذلك فقد أيد المؤتمرون وجهة نظر أجسون بشأن مواجهة المشاكل الخطيرة الناتجة عن الأزمة الكورية، ومستقبل الأمم المتحدة وفعالياتها المتمثلة بنظام الأمن المشترك الذي عد أحد الأسس لأمن الولايات المتحدة بشكل خاص. وفي نهاية الاجتماع الذي عقده مجلس الأمن القومي الأمريكي في ٢٦ حزيران ١٩٥٠ أصدر الرئيس ترومان أوامره إلى الجنرال ماك آرثر للسماح لقيادته بتقويم المساعدات العسكرية الضرورية لقوات كوريا الجنوبية، وذلك لمنع سقوط المدن الكورية بأيدي قوات كوريا الشمالية، كما أكد الرئيس ترومان إلى الجنرال ماك آرثر ضرورة أن تكون هذه المساعدة الأمريكية المقدمة إلى قوات كوريا الجنوبية ضمن نطاق مهمة جلاء الرعايا الأمريكيين المقيمين في كوريا الجنوبية.

وإزاء القرار الذي اتخذه الرئيس ترومان في الاجتماع الطارئ لمجلس الأمن القومي الداعي إلى تقديم المساعدة الأمريكية إلى قوات كوريا الجنوبية، وذلك لإبداء المقاومة ضد كوريا الشمالية، أحدث هذا القرار رد فعل بين أعضاء الكونغرس ومنهم السيناتور ستيل بردج خاصة الذي أكد أن الإدارة الأمريكية لم تأخذ بنظر الاعتبار الأسباب التي أدت إلى سقوط الصين في دائرة نفوذ الاتحاد السوفيتي عندما قدمت الولايات المتحدة مساعداتها إلى قوات الحكومة الصينية السابقة في الحرب الأهلية الصينية، علاوة على ذلك، فقد قدم بردج من أجل تفادي الوقوع في الخطأ نفسه، الذي وقعت الحكومة الأمريكية في الصين مقترحا لإنهاء الأزمة الكورية، حيث أكد في مقترحه ضرورة تهدئة الموقف بأتباع الطرق الدبلوماسية، من خلال إجراء مفاوضات مع الجانب الكوري الشمالي

لمنع انتشار الحرب. غير أن المتحدث بلسان الحزب الديمقراطي الحاكم كانالي دافع عن وجهة نظر حزبه بشأن تقديم المساعدات إلى كوريا الجنوبية، من خلال تأكيده إلى الكونغرس بعدم تورط الولايات المتحدة مستقبلا في النزاع الكوري علاوة على ذلك فقد أكد أن الولايات المتحدة ستنهي مسألة تسوية الأزمة الكورية بشكل سلمي، وذلك تحت رعاية الأمم المتحدة ونتيجة لهذه الضمانات وافق الكونغرس على المصادقة على تقديم مثل هذه المساعدات إلى كوريا الجنوبية مشترطا بذلك عدم تورط الولايات المتحدة في الحرب الكورية.

وإزاء التوجهات السلمية التي أبداها الكونغرس الأمريكي في تسوية الأزمة الكورية بشكل سلمي، فقد عقد الرئيس ترومان اجتماعا في ٢٧ حزيران ١٩٥٠ اقترح فيها المؤتمرون ضرورة الاتصال بالحكومة السوفيتية، للتوصل إلى تسوية سلمية لإنهاء الأزمة الكورية بمشاركة جهود الحكومة السوفيتية بشأن ذلك، حيث طرح المؤتمرون فكرة التعاون مع الحكومة السوفيتية وذلك لعدة أسباب يأتي بمقدمتها وجهة نظر الإدارة الأمريكية بأن الهجوم الذي قامت به قوات كوريا الشمالية بدافع الحكومة السوفيتية التي غيرت من سياستها القديمة، بأتباع سياسة جديدة تهدف إلى الاهتمام بالشرق الأقصى، وبالإضافة إلى دخول الولايات المتحدة في مفاوضات لعقد معاهدة الصلح مع اليابان من دون مشاركة الحكومة السوفيتية، التي اعتقدت أن الاهتمام الأمريكي باليابان هو من أجل إعادة نشاط المؤسسة العسكرية اليابانية مما يشكل خطرا على المصالح السوفيتية في المنطقة. هذه الوجهات جعلت الحكومة الأمريكية تسعى إلى ضرورة اتباع الطرق الدبلوماسية لوقف هذه الحرب.

بناء على ذلك أبلغت الحكومة الأمريكية سفيرها في موسكو ألن كيرك بضرورة تسليم مذكرة إلى الحكومة السوفيتية، حيث تضمنت هذه المذكرة طلب الحكومة الأمريكية من نظيرتها السوفيتية استعمال نفوذها السياسي محاولة الضغط على حكومة يونيغ بانغ لسحب قواتها من أراضي كوريا الجنوبية.

وقد جاء رد الحكومة السوفيتية على المذكرة التي رفعتها لها نظيرتها الأمريكية عن طريق سفارتها في موسكو بعد يومين من تسلمها هذه المذكرة وجاء الرد السوفيتي على لسان نائب وزير الخارجية السوفيتي غروميكو الذي حاول تعزيز موقف حكومته الداعي إلى إلغاء تبعية الأحداث في كوريا على عاتق الحكومة الأمريكية وحكومة كوريا الجنوبية، حيث أشار غروميكو برده إلى أن المعلومات والحقائق التي حصلت عليها حكومته بشأن الموقف في كوريا، توضح إدانة قوات كوريا الجنوبية بإثارة حوادث الخرق على طول الحدود مع كوريا الشمالية، بالإضافة إلى ذلك فقد أكد غروميكو في رده على مذكرة الحكومة الأمريكية، بأن الحكومة السوفيتية قد سحبت قواتها العسكرية من كوريا قبل إعلان الحكومة الأمريكية عن سحب قواتها الموجودة في كوريا، وهذا ما يؤكد على حسن نية الحكومة السوفيتية بعدم التدخل في الشؤون الداخلية لكوريا عن طريق استعمال القوة كما أكد غروميكو أن حكومة بلاده ستستمر في سياستها الداعية إلى عدم التدخل في الأحداث الكورية عبر عن ثقته بأن الأمم المتحدة سوف تحث حكومة واشنطن على تبني موقف الحكومة السوفيتية نفسه.

ويتضح من رد الحكومة السوفيتية بهذه اللهجة، أنها تريد إلقاء المسؤولية على الحكومة الأمريكية بشكل مباشر بإثارتها الأحداث في كوريا، من خلال إبقائها بعثة عسكرية تابعة لها في كوريا والعمل على مساندة حكومة ري ما دفع

الرئيس إلى رفض المقترحات التي تقدمت بها حكومة بيونغ يانغ التي تدعو إلى توحيد شطري كوريا، وذلك اعتمادا على المساندة الأمريكية.

ومن أجل الحصول على تأييد الدول الحليفة إلى الولايات المتحدة، بشأن قراراتها الداعية إلى تقديم المساعدة إلى كوريا الجنوبية، فقد ركزت وزارة الخارجية الأمريكية اهتمامها للحصول على تأييد حلفائها في حلف الناتو فقد بعثت وزارة الخارجية الأمريكية وفدا يضم (١١) عضوا برئاسة مساعد وزير الخارجية للشؤون الأوروبية جورج بيركنز حيث أكد بيركنز خلال هذه الزيارة أن هدف الولايات المتحدة، لم يكن بحد ذاته أهمية كوريا إذا ما قورن بأمن الولايات المتحدة وإنما ما شكله العدوان الذي قامت به كوريا الشمالية من خرق للأمن والسلام العالميين ليس في أسيا فقط وإنما في أوروبا أيضا، كما أكد بيركنز في معرض شرحه للقرارات التي اتخذها الرئيس ترومان في ٢٥ زيران ١٩٥٠، لم تكن هذه القرارات موجه إلى الاحتلال كوريا الشمالية من القوات الأمريكية، وإنما تهدف هذه القرارات إلى إعادة الحالة الراهنة لكوريا قبل هجوم كوريا الشمالية.

وبعد ضمان وقوف حلفاء الولايات المتحدة إلى جانبها في موقفها تجاه الأزمة الكورية من جهة، وتصعيد حدة القتال على الجبهة الكورية وذلك بتوغل قوات كوريا الشمالية في عمق أراضي كوريا الجنوبية من جهة أخرى دفع ذلك الرئيس ترومان في ٢٧ حزيران ١٩٥٠، إلى تقديم مشروع أمريكي إلى مجلس الأمن يتضمن تقديم المساعدة العسكرية لحماية قوات كوريا الجنوبية، وذلك بحجة عدم امتثال حكومة بونبغ يانغ لقرار مجلس الأمن الصادرة في ٢٥ حزيران القاضي بسحب قواتها إلى خط العرض (٣٨°)، كما تضمن المشروع

أمر الرئيس ترومان إلى قيادة الأسطول البحري السابع الأمريكي المتواجد في الفليبين بالتوجه إلى مضيق فرموزا، وذلك لتقديم المساعدات الأمريكية إلى قوات كوريا الجنوبية من جهة، ومنع انتشار النزاع بين قوات الحكومة الصينية السابقة بقيادة شيان المتواجدة في جزيرة فرموزا وبين حكومة الصين الجديدة من جهة أخرى.

ونتيجة إلى إعلان الرئيس ترومان في ٢٧حزيران ١٩٥٠، الداعي إلى مساندة قوات كوريا الجنوبية، فقد قدم المندوب الأمريكي لدى الأمم المتحدة ورن أو ستن مشروع قرار أمريكي يقضي بإدانة حكومة كوريا الشمالية بعدوانها على نظيرتها الجنوبية والعمل على كبح العدوان باستخدام القوة العسكرية، والتخلي عن استخدام الطرق الدبلوماسية في إنهاء هذه الأزمة، حيث أكد اوستن في مجلس الأمن بأن هجوم قوات كوريا الشمالية شكل انتهاكا للأمن والسلم الدوليين، بالإضافة إلى ذلك فقد ناشد اوستن، جميع أعضاء الأمم المتحدة لتقديم المساعدات المالية والعسكرية إلى حكومة كوريا الجنوبية، وقد صادق مجلس الأمن على القرار الذي تقدم به المندوب الأمريكي.

وكانت الهزائم المتلاحقة التي منيت بها قوات كوريا الجنوبية، أثره على قرارات الحكومة الأمريكية اللاحقة، حيث عقد الرئيس ترومان في ٢٩ حزيران اجتماعا لمجلس الأمن القومي الأمريكي، بشأن مناقشة الوضع العسكري الجديد في كوريا، فقد وافق المجلس على قرار الرئيس ترومان بقيام الطائرات العسكرية الأمريكية بقصف مواقع عسكرية في داخل أراضي كوريا الشمالية، وفي ختام الاجتماع عقد الرئيس ترومان مؤتمرا صحفيا، أعلن فيه أن الولايات المتحدة تقوم (بمهمة بوليسية) باسم الأمم المتحدة وأكد الرئيس ترومان في

المؤتمر الصحفي أن سبب تدخل الولايات المتحدة هو بدافع مساندة الأمم المتحدة لكبح العـدوان في كوريا.

وفي ٣٠حزيران ١٩٥٠، طلب الجنرال ماك آرثر من حكومته على إثر الهزائم المتلاحقة لقوات كوريا الجنوبية، إشراك القوات الأمريكية في المعركة، وذلك صمود قوات كرويا الجنوبيـة أمـام زحـف الشماليين حالة ميؤوس منها وقد جاء ذلك في طلبه (أصبحت كوريا الجنوبيـة في حالـة فـزع وفوضى بالرغم من أنها لم تشبك في القتال بصورة فعلية بالإضافة لافتقارها إلى القيادة العسكرية المحنكة).

وكان لورود مثل تلك التقارير أثره، الواضح على قرارات الرئيس ترومان فبعـد اسـتلامه تلـك التقارير التي تؤكد فشل مقاومة جيش قوات كوريا الجنوبية للقوات الشـمالية، عقـد الـرئيس ترومـان اجتماعا مطولا في ٣٠ حزيران لمستشاريه وذلك، لتـدارس مسـألة السـماح للجنرال مـاك آرثر بـاشراك القوات الأمريكية البرية في الحرب، ومن خلال الاجتماع أشار الرئيس ترومان إلى العرض الذي تقدم بـه الجنرال شيان، والذي يطلب فيه موافقة حكومة واشنطن على إشراك قواته في الحرب الكوريـة، وذلـك بإرسال (٣٠) ألف جندي وجعلها تحت إمرة الجنرال ماك آرثر. غير أن وزير الخارجيـة أجسـون عـارض ذلك الطلب بشدة، حيث أكد أجسون أن اعتماد مثل تلك القوات في الحرب الكوريـة يزيد من إمكانية دخول الصين في الحرب الكورية، ويعد ذلك منافيا لإستراتيجية الولايات المتحدة في هـذه المرحلـة التـي تؤكد عدم تورط الولايات المتحدة في حرب مع الصين أو الاتحاد السوفيتي. ولم تقتصر المعارضة متمثلة في طلب الجنرال شيان باشراك قواته في الحرب الكورية على وزير الخارجية الأمريكي

أجسون، بل عبرت هيئة الأركان عن وجهة نظرها العسكرية الرافضة إلى قبول طلب الجنرال شيان، حيث أكدت أن قبول هذا الطلب سيؤدي إلى سحب تلك القوات من جزيرة فرموزا، الذي يؤدي بدوره إلى أضعاف دفاعات الجزيرة، الذي سيزيد من إمكانية هجوم القوات الصينية على الجزيرة، في وقت لم تكن الولايات المتحدة قادرة على القتال في جبهتين.

وفي ختام الاجتماع أصدر الرئيس ترومان أوامره بمشاركة القوات البرية الأمريكية في الحرب، والبدء بإرسال فرقتين عسكريتين من القواعد العسكرية الأمريكية في اليابان إلى كوريا، علاوة على ذلك فقد صادق الرئيس ترومان على ضرورة فرض الحصار البحري على طول سواحل شبه الجزيرة الكورية، وذلك لمنع دخول الإمدادات العسكرية إلى حكومة بوينغ يانغ، وإفشال أي محاولة إنزال قوة عسكرية محتملة على سواحل كوريا الجنوبية.

ويعود سبب طلب الجنرال شيان من الحكومة الأمريكية بمشاركة قواته في الحرب إلى الحصول على المساعدات العسكرية المقدمة من واشنطن، بالإضافة إلى كسب الاعتراف الدولي لحكومته الذي سوف يناله بعد تحقيق النصر ضد قوات كوريا الشمالية بصفته أحد الأطراف المشاركة في تحرير كوريا الجنوبية.

سير العمليات العسكرية:

وكان الاعتقاد السائد حتى تلك اللحظة أن اشتراك القوتين الأمريكيتين الجوية والبحرية سيكفل لوحده إيقاف الهجوم الشمالي وتحقيق النصر- وأنه ما أن تبدأ المجموعة الجوية الخامسة عملها هناك حتى لا يبقى أي جندي من كوريا الشمالية في كوريا وأكدت القيادة الأمريكية أن قواتها البرية ستتقدم على الأرض

الكورية دونما صعوبة، وان قوات كوريا الشمالية عاجزة عن الصمود أمام قوتها النارية الجبارة.

ولم يكن الهدف من ارسال القوات البرية الأولى سوى عرقلة مخططات القوات الشمالية الراغبة إلى الاندفاع بسرعة نحو الجنوب، وانهاء الحرب، وتوحيد الوطن قبل أن تستطيع القوات الأمريكية وقوات الأمم المتحدة الوصول إلى ميدان المعركة ورأى الأمريكيون أن من الضروري الإسراع بوضع أقدامهم في شبه الجزيرة قبل أن ينهي الشماليون توحيدها، لأن النزول العادي في الموانئ التي تسيطر عليها القوات الجنوبية وبطلب من الحكومة الجنوبية أسهل من الناحية العسكرية من النزول بالقوة على شواطئ معادية، كما أنه لا يؤدي إلى أية تعقيدات سياسية. ويؤمن الإفادة إلى ابعد حد ممكن من الإمكانات الكبيرة التي يتمتع بها ميناء بوزان.

وكان قرار اشتراك القوات البرية الأمريكية في القتال تصعيدا خطيرا للحرب وتحولا جذريا لطبيعة الحرب الدائرة في شبه الجزيرة الكورية. ولقد بنى ترومان هذا القرار على اعتقاده بأن قواته ستقاتل قوات كوريا الشمالية وحدها، ولن تصطدم مع الصينيين أو السوفيت. وجاء هذا الاعتقاد من تقييم خاطئ لسياسية بكين وقدرة الجيش الأحمر الصيني على زج القوات في كوريا رغم انشغاله بالإعداد لمهاجمة فورموزة أو لحماية شواطئه من أي غزو، وفهم غير صحيح لرد موسكو على استفسار الولايات المتحدة حول نواياها في كوريا، والذي تضمن تهكما واضحا وتأكيدا بأن المسألة الكورية مسألة داخلية بحتة، وان السوفيت سيتركون للصينيين والكوريين مهمة القيام بأعباء القتال.

وكانت القوات البرية الأمريكية المتمركزة في اليابان قرب ميدان العمليات المنتظر تتألف من الفرقة السابعة، والفرقة ٢٤، والفرقة ٢٥، وفرقة الفرسان الأولى (المترجلة) وبعض الأمواج المستقلة ووحدات الدفاع ضد الطائرات. ولم تكن هذه القوات تضم سوى ٧٠% من قواتها الأصلية في زمن الحرب، وتحتاج لإكمال بعض النواقص في المدافع عديمة الارتداد المضادة للدبابات، والهاونات، ومدافع البازوكا. أما قوة المشاة البحرية الأمريكية القادرة على العمل بسرعة في المعارك وراء البحار فكانت عبارة عن فرقتين.

ومع بداية التصعيد تحركت مجموعة من ضباط القيادة في طوكيو إلى كوريا الجنوبية بقيادة الجنرال تشيرش، واستلمت مقاليد الأمور من ضباط (البعثة العسكرية الاستشارية في كوريا الجنوبية) وتمركزت في ديدجون، وأطلقت على نفسها أسم (مجموعة المراقبين في كوريا الجنوبية). ثم انقلبت هذه المجموعة فيما بعد إلى القيادة الأمريكية المتقدمة في كوريا. وتلقت الفرقة ٢٤ الأوامر بالتحرك فورا إلى كوريا الجنوبية كطليعة لما سيتبعها من قوات.

القتال في البحر والجو:

كان الحصار البحري حول شواطئ كوريا كلها يستهدف حرمان قوات كوريا الشمالية من كل إمداد بحري، ومنع عمليات الإنزال على الشواطئ وراء خطوط الجيش الجنوبي المندحر. وكان على قوافل التموين البحرية أن تعمل المستحيل للقيام بواجبها رغم تفوق الإمبرياليين البحري الساحق بمراكب السطح، وعدم وجود أية غواصة في سلاح البحرية الكورية الناشئ.

وفي ٢ تموز وبينما كانت بعض السفن الأمريكية - البريطانية (الطرادين جنو وجامايكا والفرقاطة البجعة الزرقاء) تتحرك قرب ميناء

جوموندجيم لاحظت وجود قافلة شمالية تتألف من ١٠ سفن تموين تتحرك باتجاه الميناء تحت حراسة ٤ قوارب طوربيد. واتجهت المراكب الإمبريالية نحو القافلة لأسرها أو تدميرها. (وفي الحال انطلقت قوارب الطوربيد الشيوعية الصغيرة بجرأة وجسارة متجهة نحو السفن..... محاولة الاقتراب من مرمى إطلاق الطوربيدات). وبدأت معركة بحرية غير متكافئة. ولم تستطع رشاشات قوارب الطوربيد اسكات مدافع الطرادات، ولكن جرأة ملاحيها ومهاراتهم في المناورة جعلتهم يقتربون من مراكب العدو ويسددون إليها طوربيداتهم. وانتهت المعركة بتدمير قاربين شماليين مقابل تدمير طراد معاد وإصابة طراد آخر. واستطاع الطراد جونو إغراق بعض سفن التموين على حين اختفى البعض الآخر وراء حاجز الأمواج.

ومع بداية التصعيد البري زاد الأمريكيون نشاط العمليات الجوية التي بدؤوها من قبل. وقامت طائرات حاملة الطائرات البريطانية تريومف وحاملة الطائرات الأمريكية فاللى فورج بقصف مدينة بيونغ يانغ. والأهداف الاقتصادية والعسكرية المحيطة بها. وكان نصيب مدينة بيونغ يانغ وحدها ٨٠٠ قنبلة من زنة ٥٠٠ كغ في يوم ٣ تموز و ٦٠٠ قنبلة في يوم ٤ تموز.

واشتركت طائرات شوتينغ ستار (النجم الثاقب) مع طائرات الموستانغ على نطاق واسع في قصف بيونغ يانغ وهام هونغ نام، وسيئول وغيرها من المدن وتدمير طرق المواصلات وضرب أرتال الشماليين وتحشداتهم وخاصة تحشدات الفرقة الرابعة والفرقة الثالثة واللواء المدرع ١٠٥ شمال نهر هان. وقعت عدة معارك جوية أثبت فيها نسور الجو الكوريون كفاءتهم رغم التفوق

الجوي المعادي عددا، ورغم ضعف طائرات الياك بالنسبة لطائرات الموستانغ وشوتينغ ستار.

ولم تمنع الأمطار وانخفاض السحب الطيارين الأمريكيين وحلفاءهم – خلال هذه العمليـة –
من تنفيذ المهمات الإستراتيجية وضرب المدن والموانئ والمصانع، ولكنها منعـتهم مـن تنفيـذ المهـمات
التكتيكية وعرضتهم في كثير من الحالات للوقوع بأخطاء رهيبة ولقد تكررت الحالات التي ضربت بها
الطائرات قطاعات الجيش الأمريكي برشاشاتها وكانت عبئا على هذه القطاعات بدلا من أن تكون دعما
لها.

عبور نهر هان:

كانت خطة الشماليين في العملية الثانية تتلخص بجمع القـوات التـي أنهت العمليـة الأولى
بنجاح على كافة الجبهات والتقدم نحو الجنوب على أربعة محاور: المحور الغربي، سيئول –ديـدجون –
تايجو، والمحور الأوسط الغربي سيئول – تشونغ دجو، والمحور الأوسط الذي يتقدم وسـط الجبـال علـى
طريق تشون تشوف – ووندجو – اندونغ، والمحور الشرقي السائر على طول الشاطئ حتى يوهانغ.

وكان المحور الغربي يمثل محور الجهد الرئيس وتتقدم عليه أقـوى فـرقتين شمـاليتين (الثالثـة
والربعة المدعومتين بمعظم الدبابات). وكانـت خطـورة هـذا المحـور ناتجـة عـن خلـو طريـق القـوات
المتقدمة نحو تايجو من أية موانع طبيعية باستثناء نهر هان، وعدم مروره بأراض جبلية تعيق الحركة.

وفي صباح ٣٠ حزيران ووسط جو صيفي حار ماطر قامت المدفعية الشمالية ومدافع الدبابات المتمركزة على الضفة الشمالية لنهر هان بقصف الوحدات الجنوبية المتمركزة على الضفة الجنوبية تمهيدا لعملية العبور. وتلا ذلك عبور رجال الفرقة الثالثة الشمالية سباحة وعلى جذوع الأشجار في الزوارق الخشبية الصغيرة أو المعديات التي تحمل سيارة نقل أو فصيلة مشاة واستطاعت موجات العبور الأولى المكونة من المشاة بدون دبابات أو أسلحة ثقيلة طرد الوحدات الجنوبية المدافعة. وأعدت رأس جسر أمين لعبور الفرقة الرابعة. وأخذت تستعد لاقتحام ضاحية يونغ دونغ بو الصناعية. ولم يستطع الطيران الأمريكي دعم المدافعين أو عرقلة عملية العبور نظرا لسوء الأحوال الجوية وكثافة السحب.

وحاول الجنوبيون تطهير رأس الجسر قبل تدعيمه بالأسلحة الثقيلة والدبابات فشنوا بناء على اقتراح الجنرال تشيرش هجوما معاكسا بريا دون تغطية جوية، استطاعت مدفعية الشماليين صده بكل سهولة. وفي يوم ١ تموز عبرت الفرقة الشمالية الرابعة النهر عند رأس الجسر- دون معوقات. واحتشدت على ضفته الجنوبية. وانهارت مقاومة الجنوبيين وضعفت معنوياتهم لدرجة جعلت الجنود يرفضون بذل أي جهد قتالي، ويتمنعون عن زرع الألغام.

وفي ليلة ٢ – ٣ بدأت أرتال الدبابات (ت ٣٤) اجتياز النهر عن طريق أحد جسور السكك الحديدية التي تم إصلاحها وانضمت لفرقتي المشاة وشنت هذه القوة مجتمعة هجومها على ضاحية يونغ دونغ بو ودخلتها في مساء يوم ٣ تموز.

المجابهة الأولى مع الأمريكيين:

ما أن تلقى الجنرال ماك آرثر قواته البرية في القتال حتى أعرب عن ارتياحه لهذا العمل الذي يعتبر خطوة أساسية نحو تحطيم الهجوم العام الشمالي، وأصدر إلى الفرقة الرابعة والعشرين أمرا بالتحرك فورا إلى كوريا لتقوم بعمليات تعطيل الهجوم. ريثما تستعد باقي القوات الأمريكية لدخول المعركة.

في ليلة ٣٠ حزيران قام قائد الفوج ٢١ باستدعاء المقدم تشارلز سميث قائد الكتيبة الأولى وأمره بجمع كتيبته والتوجه إلى مطار أتازوكي لمقابلة قائد الفرقة ١٤ الجنرال وليام دين وأخذت تعليمات جديدة. وفي تموز وصل المقدم سميث مع كتيبة إلى المطار. وكان الجنود يحملون البنادق والهاونات ومدافع البازوكا ومؤونة يومين، وتلقى قائد الكتيبة من قائد الفرقة وليام دين الأوامر بالتوجه إلى بوزان ومنها إلى ديدجون والاتصال بالجنرال تشيرش والاشتباك مع الشماليين فورا بغية إيقاف الكوريين الشماليين بعيدا ما أمكن عن بوازن.... وإغلاق الطريق الرئيس المتجه إلى الشمال بقدر الإمكان.

ووصلت طائرات النقل (س ٤٥) إلى مطار بوزان قبل ظهر ١ تموز حاملة (القوات الخاصة لمهمة سميث) – الكتيبة الأولى من الفوج ٢١ من الفرقة الأمريكية ٢٤- وبدأ بذلك وصول طليعة وحدات (العملية البوليسية) التي دامت أكثر من ثلاث سنوات.

وفي يوم ٢ تموز وصلت السفن الحربية إلى ميناء بوزان حاملة أفواج الفرقة ٢٤، وكان الفوج ٣٤ أول من وطأ الأرض الكورية وسط حماس وتفاؤل الكوريين الجنوبيين وقرر الجنرال وليام دين استخدام الفوج في العمليات بدون تأخير. فأعطاه مهمة الدفاع المحصنة الواقعة على جانبي الطريق الرئيس-

ويسير شرقا عدة كيلومترات حتى أترونغ، وبشكل عنق الزجاجة على طريق سيئول – تايجو- بوزان ويتمتع بموقع ملائم للدفاع تحمي المراكب الحربية المسيطرة على البحر الغربي جناحه الأيسر على حين يمتد جناحه الأيمن حتى مدينة اترونغ المستندة إلى سلاسل الجبال.

وفي يوم ٣ تموز وصل الفرج ٣٤ إلى الخط المحدد، وأخذ يعد مواقعه الدفاعية وتقدمت (القوات الخاصة لمهمة سميث) حتى شمال أوسان بعد أن دعمت بوحدة مدفعية هاوترز عيار ١٠٥ملم. وتمركزت على هضبتين مشرفتين على الطريق القادم من سوفون. بغية عرقلة تقدم الدبابات المندفعة نحو الجنوب ريثما تتم تقوية دفاعات خط ييونغ تابك- أترونغ وتدعمها بقوات وأسلحة جديدة.

وكان من المنتظر أن تصمد القوات الجنوبية في سوفون عدة أيام. ولكن الفرقة الشمالية الرابعة لم تترك لحاميتها فرصة للراحة أو الاستعداد، وتابعت هجومها بالمشاة والمدرعات. وتقدم الجنرال لي بوم سوك- الذي خلف الجنرال شي يونغ ذاك كرئيس لهيئة الأركان الجنوبية – بفكرة تهدف إلى السماح لدبابات العدو بالتغلغل داخل الخط الدفاعي. على أن يحفر الجنود خلفها خلال الليل حفرا مضادة للآليات تمنع تقدم سيارات الإمداد وتحرمها من التموين بالوقود، ثم يقومون بعد ذلك بتدميرها. ووافق الجنرال وليام دين على هذه الخطة التي لم يكتب لها النجاح.

وفي يوم ٤ تموز دخلت دبابات اللواء المدرع ١٠٥ سوفون، واستطاع مشاة الفرقة الرابعة المتقدمة معها تدمير القطاعات الجنوبية المكلفة بالحفر وراء الدبابات. وبسقوط مدينة سوفون ومطارها تحطم العمود الفقري لقوات كوريا الجنوبية على المحور الغربي. وأخذت فلول هذا الجيش تتقهقر بسرعة مستخدمة

كل ما يقع تحت أيديها من وسائط النقل لتبتعد عن طريق القوات الشمالية الزاحفة بعنف.

وأعطيت الأوامر للضباط الأمريكيين الخبراء في القطاعات الكورية الجنوبية بترك قطاعاتهم والتوجه إلى ديدجون بمختلف الوسائل ولم يمض على سقوط سوفون عدة ساعات حتى أصبحت وحدات كوريا الشمالية على مقربة من القوات الأمريكية ولا يفصلها عنها سوى عدة كيلومترات خالية من أية وحدات أو دفاعات جنوبية.

وجاء دور المجابهة المباشرة الأولى بين قوات كوريا الشمالية والقوات الأمريكية والحليفة معها وفي فجر يوم ٥ تموز كان جنود (القوات الخاصة لمهمة سميث) يتمركزون تحت الأمطار المنهمرة ومستعدين للقتال في الحفر الدفاعية التي أعدوها وفي الساعة الثامنة صباحا ظهرت أول دبابة شمالية تتبعها مشاة المرافقة وانهمرت قذائف المدفعية على الرتل المتقدم ولكن ٣٣ دبابة تابعت تقدمها غير عابئة بالقصف (المباشر المركز) نظرا لقوة دروعها التي تتحمل قذائف الهاوتزر العادية ولا يؤثر بها سوى القذائف الخارقة للدروع.

وعندما وصلت الدبابات الثماني السائرة في الطليعة إلى مسافة ٦٠٠ متر من مرابض المدافع ٧٥ عديمة الارتداد دخلت هذه المدافع المعركة. وتابعت موجة الدبابات الأولى تقدمها بسرعة فائقة وهي ترمي مواقع نيران الأمريكيين، وأخذت مدافع الهاوتزر ترمي على أهدافها بشكل مباشر، واشتبكت مفارز البازوكا مع الدبابات التي دخلت المواقع هادرة ثم تجاوزتها تاركة للمشاة مهمة تطهيرها. واشتبكت مشاة المرافقة الراكبة على مؤخرة الدبابات أو السائرة وراءها مع فصائل مشاة العدو بالرشاشات والقنابل. عندما ظهرت موجة

الدبابات الثانية. وأصاب الذعر المدفعيين الأمريكيين. فتركوا مدافعهم وبدؤوا الفرار على غـير هـدى. وتبعهم المشاة بعد أن ألقوا رشاشاتهم وبنادقهم ورموا خوذهم. وتركوا وراءهم ١٥٠ قتيلا وجريحا.

هكذا كشفت المعركة القصيرة بين المدرعات والمدفعية المضادة للـدروع طبيعـة القوة الأمريكية ومدى صمودها. وتراجعت كتيبة المشاة الأمريكية ووحدة المدفعية بعد اشتباك دام أقل من ساعتين ولم يتوقفوا خلال فرارهم عند خط يونغ تايك – اترونغ بل تـابعوا مسيرتهم طـوال ليلة ٥ - ٦ تموز حتى وصلوا إلى تشونان. وتبعثروا بعد ذلك في مدن الجنوب، ووصل بعضهم إلى مدينـة ديـدجون على حين انحدر البعض الآخر نحو البحر الغربي والبحر.

وغدا الطريق إلى اوسان بعد هذه الهزيمة مفتوحا. وفي حوالي الساعة ٩.٤٥ دخلت الدبابات مدينة اوسان وقطعت الطريق على بقايا (قوات سميث) ولكنها لم تتوقف في المدينـة بـل تابعت اندفاعها نحو خط يونغ تايك – اترونغ مستغلة سوء الأحوال الجوية وغياب الطيران الأمريكي عـن ساحة المعركة وسقط ميناء انتشون في اليوم نفسه بيد القوات الشمالية، رغم دعم الأسطول الأمـريكي للمدافعين عن الميناء بكل وسائله النارية.

وفي صباح ٦ تموز وبعد اشتباك قصير مع المهاجمين عند النهر الواقع شمال يونغ تايك تـرك الفوج ٣٤ مواقعه الدفاعية على خط يونغ تايك- أترونغ بدون أوامر. وانسحب متجهـا نحـو الجنـوب. وقطع خلال الانسحاب أكثر مـن ٢٤ كيلومترا. ولم تقـف وحداتـه إلا جنوب تشونان. وبهذا بلغـت المسافة التي انسحب منها الأمريكيون خلال ٤٨ ساعة أكثر من ٣٥ كيلومترا.

وجرت الأمور بشكل مماثل على الجبهات الأخرى. وكان كل صدام بين القوات الشمالية وقوات الجنوب يؤدي إلى هزيمة الجنوبيين وتقهقرهم بسرعة ودون انتظام وكما تقدمت قوات المحور الغربي خلال العملية الثانية حتى آنسونغ، فقد تقدمت قوات المحور الأوسط الغربي حتى خط انسونغ – دجى تشون، وحررت خلال تقدمها مدينة ربودجو وتقدمت قوات المحور الأوسط فحررت هونغ سونغ، ووندجو، ودجي تشون وسارت قوات المحور الشرقي برتلين حررا يونغ تشانغ، ودجونغ سون، وسامنشوك.

سير العملية الثالثة:

لم ينتظر الفوج ٣٤ طويلا عند تشونان إذ لم تلبث القوات الشمالية التي أكملت أعدادها في يوم ٧ تموز أن هاجمت المدينة واحتلتها في ٨ تموز. وقتل خلال هذه المعركة قائد الفوج الجديد العقيد مارتن ولقيت الفرقة ٢٤ (المنتصرة دائما والتي لا تعرف معنى الهزيمة) ثالث هزيمة عنيفة خلال ٣ أيام وانفتح أمام القوات المتقدمة طريقان: يتجه أحدهما نحو الشرق باتجاه تجوتشي وون – ديدجون، على حين يتجه الآخر نحو الجنوب حتى كونغ دجو.

وفي يوم ٩ تموز رأى الجنرال ماك آرثر أن الموقف قد تدهور لدرجة تدفعه إلى استخدام قاذفات القنابل بـ ٢٩ التابعة للقوات الجوية الإستراتيجية S . A. C فأمر هذه الطائرات بضرب الأهداف الإستراتيجية في عمق جمهورية كوريا الديمقراطية، وضرب تحشدات القوات الشمالية المتقدمة نحو الجنوب وبعث إلى واشنطن رسالة أعرب فيها عن قلقه وطالب القيادة العليا بمزيد من التصعيد ووافقت هيئة الأركان في واشنطن على إرسال فرقة المشاة الأمريكية الثانية، وتقديم كل الإمكانات لتعزيز القوات الأمريكية في كوريا، وتدعيم جيش

كوريا الجنوبية الذي تحطمت قواه المادية تحت عنف الضربات المتتالية. وانهارت معنوياته وخاصة بعد أن أعلن الجنرال سون كوسون القائد العام السابق لقوات كوريا الجنوبية انضمامه إلى صفوف الشماليين، وأذاع من سيئول بيانا دعا فيه جنوده الكف عن القتال، وأعلن أنه نظم جيش الآلاف ممن فروا من جيش الجنوب بغية القتال إلى جانب قوات كوريا الشمالية بالتدخل الأمريكي.

وتابعت القوات الشمالية التقدم باتجاه الجنوب. وحاول الأمريكيون والكوريون الجنوبيون إيقاف تقدمها على طريق الساحل الغربي بمساعدة مدفعية الأسطول. كما حاولوا إيقاف تقدم المحور الأوسط عند تشونغ دجو. ولكنهم بذلوا الجهد الأكبر لإيقاف القوات المتقدمة على محور الجهد الرئيس تشونان- دجوتشي وون. واشتركت طائرات الموستانغ والشوتينغ ستار في دعم الفوج ٢١ المدافع عن هذا المحور. وضرب الشماليون بالصواريخ ونيران الرشاشات ولكن ما أن اختفت من سماء المعركة حتى تابعت الدبابات ٣٤ تقدمها وحطمت خط الدفاع الأمريكي الذي شن هجوما معاكسا محليا مدعوما بالدبابات الخفيفة باء بالفشل. ولقد تحدث ناطق بلسان القيادة الأمريكية عن المعركة (وعزا تقهقر الأمريكيين إلى الطرق التكتيكية التي يتبعها الشماليون في التسرب، ووصفها بأنها تضارع أبرع الطرق التي عرفها الأمريكيون).

وانسحب الفوج ٢١ في ليلة ١٠ – ١١ حتى وصل إلى شمال تجوتشي وون. وهناك تلقى من قائد الفرقة ٢٤ الأمر التالي (احتفظوا بمواقعكم الجديدة، وقاتلوا للنهاية وأشعلوها معركة كالجحيم) ولكن معركة الجحيم هذه لم تدم طويلا. إذا لم تلبث مقاومة الفوج ٢١ أن تحطمت أمام عنف الهجمات رغم دعم الطيران الأمريكي طول يوم ١١ واضطر قائد الفوج إلى إصدار أمر الانسحاب

دون انتظار أوامر قيادة الفرقة. فتراجع الفوج كله إلى ما وراء نهر كوم حيث يتمركز الفوج ١٩ في تايب بونغ ري والفوج ٣٤ في كونغ دجو. وسقطت تجوتشي وون بيد القوات الزاحفة الأمر الـذي دفع الجنرال ماك آرثر إلى إرسال الفوج ٢٩ من أوكيناوا إلى كوريا، وزيادة هذه الهجمات الجوية بطائرات (ب ٢٦ و ب ٢٩).

وفي اليوم الـذي عبرت به آخر عناصر الفرقة ٢٤ نهـر الكـوم منسـحبة ألقيت مسـؤولية العمليات في كوريا على عاتق الجنرال دالتون ووكر الذي أصبح قائد الجيـش الثامن، والـذي وصـل إلى كوريا منذ ٨ تموز وشهد انسحاب الفوج ٣٤ قرب تشونان وبـدأ وولكر فـور اسـتلام مهمتـه قيـادة العمليات التأخيرية وقيـادة الجيش الثامن ويشرف في الوقت نفسه على قوات كوريا الجنوبيـة التـي أرتفع عددها من جديد إلى ٥٨ ألف رجل. ويمكن تلخيص الوضع العسكري.

- الفرقة السادسة الشمالية تهاجم فرقة جنوبية تتقهقر على المحور الموازي للشاطئ الغربي وتنتشرـ على شكل مروحة في محاولة للوصول إلى جناح بوزان الغربي.

- فرقة سيئول الثالثة وفرقة سيئول الرابعة و وحدات من الفرقة المدرعـة ١٠٥ تسـتعد لعبـور نهـر كوم ومهاجمة ديدجون (المحور الرئيس).

- الفرقة الثانية الشمالية تتجه نحو تشونغ دجو ضد فرقتين جنوبيتين منهكتين.

- ثلاث فرق شمالية تهاجم على المحور الجبلي الأوسط حيث تتمركز فرقتان جنوبيتان ووحدات مـن الفرقة الأمريكية ٢٥ التي وصلت حديثا.

- الفرقة الخامسة الشمالية تتقدم على الساحل الشرقي باتجاه بوهانغ ومطار بونيل الواقع إلى جنوبها، وتحاول الاتصال مع قوات شمالية نزلت على

الشاطئ قرب بوهانغ، وتطارد خلال قدمها فرقة جنوبية يدعمها الفوج الأمريكي ٢٧ الملقب باسم وولف هاند والذي نزل إلى الأرض الكورية في يوم ١٠ تموز.

- طائرات (ب ٢٦ وب ٢٩) التابعة لـ (S .A.C) تقصف مدن كوريا الشمالية ومصانعها ومنشآتها وطرقها وسككها الحديدية وتجمعات القوات المتقدمة نحو بوازن من كل جهة.

وكان الخطر الأكبر قادما من المحور الرئيس حيث تهاجم أفضل القوات المدعومة بالمدرعات ومحور الساحل الشرقي الذي تحاول قوات الجيش الشعبي التقدم عليه بسرعة لحرمان العدو من موانئ الساحل الشرقي والتقدم بعد ذلك إلى بوزان، في اليابان. لذا أصدر أوامره للأسطول العامل في البحر الشرقي للعمل مع مجموعة المقاتلات ٣٥ بقية إيقاف تقدم الفرقة الخامسة الشمالية. وإصدار أمره للطيران بدعم الفرقة ٢٤ المكلفة بالوقوف عند نهر كوم (الخط الذي لا تراجع بعده).

ولكن نيران المراكب وقنابل الطيران وعنف الأمطار الموسمية لم تمنع تقدم الفرقة الخاصة. وبدأت المواقع الدفاعية على الساحل الشرقي تتساقط واحدا تلو الآخر، ولعبت العصابات دورا فعالا في دعم الهجوم. واستمر تقدم قوات الفرقة الخامسة حتى احتلت ييونغ هاري، ثم دخلت ييونغ دوك الواقعة على بعد ٨٠ كيلومترا شمالي بوهانغ في ١٨ تموز. وتم بذلك الاتصال بين القوات النظامية والعصابات. وتابعت قوات المحور الجبلي الأوسط تقدمها حتى خط ييونغ دجو – دجوم تشرن – بوأون كما تقدمت قوات محو الشاطئ الغربي إلى خط كيمدجي – دجوندجو وغدت تشكل تهديدا كبيرا لجناح بوزان الأيسر.

وفي الوقت نفسه بدأت إعدادات الفرقة الثالثة لعبور نهر كوم عند تـايبي بونـغ ري وخـرق دفاع الفوج الأمريكي ١٩. وبدأت الفرقة الرابعة تستعد للعبور عند كونغ دجو حيـث يـدافع الفوج الأمريكي ٣٤. ونسف الأمريكيون الجسور على نهر كوم لمنع استخدامها مـن قبـل الشماليين وتحصـنوا استعدادا للدفاع.

وما أن حل يوم ١٤ تموز حتى بدأت مدفعية الشماليين رمايات التمهيد وعبرت قوة كبيرة من الفرقـة الرابعـة النهر بـالقوارب عـلى يسـار الفـوج ٣٤، وتوغلـت لضـرب مـؤخرة المـدافعين ومـرابض مدفعيتهم. ثم هاجمت كونغ دجو من الخلف، ودمرت الفوج ٣٤. ومع طلوع فجر يوم ١٦ تمـوز شـدد مشاة الفرقة الشمالية الثالثة الضغط على الجانب الأيمن للفوج ١٩ ثم اجتازوا النهر عند الجانب الأيسر وهنا تشتت الفوج وانسحب جنوده نحو يدجون. وهكذا سقط (الخط الذي لا تراجع بعده) عند أول صدمة. وأصيب الجنرال ووكر بأول هزيمة فتحت عينة على حقيقة قوته، وفهم أن الجيش الثامن عـاجز عن الصمود إلا إذا تراجع إلى نهر ناكتونغ، وأقام وراءه خطا دفاعيا يبدأ عند مصبه غرب بـوزان ويتجـه إلى الشمال حتى غـرب أنـدونغ، ثم ينعطف نحو الشرق حتى البحر، وطلـب قـدوم فرقـة الخيالـة الأمريكية الأولى (المترجلة) من اليابان على جناح السرعة.

سقوط ديدجون:

لم يكن الجنرال دين يعتقد أن بوسعه الدفاع عن ديدجون بقوات فرقته، فقرر الانسحاب إلى بونغ دونغ الواقعة على مسافة ٤٥ كيلومترا إلى الشرق. وحرك بعض القوات نحو هذه المدينة. ولكن الجنرال ووكر بدل هذه الخطة في يوم ١٨ تموز وطلب من الفرقة ٢٤ الصمود في ديدجون ريثما تستطيع فرقة الخيالة الأمريكية الأولى التي نزلت في يوهانغ في يوم ١٨ تموز التحرك من مكان نزولها إلى مواقعها الدفاعية عند ييونغ دونغ. فاضطر الجنرال دين إلى إعادة جزء من القوات التي حركها نحو الشرق وبعث بها من جديد إلى ديديجون لتعزيز دفاعها.

واندفع الشماليون نحو ديدجون في يوم ١٩ تموز وكانت خطتهم و تتلخص في (إجراء تطويق واسع النطاق وهجمات عنيفة جبهية وجانبية مع تنسيق عمل لمختلف صفوف الأسلحة. والقيام في الوقت نفسه بالالتفاف نحو جنوب ديدجون بوحدات متقدمة بعمق على المؤخرة لقطع سبيل الانسحاب، وقطع الطريق أمام التعزيزات الجديدة.

وتقدمت فرقة الهجوم على الطريق الغربي القادم من لين سان والطريق الشمالي الغربي القادم من يوسونغ. ولم يستخدم المهاجمون الدبابات طوال النهار خوفا من التعرض للقصف الجوي. ولكن ما أن حل الظلام حتى قدموا دباباتهم على الطريق الشمالي. وفي الساعة الثالثة من صباح يوم ٢٠ تموز سددوا ضربتهم الرئيسة بالمشاة والدبابات من الشمال مع ضربات جانبية من الغرب والشمال الغربي.

وانهارت دفاعات الأمريكيين والكوريين الجنوبيين في ديدجون. وتشتت وحداتهم وحاولت التراجع ولكنها تعرضت لضربات القوات التي تسللت إلى مؤخرتها وقطعت طريق انسحابها نحو الشرق والجنوب بمساعدة رجال (الأنصار) الذين ظهروا في مشارف المدينة وفي الساعة ١٢ من يوم ٢٠ تموز تم تحرير المدينة التي غدت مقبرة الفرقة الأمريكية ٢٤.

واعتبرت المصادر الغربية آنذاك أن سقوط ديدجون (اشنع هزيمة حلت بالأمريكيين في كوريا). فانسحبت الفرقة ٢٤ إلى ييونغ دونغ بعد أن خسرت أكثر من نصف رجالها وعددا كبيرا من المعدات والأسلحة ووقع قائدها الجنرال وليام دين وتحطمت هياكلها الأساسية فلم تعد تتمتع بكيان قطعة عسكرية حقيقة، الأمر الذي جعل القيادة الأمريكية العليا تعيدها إلى الخف لإعادة التنظيم وتسلم فرقة الخيالة الأولى مهمة الدفاع عن ييونغ دونغ. وبانهيار خطوط ديدجون الدفاعية وهزيمة (رأس الحربة) الأمريكية انهارت سمعة الولايات المتحدة العسكرية أمام العالم.

الوساطة الهندية:

ومن أجل نزع فتيل الأزمة الكورية عن طريق القنوات الدبلوماسية، فقد أولت الحكومة الهندية أهمية خاصة للوضع الجديد في كوريا، وحاولت عن طريق جهودها الدبلوماسية من إيجاد تسوية اللازمة الكورية، وذلك منعا من إمكانية قيام نزاع دولي يؤدي إلى قيام حرب عالمية ثالثة، ففي ٣ تموز ١٩٥٠، قدم المندوب الهندي لدى الأمم المتحدة

بنغال رون مقترحا يتضمن عقد اجتماع مشترك بين حكومتي واشنطن وموسكو لتسوية النزاع في كوريا سلميا، كما تضمن مقترحه على فكرة قبول حكومة الصين الجديدة في هيئة الأمم المتحدة يعد خطوة أساسية في تحقيق حدة التوتر الدولي في منطقة الشرق الأقصى ـ والعالم بشكل عام. غير أن موقف الحكومة الأمريكية المتشدد حال دون نجاح رون في مساعيه السلمية. وذلك لموقف الرأي العام الأمريكي، الذي يقضي بالاشتراك في الحرب الكورية، دون القبول بتسوية سياسية تتنازل فيه الحكومة الأمريكية عن موقفها تجاه حكومة الصين الجديدة.

وفي ٧ تموز ١٩٥٠، عقد رئيس وزراء الهند جواهر نهرو مؤتمرا صحفيا شجب فيه قرار حكومة كوريا الشمالية بعبورها خط (٣٨°)، كما أكد نهرو على إمكانية أن تحظى الحكومة الهندية في إنهاء الحرب الكورية. غير أن عدم تقديم الحكومة الهندية مقترحا واضحا بشأن التوصل إلى عقد اجتماع مشترك بين الرئيس ترومان وستالين من جهة وإصرار الحكومة الأمريكية على مبدأ عدم التنازل السياسي من جهة أخرى أدى إلى إفشال المحاولة الهندية.

أما رد وزير الخارجية الأمريكي أجسون على المبادرة الهندية الثانية في تسوية الأزمة الكورية، فقد جاء مخيبا لأمال نهرو، حيث أكد أجسون أن الولايات المتحدة مساندة قرارات الأمم المتحدة في كبح العدوان المسلح الذي قامت به قوات كوريا الشمالية على نظيرتها الجنوبية، وإعادة السلام والأمن الدوليين. وأكد أيضا أن إمكانية إجراء تسوية سلمية مع حكومة بيونغ يانغ جاءت في ظروف حرجة إلى الأمم المتحدة، وذلك لتغيب مندوب الحكومة السوفيتية لإشغال مقعد حكومة في مجلس الأمن، وذلك لعدم وجود عائق يمنع الحكومة السوفيتية من جلسات مجلس الأمن عند اندلاع الأزمة، كما أشار أجسون إلى ضرورة حضور مندوب الحكومة السوفيتية من حضور مندوبها جلسات مجلس الأمن والمصادقة على قراراته، بالإضافة إلى ذلك فقد أكد

أجسون أن مسألة تمثيل حكومة الصين الجديدة في الأمم المتحدة، يعود إلى أعضاء الأمم المتحدة أنفسهم عن طريق جلسات مجلس الأمن المنعقدة بِشأن البت في مسألة تمثيل الصين.

رد نهرو على جواب أجسون، بأن المقترحات التي تقدمت بها الحكومة الهندية جاءت من أجل إنهاء حالة الإخفاق المتكرر يؤدي إلى تصعيد الموقف العسكري في كوريا، لذلك فقد قدمت الحكومة الهندية بمقترح يقضي قبول عضوية الحكومة الصينية الجديدة في الأمم المتحدة من أجل تسوية الأزمة القائمة في كوريا، وهذا الاقتراح سبق أن رفضه وزير الخارجية الأمريكي، لذلك بعث نهرو برسالة أخرى إلى أجسون، أكد فيها عن رغبة الحكومة السوفيتية في بحث موضوع الأزمة الكورية في حالة قبول حكومة بكين في الأمم المتحدة. وجاء جواب أجسون مؤكدا أن تمثيل حكومة بكين في مجلس الأمم يعد موضوعا قائما بذاته، وليس هناك علاقة مباشرة مع مسألة الأزمة الكورية. كما أشار إلى أن قبول الولايات المتحدة بهذا المقترح سيفسر من قبل الآخرين قبولها بالعدوان حيث كان مصير المبادرة الهندية الثانية الفشل نتيجة إلى الموقف الأمريكي المتشدد تجاه تسوية الأزمة الكورية.

وقد نظرت الحكومة الأمريكية إلى المبادرة السلمية التي تقدمت بها الحكومة الهندية بأنها تؤدي إلى تمادي بعض الأطراف في عدوانيتها من جهة، وأن الولايات المتحدة بحاجة إلى فرض هيمنتها حسب إستراتيجيتها الجديدة من جهة أخرى، عقد الرئيس ترومان اجتماعا مع وزير الدفاع جونسون ورئيس هيئة الأركان الأمريكية برادلي على إثر هذا الاجتماع وجه الرئيس ترومان رسالة إلى الكونغرس الأمريكي في ١٩ تموز ١٩٥٠ تضمنت دعوته

إلى زيادة حجم القوات العسكرية الأمريكية، وذلك من خلال تبنيه لقرار يقضي بعدم تسريح القوات الاحتياطية في الجيش الأمريكي لمدة سنة واحدة. وطلب في الوقت نفسه، من الكونغرس الموافقة على مشروع قرار يدعو إلى رفع جميع المعوقات القانونية المفروضة على القوات العسكرية، مما يؤدي إلى إعلان التعبئة الجزئية للقوات العسكرية الأمريكية من خلال دعوة مواليد سنة (١٩٢٠ - ١٩٢٥) لخدمة الاحتياط، ونتيجة لذلك فقد وافق الكونغرس على القرارات التي تضمنتها رسالة الرئيس ترومان، فضلا عن ذلك فقد وافق الكونغرس على قرار يقضي- رصد مبلغ (١٢٠) مليون دولار من أجل المساعدة العسكرية للأمم المتحدة، بالإضافة إلى ذلك، فقد طلب الرئيس ترومان من الكونغرس المصادقة على تخصيص مبلغ (١٠) ملايين دولار لميزانية الاحتياط، وذلك لزيادة الجيش الأمريكي بعد إعلان التعبئة الجزئية إلى (٢.١٠٢.٠٠٠) مليون جندي وقد حصل على مصادقة الكونغرس بشأن ذلك.

سير العمليات:

وفي ٢٠ تموز أصدر الجنرال ماك آرثر بيانا أعلن فيه بأنه تم نقل الجيش الأمريكي الثامن من اليابان إلى كوريا وتوزيع عناصره وأكد الجنرال ماك آرثر أن الخط النهائي الذي سيقف عنده الأمريكيون سيتعرض للتعديل وستتطلب الفنون العسكرية الانسحاب من بعض المواقع. ومن المؤكد أن الجنرال ماك آرثر بنى خطته على توقعات تناقص قوة جيش كوريا الشمالية كلما توغل نحو الجنوب، مقابل تزايد القوى الأمريكية المدافعة عن بوزان واقترابها باستمرار من مراكز تموينها وكانت قطاعات الجيش الثامن الأمريكي الموجودة في كوريا الجنوبية في تلك الآونة تضم: الفرقة ٢٥، والفرقة ٢٤، وفرقة الخيالة

الأولى (المترجلة)، وعدد من الوحدات المعاونة وكان الأمريكيون يبذلون جهدا لإعادة تنظيم وتسليح قوات كوريا الجنوبية ورفع عددها إلى ٨٥ ألف رجل.

وكانت الإمدادات الأمريكية المتجهة نحو بوزان مكونة من الفرقة الثانية، والفوج ٢٩، والفوج الخامس، ولواء من مشاة البحرية، وأعداد كبيرة من الدبابات والقوات الجوية والبحرية، بالإضافة إلى حركة التفاف واسعة تقوم بها القوات التي كانت تسير بمحاذاة الشاطئ الغربي بعد أن تغير اتجاهها إلى الجنوب الشرقي وتحاول التقدم نحو بوزان من الغرب.

وبدأت العملية الرابعة بهجوم شمالي على كافة المحاور تدعمه حركة أنصار نشيطه خلف العدو على مقربة من خطوط القتال. وحقق الهجوم الشمالي الغربي نجاحا عندما اندفعت فرقة سيئول الثالثة وسددت ضربتها لفرقة الخيالة الأمريكية الأولى المتمركزة في ييونغ دونغ بتاريخ ٢٤ تموز، وسقطت المدينة في مساء اليوم التالي بعد أن طوقتها القوات الشمالية من الجانبين وهددت طريق انسحابها. وصادفت الفرقة الثانية المتقدمة من الشمال الفوج ٢٧ (وولف هاند) وأجبرته على الانسحاب إلى تايجو لإعادة تنظيمه واستمر تقدم القوات السائرة على المحاور الجبلية رغم مقاومة الفرق الجنوبية التي تقهقرت إلى خط يبعد ٤٨ كيلومترا شمالي تايجو.

وكان سير القتال مختلفا على الساحل الشرقي نظرا لاشتراك الأسطول الأمريكي فيه بشكل ملموس وخاصة عند مدينة ييونغ دوك التي احتلتها قوات كوريا الشمالية في ١٧ تموز ثم استعادها الجنوبيون في اليوم التالي بمساعدة مدفعية الطراد جونو وبعض القطع البحرية. وفي يوم ١٩ تموز شن الشماليون هجوما جديدا احتلوا على إثره المدينة، ثم لم يلبثوا أن أخلوها في يوم ٢١

تموز بعد أن هاجمتهم قوات كوريا الجنوبية تدعمها المقاتلات الأمريكية والطراد بلفاست والمدمرات هينغ بي، ومانسفليد، ودي هافن، وسوين سون والطراد جونو.

وفي ليلة ٢١ – ٢٢ أستغل الشماليون الظلام وتعذر استخدام الطيران ومدفعية الأسطول بشكل فعال، وشنوا هجوما عنيفا فر الجنوبيون على إثره من المدينة التي بقيت بيد قوات كوريا الشمالية حتى عادت الفرقة الجنوبية الثالثة لاحتلالها في ٢ آب.

وانطلقت الفرقة الشمالية السادسة بقيادة الفرقة السابعة الجنوبية ومشاة البحرية الجنوبية وبعض الوحدات المحلية. ووصلت في يوم ٢٥ تموز إلى سونتشون الواقعة على طريق بوزان الغربي. وحددت هدفها التالي باحتلال دجيندو دماسان تمهيدا للدخول إلى بوزان الغربي، وحددت هدفها التالي باحتلال دجيندو دماسان تمهيدا للدخول إلى بوزان.

وأدى توالي الانسحاب على كل الجهات وجعل حركات الانسحاب المفاجئة من الملامح المميزة للحرب الكورية. كان هذا الوضع يدفع حكومة سينغمان ري إلى التفكير بالرحيل من تايجو إلى بوزان، ويحطم معنويات القوات المخالفة التي أصبحت تتحدث بسخرية عن (الانسحاب لإعادة تنظيم الخطوط والانسحاب حسب خطة مسبقة).

ففي الأيام العشرة الأولى – من ٥ حزيران إلى ١٥ تموز - دار القتال بين الشماليين والجنوبيين وحدهم، مع دعم جوي محدود بسوء الأحول الجوية وبلغت سرعة تقدم الجيش الشمالي ٩٥ كيلومترا في ١٠ أيام. ثم دار القتال بين الشماليين من جهة والجنوبيين وقوات الجيش الثامن الأمريكي من جهة

أخرى. وكانت النتيجة أن الجيش الشمالي تقدم رغم تعبه، واستنزاف جزء من قواته في المعارك الأولى ودخل الطيران والبحرية على نطاق واسع. واجتاز مسافة ١١٥ كيلومترا خلال ١٨ يوما- من ٦ إلى ٢٣ تموز – وهذا ما دفع الجنرال ماك آرثر لأن يصرح في طوكيو بتاريخ ٢٣ تموز (بأن الحالة في كوريا بلغت درجة التحول. وأنه لا ينبغي على القوات الأمريكية أن تتراجع بعد الآن).

التقدم نحو تايجو:

وصل في هذه الفترة إلى كوريا ٥٠٠٠ ضابط وجندي من اليابان لتكملة ملاكات الفرق الأمريكية وتعويض خسائرها، وتحركت الزوارق تحمل كتيبة دبابات من جزر المحيط الهادي، ووصلت إلى مقربة من بوزان ثم نزلت إلى اليابسة في ٤ آب وأبحرت ٨٠ دبابة بير شينغ من سان فرانسيسكو في ٢٦ تموز وبدأ وصول أفواج الفرقة الثانية وقدمت المجموعة الجوية الخامسة طائراتها الموستانغ وشوتينغ ستار إلى قاعدة تايجو. فغدت قادرة على التحليق فوق الجبهة مدة أطول مما كانت تستطيعه عندما كانت تنطلق من قواعدها في اليابان. وفي ٢ آب وصل إلى بوزان لواء مشاة البحرية الأول (٤٧٢٥ رجلا) بقيادة الجنرال كريغ وكان معه أعداد كبيرة من المدفعية ودبابات بيرشينغ وطائرات الدعم المباشر، بشكل جعل قوته معادلة لقوة فرقة كاملة.

ولقد تابعت القوات الشمالية العاملة على المحور الأوسط تدير ضرباتها الدفاعية القائمة شمال وشمال غربي تايجو. وفي يوم ٢٨ تموز دقت الفرقة ١٥ إسفينا بين الفرقة السادسة الجنوبية والفرقة ٢٥ الأمريكية في منطقة ايشون ري شمال شرق بيونغ دونغ وتعرض الجناح الأيسر لفرقة الخيالة الأولى

لهجمات متكررة. واشتد نشاط العصابات على طريق بوزان- تايجو. وفي ٣١ تموز قطعت عصابات الأنصار الخط الحديدي بوزان – تايجو وعرقلت نقل الإمدادات الأمريكية بين قاعدة التموين الأساسية وخطوط القتال الأمامية والأخطر من هذا كله أنه كان في خط الدفاع الأمريكي جنوب تايجو ثغرة مفتوحة عرضها ٨٠ كيلومترا، تستطيع الفرقتان الشماليتان السادسة والرابعة الاندفاع من خلالها لقطع طريق تايجو – بوزان.

وفي ٢٤ تموز استدعى الجنرال ووكر قائد الفرقة ٢٤ الجديد الجنرال جون تشيرش وأعلمه بان الفرقة الشمالية السادسة تهدد محور دجيندو – هامان – ماسان، وأن فرقة سيئول الرابعة تتحرك على محور كوسان – مودجو – كوتشانغ وأن حركة هاتين الفرقتين المدربتين تهدد الجناح الأيسر للخط الدفاعي كله. وطلب منه مسك المنطقة الدفاعية القائمة بين دجيندو وكيمتشون. ودعمه بالفوج ٢٩.

وحاول الفوج ٢٩ فور وصوله إلى دجيندو الاندفاع نحو الجنوب الغربي باتجاه هادونغ. وما أن وصلت كتيبة المقدمة إلى هادونغ في ٢٧ تموز حتى وقعت في كمين محكم. وانصبت نيران الهاون والرشاشات على الأمريكيين. ولم تستطع بقية قوات الفوج التقدم لإنقاذ كتيبة الطليعة التي انسحبت إلى دجيندو بعد أن خسرت ٣١٧ قتيلا و٥٢ جريحا و٤٠ أسيرا.

ولاحقت الفرقة الشمالية السادسة الفوج ٢٩ المنسحب وطردته من دجيندو ففي ٣١ تموز وأخذت تستعد للحركة نحو ماسان. وتقدمت الفرقة الرابعة في اليوم نفسه شرف كوتشانغ التي كانت قد احتلتها في ٢٩ تموز وأخذت مواضع جديدة تستطيع منها شن هجوم يتجه نحو مؤخرة تايجو، وبقطع كل

اتصال لها مع الجنوب. وأمام هذا الخطر العارم أصدر الجنرال ووكر أمره الشهير (الصمود أو الموت) وسحب الفرقة ٢٥ من المحور الأوسط وأرسلها لتعزيز دفاع الجناح الغربي. ولكن قدوم هذه التعزيزات لم يمنع تقدم الشماليين الذين دفعوا القطاعات الأمريكية إلى ما وراء نهر تاكتونغ (وكان انسحابها إلى الخلف من أجل استعدادها للانسحاب مرة أخرى).

وفي ٢ آب سيطر الشماليون على كيمتشون، ووصف ناطق بلسان وزارة الدفاع الأمريكية الموقف في كوريا بأنه آخذ بالتحسن (ولكنه لا يزال خطيرا) وقال بان من الحماقة أن يظن أحد غير ذلك.

وفي ٥ آب اجتازت القوات الشمالية نهر ناكتونغ في عدة مواقع يدافع عنها الجيش الجنوبي. وكانت قوات كوريا الشمالية قد أتمت استعدادها لهجوم واسع النطاق وعلى كل الجبهات، رغم انقلاب موازين القوى المادية، وتفوق العدو عليها في البر بعد أن كان متفوقا في الجو والبحر.

وكانت غاية الهجمات على الساحل الشرقي، وفي الشمال، والشمال الغربي، والغرب والساحل الجنوبي فتح ثغرة ملائمة والتدفق منها نحو تايجو وبزان والطريق الواصل بينهما.

وأمام عنف الهجمات وتناسقها الزمني، واحتمال فرق الجبهة في كل مكان شكل الجنرال ووكر قوة احتياط عملياتي بقيادة الجنرال كين تضم الفوج ٣٥ من الفرقة ٢٥، والفوج الخامس، ولواء مشاة البحرية الأول. وكلفها بمهمة سد الثغرات التي يفتحها الشماليون في خطوط. ودُعيت هذه القوة باسم (قوة كيف).

وكان القتال على المحور الشرقي عبارة عن سلسلة مطاردة قامت بها القوات الشمالية ضد الفرقة الجنوبية الثالثة. ولكن وجود الأسطول دفع الشماليين إلى مهاجمة الفرقة الثالثة على محورين: محور شمالي (جبهي) تشارك فيه الدبابات. ومحور التف عبر الجبال، وسار ١٠٠ كيلومتر بعيدا عن أخطار مدفعية الأسطول واجتاز قمما ارتفاعها ١٠٠٠ متر وانطلق من كيجي الواقعة في الغرب وانقض على مؤخرة الفرقة الثالثة، وأقام (سدادة استراتيجية) بين ييونغ دوك ويوهانغ في الغرب.

وساء موقف الفرقة الثالثة. وعندما شدد الشماليون التقدم على المحور الساحلي بالدبابات، وحاولت بعض الوحدات الأمريكية التقدم لفك الحصار فصدمت بالسدادة ووقعت في كمين دمرها وأجبرها على التراجع. لم يجد الجنوبيون طريقا للخلاص سوى الانسحاب عن طريق البحر تحت ستارنيران مدفعية الطراد هيلينا.

وانسحبت بقايا الفرقة الثالثة المحطمة بالزوارق الأمريكية إلى ما وراء خطوط القتال لإعادة تنظيمها في كور يونغ وانفتح الطريق أمام القوات الشمالية التي تضم ليها ٢٠٠٠ من رجال العصابات الذين كانوا يختفون في الجبال، وينتظرون قدوم قوات كوريا الشمالية للالتحاق بها ومتابعة العمل معها. وفي ١١ آب حررت هذه القوات يوهانغ. ووقفت تستعد للهجوم التالي باتجاه بوزان.

وفي ٤ آب أنهت فرقة سيئول الرابعة المتمركزة على الضفة الغربية لنهر ناكتونغ استعدادها لعبور النهر وخرق مواقع الفرقة ٢٤ المتمركزة على ضفته الشرقية. وكانت هذه الفرقة قد تلقت من قائدها الجنرال تشيرش أمرا

بالدفاع عن القطاع الغربي دون فكرة التراجع. والصمود إلى آخر لحظة مهما كانت هـذه الهجوم.

وفي منتصف ليلة ٥ - ٦ آب بدأ هجوم فرقة سيئول الرابعة بقيـادة الجـنرال في كوون مـو. واتجهت الضربة نحو البروز الدفاعي الـذي يمـر فيـه الطريق الهـام يونغ زان - ميليانغ. وكان هذا الهجوم يستهدف ضرب الجانب الدفاعي الأيسر، والتغلغل جنوب تايجو وعزلها، وقطع الطريق تـايجو – بـوزان عند ميليانغ، وتقليص خط الدفاع عن بوزان إلى أبعد حد ممكن.

وتم عبور الموجة الأولى من فرقة سيئول الرابعة (٨٠٠ رجـل) سباحة وعـن طريق العوامات. وأقامت هـذه الموجـة رأس جسرـ علـى الضفة الشرقية، وتمسكت رغـم الهجـمات المعاكسـة المحليـة، واندفعت موجات العبور التالية لتصل رأس الجسر، على حين بدأ المهندسون بناء جسور مغمورة.

وحاول الفوج التاسع والفوج التاسع عشر الأمريكيان طرد الشماليين مـن رأس الجسرـ بعـد تعزيزه ولكنهما فشلا في تحقيق هذا الغرض وفي ١٢ آب جمع الجـنرال ووكـر ووحـدات مـن الأفواج ٢٣و٢٧ وشكل قوة خاصة شنت هجمات معاكسة على القوات الشمالية المتمركزة يونغ زان. وفشلـت هجمات ١٤ و١٥و١٧ آب المعاكسة كلها وعجزت عن تطهير رأس الجسر. ولم يستطع الأمريكيون إشراك (قوة كين) في الهجمات المعاكسة نظرا لأنها كانت مشغولة في بادئ الأمر بسد الثغرات عـلى محور الساحل الجنوبي، ثم انسحبت بعض عناصرها وأرسلت لتعزيز الموقف المتدهور على الساحل الشرقي، ووضع اللواء الأول من مشاة البحرية كقوة احتياطية في مليانغ. ثم دفع إلى الشمال بغية تقوية الدفاع على محور يونغ زان – مليانغ وكان خط الدفاع باتجاه الشمال

والشمال الغربي يشكل قوسا يحمي مدينة تايجو تتمركز عليه القوات التالية: فرقة الخيالة الأول (الراجلة) الفوج ٢٧، والفرقتان الجنوبيتان الأولى والسادسة وكانت قوة الشماليين المعدة لمهاجمة هذا القوس هي الفرق: الأولى، والثانية والعاشرة، والثالثة عشرة، والخامسة عشرة، وفرقة سيئول الثالثة، وجزء من الفرقة المدرعة ١٠٥.

وبدأ عبور النهر ناكتونغ في هذه الجبهة في ليلة ٥- ٦ آب. وكانت الضربة الرئيسة موجهة نحو الفرقتين الجنوبيتين اللتين تقهقرتا مسافة كيلومتر على طول النهر ناكتونغ، وانفتحت بذلك ثغرة باتجاه تايجو لم يلبث الفوج ٢٧ الأمريكي أن سدها بمساعدة الفرقة الجنوبية الأولى.

وأصبح محور سانغ دجو - تايجو طريق الهجمات الليلية الشمالية المتكررة. ولقد حاولت فرقة الخيالة الأولى الصمود عند ويك وان. ولكن فرقة سيئول الثالثة عبرت لنهر في ليلة ٥ - ٦ آب. واحتدم القتال وراء ويك وأن وخاصة عند نابودونغ حيث تتمركز قوات كورية جنوبية. وفي يوم ٦ آب تم العبور في كل مكان، وتقدمت القوات الشمالية على حوالي اثني عشر محورا كبيرا وصغيرا. وتراجع الأمريكيون والكوريون الجنوبيين أمام عنف الهجوم الذي لم يكن يملك حتى التفوق العددي البري. وثبتت أقدام الشماليين على الضفة الشرقية للنهر في ٩ آب واتسع عدد نقاط عبورهم الأساسية وصار بوسعهم التقدم نحو تايجو.

ولقد حاولت القوات المتحالفة بعد ذلك شن هجمات معاكسة قوية لإيقاف الهجوم واستعادة المناطق الضائعة على الضفة الشرقية للنهر. واستخدمت في سبيل ذلك الدبابات العاملة مع طائرات الدعم المباشر التي كانت تقصف

المهاجمين بالقنابل والرشاشات. كما استخدمت القصف الجوي بطائرات الدعم الاستراتيجي التي شنت على رؤوس الجسور عند الضفة الشرقية للنهر مئات الغارات العنيفة.

ومع هذا تابع الشماليون التقدم على جميع الجهات. وأصبحت تايجو مهددة بالتطويق من الشمال والجنوب . ولم يبق للحكومة الجنوبية سوى وجود رمزي في المدينة. وفي الساعة الثالثة من صباح ١٩ آب سقطت على تايجو ٦ قنابل قررت الحكومة على تأثرها الانتقال إلى بوزان لتكون بعيدة عن الخطر.

وتقدمت الفرقة الشمالية السادسة العاملة على الشاطئ الجنوبي على محور دجيندجو- هامات – ماسان، وعبرت نهر ناكتونغ في عدة مواقع، ودمرت دفاعات الفرقة ٢٥. وحاولت قيادة الجيش الأمريكي الثامن صد هذا الهجوم بهجوم معاكس انطلق في ٧ آب واشترك به جزء من (قوة كين) يضم لواء مشاة البحرية الأول المدعوم بالفوج ٢٥، وكتيبة المدفعية الأولى من الفوج ٢٥، ووحدات من الفرقة ٢٥، وبدأ تحرك هذه القوات من ميناء شين دونغ تي الواقع على بعد عشرة كيلومترات من ماسان. وتعرضت مؤخرتها خلال المسير لهجوم شنه رجال العصابات التي فاجأت الأمريكيين ودمرت الفلول المنسحبة من الفوج ٢٤ الاحتياطي. وسقط الفوج الخامس في كمين كبده خسائر فادحة وأجبره على العودة إلى النسق الثاني، وتقديم لواء مشاة البحرية للسير في المقدمة.

ومن المؤكد أن طيران الدول المتحالفة لعب دورا لا ينكر في التخفيف من حدة الهجمات وسرعة اندفاعها وأجبر قوات كوريا الشمالية على أن يأخذ الليل لباساً ويستغل ساعات الظلام أو سوء الأحوال الجوية لإجراء التحركات

والتجمعات وعلاوة على تأثير السلاح الجوي المباشر في مسارح العمليات فقد كان له تأثير غير مباشر جاء من الضربات الموجهة إلى الأهداف الإستراتيجية والمصانع والتجمعات السكنية ومختلف مراكز الإنتاج.

سير العمليات العسكرية:

أخذ الجنرال ووكر قائد الجيش الثامن يطلب التعزيزات باستمرار من الجنرال ماك آرثر الـذي بعث إلى واشنطن البرقية تلو البرقية مطالبا بالدعم السريع وإلا ألقى الشماليون بقواته في البحر. وكان القائد الأعلى لقوات الأمم المتحدة قد بعث لهيئة الأمـم في ١٧ آب تقريـرا ناشـد فيـه الـدول إرسـال قواتها البرية التي وعدت بها، وأكد أن القوات البرية العاملـة عـلى خطـوط القتال أمريكيـة – كوريـة جنوبية فقط. وأن القوات الجوية – البحرية تضم وحدات مـن ثماني دول فقط هي: الولايات المتحدة وبريطانيا، وكندا، واستراليا، وهولندا، ونيوزيلنـدا، وكرويـا الجنوبيـة وعملـت بحريـة الـدول المتحالفـة وبحرية الولايات المتحدة بصورة خاصة كل ما في وسعها لمساعدة القوات الموجـودة في قطاع بـوزان وإمدادها وتموينها. وأمنت تسيير القوافل اليومية المعرفة باسم (الكرة الحمراء) التي كانت تمون بوزان بالماء وبالغذاء وبالإمدادات الواردة من بوكوهاما إلى ماسيبو ثم إلى بوزان. بدأ عمـل (الكرة الحمراء) يوم ٢٣ تموز وكانت مدة الرحلة ٦٠ – ٧٠ ساعة، ثم تحسنت طاقة خط القوافل وارتفعت ٣٠٨ أطنان في آب إلى ٩٤٦ طنا في ٢٥ من الشهر نفسه.

ولقد حملت هذه القوافل كل متطلبات القتال من ذخائر ومحروقات ومؤن، ونقلت الأسلحة الهامة، كالمدافع الثقيلة و الدبابات المتوسطة شيرمان. ودبابات بير شينغ، ودبابات بـاتون. وفي نهاية آب كان عدد الدبابات الأمريكية عمل

الأرض الكورية ٥٠٠ دبابة بالإضافة لـ ٣٠ دبابة خفيفة للاستطلاع. ولم يقتصر على القوافل على الإمداد والتموين بل مارست دورها الكامل في عمليات الإخلاء.

وهكذا تدعمت القوات المتحالفة ونشرت على خطها الدفاعي ما يعادل ٥ فرق أمريكية فوجا مستقلا تضم أكثر من ١٠٠ ألف رجل (وتعادل ١٠ - ١٢ فرقة كورية) و٨ فرق جنوبية وكان مجمل القوات الشمالية المستعدة للقيام بالعملية الخامسة ١٣ فرقة مشاة وفرقة مدرعة وبعض الوحدات المستقلة وتقدر كلها بحوالي ٩٨ ألف رجل ثلثهم من الجنود الجدد الذين تطوعوا بعد بدء القتال وكانت قيادة هذه القوات بيد الجنرال كيم شايك الذي حل محل الجنرال شاي يونغ.

وأعلن المتحدث العسكري باسم قيادة الجنرال ماك آرثر أن الولايات المتحدة بحاجة لـ ٢٢ فرقة للدفاع عن الجبهة التي يبلغ طولها ٢٢٠ كيلومترا، والتي خرقها الشماليون وتغلغلوا خلفها في ٢٣ آب عند نقطة تبعد ٢٤ كيلومترا شمال تايجو كما اخترقوها قبل ذلك في نقطة تقع على مسافة ٢١ كيلومترا جنوبي تايجو.

وفي ٢٤ آب شن الشماليون (الفرقتان ١٢ و١٥) هجوما على فرقة النمر الجنوبية المدافعة على محور الشاطئ الشرقي واندفعوا للاستيلاء على يوهانغ التي كانت القوات الأمريكية والكورية الجنوبية وقد استعادتها بمساعدة الطائرات والأسطول واستمر التقدم على هذا المحور رغم نيران القصف البري والجوي وتم الاستيلاء على يوهانغ من جديد في ٦ أيلول ثم تابعت القوات المهاجمة تقدمها فاستولت على آتغ آنغ واتجهت على محور آنغ آنغ - كيونغ دجو حيث

اصطدمت بالفرقة ٢٤ والفيلق الجنوبي الثاني، ووقفت على مسافة ٧ كيلومترات شمالي كيونغ دجو استعدادا للتقدم نحو بوزان.

وشنت قوات المحور الشمالي هجومها باتجاه تايجو ودفعت الفرقة الجنوبية الأولى وفرقة الخيالة الأمريكية الأولى إلى مسافة ١١ كيلومترا من تايجو. وغدت تايجو في يوم ٥ أيلول مهددة بالسقوط. وتسلل حوالي ٥٠٠ رجل عصابات إلى المدينة واختفوا بانتظار اللحظة المناسبة لقنص العدو. الأمر الذي دفع القيادة الأمريكية بعد يومين إلى الانسحاب من تايجو إلى بوزان.

وبدأت الفرقتان ٦و٧ هجومها على المحور الجنوبي الغربي باتجاه ماسان – بوزان أكثر من ٥٠ كيلومترا. وكانت المعارك عند هذا المحور عنيفة إلى حد بعيد وتبادل الطرفان بعض المرتفعات الهامة ١٣ مرة عندها سحب الجنرال وولكر الفوج ٢٧ بقيادة العقيد ميشاليس من الجبهة الشمالية ودفعه إلى جبهة ماسان لدعم دفاعها.

وحاول هذا الفوج تدعيم الدفاع بشكل ديناميكي، فشن هجوما معاكسا على طول الشاطئ، وتقدم ٣٠ كيلومترا. وكانت كتيبة الطليعة متقدمة إلى الأمام مع دباباتها. عندما فوجئت برمايات رشاشات وهاونات ومدافع مضادة للدبابات تنصب على مؤخرتها ومجنباتها. وانقطع أي اتصال بين مركز الفوج وكتيبة الطليعة التي وقعت في كمين دمرها دون أن يستطيع الفوج ٢٧ أو الفوج ٣٥ الموجود إلى الشمال إنقاذها.

ولقد كانت جميع هجمات نهاية آب والنصف الأول من أيلول مترابطة متناسقة تتم على الجبهة وخلف خطوط القتال، وتختلط فيها الحرب النظامية مع حرب العصابات وعملية القنص وكانت القوات المتحالفة تتعرض عند نهر

ناكتونغ لضغطين دائمين ضغط قوات كوريا الشمالية الراغبة في العبور، وضغط عصابات الأنصار العاملة لقطع طرق المواصلات وإزعاج مقرات القيادة.

ولم يكن أي هجوم من الهجمات منفصلا عن الآخر. ولم تستطع القيادة الأمريكية تتمييز أي محور عن المحاور الأخرى. الأمر الذي فقد إمكانية المبادأة. وأجبرها على أخذ موقف صد الضربات، دون شن أية ضربة كبيرة حاسمة.

الإنزال الأمريكي:

طلب الجنرال ماك آرثر من حكومته زيادة القوة العسكرية الأمريكية، من أجل القيام بهجوم عسكري مضاد ضد قوات كوريا الشمالية لأعادتها إلى خط العرض (٣٨°) حيث جاء ذلك في قوله: (إني أطلب بشدة أن يعاد النظر في حاجتي إلى فرقة مشاة ... بحرية حيث أن وجودها يعد ذا أهمية كبرى من أجل تحقيق النصر).

وافقت وزارة الدفاع الأمريكية البنتاغون على وضع فرقة مشاة البحرية الأولى المتمركزة على الساحل الأمريكي الغربي تحت تصرف الجنرال ماك آرثر. ولقد بلغ عدد هذه الفرقة بعد إكمال نواقصها بجنود احتياطيين وببعض كوادر فرقة مشاة البحرية الثانية المتمركزة على الساحل الأمريكي الشرقي، وبعد استدعاء كتيبتي مشاة بحرية من أسطول البحر المتوسط حوالي ٢٦ ألف رجل مجهزين بأحدث الأسلحة والمعدات.

ووقع اختيار قائد الدول المتحالفة على ميناء انتشوف الواقع على مسافة ٢٠ كيلومترا مـن سيئول لعدة أسباب أهمها:

١.   أنها كانت ميناء كبيرا، فهي الميناء الثاني في كوريا الجنوبية.

٢.   قربها من سيئول (العاصمة التاريخية لكوريا) ومطارها الهام كيمبو.

٣.   وقوعها على طريق تموين قوات كوريا الشمالية الممتدة من الشمال إلى الجنوب.

٤.   الرأي السائد بأن هذا الميناء لا يصلح لعملية إنزال كبيرة الأمر الذي قد يبعد عنه الأنظار ويؤمن المفاجأة التامة في حالة الإنزال.

وكانت خطة الإنزال تلخص بإنزال موجتين تضم أولاهما الفرقة الأولى مشاة البحرية المكلفـة بالنزول في انتشوف والتقدم للاستيلاء على مطار كيميو وسيئول،وتضم الموجـة الثانيـة الفرقـة السـابعة الأمريكية التي تتقدم بعد وصولها إلى اليابسة باتجاه أوسان لتأخذ مواقعها على خطوط تموين القوات الشمالية وأطلق على هاتين الفرقتين اسم (الفيلق الأمريكي س) الـذي سـمي فيمـا بعـد باسـم الفيلـق العاشر. ووضع تحت قيادة الجنرال إدوارد الموند رئيس هيئة أركان حرب الجنرال ماك آرثر وكلفت (القوة السابعة المشتركة الخاصة) البحرية المؤلفة من ٢٤٠ زورقا للنقل والتموين والإنزال و ٦٠ مركبا حربيا من بينها ٧ حاملات طائرات و ٦ طرادات وعـدد كبيـر مـن المدمرات. للاشـتراك بهـذه العمليـة وتأمين نقل قوات الإنزال ودعمها وإمدادها.

وحاولت القيادة الأمريكية تضليل الشماليين لتحقيق المفاجأة بالمكان فقررت شـن هجمـات جوية قوية على كونزان وشين نام بو، وقصف سامنشوك بمدفعية الأسطول. ولكنها لم تكـن قـادرة علـى تحقيق المفاجأة بالزمان. لأن

طبيعة المد والجزر تفرض إجراء الإنزال في انتشوف بتاريخ ١٥ أيلول أو ١١ تشرين الأول أو ٣ تشرين الثاني.

ولقد اعترض الجنرال كولنز في اجتماع ٢٣ آب على عملية انتشوف لأن الإنزال سيكون بعيدا جدا عن مؤخرة قوات كوريا الشمالية بحيث لا يؤثر عليها تأثيرا قويا. واقترح إجراء الإنزال في ميناء كونزان الذي نقل فيه الموانع الطبيعية وأيده في ذلك الجنرال شيرمان رئيس هيئة أركان العمليات البحرية.

وفي يوم ٢٩ آب وافقت هيئة أركان الحرب الأمريكية المشتركة على العملية. وتحركت ٣٠٠ سفينة حربية من الأسطولين الأمريكي والبريطاني في الشرق الأقصى تحمل قوة مؤلفة من ٥٠ ألف رجل (فرقة مشاة البحرية الأولى، وفرقة المشاة السابعة، ولواء هندسة خاص، ووحدات من مشاة البحرية الكورية الجنوبية، ووحدات من الدول المتحالفة) وتدعمها أكثر من ١٠٠ طائرة واتجهت نحو انتشوف. وكان مجموع هذه القوة يحقق تفوقا على القوة المدافعة يعادل عشرة إلى واحد.

وبدأت العملية بأعمال التشتيت والتضليل والخداع. وتعرضت كوتزان لهجمات جوية عنيفة منذ ٩ أيلول وأغارت عليها بعد ٣ أيام قوات من مشاة البحرية الجنوبية تؤيدها الطائرات. وضربت سامتشوك في ٤ أيلول وتعرضت جزيرة وولمي منذ ١٠ أيلول للقصف البحري والجوي.

وفي صباح يوم ٥ أيلول أنزلت القوات الأمريكية مشاة البحرية على أرض الجزيرة المدمرة، وتبع موجات المشاة عدد من الدبابات قاذفة اللهب والدبابات المتوسطة والبلدوزرات، واصطدم المهاجمون بمقاومة عنيفة استمرت حتى الظهيرة.

وفي الساعة ٤.٤٥ من بعد ظهر اليوم نفسه ركزت كل الطرادات والمدمرات وسفن الصواريخ والطائرات بنيرانها على مواقع الدفاع عن الميناء وشنت الطائرات غاراتها على ارتال الإمداد المتدفقة إلى انتشوف. وبعد قصف تمهيدي دام ٤٥ دقيقة تقدمت قوات الإنزال المحملة بمشاة البحرية بآن واحد نحو شواطئ انتشون شمالي جزيرة وولمي وتم إنزال المشاة والدبابات والبلدوزرات على ١٥ موجة. واستخدمت الموجات الأولى المتفجرات والبدوزرات لفتح الثغرات في جدار الشاطئ وتسهيل تقدم الدبابات. ولكنها اصطدمت بمقاومة قوات كوريا الشمالية.

واستمرت معركة انتشوف طوال يوم ١٦ لم يقتصر الإنزال الأمريكي على انتشون، بل قامت القوات المتحالفة بإنزال محلي تكتيكي في كونزان على الشاطئ الغربي، وإنزال مماثل آخر في شانغ دونغ الواقعة على ١٦ كيلومترا شمالي بوهانغ (الشاطئ الشرقي). وكان من المحتمل أن ينقلب إنزال كوزان من إنزال محلي يستهدف التشتيت إلى إنزال أكبر يستهدف مؤخرة قوات كوريا الشمالية. ولكن نجاح عملية انتشوف وتهديد المؤخرات البعيدة أفقده كثيرا من أهميته.

أما إنزال شانغ دونغ الذي اشترك به ٨٠٠ رجل من فوج ميريانغ الكوري الجنوبي المتخصص بحرب العصابات فقد كان يستهدف تخفيف الوطأة عن يوهانغ، وضرب خطوط تموين القوات الشمالية، ونسف الجسور وسد الطرق من الشمال لمساعدة الفرقة الجنوبية الثالثة خلال هجومها على يوهانغ من الجنوب. ولقد نجحت قوات هذا الإنزال بالنزول إلى اليابسة حيث تعرضت لهجوم معاكس شمالي قتل جزء كبير منها وأجبر الجزء الآخر على الانسحاب

بحرا في ١٨ أيلول تحت حماية مدفعية الأسطول الأمريكي المكلفة بقصف الشاطئ الشرقي.

معركة سيئول:

بينما كانت مشاة البحرية الكورية الجنوبية مشغولة بتطهير شوارع انتشوف، اندفعت مشاة البحرية الأمريكية على محورين: محور يتجه نحو مطار كيمبو – الواقع على بعد ١٠كم جنوب غربي انتشوف ومحور يتجه على طريق انتشوف سيئول. وفي ليلة ١٧ – ١٨ أيلول سقط المطار بيد القوات الأمريكية بعد معركة اشتركت فيها الطائرات ومدافع الأسطول. وصار بوسع قوات الإنزال الإفادة من طائرات الدعم المباشر العاملة من المطارات الأرضية بدلا من طائرات الأسطول وفي ١٩ أيلول هبطت أول طائرة نقل C - ٥٤ في المطار. ثم تلتها ٣٥ طائرة من طراز فيرشيلد – ١١٩ حاملة العتاد والآليات. وتم بعد ذلك إنشاء جسر جوي بين اليابان وكوريا بمعدل طائرة كل ٨ دقائق. وارتفعت قدرة هذا الجسر بعد ذلك حتى غدت طائرة كل ٦ دقائق.

واستطاعت الفرقة السابعة النزول إلى البر بدون عقبات في يوم ١٧ أيلول على حين أخذت زوارق النقل تنزل الإمدادات والأسلحة الثقيلة والآليات على أرصفة الميناء. واعتقدت القيادة الأمريكية أن بوسعها الآن احتلال سيئول بسرعة وقطع الطريق ومحاصرة كافة القوات الشمالية المقاتلة في الجنوب.

ووصلت طلائع فرقة مشاة البحرية الأولى إلى يونغ دونغ بو في ١٨ أيلول واجتازت نهر هان بالمصفحات البرمائية. ولكن المقاومة على طريق انتشون – سيئول لم تنقطع. وتابعت القوات المدافعة عن الطريق شن هجماتها المعاكسة الليلية وضرب القوافل رغم تجاوز القوات الأمريكية. الكورية الجنوبية

(٢٥ ألف رجل) لها وتقدمها نحو الشرق. وفي يوم ٢٠ أيلول وصلت تلك القوات إلى أبواب سيئول واعتقد أنه سيدخلها في اليوم التالي. ولكن عنف المقاومة أجبره على الوقوف ومحاولة إجراء الخرق من الشرق والغرب ولم تستطع القوات الأمريكية دخول ضواحي المدينة إلا في ٢٤ أيلول الأمر الذي أجبر قيادة ماك آرثر على استخدام الطيران بشكل كثيف، وجذب الفرقة ١٧ الكورية والفوج ٣٢ من الفرقة السابعة الأمريكية، لدعم الهجوم.

القتال على الجبهة الجنوبية:

ما أن تحققت القيادة العليا في طوكيو من نجاح إنزال الفيلق العاشر حتى قررت البدء بالهجوم بقوات الجيش الثامن لحصر الشماليين (بين المطرقة والسندان). وكانت القوات المتحالفة المحصورة في قطاع بوزان مقسمة إلى فيلقين: الفيلق الأول بقيادة الجنرال ميلبورن، ويدافع عن جزء من جبهة تايجو الشمالية - حيث كانت مهمة الدفاع عن الجزء الآخر ملقاة على عاتق الكوريين الجنوبيين - والفيلق التاسع بقيادة الجنرال كولتر ويدافع عن الجبهة الجنوبية.

وبدأ الهجوم الواسع في يوم ١٦ أيلول بعد إعدادات كبيرة وقصف مدفعي وجوي - بحري عنيف. وكانت خطة الشماليين تتلخص بإجراء قتال تراجعي مرن. والانتقال من خط دفاعي إلى خط دفاعي بغية عرقلة تقدم الجيش الثامن ومنعه من الاندفاع بسرعة نحو خط العرض (٣٨°) ريثما يتم سحب قوات كوريا الشمالية إلى شمال البلاد وإعادة تنظيمه وإعداده.

ولقد لاقت الفرقة الجنوبية الثالثة المتقدمة على طول الشاطئ الشرقي مقاومة عنيفة عند نهر هيونغ سان. ولم تستطع عبوره في يوم ١٨ أيلول إلا بفضل مدافع السفن الحربية وخاصة البارجة ميسوري. وحققت هذه القوة تقدما

في بعض النقاط. واتجهت نحو ميناء يوهانغ الـذي سـقط في يـوم ١٩. ثـم تابعـت تقـدمها عـلى طـول الشاطئ الشرقي وراء الفرقة الشمالية الخامسة المنسحبة وكان هدف تقدمها الاتصال بوحدات الإنـزال التي نزلت عند سامتشوك في يوم ٢٠ أيلول.

وصادفت قوات الفيلق الأول الأمريكي مقاومة عنيدة على طريق تايجو – سيئول ولم تستطع التغلب على مقاومة مفارز المؤخرة الشمالية واحتلال ويك وان إلا بعد معركة عنيفة دامت ٣ أيام. وفي ليلة ١٩ – ٢٠ سحبت قيادة قوات كوريا الشمالية الفرقتين السادسة والسابعة الموجودتين أمام الفيلـق التاسع في أقصى الجنوب وأمرتها بالتوجه إلى الشمال عبر الجبال.

وقام جيش كوريا الشمالية بانسحاب ديناميكي. وشن خلاله هجمات معاكسـة قويـة منعـت الأمريكيين من أخذ المبادأة وإجراء المطاردة بسرعة وبقي الوضع غامضا أمام القيادة الأمريكيـة حتـى يوم ٢٢ أيلول، الذي أصدر فيه الجنرال ووكر أمرا بشن هجوم عـام، وتحقيق خـرق عميـق في خطـوط الشماليين، والتغلغل داخل البلاد لمطاردة المنسحبين على طرق: بوهانغ – يـانغ يـانغ، وكيونغ دجو – تشون تشون وكيمشون تشونغ دجو – سيئول ويدجون – سوفون – سيئول. مع التركيـز عـلى عمليـة قطع خطوط مواصلاته ومحاولة الالتقاء مع قوات الفرقة السابعة (من الفيلق العاشر) التـي انـدفعت إلى الجنوب على طريق سيئول – ديدجون.

وفي يوم ٢٤ أنسحب الشماليون من سونغ دجو وتابعتهم القوات الأمريكيـة حتـى ديـدجون ودخلتها في يوم ٢٨ أيلول. وكان تقدم الأمريكيين على المحور الغربي الأيسر أكبر سرعة. إذ تقدمت قوة مدرعة من الفرقة المدرعة

الأمريكية الأولى مسافة ١٦٨ كيلومترا. والتقت مع طلائع الفرقة السابعة قرب سوفون في يوم ٢٦ أيلول. ولكنها أغلقت الطوق على فراغ إذ كانت الفرق الشمالية المتمركزة على نهر ناكتونغ قد أنهت انسحابها باتجاه الشمال الشرقي.

وبذلك تراجعت قوات كوريا الشمالية إلى خط العرض (٣٨°). وبمناسبة تحقيق النصر العسكري السريع للقوات الأمريكية، أرسل الرئيس ترومان برسالة تهنئة بهذه المناسبة إلى الجنرال ماك آرثر، أوضح فيها عن سروره بالنصر الذي حققته القوات الأمريكية، حيث جاء في رسالته (أنا مسرور جدا بالنصر الذي حققته على العدو بلغ تحياتي إلى كل ضباط القوات الأمريكية وانقل لهم تهاني كل الشعوب الحرة).

وقد كان رأى بعض أعضاء الحكومة الأمريكية والذي من بينهم جورج كينان مستشار وزير الخارجية الأمريكي للشؤون السوفيتية، بعد هزيمة قوات كوريا الشمالية، هو عدم اجتياز تلك القوات خط العرض (٣٨°) وذلك بسبب احتمالية الاصطدام العسكري مع الاتحاد السوفيتي أو الصين، من أجل مساعدة حكومة كوريا الشمالية.

لكن التحذيرات التي قدمها كينان بشأن تطورات الموقف في كوريا، في حالة عبور القوات الأمريكية لخط العرض (٣٨°)، لم تلق الاهتمام الكافي من الرئيس ترومان، حيث أعطى مصادقته للجنرال ماك آرثر بعبور قواته خط العرض المذكور ومنحه الصلاحيات التي تخوله في اتخاذ أية خطوة تؤدي إلى تسليم قوات كوريا الشمالية. وقد أكد الرئيس ترومان أن حكومته قدمت مقترحا إلى حكومة بيونغ يانغ يقضي بضرورة التسليم غير المشروط لقواتها، وفي الوقت نفسه أكدت الحكومة الأمريكية أنها في حالة رفض حكومة بيونغ يانغ

شروطها الداعية إلى التسليم غير المشروط بأنها تستخدم الوسائل العسكرية من أجل إجبار حكومة بيونغ يانغ على قبول مقترحاتها. وبالرغم من تصميم الولايات المتحدة عبور خط العرض وإجبار قوات كوريا الشمالية على الاستسلام، بشكل خاص بعد رفضها لدعوة الحكومة الأمريكية للاستسلام غير المشروط، فقد سعت الحكومة الأمريكية للبحث عن غطاء دولي مبرر لاجتيازها خط العرض (٣٨°)، وذلك لان هذه المسألة سياسية تحتاج إلى قرار من مجلس الأمن، ومن أجل تحقيق هدفها فقد عرضت قضية عبور خط العرض إلى الجمعية العامة للأمم المتحدة وذلك لتجنب معارضة الحكومة السوفيتية في مجلس الأمن ضد أي قرار تتقدم به الحكومة الأمريكية لعبور خط العرض(٣٨°)، حيث أن الجمعية العامة لم تناقش المقترح الأمريكي إلا في تشرين الأول ١٩٥٠ ومن جهة أخرى فقد أعرب السفير الكوري ميون في واشنطن عن وجهة نظره التي تتفق مع وجهة نظر الحكومة الأمريكية، والتي تدعو إلى إلغاء خط العرض (٣٨°) الذي يعد خطا فاصلا بين شطري كوريا، وأبدى موافقته على المقترحات التي تقدمت بها الحكومة الأمريكية إلى الأمم المتحدة القاضية بتوحيد شبه الجزيرة الكورية وإقامة حكومة موحدة فيها، وقد جاء ذلك في حديثه (أننا لا نوافق على شريعة خط العرض حدا لتقسيم البلاد سياسيا وعسكريا واقتصاديا.

يتضح من ذلك أن تبني الحكومة الأمريكية قرارا بتوحيد شبه الجزيرة الكورية باستخدام القوة العسكرية، يعد منافيا للقرارات والتصريحات التي أصدرتها الحكومة الأمريكية وعلى رأسها تصريحات الرئيس ترومان في كبح عدوان كوريا الشمالية وإعادة تلك القوات إلى خط عرض (٣٨°).

وكان من آثار القرار الذي تبنته الحكومة الأمريكية، القاضي بعبور قواتها العسكرية خط العرض (٣٨°)، وهو احتجاج الحكومة السوفيتية الذي جاء على لسان وزير خارجيتها فيشنسكي الذي حاول منع الحكومة الأمريكية من عبور قواتها خط العرض، وذلك لأن عبور القوات العسكرية لذلك الخط سيجعل منها قوات معتدية على أراضي كوريا الشمالية، وقد أكد فيشنسكي وجهة نظر حكومته التي تؤكد أن المحاولات التي تقوم بها الحكومة الأمريكية، والتي تهدف إلى جر الأمم المتحدة في محاولة توحيد كوريا بالقوة يناقض موقفها السابق، والذي دفعها لإرسال قواتها العسكرية إلى شبه الجزيرة الكورية، ومن أجل منع توحيدها بالقوة في أواخر شهر حزيران الماضي وأن مثل هذه المحاولة الأمريكية ستؤدي إلى مضاعفة المقاومة من جانب حكومة كوريا الشمالية، الذي يؤدي بدوره إلى زيادة حدة التوتر في المنطقة ويهدد السلام والأمن العالميين بالخطر.

غير أن المحاولة السوفيتية الرامية إلى تهدئة الوضع من أجل عدم تفاقم الأزمة الكورية، قد باءت بالفشل، وذلك لإصرار الحكومة الأمريكية على موقفها لعبور خط العرض (٣٨°) من أجل تفويت الفرصة على قوات كوريا الشمالية المنسحبة وراء خط العرض، من أن تأخذ ملجأ لها لإعادة تنظيم تلك القوات للهجوم مجددا ، حيث أعلن ذلك المندوب الأمريكي أوستن في ٣٠ أيلول ١٩٥٠ في قوله (لن يسمح للقوات المعتدية باتخاذ أي ملجأ لها وراء خط العرض(٣٨°).

ومنعا لانتشار الحرب خارج حدود كوريا، قام وزير الخارجية السوفيتي فيشنسكي بمحاولة أخيرة لإنهاء الأزمة الكورية. حيث قدم عدة مقترحات للأمم

المتحدة من ضمنها انسحاب القوات الأمريكية من كوريا، وذلك لإعطاء الفرصة للشعب الكوري في تسوية مشاكله الداخلية، وإجراء انتخابات عامة لكوريا من أجل إقامة دولة موحدة، بالإضافة إلى ذلك فقد أكد فيشنسكي ضرورة تشكيل لجنة دولية تضم في عضويتها الاتحاد السوفيتي وجمهورية الصين الشعبية للأشراف على إجراء الانتخابات، علاوة على ذلك سوف ينظر مجلس الأمن قبول دولة كوريا الموحدة في عضوية الأمم المتحدة. غير أن هذه المقترحات قد رفضتها الجمعية العامة للأمم المتحدة، بتأثير الحكومة الأمريكية.

وفي ٧ تشرين الأول ١٩٥٠، صادقت الجمعية العامة على تبني المقترح الأمريكي بشأن التسليم غير المشروط لقوات كوريا الشمالية، حيث أكدت اتخاذ كل الخطوات المناسبة لتأمين شروط الاستقرار في كوريا.

وحملت موافقة الأمم المتحدة بطياتها السماح للقوات الأمريكية لعبور خط العرض، وهذا ما كان يعول عليه المندوب الأمريكي للحصول على تأييد الأمم المتحدة وذلك من أجل تامين موقفها تجاه الحكومة السوفيتية، بعدم عدها دولة معتدية في توسيع نفوذها في كوريا.

عبور خط (٣٨°):

وفي ١ من تشرين الأول اجتازت الفرقة الثالثة الجنوبية من الفيلق الأول خط العرض (٣٨°) جنوبي يانغ يانغ، واندفعت مع ٣٠ ضابطا أمريكيا على طول الشاطئ الشرقي نحو وونسان. وبعد ربع ساعة من هذا الخرق أعلن الجنرال ماك آرثر بيانا أذيع من طوكيو وسيئول أنذر فيه جمهورية كوريا الديمقراطية الشعبية ودعاها إلى الاستسلام، وإطلاق سراح الأسرى من القوات المتحالفة وحمايتها وتموينهم، ووعد بتأمين الأسرى الشماليين معاملة عادلة.

واجتازت فرقة الكابيتول الجنوبية خط العرض وراء الفرقـة الثالثـة في يـوم ٢ تشريـن الأول. وكان تقدم هاتين الفرقتين المدعوم بنيران الأسطول والطيران الأمريكيين سريعا يعـادل ٢٤ كيلـومترا في اليوم نظرا لانسحاب القوات الشمالية من هذا المحور واتجاهها إلى منطقـة الجبـال الوسطى في قلب كوريا الشمالية استعدادا لتشكيل الجبهة الثانية وشن حرب طويلة الأمد.

ووصلت قوات الفيلق الجنوبي الأول إلى كوسونغ في ٣ تشرين الأول ثم تقدمت حتى مشارف وونسان حيث اصطدمت مع حامية الميناء في ٨ تشرين الأول بدأت طائرات القوات المتحالفة استخدام مطار وونسان لنقل المؤن والإمدادات، على حين تابعت القوات البرية تقدمها باتجـاه هونغ نـام التـي دخلتها في ١٥ تشرين الأول.

وبدأت حركة الفرقة الجنوبية السادسة والفيلق الجنوبي الثاني (الفرقتـان السـابعة والثامنة) متأخرة عدة أيام. وكان محـور تقـدمها يتجـه نحو المثلث الحديدي حيـث يوجـد عـدد مـن المـدن الصناعية، وعقد المواصلات البرية الهامة ولاقت هذه القوات خلال تقدمها مقاومة عنيدة تغلبت عليها بفضل دعم الطيران ولم تستولِ على المثلث الحديدي إلا في ١٣ تشرين الأول وانحرفت فرقة الكابيتول بعد ذلك نحو الغرب باتجاه بيونغ يانغ على حين توقفت الفرقتان ٧ و ٨ في مدينة بيونغ كانغ.

وتقدم الجيش الثامن على المحور الغربي في ٧ تشرين الأول واستولى علـى كيسـونغ ولكنـه لم يجتز خط العرض (٣٨°) إلا بعد أن تلقى الأوامر من واشنطن (بالمضيـ قدما إلى الشـمال). وفي يـوم ٩ تشرين الأول تم دخول الأراضي الشمالية وسط جو من التفاؤل بعد استبعاد احتمال اشتراك الصين

الشعبية في الحرب. فلقد اتخذ القادة الأمريكيون في طوكيو القرار بالسير حتى نهر (بالو).

وانطلق الفيلق الأمريكي الأول الذي ضم الفرقة الأمريكية السابعة وفرقة الخيالة الأمريكية الأولى، والفرقة الكورية الجنوبية الأولى وبعض الوحدات البريطانية والأسترالية. وكان محور تقدمه سيئول - بيونغ يانغ. ولقد احتل كومتشون في ١٥ أيلول. ولكن المقاومة الشمالية العنيفة أجبرته بعد ذلك على السير ببطء شديد ولم يتقدم داخل أراضي جمهورية كوريا الشمالية حتى منتصف تشرين أكثر من ٣٠ كيلومترا.

وزاد من بطء تقدم الجيش الثامن نقص القوات المهاجمة بعد سحب الفيلق العاشر (الفرقتان السابعة ومشاة البحرية الأولى) لوضعهما في الاحتياط بالإضافة إلى قلة الإمدادات التي أخذت تتناقص بسبب انشغال جزء كبير من الأسطول بنقل الفيلق العاشر بحرا من انتشون لإنزاله في ميناء وونسان على الساحل الشرقي ودفعه بعد ذلك لمهاجمة بيونغ يانغ من الشرق وفق محور طريق وونسان - بيونغ يانغ العرضاني، في الوقت الذي يقوم به الجيش الثامن بمهاجمة العاصمة من الجنوب.

ولم تلاق فكرة ماك آرثر الخاصة بسحب الفيلق العاشر إلى وونسان قبولا لدى أركان الجيش الثامن، كما لم يرحب الجنرال أوليفر سميث قائد فرقة مشاة البحرية الأولى والجنرال دافيدبار قائد الفرقة السابعة وكانت اعتراضاتهم على الخطة تتلخص فيما يلي:

١. أن سحب هذه القوة سيؤخر المطاردة.

٢. أن لدى الفيلق العاشر قطاع عمل جيد لمهاجمة بيونغ يانغ من الجنوب الغربي.

٣. بطء عملية النقل والإنزال واحتمال وصول قوات كوريا الجنوبية إلى وونسان بـرا قبـل وصـول الفيلق العاشر إليها عن طريق البحر.

٤. أن ميناء وونسان ومعظم أجزاء الشاطئ الشرقي مليئة بالألغام البحرية.

٥. عدم توفر كاسحات الغام كافية لدى الأسطول.

واصطدم الأمريكيون عند مدخل ميناء وونسان بحقول ألغام تتألف مـن ١٥٠٠ لغـم. وهـي أكبر حقول الغام بحرية في التاريخ فلجؤوا إلى استخدام قنابل الطائرات لتفجير هـذه الألغام. وفي يـوم ١٣ تشرين الأول دخلت فرقة المشاة الجنوبية الثالثة ميناء وونسان قبل أن تنتهي البحرية الأمريكيـة فتح الثغرات وإعداد الإنزال واقتحام الميناء. وبقي جنود فرقة مشاة البحرية الأولى عـلى زوارقهـم، ولم يدخلوا الميناء إلا في يوم ٢٦ تشرين الأول.

وعلى إثر الانتصارات التي حققتها القوات الأمريكية والقوات الحليفة معها ونتيجـة عبورهـا خط العرض (٣٨°)، وتراجع قوات كوريا الشمالية إلى الحدود الكورية – الصينية، وبغية الحصـول عـلى أدق المعلومات وأسرعها بشأن الموقف الجديد من الجنرال ماك آرثر، فقد توجـه الـرئيس ترومـان إلى جزيرة ويك الواقعة في المحيط الهادي، بعقد اجتماع على الصعيد الشخصي مع الجنرال ماك آرثر، عـن حصوله على موافقة الرئيس ترومان لاستمرار تقدم القوات العسكرية حتى إنهاء مقاومة العدو، فضلا عن ذلك فقد أكد الرئيس ترومان إلى مـاك آرثـر، في ذلـك الاجـتماع إلى ضرورة سحب قـوات الجيش الثامن الأمريكي الموجودة في كوريا إلى قواعدها في اليابان، بعد إكمال مهمة توحيد كوريا، من

أجل إقامة الانتخابات المزمع إجراؤها بعد إتمام توحيد كوريا. كما أكد الجنرال ماك آرثر للرئيس ترومان استبعادها تدخل كل من الاتحاد السوفيتي والصين في الحرب الكورية.

معركة بيونغ يانغ:

وبالرغم من سحب الفيلق العاشر من القوات العاملة على المحور الغربي كسونغ بيونغ يانغ فقد تابعت قوات الجيش الثامن تقدمها نحو بيونغ بانغ. وكان طول رتل القوات المتقدمة (الفرقة ٢٤ الأمريكية، وفرقة الخيالة الأولى، والفرقة الجنوبية الأولى، واللواء البريطاني ٢٧) حوالي ١٠٠ كيلومتر من الآليات المتلاحقة واحدة تلو الأخرى. وتابعت قوات الفيلق الثاني الكوري الجنوبي في الوقت نفسه التقدم على المحور الأوسط وفي ١٧ تشرين الأول كان وضع القوات المهاجمة الأساسية كما يلي:

- فرقة الخيالة الأولى في هوانغ دجو على بعد ٣٤ كيلومترا جنوب بيونغ يانغ.
- الفرقة ٢٤ الأمريكية ومعها لواء بريطاني في هايد جو على بعد ١٠٣ كيلومترات جنوب بيونغ يانغ. وقرب نامبو الميناء الواقع على بعد ٣٥ كيلومترا جنوب غرب بيونغ يانغ.
- الفرقة الأولى الجنوبية على مسافة ٣٧ كيلومترا جنوب شرق بيونغ يانغ.
- الفرقة الثامنة الجنوبية على مسافة ٦٦ كيلومترا شرق بيونغ يانغ.

وفي يوم ١٩ تشرين الأول انقضت فرقة الخيالة الأولى والفرقة الأولى الجنوبية على الجزء الجنوبي للمدينة على حين تقدم البريطانيون والأستراليون من الغرب على طريق نامبو – بيونغ يانغ- ونسف الشماليون الجسور على نهر

ديدونغ لعرقلة تقدم القوات المتحالفة ونظموا الدفاع على الضفة الشمالية للنهر، وانسحبت الحكومة من المدينة التي هدم الطيران المعادي معظم منشآتها واتجهت إلى كانغ غي لمتابعة القتال وإعداد الصدمة المعاكسة الحاسمة.

وأمام عنف المقاومة عن العاصمة وتعذر اجتياز نهر ديدونغ لجأ الجنرال ووكر إلى استخدام فوج المظلات الأمريكي ١٨٧ لقطع الطريق وراء بيونغ يانغ، في يوم ٢٠ تشرين الأول قامت ١٢٠ طائرة نقل بإسقاط الفوج (٤١٠٠ رجل) مع سياراته الخفيفة ومدافعه عديمة التراجع وعدد من آليات النقل على مسافة ٤٠ كيلومترا شمالي بيونغ يانغ. وكانت مهمة الموجة الأولى احتلال أرض الهبوط وأعدادها. وجاءت الموجة الثانية لاحتلال سوكتشوف وسونتشون، أما الموجتان الثالثة والرابعة فكانتا لإنزال المعدات الثقيلة والمدافع والهاونات وسريا الاحتياط . وفي الساعة الخامسة من بعد ظهر هذا اليوم تم احتلال مدينتي سوكتشون وسونتشون، ولكن هذا الإنزال المظلي لم يقدم أية فائدة تكتيكية رغم نجاحه التقني.

وبعد سقوط العاصمة بيونغ يانغ استمر تقدم القوات الأمريكية إلى الحدود الشمالية من كوريا المحاذية إلى حدود الصين، وبشكل خاص على مقربة من نهر يالو فقد أكدت التقارير التي رفعها الجنرال ماك آرثر إلى مجلس الأمن تؤكد تسلم قوات كوريا الشمالية المساعدات من خلف الحدود الكورية- الصينية، كما أشارت تلك التقارير إلى وجود أعداد كبيرة من القوات الصينية المتحشدة بالقرب من حدود منشوريا الفاصلة بين الصين وكوريا. حيث عد وجود تلك القوات الصينية مؤشرا إلى احتمالات تدخل تلك القوات الصينية بالحرب الكورية، وهذا ما أكدته التقارير المرفوعة إلى مجلس الأمن الذي أرسله

الجنرال ماك آرثر في ٥ تشرين الثاني ١٩٥٠، أكد فيه تدخل القوات الصينية في الحرب الكورية، مما أدى إلى تغير ميزان القوى في الحرب الكورية على إثر تدخل الصين في الحرب الكورية.

التدخل الصيني في الحرب الكورية (١٩٥٠ - ١٩٥١):

دوافع التدخل الصيني في الحرب:

سعت الولايات المتحدة إلى العمل جاهدة من أجل إقامة علاقات ودية مع الدول الآسيوية وذلك بعد خروجها من الصين خاصة، الذي أدى إلى خسارتها لمصالحها الحيوية نتيجة إقامة حكومة صينية على النمط الشيوعي وذلك لفشلها في إبداء المساعدة الضرورية إلى الحكومة الصينية السابقة برئاسة كاي شيك في أحكام سيطرتها على مقاليد الحكم في الصين خلال اندلاع الحرب الأهلية الصينية عام ١٩٧٤ - ١٩٤٩.

ولتنفيذ هذه السياسة الأمريكية الجديدة الرامية إلى عدم التدخل في الشؤون الداخلية للصين بشكل خاص ومنطقة الشرق الأقصى بشكل عام، فقد تم الإعلان عن هذه السياسية من خلال إعلان الرئيس ترومان في ٥ كانون الثاني ١٩٥٠، أن الحكومة الأمريكية لا تتطلع للحصول على مكاسب وامتيازات خاصة بها في جزيرة فرموزا، التي لجأ إليها رئيس حكومة الصين السابقة شيان أو أي جزء من الأرض الصينية الأخرى، وأكد الرئيس ترومان أيضا أن حكومته لن تسعى للحصول على امتيازات خاصة بإقامة قواعد عسكرية أمريكية في الجزيرة أو استخدام قواتها العسكرية للتدخل في النزاع القائم في الصين.

ومن أجل تعزيز هـذا التوجـه الجديـد في سياسـة الإدارة الأمريكيـة، فقـد تمـت الإشـارة إلى التصريح الذي أعلنه وزير الخارجية الأمريكي أجسون في ١٢ كانون الثاني ١٩٥٠، الذي أكد فيـه اهـتمام حكومته بتحقيق المصالح الأمريكية في هذه المنطقة من خـلال إعلانـه عـن خـط الـدفاع الـدائم لأمـن الولايات المتحدة، حيث استبعد أجسون من هذا الخط كل من جزيرة فرموزا وشبه الجزيـرة الكوريـة، وأكد بأن حكومة الولايات المتحدة، غير مستعدة للتورط باي شكل مـن الأشكال بتقديم الحماية لهـذه المناطق المبعدة من الخط الدفاعي الدائم من أي عدوان خارجي.

وقد شجع هذا التغير في الموقف الأمريكي بسياستها تجاه الصين، الحكومة الصينية الجديـدة على تصعيد مستوى علاقاتها الدبلوماسية مع الاتحاد السوفيتي، حيث أعلن الرئيس الصـيني مـاو عـن عزمه للقيام بزيارة الاتحاد السوفيتي. وبالفعل فقد قام مـاو في مطلـع شـهر شـباط ١٩٥٠، بزيـارة إلى موسكو حيث كان الهدف من هذه الزيارة إجراء الحوار المباشر مع رئيس الـوزراء السـوفيتي جوزيـف ستالين من أجل تنشيط العلاقـات بـين البلـدين الجـارين. وقـد أسـفرت هـذه المحادثـات عـن توقيـع معاهدة التحالف السوفيتية – الصينية في ١٤ شباط ١٩٥٠، حيـث وقـع هـذه المعاهـدة مـن الجانـب السوفيتي وزير الخارجية فينشكي وعن الجانب الصيني نظيره شوان لأي وقد حـددت هـذه المعاهـدة بعشرين سنة، حيث أكدت هذه المعاهدة في الفقرة الأولى منهـا بتعهـد الطـرفين عـلى المحافظـة عـلى وحدة أراضي الطرف الآخر، وعدم انضمام أية دولة من الدولتين إلى تحالف موجه ضد الدولة الأخـرى، بالإضافة إلى ذلك اتفق الجانبان على تقديم المساعدات العسكرية المباشرة في حالة حدوث عدوان على كلا الطرفين وفي حالة نشوب الحرب، بالإضافة إلى ذلك فقد نصت الفقرات

الأخرى على ضرورة تطوير العلاقات والتعاون الاقتصادي بين البلدين وتقديم المعونات الاقتصادية والمساعدات المالية إلى الصين.

وقد كان لتوقيع معاهدة التحالف السوفيتية - الصينية أثر مباشر على الموقف الأمريكي تجاه الصين، حيث أخذت الحكومة الأمريكية تسعى إلى عزلة الحكومة الجديدة في الصين وعدم الاعتراف بها حكومة شرعية للصين، وذلك عن طريق توطيد علاقاتها بنظام شيان في جزيرة فرموزا والاعتراف به نظاما شرعيا للصين. وبشكل خاص ما أعلنت حكومة بكين عزمها لتحرير الجزيرة، وذلك من خلال إعلان التعبئة العامة في صفوف قوات جيش التحرير الصيني في آذار ١٩٥٠. حيث قام الجنرال جين يوسي قائد الجيش الثالث الصيني. بأعداد خطة هجوم برمائي لتحرير جزيرة فرموزا من سيطرة شيان.

وعلى إثر التحالف الصيني – السوفيتي واستعداد الصين لتحرير جزيرة فرموزا، صادقت الحكومة الأمريكية على تقديم المساعدات العسكرية والاقتصادية إلى قوات شيان حيث تم المصادقة على مبلغ (٧٥) مليون دولار تحت برنامج مساعدة الصين. وعلى الصعيد نفسه صادفت الحكومة على زيادة عدد ضباط البعثة العسكرية الأمريكية إلى جزيرة فرموزا الذي تجاوزت البعثة أكثر من (٣١٢) ضابطا مع (٢٥) دبابة عسكرية أمريكية. وهذا ما ظهر في تصريحات المسؤولين الأمريكيين والرئيس ترومان نفسه في تطبيق سياسة عدم التدخل في الشؤون الداخلية للصين.

وقد شكل اندلاع الحرب الكورية نقطة تحول في سياسة الولايات المتحدة، حيث أخذت تعمل على تطبيق سياسة مغايرة لما اتبعته خلال الأشهر السابقة لاندلاعها وبصورة علنية فقد أعلن الرئيس الأمريكي ترومان في ٢٧

حزيران ١٩٥٠ عن ربط مشكلة فرموزا بقضية الحرب الكورية، حيث أعلن الرئيس ترومان عن السياسية الرامية إلى تجميد جزيرة فرموزا من خلال إصداره أوامره إلى قيادة الأسطول البحري الأمريكي السابع المتواجد في المحيط الهادي للتوجه إلى مضيق فرموزا، وقد أكد الرئيس ترومان على أن أوامره هذه كانت من أجل أقلمة النزاع عن طريق حصره في شبه الجزيرة الكورية، ومنع توسيع النزاع إلى منطقة أخرى وبشكل خاص بين كل من حكومة بكين ورئيس الحكومة الصينية السابقة شيان المتواجد في جزيرة فرموزا كما الرئيس ترومان على أن سيطرة القوات الشيوعية على جزيرة فرموزا يعد تهديدا مباشرا للسلام في منطقة المحيط الهادي، مما يؤدي إلى تأثيره على مهمات القوات الأمريكية في المنطقة، وفي ختام تصريحه تطرق إلى المستقبل السياسي للجزيرة الذي ربطه بتوقيع معاهدة التسوية مع اليابان أو إحالة القضية إلى هيئة الأمم المتحدة.

وعلى صعيد آخر، كان لعقد معاهدة التحالف الصينية - السوفيتية من جهة ومعارضة الولايات المتحدة بشأن المصادقة على تمثيل حكومة الصين الشعبية في مجلس الأمن التابع للأمم المتحدة من جهة أخرى، سببا مباشرا في نشاط الدبلوماسية السوفيتية في مجلس الأمن وتبنيها لمسألة عدوان الولايات المتحدة على أراضي الصين في منطقة منشوريا، ومحاولة الولايات المتحدة في فصل جزيرة فرموزا عن الصين. الذي أصبح يفسر بحد ذاته على انه تدخل في الشؤون الداخلية للصين وحلفائها، حيث أعلنت الحكومة السوفيتية على لسان مندوبها ماليك في مجلس الأمن عن مناصرتها للصين باعتبارها تتعرض لهجمة عدوان أمريكية، وذلك من خلال إصدار الرئيس الأمريكي ترومان في ٢٧حزيران ١٩٥٠ ، أوامره إلى قيادة الأسطول البحري الأمريكي السابع

بالتوجه إلى فرموزا. ووصف المندوب السوفيتي في مجلس الأمن، أن أمر الرئيس الأمريكي ما هو إلا عملية تمهيدية من أجل الاستيلاء على جزيرة فرموزا، ولا سيما بعد إرسال الجنرال ماك آرثر مجموعة من الضباط بمثابة مستشارين عسكريين إلى قوات شيان الموجودة في جزيرة فرموزا.

وقد أكد المندوب السوفيتي مآليك بهذا الشأن ضرورة احترام اتفاقية كل من القاهرة وبوتسدام فيما يتعلق بعودة جزيرة فرموزا إلى الصين، التي تهدف إلى ضرورة عودة الأراضي التي استولت عليها اليابان من الصين على إثر هزيمة الأخيرة في بداية الحرب العالمية الثانية، فقد تقرر في المؤتمر ضرورة عودة كل من جزيرة فرموزا ومنطقة منشوريا إلى الصين بعد هزيمة اليابان في الحرب العالمية الثانية.

وفي الوقت نفسه، فقد حذر ماليك الحكومة الأمريكية من مغبة إصرارها لتأسيس حكومة في فرموزا مستقلة عن الحكومة المركزية في الصين عن طريق الأمم المتحدة أو عن طريق رئاسة الأركان الأمريكية المشتركة في الشرق الأقصى، فقد أوضح ماليك بأن هذا العمل سيفسر بأنه محاولة فصل الجزيرة عن الصين، وانتهاكا لوحدة أراضيه بيد أن الولايات المتحدة لم تهتم إلى الاحتجاجات التي أطلقتها الحكومة السوفيتية عن طريق مندوبها في مجلس الأمن. فقد أخذت الحكومة الأمريكية بالاستمرار بتقديم المساعدات العسكرية والمالية إلى قوات شيان ومساندته ضد حكومة الصين الجديدة في بكين.

وتنفيذا للسياسة الجديدة للولايات المتحدة في منطقة الشرق الأقصى، فقد قام الجنرال ماك آرثر بزيارة إلى جزيرة فرموزا في ١٣ تموز ١٩٥٠، حيث ناقش خلالها مع الجنرال شيان إمكانية إشراك القوات العسكرية في الحرب

الكورية. وقد تم الاتفاق بين الجنرال شيان عن الإعلان في ختام الزيارة، التوصل إلى اتفاقية بشان الدفاع عن الجزيرة في حالة تعرضها إلى عدوان خارجي وقد برر الجنرال ماك آرثر زيارته هذه في رسالة بعث بها إلى جمعية المحاربين الأمريكيين في ٢٨ آب ١٩٥٠، أوضح فيها أن زيارته لم تكن تحمل طابعا سياسيا شخصيا وإنما الهدف منها توسيع المصالح الأمريكية وحمايتها من خلال مد النفوذ الأمريكي في منطقة الشرق الأقصى والرامية إلى تطويق جزر المحيط الهادي من أجل حمايتها من الغزو الشيوعي. وأكد في رسالته أيضا أهمية جزيرة فرموزا الإستراتيجية في الحفاظ على أمن جزر المحيط الهادي، بعدها قاعدة حيوية يمكن السيطرة من خلالها على جزر المنطقة كافة، كما أكد في رسالته هذه ضرورة الحفاظ على جزيرة فرموزا من مغبة سقوطها بأيدي قوات حكومة بكين الجديدة وأنه سيكون بمثابة دق إسفين في خط الدفاع الأمريكي لجزر اليابان وقد ظهرت موجة احتجاجات ضد تلك الزيارة أدت إلى تحويل الجزيرة من وضعها القائم على الحياد إلى حالة جرها إلى داخل صراع إقليمي وجر الصين إلى التدخل في الحرب الكورية. وقد دفعت تلك الاحتجاجات الرئيس الأمريكي ترومان إلى إرسال مبعوثه الشخصي افريل هاريمان للتشاور مع الجنرال ماك آرثر حول دوافع الزيارة إلى جزيرة فرموزا وتفاصيلها.

وعلى الصعيد نفسه، فقد أثارت زيارة الجنرال ماك آرثر لجزيرة فرموزا حفيظة حكومة بكين، حيث دفعت وزير الخارجية الصيني شوان لاي في ٢٠ آب ١٩٥٠، إلى أن بعث رسالة إلى مندوب السوفيتي في مجلس الأمن ماليك والأمين العام للأمم المتحدة ترغفلي، أوضح فيها أن حكومته تدين موقف الحكومة الأمريكية الذي يهدف إلى دفع الصين وتحريضها في دخول الحرب

الكورية وإعاقة عملية السلام. وتضمنت رسالته المشتركة أيضا، التأكيد ضرورة حضور ممثل عن حكومته لحضور جلسات مجلس الأمن الخاصة لمناقشة القضية الكورية.

وفي ٢٤ آب ١٩٥٠ أرسل وزير الخارجية الصيني شوان لاي برسالة إلى مجلس الأمن آدان فيها العدوان العسكري الأمريكي المباشر ضد الصين وكان دليل شوان لاي على هذا العدوان هو إدانة قرار الرئيس الأمريكي ترومان في ٢٧ حزيران ١٩٥٠ ووجود الوحدات العسكرية الأمريكية في جزيرة فرموزا. وقد دعا شوان لاي في رسالته إلى ضرورة العودة إلى مقررات مؤتمري القاهرة وبوتسدام بشأن عودة الجزيرة إلى الصين. والعمل بالوسائل المتاحة لإتمام انسحاب جميع القوات العسكرية الأمريكية التي قامت بالعدوان على وحدة أراضي الصين.

وإزاء التوتر الذي سببته رسالة الجنرال ماك آرثر إلى جمعية المحاربين الأمريكيين لحكومة واشنطن، لكونها احتوت على مضامين سياسية، حيث أكد ماك آرثر برسالته بشكل فعلي أن الصين عدو الولايات المتحدة الأول في منطقة الشرق الأقصىـ. وقد سعى الرئيس الأمريكي ترومان إلى تخفيف الصدمة التي سببتها تلك الرسالة، فقد بعث الرئيس ترومان برسالة إلى المندوب الأمريكي في الأمم المتحدة اوستن في ٢٨ آب ١٩٥٠، حيث احتوت هذه الرسالة على بعض الضمانات المقدمة إلى الصين، حيث أكدت رسالته أن الولايات المتحدة لن تنتهك حرمة الأراضي الصينية، وأن قيام الحكومة الأمريكية بإصدار القرارات الخاصة بجزيرة فرموزا، جاء بسبب وجود النزاع بين أعضاء الحكومة الصينية السابقة الموجودة في جزيرة فرموزا، وبين حكومة بكين، وإعلان حكومة بكين

الأمريكية لخط العرض (٣٨°) ودخولها أراضي كوريا الشمالية سيؤدي إلى جر الصين للتدخل في الحرب الكورية، وأن القوات الأمريكية ستواجه مقاومة عنيفة.

لكن التصريحات الصينية لم تثن عزم الولايات المتحدة عن تحقيق خططها بتوجيه ضربة عسكرية إلى قوات كوريا الشمالية، فقد وافقت الأمم المتحدة على مشروع القرار الذي تقدم به المندوب الأمريكي، لذلك وصلت القوات الأمريكية إلى الحدود الكورية - الصينية القريبة من منطقة منشوريا علاوة على ذلك فقد أخذت الطائرات الأمريكية بطلعات جوية فوق الأراضي الصينية منتهكة بذلك الأجواء الصينية حيث أخذت هذه الطائرات بزيادة عدد الغارات الجوية التي بلغت اكثر من (٨٣) غارة جوية في شهر تشرين الثاني.

ولم يكن للتحذيرات التي أطلقها شوان لاي أي أثر في إيقاف تقدم القوات الأمريكية لعبور خط (٣٨°) . في الوقت نفسه، أخذت القيادة الموحدة بتقديم المبررات التي دعتها إلى التقدم باتجاه الحدود الكورية - الصينية، وهي إيجاد منطقة عازلة بين الحدود الكورية - الصينية، وفي ٢٦ تشرين الأول ١٩٥٠ أعلن مركز القيادة الموحدة لقوات الأمم المتحدة إلى إرسال تقرير إلى الأمم المتحدة تطلب فيه السماح للقوات بالتقدم إلى الحدود الجنوبية للصين، وذلك لإقامة منطقة عازلة على طول نهر يالو من خلالها تستطيع منع وصول المساعدات إلى كوريا الشمالية وقد وافقت الأمم المتحدة على هذا الطلب.

وقد بدأت احتمالات التدخل الصيني عند عبور القوات الأمريكية والقوات الحليفة معها خط العرض (٣٨°)، حيث أعلنت حكومة بكين عن أن تقدم القوات الأمريكية يعد تهديدا خطيرا لمنطقة منشوريا الجنوبية بالنسبة

للصين، ودعت الحكومة الشعب الصيني للوقوف في مساندة الشعب الكوري ضد تقدم القوات الأمريكية، وأرسلت قوات من المتطوعين للعمل في صفوف الجيش الشعبي الكوري من أجل حماية حدود الصين وأراضيها.

حيث أكد مركز القيادة الموحدة لقوات الأمم المتحدة أن بوادر التدخل الصيني أصبحت وشيكة وذلك من خلال الأسرى الصينيين الذين تم أسرهم في الأيام التي سبقت التدخل الصيني والذين أكدوا أن أعدادا كبيرة من الوحدات العسكرية الصينية اجتازت الحدود الكورية الصينية بعد يوم واحد من الإعلان الذي أدلى به الجنرال ماك آرثر عند لقائه بالرئيس ترومان في جزيرة ويك والذي أكد للرئيس أن الصين سوف تواجه مذبحة كبيرة إذا تدخلت في الحرب الكورية.

سير العمليات:

ففي يوم ٢٥ وبينما كانت الفرقة الثالثة الجنوبية المنطلقة من هونغ نام تتقدم باتجاه خزان دجونغ جين، تعرضت وحدات هذه الفرقة لهجوم شنته القوات الكورية – الصينية عند سادونغ الواقعة على مسافة ٦٠ كيلومترا شمال غرب هونغ نام. وعرفت قيادة الفرقة الثالثة الجنوبية أن الفرق ١٢٤و ١٢٥و١٢٦ من الجيش ٤٢ الصيني من الجيش الميداني الرابع عبرت نهر يالو في أواخر شهر تشرين الأول واتجهت نحو الجنوب الشرقي باتجاه خزان دجونغ جين.

ولم تأخذ غالبية القيادة الأمريكية هذا الخبر بحجمه الحقيقي، ولم تر حقيقة الموقف، وبقيت خاضعة للأوهام الخاصة بعدم احتمال وقوع أي تدخل صيني جدي وبضخامة العتاد الأمريكي، والتفوق الجوي البحري القادر على سحق أي تدخل.

وبالرغم من الصدمة العنيفة التي تلقتها الفرقة الجنوبية الثالثة فقد رأى الجنرال الموند بعد نزول جميع قوات الفيلق العاشر إلى اليابسة أن عليه متابعة التقدم نحو الشمال الغربي وقطع الطرق أمام انسحاب قوات كوريا الشمالية باتجاه الحدود المنشورية، واحتلال هانغ نام وهام خانغ وجميع محطات القوى الكهر- مائية، وكافة الموانئ في شمال شرق كوريا. وقرر استخدام فرقة مشاة البحرية الأولى لتطهير منطقة وونسان – هونغ نام. ولكن وصول فرقة المشاة الأمريكية الثالثة جعله يعدل خطته، ويقرر استخدام فرقة مشاة البحرية الأولى على محور هونغ نام- خزان دجونغ جين لأخذ مكان الكوريين الجنوبيين ودفع الفيلق الأول الكوري الجنوبي على طول الشاطئ حتى الحدود الكورية – الصينية – السوفيتية، وعدم إنزال الفرقة السابعة في وونسان ودفعها إلى مدينة هييسان على نهر يالو خاصة بعد أن رفع الجنرال ماك آرثر قرار خطر استخدام قوات غير كورية قرب الحدود الشمالية للبلاد وبعد أن ألغيت كافة القرارات السابقة الخاصة بالوقوف على مسافة ٦٥ كيلومترا جنوب خط الحدود.

وكان الجنرال الموند حتى تلك اللحظة واثقا من النصر رغم تبعثر قواته وانتشارها على جبهة عريضة، ورغم ظهور قوى جديدة أمام جبهته. ولقد صرح لأركان حرب فرقة مشاة البحرية الأولى في ٣٠ تشرين الأول بقوله : (عندما ننتهي من تصفية هذا الموقف تقوم قوات كوريا الجنوبية بباقي الأعباء، وسوف نسحب قواتنا من كوريا).

ونزلت قوات الفرقة السابعة الأمريكية في ميناء ابوون بتاريخ ٢٩ تشرين الأول ولم يبقى عليها سوى أن تتقدم مع الفيلق الأول الكوري الجنوبي على طول الشاطئ الشرقي حتى حدود منشوريا.

وجاءت الصدمة الرئيسية في الجبهة الوسطى ضد الفرقة السادسة من الفيلق الثاني الكوري الجنوبي المتقدمة على محور ساكدجو. فلقد وقعت كتيبة منها في كمين محكم نصبته القوات الكورية- الصينية خلف الفوج السابع الجنوبي فأبيدت الكتيبة الجنوبية عن آخرها، وتعرض الفوج السابع لصدمة قوية وحاول الصمود خلال النهار بمساعدة الطيران ولكنه انهار تحت عنف الضربات واضطر إلى الانسحاب ليلا ولم ينجُ من قوته البالغة ٣٥٥٢ سوى ٨٧٥ رجلا.

وفي أقصى الغرب تعرض اللواء البريطاني ٢٧ عند دجونغ دجو لصدمة قوية في ٣٠ تشرين الأول فأعادته قيادة الفيلق إلى الخلف ودفعت الفوج ٢١ من الفرقة ٢٤ إلى الأمام، ولكنها لم تلبث أن أمرته بالانسحاب نظرا لوجود هجوم مضاد قوي فتراجع إلى وراء نهر تشونغ تشونغ.

وأخذ الهجوم الكوري – الصيني مع مطلع تشرين الثاني شكلا كاسحا اتسعت الثغرة من انهيار الفيلق الكوري الجنوبي الثاني. وكانت للقوات الكورية – الصينية تحرق الغابات الموجودة على السفوح الجنوبية للهضاب لتخفي حركاتها وراء ستار من الدخان، وتسدد للعدو ضربات مفاجئة وتحاول الاندفاع من الثغرة المفتوحة في وسط الجبهة لتتقدم بعد ذلك باتجاه الجنوب الشرقي والجنوب الغربي بغية تطويق الفيلق الأمريكي الأول في الغرب.

وهكذا كانت العملية الأولى صدمة قوية قامت بها قوات كورية – صينية من الجبهة الأمامية بالتعاون مع قوات الجبهة الثانية تلاها انسحاب غامض مثير للقلق ولقد طبقت القوات الكورية – الصينية خلال هذه الصدمة على أفضل وجه الخطة الإستراتيجية التي وضعها الجنرال كيم ايل سونغ خلال

فترة الاستعداد للهجوم المضاد. وتتلخص هذه الخطة للمرحلة الثالثة كلها: بإيقاف العدو عند الخطوط التي وصل إليها واستغلال حالة الاستنزاف التي وصل إليها وبدء فصل الشتاء القاسي. وشن هجوم مضاد واسع النطاق بقوات جديدة كورية - صينية لطرد العدو جنوب خط العرض (٣٨°) بالتعاون مع قوات الجبهة الثانية الكورية العاملة على مؤخرة العدو. أما خطة العملية الأولى من هذه المرحلة فكانت تتمثل بالدفاع الديناميكي عن القسم الشرقي من الجبهة. والقيام بخرق عميق في الجبهة الوسطى تليه حملة تطويق وإبادة في المنطقة الواقعة شمال نهر تشونغ تشونغ في القسم الغربي من الجبهة.

واستطاعت القوات الكورية - الصينية في العملية الأولى إيقاف كل تقدم في الشرق وطرد العدو في الوسط والغرب. وفتح ثغره بين صفوفه وقتل وأسر ٢٢٨٠٠ رجل من قواته. وكانت تطبق خلال القتال أسلوب الضربات الليلية المفاجئة، والتسرب بعمق وراء خطوط العدو لتدمير مقرات قيادته، وقطع خطوط مواصلاته، ونصب الكمائن لوحداته المتحركة وقوافله. ولقد اعترف أحد ضباط الفيلق الأول الأمريكي بمهارة هذه القوات وقدرتها التكتيكية الرائعة واتقانها لأسلوب الإيقاع بقوافل الآليات بقوله: (فهم يدمرون السيارة الأولى والأخيرة. ثم يعمدون إلى مواجهة بقية القافلة بعد تعطيلها عن التقدم. ومنعها من الرجوع إلى الخلف).

ولم تستطع القوة النارية الكبيرة التي تملكها القوات المتحالفة إيقاف أية هجمة من الهجمات. وعجزت المدفعية والطائرات عن عرقلة الزحف في الأراضي الجبلية المشجرة ولم تساعد على تماسك الجبهة ومنع التقهقر الذي ما كان ليتوقف لولا توقف الكوريين - الصينيين اللاإرادي.

وفي مساء يوم ٢٤ تشرين الثاني بلغ متوسط تقدم الجيش الثامن حوالي ١٦ كيلومترا. وكانت الفرقة ٢٤ تشق طريقها مسرعة نحو دجونغ دجو، على حين وصلت الفرقة الثانية إلى كاغانغ دونغ. ولكن الفيلق الثاني الجنوبي المنطلق من دوكتشون، والمتقدم عبر منطقة جبلية وعرة اصطدم بمقاومة عنيدة ولم يحقق تقدما كافيا. وكان هذا التأخر يعني كشف النجاح الأيمن للفرقة الأمريكية الثانية. وزاد من خطورة هذا الموقف أن القوات الكورية – الصينية أخذت مواقعها بين دوكتشون وهيتشون.

وفي ليلة ٢٥- ٢٦ تشرين الثاني انطلقت قوات الشماليين من دوكتشون وأخذت تضرب جوانب ومؤخرات القوات المتحالفة، على حين اندفعت قوات أخرى إلى الجنوب عبر الثغرة القائمة بين الفرقة الأمريكية الثانية والفيلق الكوري الجنوبي الثاني وسددت القوات الشمالية المجابهة للفرقتين الجنوبيتين ٧و٨ من الفيلق الثاني ضرباتها بعنف وقوة فمزقتها وجعلتها عبارة عن (وحدات هائمة بدون قيادات تولي الأدبار نحو الجنوب). وقامت قوات أخرى بهجوم على الساحل الغربي جنوب أونسان ضد الفرقة ٢٥ الأمريكية والفرقة الأولى الجنوبية وأجبرتهما على التراجع وهددت بتطويق الفرقة ٢٤ الأمريكية. وهذا ما دفع الجنرال ووكر إلى سحبها مسافة ٥٠ كيلومترا من دجونغ دجو إلى ما وراء نهر تشونغ تشونغ.

وذهل الجنرال ماك آرثر من عنف هذا الهجوم الذي حطم جناح الجيش الثامن الأيمن. فأعلن من طوكيو بأن الأمم المتحدة تتعرض (لحرب جديدة تماما) وأن الهجوم المفاجئ قد (مزق آماله العظيمة) في إنهاء الحرب الكورية.

وتابعت القوات الكورية_الصينية تقدمها نحو الجنوب. وكان الجنرال ووكر يأمل بالوقوف عند بيونغ يانغ _ وونسان ولكن المهاجمين اخترقوا دفاعات الجيش الثامن عند سونغ تشون الواقعة على طريق بيونغ يانغ وونسان الأمر الذي أجبر ووكر على متابعة الانسحاب إلى الجنوب خوفا من التطويق. فبدأ بإخلاء بيونغ يانغ في ٣ كانون الأول. حيث دخلتها القوات الكورية_الصينية في ٩ كانون الأول.

وفي ٢٦ كانون الأول تم تحرير هايرجو. وتوقفت القوات الكورية_ الصينية عن المطاردة استعدادا للجولة الثانية. ووجه الجنرال تشونة إلى القوات المتحالفة أنذرا نهائيا ذكر فيه ضرورة الانسحاب الكامل من كوريا الشمالية وانتهت مرحلة من مراحل عذاب الجيش الثامن. وتوقف انسحابها الطويل الذي خسر خلاله ٣٦ ألف رجل من بينهم ٢٤٠٠ أمريكي. بالإضافة إلى مقتل الجنرال ووكر قائد الجيش الثامن نفسه والذي سقط مع ٨٠ من أعوانه في كمين نصبته مفرزة استطلاع شمالية على الطريق جنوب دجين كوك ري من مقاطعة ريون تشون في يوم ٢٣ كانون الأول.

وفي يوم ٢٨ تشرين الثاني انقضت القوات الكورية_الصينية على مواقع الأمريكيين في يودا مري وسين هونغ ري فدمرتها، وكانت قوات أخرى قد تغلغلت إلى مؤخرات المدافعين عبر الجبال الوعرة وقطعت طريق يودا مري هاغال أوري وفي ليلة ٢٨-٢٩ تشرين الثاني تعرضت هاغال أوري لهجوم قوي يستهدف الاستيلاء على مطارها. كما تعرضت توري في الليلة الثالثة لهجمات متكررة.

واستمر ضغط القوات الكورية_الصينية على القوس الدفاعي. وتخلت الفرقة الثالثة عن أوروري في يوم ١٤ كانون الأول. ثم لم تلبث هام هونغ أن سقطت بعد يومين. وبدأ الهجوم العام على الميناء. وتقلص القوس الدفاعي الذي تشغل الفرقة السابعة قطاعه الشمالي وتشغل الفرقة الثالثة قطاعه الغربي. ثم انسحبت الفرقة السابعة تاركة مهمة تغطية الانسحاب على عاتق الفرقة الثالثة، وأخذ الأمريكيون يدمرون كل ما في الميناء من منشآت وأرصفة. ويحرقون المؤن والتجهيزات. وانتهت عملية الإخلاء في ٢٤ كانون الأول واستطاع الأسطول خلال ١٣ يوما نقل ١٠٥ ألف رجل من الفيلق العاشر و١٩ ألف لاجئ مدني و١٧٥٠٠ سيارة و٣٥٠ ألف طن من المواد والمعدات.

وبسقوط وونسان وهونغ نام انتهى وجود الفيلق العاشر كقوة مرتبطة مباشرة بقيادة الجنرال ماك آرثر في طوكيو. وأصبح هذا الفيلق منذ ٢٦ كانون الأول جزءا من الجيش الثامن الذي يضم ثلاثة فيالق: الأول والتاسع والعاشر ويعمل تحت قيادة الجنرال ماتيور ريد جوي الذي حل محل الجنرال ووكر بعد مقتله.

تعتبر الجبهة الثانية من أبرز الخطوط الإستراتيجية التي وضعها الجنرال كيم ايل سونغ للمرحلة الثالثة. ولقد لعبت هذه الجبهة دورا أساسيا في كافة عمليات هذه المرحلة. وكانت من أهم أسباب هزيمة الجيش الثامن والفيلق العاشر واندحارهما السريع.

ولقد حدد الجنرال مهمة هذه الجبهة خلال شرح الخطة العامة لأحد قادة الفيالق بقوله: (على الوحدات العاملة وراء العدو أن تسيطر منذ بداية العملية الثانية على الطرق الكبيرة التي تصل بيونغ يانغ مع كيسونغ، وبيونغ

يانغ مع سنغ يي، ويانغ دوك مع وونسان، لضرب القطاعات المعادية التي ستنسحب. وتحاول خلق خط دفاعي على طول خط العرض (٣٨°) معتمدا على الوحدات العاملة وراء العدو أن تسيطر على خط العرض (٣٨°) بلا إبطاء كيما تستطيع قطع طريق التعزيزات المعادية القادمة من الجنوب، وهذا ما يجعلها تحبط خططه).

ومن أهم المعارك الكبيرة التي تم فيها التنسيق الكامل بين القوات المهاجمة وقوات الجبهة الثانية معركة وونسان، ومعارك الخرق عند نهر تشونغ تشونغ. ومعركة بيونغ يانغ التي اشتركت بها وحدات كبيرة من الجبهة الثانية المتمركزة في سونغ تشون ومعارك تشولوون للسيطرة على مناطق خط العرض (٣٨°) والتي زج فيها العدو فرقيتين من قوات كوريا الجنوبية.

وبالإضافة إلى قوات الجبهة الثانية النظامية. فقد عملت عصابات الأنصار الصغيرة في كل مكان شمالي خط العرض (٣٨°) وجنوبه، وخاصة في المناطق الجبلية الواقعة شرق بيونغ يانغ وجنوبها، وغرب وونسان، وشمال سيئول وشرقها. وكان الأنصار المسلحون يظهرون بأعداد كبيرة داخل المدن الشمالية والجنوبية منذ اقتراب القوات الكورية- الصينية واختلال توازن القوات المعادية ويشاركون في التدمير النهائي للقوات الأمريكية والحليفة معها.

موقف الولايات المتحدة من التدخل الصيني:

في نهاية شهر تشرين الأول ١٩٥٠ نفذت حكومة بكين تهديداتها بدخول الحرب في كوريا، حيث أرسلت ما يقارب (٣٠٠.٠٠٠) ألف جندي صيني إلى كوريا الشمالية والذين عرفوا باسم المتطوعين، حيث أخذت القوات

بالتقدم من منطقة منشوريا الحدودية، وقد أجبرت القوات الأمريكية وحلفاءها على التراجع أمام هذه القوات الكبيرة خلف خط (٣٨°).

ويبدو من إعلان حكومة بكين عند تدخلها بالحرب باسم المتطوعين وليس باسم الجيش الصيني وذلك للتخلص من أية التزامات دولية قد تفرض عليها بشكل رسمي. بحجة أن هذه القوات ما هي إلا أعداد من المتطوعين الذين تطوعوا للقتال من أجل مساندة الشعب الكوري.

وفي ٦ تشرين الثاني ١٩٥٠، أبلغ وزير الخارجية الأمريكي أجسون الرئيس ترومان بأن وزير الدفاع جورج مارشال قد تسلم رسالة مستعجلة من قيادة الشرق الأقصى، أكد أن قائد السلاح الجوي الأمريكي ستريت ماير قد تسلم الأوامر من الجنرال ماك آرثر تدعوه إلى قصف الجسور الممتدة عبر نهر يالو على طول الحدود الصينية الكورية.

بيد أن الحكومة الأمريكية حاولت تخفيف من وطأة ذلك الخبر بإعلانها عن أن هدفها ليس محاربة الصين، لذلك أعلن مساعد وزير الخارجية لشؤون الشرق الأقصىـ دين رسك عن التزامات الحكومة الأمريكية تجاه حلفائها بريطانيا خاصة، بشأن عدم القيام باتخاذ أي قرارات من شأنه أن يورطها بهجوم على منطقة منشوريا على الجهة الأخرى لنهر يالو، من دون الأخذ بنظر الاعتبار رأي حكومة لندن.

وكانت أوامر الجنرال ماك آرثر إلى قائد القوة الجوية بضرب مناطق الحدود الكورية - الصينية ناتج من تبني الجنرال ماك آرثر سياسة خاصة تختلف عن سياسة الإدارة الأمريكية. حيث رأى أن الحرب الكورية مرتبطة بوضع سياسي استراتيجي مهم، وأنها ليست إلا مرحلة أساسية في المعركة التي

تقوها الدول الحرة في صراعها ضد الشيوعية، وأن هذا الصراع أتاح فرصة مناسبة لتوجيه ضربة للشيوعية في القارة الأسيوية. وأوضح الجنرال ماك آرثر في شهادته أمام الكونكرس في ١٩ شباط١٩٥١، ان آسيا تعد بوابة لحماية أوربا، وأكد أن هزيمة الشيوعية في أسيا سيؤمن أوروبا من خطر التوسع الشيوعي وذلك لأن الولايات المتحدة لا تستطيع المحاربة على جبهتين- الأسيوية والأوروبية- كما أكد الجنرال ماك آرثر مصدر تهديد الشيوعية في العالم هو الاتحاد السوفيتي.

وقد أوضح الجنرال ماك آرثر نتيجة لتبني سياسة جديدة في منطقة المحيط الهادي، مغايرة الاستراتيجية القديمة التي تبنتها الحكومة الأمريكية والداعية للمحافظة على جزر هاوي وجزر الفليبين من أي عدوان خارجي، أوضح أن هذه السياسية ليست إستراتيجية حقيقية، لأن العدو يستطيع القيام بأي هجوم على تلك المناطق وذلك لان منطقة المحيط الهادي اكتسبت حيوية كبيرة لتقدم أية قوات معادية إلى الولايات المتحدة في المحيط الهادي خلال الحرب العالمية الثانية، أكسبت منطقة المحيط الهادي أهمية خاصة لحماية أمن الولايات المتحدة، وعند السيطرة على جزيرة فرموزا خاصة، حيث يحقق ذلك للقوات الأمريكية الموجودة في المنطقة السيطرة على الموانئ الأسيوية الممتدة من جزيرة فلاديفسكي إلى جزيرة سنغافورة لأن إحكام السيطرة على تلك المناطق سيؤمن جزر الفليبين واليابان بالإضافة إلى حماية الساحل الغربي للولايات المتحدة من أي اعتداء خارجي.

وعلى الصعيد نفسه أكد الجنرال ماك آرثر أن وقوع الصين تحت سيطرة نظام عسكري هدفه الأساسي التحالف مع الاتحاد السوفيتي، أصبح يملك

قوة ذات توجهات عدائية، ترغب في التوسع وزيادة نفوذها في المنطقة، كما أكد أن مساعدة الصين إلى كوريا الشمالية لم تكن من أجل المحافظة على ذلك النظام في شمال كوريا، وهذا ما ظهر بشكل جلي من أن توسع الصين ليس في كوريا فقط وإنما أمتد إلى الهند – الصين وقد عبر الجنرال ماك آرثر عن الإجراءات العسكرية الإضافية التي استجدها التدخل الصيني في الحرب الكورية بأنها تتماشى مع الإستراتيجية الجديدة المتمثلة بزيادة القوة العسكرية الأمريكية، وزيادة على ذلك فقد أكد الجنرال ماك آرثر أن القوة السوفيتية قد أعدت من أجل الدفاع وليس لغرض الهجوم، وأن خسارة الاتحاد السوفيتي الموجهة في أسيا فأنه سوف يخسرها أيضا في أوروبا.

وقد عبر الجنرال ماك آرثر عن احتجاجه على سياسة تحديد الحرب مع الصين، فقد أكد أن هذه السياسية سوف تزيد من مخاطر تورط قوات الولايات المتحدة بشكل كبيرة في المنطقة الأسيوية في المستقبل.

غير أن رئيس الأركان الأمريكية المشتركة الجنرال برادلي، أكد بأن الصين تمتلك قوة كافية للسيطرة على المنطقة، وأكد برادلي أن اتباع الإستراتيجية الجديدة التي دعا إليها الجنرال ماك آرثر ستورط الولايات المتحدة في معارك في غنى عنها.

نتيجة لذلك فقد صدرت الأوامر من الحكومة الأمريكية بوقف الغارات الجوية المزمع القيام بها على منطقة منشوريا وطلبت الحكومة الأمريكية من الجنرال ماك آرثر أن يقدم تفسيرات للأسباب التي دفعته لاتخاذ مثل هذه الخطوة فقد أجاب الجنرال ماك آرثر برسالة إلى هيئة الأركان الأمريكية المشتركة (عبرت قوات كبيرة من خلال الجسور المقامة على نهر يالو من منطقة منشوريا

الصينية. وكانت هذه التحركات تسعى إلى تدمير القوات التي تحت قيادتي ولم تكن هناك أية طريقة لوقوف تقدم هذه القوات إلا عن طريق تدمير هذه الجسور وإذا تم تأجيل هذه العملية فأن القوات الأمريكية سوف تدمر).

بعد تقديم الجنرال ماك آرثر الأسباب التي دعته لإصدار أوامره لقصف الجسور الممتدة على نهر يالو، وافقت حكومة واشنطن أخيرا على مقترح الجنرال ماك آرثر بشأن قطع الإمدادات إلى القوات الكورية الشمالية من الصين عن طريق تدمير الجسور الممتدة على نهر يالو، أنها اشترطت في تدمير هذه الجسور على الجانب الكوري فقط، وعدم تعرض مناطق توليد الطاقة الكهربائية في منطقة منشوريا إلى التدمير، وعلى أثر حصول ماك آرثر على تخويل من الحكومة الأمريكية الشروع بتنفيذ أوامره، أخذت الطائرات الأمريكية بقصف هذه الجسور التي أدت إلى قطع وسائل الإمداد إلى القوات الكورية الشمالية وقوات المتطوعين الصينيين.

ويتضح بتخويل الحكومة الأمريكية السماح للجنرال ماك آرثر بضرب الجسور في منطقة منشوريا، رغبتها في توحيد كوريا، من خلال نقل النزاع خارج الحدود الكورية، وهذا ما يخالف التصريحات التي أدلى بها المسؤولون الأمريكيون وعلى رأسهم الرئيس ترومان بشأن ضمان سلامة الأراضي الصينية.

وعلى الصعيد نفسه، فقد أخذت الجهود الدبلوماسية الأمريكية مساعيها في الأمم المتحدة من أجل تأكيدها فكرة تهدئة حكومة بكين وطمأنتها على سلامة حدودها حيث تبنت الجمعية العامة للأمم المتحدة في ٨ تشرين الثاني ١٩٥٠، المشروع الأمريكي لدعوة ممثل عن حكومة الصين لحضور مناقشات

الجمعية العامة بشأن التقرير الخاص الذي رفعه الجنرال ماك آرثر بشأن تدخل الصين في الحرب الكورية. ولم ترد حكومة بكين على هذه الدعوة، غير أن وزير الخارجية الصيني شوان لاي قد أوضح أن جواب حكومته على هذا المقترح هو عدم مناقشة المندوب الصيني الادعاءات أن الجنرال ماك آرثر ما لم يناقش أعضاء مجلس الأمن في الوقت نفسه، شكوى حكومة الصين حول وقوع الاعتداءات العسكرية الأمريكية على جزيرة فرموزا وانتهاك طائراتها حرمة الأجواء الصينية.

وفي الوقت نفسه، فقد نشطت الدبلوماسية السوفيتية، من خلال وزير خارجيتها فيشنكي الذي أدان الولايات المتحدة بشأن اعتداءاتها على الأراضي الصينية وخاصة فيما يتعلق بالاعتداء الأمريكي على جزيرة فرموزا وانتهاك الطائرات الأمريكية للأجواء الصينية في منطقة منشوريا، حيث ساند فيشنكي ما قدمه رئيس الوفد الصيني إلى الأمم المتحدة الجنرال يوهسيو شون بشان إدانته للحكومة الأمريكية، حيث أكد في خطاب ألقاه أمام مجلس الأمن في ٢٨ تشرين الثاني ١٩٥٠ أن حوادث الانتهاكات الأمريكية ضد الصين قد تم تسجيلها بالتواريخ اليومية، وأن هذه العمليات العدوانية قد شكلت تهديدا للسلام والأمن في منطقة الشرق الأقصى، ومن جهة أخرى فقد أكد المندوب الصيني الجنرال يو أن مناقشة المسائل المتعلقة بالمنطقة الأسيوية لن يتم تسويتها من دون مشاركة مندوب الصين الشرعي لدى الأمم المتحدة السابقة وذلك لعدم حضور ممثل عن حكومة بكين.

وفي معرض اتهام الجنرال يو الحكومة الأمريكية فقد أكد أن احتلال جزيرة فرموزا كان في بتخطيط مسبق من الولايات المتحدة قبل عدوانها على

كوريا، حيث أشار الجنرال يو بهذا الصدد إلى تصريح السناتور الجمهوري روبرت تافت الذي دعا حكومته إلى تأسيس قواعد عسكرية أمريكية في الجزيرة ودعوته إلى مساندة الجنرال شيان عن طريق تقديم المساعدات العسكرية والمالية من أجل المحافظة على الجزيرة خارج سيطرة الحكومة الجديدة في الصين، كما أشار الجنرال يو إلى تصريح الجنرال ماك آرثر في رسالته إلى المحاربين الأمريكيين، الذي أكد فيها ضرورة تحويل هذه الجزيرة إلى قاعدة يمكن للولايات المتحدة الأشراف من خلالها على جميع القواعد العسكرية الأمريكية في المحيط الهادي.

ومن أجل ضمان السلام والأمن الدوليين، أشار الجنرال يو إلى ضرورة مساندة الأمن إلى حكومة بكين بشان اتخاذها قرارا لإدانة حكومة واشنطن حول عملياتها العدوانية على الأراضي الصينية. كما أكد أن حكومته قدمت ثلاثة مقترحات من أجل تسوية المشكلات المتعلقة بالشرق الأقصى، ومنها إدانه الأمم المتحدة للعمليات العسكرية الأمريكية في كوريا وإصدار تعليمات بخصوص إيقاف مثل هذه العمليات على مجلس الأمن تبني الوسائل المتاحة لانسحاب القوات العسكرية الأمريكية الكامل من جزيرة فرموزا وأكد في ختام مقترحاته أنه يجب على مجلس الأمن الأخذ بالترتيبات اللازمة لانسحاب القوات التابعة لجميع الدول المشاركة في الحرب الكورية وترك كوريا إلى الشعب الكوري لتسوية خلافاتها الداخلية بأنفسهم للتوصل إلى تسوية سلمية للمشكلة الكورية.

وفي إطار مناقشة الجمعية العامة للأمم المتحدة لمستقبل جزيرة فرموزا السياسي، أوضح المندوب الأمريكي في الجمعية العامة دالاس، أن مصير الجزيرة يجب أن لا يقرر عن طريق استعمال القوة العسكرية، وأكد أن

جميع أعضاء الأمم المتحدة يرغبون في تسوية هـذه المشكلة بـالطرق السـلمية، فقـد أشـار دالاس أن تدخل الصين في الحرب الكورية قد أثر في الموقف الدولي لتسوية مشكلة فرموزا بشكل سـلبي حيث كان هذا التدخل سببا لتأجيل المندوب الأمريكي مناقشة هذه المسألة في الجمعيـة العامـة. حيث أكد دالاس أن مناقشة المسألة في هذه الظروف غير مجزية، لذلك تقرر تأجيل البت في مستقبل الجزيرة السياسي بعد إنهاء الحرب الكورية.

ونتيجة لتصريحات المندوب الأمريكي احتج الجنرال يو في الجمعيـة العامـة حيث أشـار إلى استثناء مسألة فرموزا من جدول أعمال الجمعية العامة يؤكد تخلي الجزيرة للإدارة الأمريكية مـن خلال نظام الوصايا وتحيدها وهذا ما ينسجم مـع سياسـتها في تسـليح دول المنطقة وخاصـة اليابـان، وذلك يعدها قاعدة رئيسية لمقاومة الشعب الصيني.

ومن جهة أخرى، قـدم المنـدوب الصـيني تقـارير عـن الغـارات الجويـة الأمريكيـة لـلأراضي الصينية والتي تؤكد فكرة الانتهاكات للمجال الجوي الصيني والقصف اليومي المتكرر الـذي سبب إيجاد خسائر في صفوف المدنيين. وأجـاب المندوب الأمريكي عـلى هـذه الادعاءات بـان مثل هـذه الانتهاكات من الطائرات الأمريكية حصلت عن طريق الخطأ فوق الأراضي الصينية وتنتج عنها تـدمير بعض المطارات الجوية في منطقة منشوريا. والهدف من التأكيـدات التي طرحها المندوب الصيني في الجمعية العامة، هي تأكيد فكرة انتهاك الولايات المتحدة حرمة الأراضي الصينية، وذلك لتبرير التدخل الصيني في الحرب الكورية.

وفي الوقت نفسه، فقد أوضح دالاس أن الهدف من تدمير بعض الجسور المقامة على نهر يالو هومنع عبور المتطوعين الصينيين من الدخول إلى داخل الأراضي الكورية. غير أن الحكومة الصينية أوضحت أن مثل هذا العمل يشكل تهديدا للصين. وذلك لأن المتطوعين الصينيين التحقوا بصفوف قوات كوريا الشمالية من أجل مساعدتهم في الحرب ضد القوات الأمريكية والقوات المتحالفة معها، لذلك أن مثل هذه المهمة لا يمكن تبريرها بقصف الأراضي الصينية.

وإزاء ذلك، فقد أوضح الرئيس ترومان عن اقتراحه بتشكيل لجنة من دول محايدة تشمل كل من الهند و السويد و إيران، للعمل في لجنة تقصي الحقائق بشأن موضوع قصف الطائرات الأمريكية الأراضي الصينية في منطقة منشوريا وإرسال تقاريرها إلى الجمعية العامة. غير أن هذا المقترح الذي تقدم به الرئيس ترومان، رفضه رئيس الوفد الصيني.

وفي الوقت نفسه، وعلى الصعيد العسكري، فقد اعتقدت الحكومة الأمريكية أن تصريحاتها التي تضمنت تقديم ضمانات إلى حكومة الصينية بعدم وصول قواتها إلى الحدود الجنوبية للصين، وامتناعها عن مواصلة انتهاكات طائراتها العسكرية لحرمة أجواء الأراضي الصينية. سيطمن حكومة بكين ويمنعها عن مواصلة دعمها لقوات كوريا الشمالية. غير أن ما حدث هو العكس، حيث استمرت الحكومة الصينية بتعزيز قوات كوريا الشمالية من خلال زيادة عدد القوات الصينية المشتركة أو تزويدها بالأسلحة والمعدات العسكرية. وإزاء ذلك فقد سمحت الحكومة الأمريكية للجنرال ماك آرثر في ٢٨ تشرين الثاني ١٩٥٠، بشن هجوم عسكري الهدف منه تقليص حجم القوات الصينية المساندة

إلى قوات كوريا الشمالية، وأكد الجنرال ماك آرثر هذا الهجوم سوف ينهي الحرب.

غير أن هذا الهجوم قد باء بالفشل وعلى إثر ذلك رفع الجنرال ماك آرثر بهذا الخصوص تقريرا في ٢٩ تشرين الثاني ١٩٥٠، يشرح فيها أسباب فشل هذا الهجوم، وأكد في هذا المجال حجم القوات الصينية المندفعة باتجاه الأراضي الكورية وما تملكه من تسليح كبير يفوق تسليح القوات الأمريكية وعلى إثر وصول التقرير الخاص من الجنرال ماك آرثر، سبب رد فعل لدى الحكومة الأمريكية في كوريا، هو من أجل قمع العدوان الذي هدد ليس في كوريا فقط وإنما بناء الأمم المتحدة وأكد أيضا في تصريحه ٣٠ تشرين الثاني ١٩٥٠، إذ استسلمت القوات الأمريكية والقوات المتحالفة معها إلى قوات العدو، فلن تكون هناك دول تستطيع العيش بسلام.

على الصعيد العسكري شنت القوات الكورية – الصينية في أواخر عام ١٩٥٠، هجوما معاكسا تمكنت عبره من طرد القوات المتحالفة من أراضي كوريا الشمالية. وفي ١ كانون الثاني ١٩٥١. تابعت القوات الكورية- الصينية هجومها واندفعت نحو الجنوب عبر خط العرض (٣٨°) محققه خرقا في جبهة القوات المتحالفة في عدة نقاط، وخاصة على المحور الغربي، حيث تركز الجهد الرئيسي- للهجوم. وسرعان ما تمكنت القوات المهاجمة من تحرير (سيئول) و(اتشون) في ٤ كانون الثاني. كما حررت (وونجو) و(سامتشوك) في ٨ كانون الثاني. إلا أن القوات الكورية – الصينية أوقفت هجومها دون سبب واضح، وانسحبت من جبهة (سيئول) في ١٥ كانون الثاني كما انسحبت من (وونجو) في ١٩ كانون الثاني.

وأمام هذا الوضع. قامت القوات المتحالفة بهجوم معاكس بدءا من ٢٥ كانون الثاني ١٩٥١. وكان هذا الهجوم عبارة عن سلسلة من الهجمات ذات الأهداف المحدودة. ولقد أسفرت الهجمات عن تحقيق تقدم بطيء نحو الشمال ولكن القوات الكورية- الصينية تمكنت من إيقاف تقدم القوات المتحالفة في الوسط عبر هجوم معاكس شنته قرب (تشيي يونغ) و (وونجو) من ١١ – ١٨ شباط ١٩٥١. في حين استطاعت القوات المتحالفة متابعة تقدمها في الغرب حتى وصلت إلى ضواحي (سيئول).

وكان تحت تصرف الجنرال الأمريكي (ريدجواي) في تلك الحقبة مجمل القوات المتحالفة المؤلفة من ٣ فيالق كورية جنوبية (الفيالق ٣٠٢٠١). والجيش الثامن الذي يضم التشكيلات التالية:

- الفيلق الأول: ويضم الفرقة الأمريكية ٢٤و الفرقة الأمريكية ٣ و الفرقة الكورية الجنوبية الأولى و لواء تركي واللواء البريطاني ٢٩.

- الفيلق التاسع: ويضم الفرقة الأمريكية ٢٥، وفرقة الخيالة الأمريكية الأولى، والفرقة الكورية الجنوبية ٦، واللواء البريطاني ٢٧، وكتيبتين إحداهما يونانية والأخرى فلبينية.

- الفيلق العاشر: ويضم الفرقة الأمريكية السابعة والفرقة الأمريكية الثانية ولقد خطط الجنرال (ريدجواي) لمتابعة الهجوم على امتداد الجبهة مستخدما مجمل القوات الموضوعة تحت تصرفه وأطلق على هذه العملية (ريبر) وكانت أهداف العملية تتلخص في تدمير أكبر عدد ممكن من القوات الكورية – الصينية والاندفاع إلى خط جديد أطلق عليه أسم (ايداهو). وكان ذلك الخط محدبا بحيث لا يبعد في الوسط عن خط

العرض (٣٨°) سوى بضعة أميال، ولقد ألقي العبء الرئيسي في العملية على عاتق الفيلقين ٩ و ١٠ العاملين في الوسط، في حين كان على الفيالق الكورية الجنوبية العاملة في الشرق مشاغله القوات الكورية – الصينية التي توجهها لحماية الجانب الأيمن للهجوم. كما كان على الفيلق الأول في الغرب أن يحافظ على مواقعه جنوبي نهر (هان) وكان من المتوقع أن يؤدي تقدم القوات في الوسط واستعداد الفيلق الأول للهجوم في الغرب إلى النجاح في تطويق (سيئول).

وكان تقدم القوات المتحالفة بطيئا بشكل عام كما ساد في معظم الأحيان قتال الوحدات الصغرى. وفي أواسط آذار، تمكنت وحدات من الفرقة الأمريكية ٢٥ من عبور نهر (هان) شرقي (سيئول)، والاستيلاء على قمم مرتفعات تواجه الغرب وتسيطر على طريق الإمداد والمواصلات الرئيسي للعاصمة الجنوبية وفي ١٤ آذار عبر دوريات من الفرقة الكورية الجنوبية الأولى (من الفيلق الأول) نهر هان غربي العاصمة وتقدمت لاستطلاع دفاعاتها. وتحركت إحدى الدوريات باتجاه الشمال لمسافة عدة أميال قبل أن تصطدم بنيران معادية. كما استطلعت دورية أخرى الدفاعات الخارجية للمدينة فاكتشفت خلوها من القوات الكورية – الصينية.

وفي صباح ١٥ آذار، دخل الجيش الثامن (سيئول). وكانت تلك رابع مرة تسقط فيها تلك المدينة بيد أحد الطرفين المتواجهين في الحرب. وكانت الحرب قد أدت إلى انخفاض عدد سكانها من مليون ونصف إلى ٢٠٠ ألف نسمة فقط كما وأن المنطقة التجارية فيها قد دمرت بكاملها نتيجة للقصف المدفعي والجوي. وكانت المدينة تفتقد كذلك إلى الطاقة الكهربائية، والمواد التموينية.

ولقد اعتمدت القوات الكورية – الصينية خلال هذه المرحلة أسلوب القتال التأخيري بمواجهة تقدم القوات المتحالفة، وانسحبت بسرعة نحو الشمال وزاد من الصعوبات التي واجهت القوات المتحالفة تبدل ظروف الطقس، وصعوبة الأرض وخاصة في القطاع الأوسط حيث تكثر المرتفعات الشاهقة والمنحدرات الوعرة والوديان الضيقة. وكان المدافعون قد أفادوا من نقاط قوية على القسم ساهمت في إعاقة تقدم القوات المتحالفة. وجاء المطر ليعرقل تحركات القوات المتحالفة التي تعتمد على الطرق بسبب ما تمتلكه من معدات وآليات، ولحاجتها الكبيرة للإمدادات المختلفة. وظهرت آثار تلك الصعوبة في مجال الإمداد، حيث اضطر الجنود في العديد من الحالات إلى حمل تموينهم. إلا أن القوات المتحالفة أفادت من طائرات الهليكوبتر وخاصة في مجال نقل الجرحى.

وكان هناك عامل آخر أثر على سرعة تقدم القوات المتحالفة. وهو نشاط الوحدات الكورية-الصينية خلف خطوطها. وبخاصة وحدات من الفرقة الكورية الشمالية العاشرة التي تابعت نشاطها القتالي في جبال (تشونغيون) الوعرة التي تقع على بعد ٢٥ ميلا تقريبا خلف خطوط القوات المتحالفة.

وكانت بلدة (تشونتشوف) هدفا رئيسيا من أهداف عملية (ربير) على اعتبار أنها تشكل مركز إمداد ومواصلات هام في القطاع الأوسط. وعلى العكس من القتال في مناطق أخرى على الجبهة. حيث لم تشتبك القوات المتحالفة إلا مع ستارة خفيفة، فلقد واجهت تلك القوات مقاومة عنيفة أبان تقدمها نحو (تشونتشوف) ولقد قاتل المدافعون من معاقل حصينة محفورة في سفوح التلال ومنيعة إلى حد بعيد وصمدوا في مواجهة القصف الجوي والمدفعي وكثيرا ما دار القتال في تلك المنطقة بالسلاح الأبيض.

وخطط (ريدجواي) لعملية إنزال جوي يقوم بها الفوج (١٨٧) المعزز المحمول جوا للاستيلاء على البلدة. إلا أن تقدم عملية (ريبر) في نقاط أخرى أدى إلى انسحاب المدافعين عن (تشونتشوف) فدخلتها دوريات الجيش الثامن في ١٩ آذار دونما حاجة إلى تنفيذ عملية الإنزال الجوي.

وبعد أن حققت القوات المتحالفة هدفها المتعلق بالوصول إلى خط (ايداهو)، وفشلت في تدمير أعداد كبيرة من القوات الكورية - الصينية. قرر (ريدجواي) توسيع العملية، والقيام بتحرك نحو الغرب بواسطة الفيلق الأول الذي كان عليه الوصول إلى نهر (اليمجين) الذي ينحدر جنوبا من كوريا الشمالية حتى يصل إلى خط العرض (٣٨°)، حيث ينحرف باتجاه الجنوب الغربي ويصب في البحر الاصفر. وتم تنفيذ عملية إنزال جوي اشترك فيها الفوج (١٨٧) المعزز المحمول جوا وسريتا كوماندوس (مغاوير) في مناطق مجاورة ليدة (مونسان - تي) التي تقع على بعد حوالي ٢٠ ميلا شمال غربي (سيئول). وكان الهدف من تلك العملية محاولة الأطباق على قوات كورية - صينية كبيرة بعد قطع طريق (سيئول - كايسونغ). وأرسلت قوة مهمة مدرعة من الفيلق الأول لضرب القوات الكورية - الصينية التي يفترض أن تقوم القوات المحمولة جوا بإعاقة حركتها وقطع العملية. وتم التقدم إلى نهر (ايمبجين) دون مقاومة تذكر.

وحاولت قيادة القوات المتحالفة أن تكرر العملية في الشرق، حيث أرسلت القوات المحمولة جوا للاستيلاء على المرتفعات الواقعة خلف القوات الكورية - الصينية التي تواجه الفرقة الأمريكية الثالثة. وساهمت ظروف الطقس في إفشال تلك العملية. إذا أن ذوبان الثلوج وتهاطل الأمطار عرقلا تقدم الآليات

التي اضطرت إلى العودة إلى سيئول وفي الوقت الذي وصل فيه الفوج (١٨٧) المعزز المحمول جـوا إلى المرتفعات. كانت القوات الكورية – الصينية قد تمكنت من الإفلات والانسحاب شمالا.

وفي ٣١ آذار، كانت القوات المتحالفة قد تمكنت مـن العـودة إلى جبهـة تمتد بمحـاذاة خـط العرض (٣٨°). ولقد قررت هذه القيادة فيما بعد متابعـة التقـدم واجتياز ذلك الخط نحـو (المثلـث الحديدي) الذي كان يشكل منطقـة تحشـد وإمـداد ومواصـلات رئيسـية للقوات الكوريـة – الصينية وانتهى هذا الهجوم بنجاح تمثل في الاندفاع إلى خط العرض(٣٨°).

على الصعيد السياسي، صرح الرئيس ترومان في مؤتمر في ٣٠ تشرين الثاني ١٩١٥، أوضح فيه للعالم أنه يضع في حسابه استعمال القنبلة النووية في كوريا، دون التشاور مع هيئة الأمم المتحدة. فقد أثار تصريح الرئيس ترومان حفيظة الحكومة البريطانيـة، حيـث أظهـر الخـلاف بشـأن السياسية التي ينبغي للولايات المتحدة اتباعها في الشرق الأقصى بشكل عام وإزاء الصين بشكل خاص، حيث أكد نواب حزب العمال البريطاني، أنه يجب على الحكومة البريطانية أن توضح لنظيرتها الأمريكية، أنها لن تشترك في حرب ضد الصين، كما أكدوا أن الحكومة البريطانية سوف تسحب القوات البريطانيـة مـن كوريا إذا ظهر أن الحرب مع الصين أصبحت أمرا وشيكا.

ونتيجة لتخوف الحكومة البريطانية من توسيع النـزاع خـارج الحـدود الكوريـة فقـد أعلـن رئيس الوزراء البريطاني أتلي عن عزمـه للقيـام بزيـارة إلى واشـنطن لإجـراء الحـوار المبـاشر مع الإدارة الأمريكية بشان الأحداث المستجدة التي أوجدها التدخل الصيني في الحرب الكورية. وقـد صرح اتلي قبيل سفره

لمقابلة الرئيس ترومان بأن الرأي السائد في بريطانيا وأغلب الدول الأوروبية، هو عدم الرغبة على تصعيد الحرب في كوريا إلى مستوى الحرب النووية.

وقد عجل من موعد زيارة اتلي في ٤ كانون الأول ١٩٥١، عندما زادت إمكانية إعطاء أوامر إلى الجنرال ماك آرثر باستعمال القنبلة النووية غيرأن الحكومة الأمريكية أوضحت أنه لا يوجد هناك تخويل منها للجنرال ماك آرثر باستعمال مثل هذا السلاح غير أن الحكومة البريطانية شعرت بالخوف من نشاطات الجنرال ماك آرثر التي أخذت بازدياد مضطرد وذلك عندما دعا الصين إلى وقف تقدم قواتها، وعدم التورط في دخول الحرب الكورية.

وقد أكد رئيس الوزراء البريطاني اتلي في محادثاته مع الرئيس ترومان ضرورة اتباع سياسية مرنة تجاه الصين، وذلك لدفعها إلى الأخذ بسياسة منفصلة عن سياسة الحكومة السوفيتية. كما أكد اتلي للرئيس ترومان ضرورة الإطلاع على وجهة نظر الحكومة البريطانية التي تؤكد المصالحة مع الصين وتخلي الولايات المتحدة عن معارضتها بقبول الصين في الأمم المتحدة، بالإضافة إلى إجراء تسوية سلمية لوقف إطلاق النار. غير أن بعض أعضاء الإدارة الأمريكية، ومن ضمنهم وزير الدفاع مارشال، رفضوا هذا المقترح، وأكدوا أن الموافقة على هذه المقترحات، سيؤدي إلى خروج القوات الأمريكية، وحلفاؤها خارج حدود كوريا، ويؤدي إلى تشجيع الصين في مطالبتها بجزيرة فرموزا، حيث أكدوا أن جزيرة فرموزا كانت أساسا في الدفاع عن جزر اليابان والفلبين. وكانت وجهة نظر وزير الخارجية الأمريكي أجون التي عرضها على الرئيس ترومان تطابق وجهة نظر رئيس الوزراء البريطاني، والداعية إلى أقلمة النزاع ضمن إطار حدود كوريا، ومنع امتداده إلى الأراضي الصينية، ومن

ناحية أخـرى، أكـد أجسـون أن الحكومـة السـوفيتية كانت تقـف دائـما وراء تحركات الصـين وكوريا الشمالية في اشتراكهما في الحرب الكورية.وفي ختام زيارة رئيس الوزراء البريطاني إلى واشنطن، اتفق مـع الرئيس ترومان على مبدأ تحديد نطاق النزاع، وعـدم اللجوء إلى تصعيد الموقف لمستوى الأسـلحة النووية قبل إجراء التشاور مع حكومة لندن بشكل مسبق وقد أكد الرئيس ترومان إلى أيلي استعداد حكومته لبحث أسباب إنهاء الحرب وإيجاد تسوية سلمية لإنهاء المشكلة الكورية.

وكان وراء الموقف البريطاني أسباب، منها بالدرجـة الأولى هـو وضع بريطانيـا، الاقتصـادي، وارتباط مصالحها الاقتصادية في المنطقة عامة وهونك كونك خاصة التـي تـدفعها إلى الاعـتراف بالصـين والتجارة معها على نطاق واسع.

ومن أجل طمأنة حكومة لندن، أصدر الرئيس تعليماته إلى رئاسة الأركان الأمريكية المشـتركة وبدورها إلى الجنرال ماك آرثر، أكد فيها الرئيس ترومان الموقف الودي الجديد الداعي إلى عـدم اتسـاع نطاق النزاع خارج الأراضي الكورية. والتقليل من التصريحات السياسية، والتي من شأنها توسيع دائـرة الحرب، وأكد الرئيس ترومان في ضوء توجهاته أن الهـدف مـن هـذه التعليمات هـو توحيـد المواقـف السياسية والعسكرية.

وقد ظهرت الآثار السياسية للقاء ترومـان - اتـلي، مـن خـلال استعداد الحكومتين لإجراء التفاوض مع أطراف النزاع مـن أجل بحث شروط التسوية للحرب عـن طريق المفاوضات، حيـث اقترحت الحكومة البريطانية عقد مؤتمر يضم سبع دول (الاتحـاد السوفيتي و بريطانيا و الولايات المتحدة و فرنسا و كندا

و الصين و الهند) للنظر في مشكلة الحرب الكورية ومشكلة فرموزا، ومن جهة أخرى قدمت رئاسة الأركان في ٤ كانون الأول ١٩٥١، وجهة النظر العسكرية إلى وزير الدفاع الأمريكي الجنرال جورج مارشال بشأن شروط وقف إطلاق النار، حيث أكدت رئاسة الأركان سحب قوات الصين من جنوب خط العرض (٣٨°)، بالإضافة إلى سحب قوات كوريا الشمالية إلى شمال خط العرض (٣٨°) وضرورة بقاء القوات الأمريكية في موقعها الحالية في مدينة سيئول واتشون، وأكدت رئاسة الأركان أن شروط وقف إطلاق النار يجب أن تكون تحت أشراف لجنة تابعة للأمم المتحدة وأضافت هيئة الأركان في وجهة نظرها هذه على ضرورة موافقة جميع الدول وخاصة كوريا الشمالية وحكومة الصين على شروطها وقف إطلاق النار.

وفي ١٩ كانون الأول ١٩٥١، تبنت الجمعية العامة للأمم المتحدة قرار وقف إطلاق النار، حيث صادقت على تشكيل لجنة ثلاثية تضم في عضويتها (كندا و الهند و إيران) وذلك من أجل وضع الأسس التي يقبلها الطرفان لوقف إطلاق النار في كوريا واتخاذ الإجراءات المناسبة بصدد ذلك .

وعلى أثر رفض حكومة بكين التوصل إلى اتفاق بشأن وقف إطلاق النار، واستمرارها للتحشدات العسكرية لمواصلة الحرب، أكد الجنرال ماك آرثر ضرورة اعتماد الوسائل العسكرية من أجل إعادة السلام وإنهاء حالة التوتر في شبه الجزيرة الكورية، هذا ما جاء في رسالته إلى هيئة الأركان الأمريكية في ٣٠ كانون الأول ١٩٥١، حيث أوضح فيها ضرورة زيادة القوة العسكرية والعمل على إشراك قوات شبان للمشاركة في الحرب الكورية وذلك عن طريق شن حرب عصابات في داخل الحدود الصينية، وقد تضمنت رسالته عدة

مقترحات من ضمنها العمل على حصار سواحل الصين وتدمير القوة الإنتاجية للصين في منطقة منشوريا من خلال الغارات الجوية.

غير أن هيئة الأركان لم تأخذ برأي الجنرال ماك آرثر بشان مقترحاته في محاصرة سواحل الصين والسماح لقوات الجنرال شيان في الدخول في نزاع مع حكومة الصين. حيث ردت قيادة الأركان المشتركة على مقترحاته برسالة بعثت بها إلى الجنرال ماك آرثر، أكدت فيها أن الحصار البحري للصين يتطلب مفاوضات مع الحكومة البريطانية، وإن العمل بشأن تنفيذ الغارات الجوية على الأهداف الصينية سيتم تنفيذها في حالة هجوم القوات الصينية على القوات الأمريكية خارج كوريا، وأضافت الرسالة أن استعمال قوات الجنرال شبان لا تقدم الفائدة المرجوة منها في الحرب الكورية، أوضحت هيئة الأركان برسالتها هذه التأكيد على الجنرال آرثر إلى الانسحاب إذا أظهر أن جلاء القوات الأمريكية أمر لا بد منه لتجنب الخسائر في هذه الحالة يجب الانسحاب إلى جزر اليابان.

وفي الوقت نفسه، تابعت اللجنة الثلاثية للأمم المتحدة دراسة الشروط التي وضعها الطرفان لبدء مفاوضات التسوية لوقف إطلاق النار، حيث وافقت الجمعية العامة في ١٣ كانون الثاني ١٩٥١، على خطة تقدمت بها اللجنة الثلاثية شملت هذه الخطة وقف إطلاق النار بشكل فوري في كوريا، مع تقديم ضمانات للجانبين بعدم استغلال هذه الفترة ستارا لكسب الوقت والقيام بالاستعدادات العسكرية، وانسحاب جميع القوات العسكرية غير الكورية من كوريا، بالإضافة إلى تولي الأمم المتحدة إدارة كوريا في أثناء فترة هدنة وتشكيل لجنة تضم في عضويتها كل من (الاتحاد السوفيتي و الصين و بريطانيا

و الولايات المتحدة) لوضع تسوية لجميع مشاكل الشرق الأقصى ومنها مشكلة فرموزا وعضوية الصين في الأمم المتحدة.

وجاء رد الحكومة الصينية على هذه المقترحات في ١٧ كانون الثاني ١٩٥١، مخيبا لأمال اللجنة الثلاثية، عندما أعلن وزير خارجيتها شوان لاي رفض مقترح وقف إطلاق النار، وقد أكد شوان لاي أن هذه المقترحات تخدم المصالح الأمريكية في المنطقة وتساعد الولايات المتحدة على إعادة تنظيم قواتها العسكرية، علاوة على ذلك لقد قام شوان لاي مقترحا يتضمن عقد مؤتمر تشترك فيه سبع دول (بريطانيا و الاتحاد السوفيتي و الولايات المتحدة و فرنسا و الهند و الصين و مصر) بهدف بحث انسحاب القوات الأجنبية من كوريا والاتفاق على نظام الحكم لها. كما أكد مطالب حكومة الصين السابقة بضرورة سحب القوات الأمريكية من فرموزا، وبحث إشراك الصين في الأمم المتحدة.

لم تلق هذه المقترحات التي قدمها وزير الخارجية شوان لاي قبولا لدى حكومة واشنطن لذلك أخذت الحكومة الأمريكية تعمل من أجل إدانة حكومة الصين في تورطها بالحرب الكورية، من خلال تقديمها مشروعا تدين فيه حكومة بكين بالعدوان ضد كوريا الجنوبية، حيث تحدث المندوب الأمريكي دالاس بشأن مبررات تقديم هذا المشروع فقد أكد بأن حكومة الصين لم توافق على المقترحات التي تقدمت بها الأمم المتحدة بشأن إنهاء الحرب في كوريا والعمل على البدء بتسوية مشاكل الشرق الأقصى، حيث أخذت قواتها العسكرية بالاستمرار في التدخل وتوسيع الحرب لذلك دعت الجمعية العامة حكومة بكين سحب قواتها من كوريا لإنهاء الحرب.

كما أوصت الجمعية العامة في ضوء المشروع الذي تقدم به المندوب الأمريكي لإدانة الصين لدخولها في الحرب الكورية، بضرورة تطبيق المقاطعة الاقتصادية ومنع تصدير المواد الاستراتيجية إلى حكومة بكين وبيونغ يانغ، وناشدت جميع أعضاء الأمم المتحدة لإدانة حكومة بكين ومقاطعتها اقتصاديا، ونشطت حكومة واشنطن في هذا المجال حيث أخذت بتطبيق الحصار الاقتصادي على كل من الصين وكوريا الشمالية، بالإضافة إلى ذلك فقد عملت على تجميد مستحقات دفع الديون الأمريكية إلى الصين.

ويتضح من طبيعة المشروع الأمريكي المقدم إلى الجمعية العامة، هو الضغط على جميع الدول الأعضاء في الأمم المتحدة بعدم التعامل التجاري مع الصين محاولة منها للضغط على حكومة بكين لسحب مساندتها لحكومة بيويغ يانغ في الحرب الكورية.

وفي إطار سياسية حكومة واشنطن في تحديد الحرب في كوريا في ٢٠ آذار ١٩٥١، بعثت رئاسة الأركان الأمريكية رسالة إلى الجنرال ماك آرثر، أكدت فيها أن تسوية المشكلة الكورية، سوف يخفف إلى حد كبير من حدة التوتر الدولي في منطقة الشرق الأقصى، كما يتيح المجال لتسوية المشاكل الأخرى لهذه المنطقة كما أوضحت رئاسة الأركان في رسالتها هذه إلى الجنرال آرثر، استعداد الأمم المتحدة لمناقشة شروط التسوية في كوريا.

غير أن الجنرال ماك آرثر لم يهتم بالتوجيهات التي أصدرتها حكومته والداعية إلى أقلمة النزاع في حدود كوريا، فقد أرسل ماك آرثر رسالة إلى السنتور جوزيف مارتن في ٢٠ آذار ١٩٥١، أوضح فيها وجهة نظره بشأن الموقف العسكري في المنطقة، فقد أكد فيها أن الشيوعيين في آسيا أخذوا على

عاتقهم العمل لغزو العالم وأمام هذا الغزو، أكد الجنرال ماك آرثر استعداد قواته للوقف أمام هذا المد الشيوعي عن طريق مقاومة القوات الصينية وقوات كوريا الشمالية، فضلا عن ذلك فقد هاجم الجنرال ماك آرثر سياسة الإدارة الأمريكية، ووصفها بأنها لم تكن باتجاه الوضع الجديد على ساحة المعركة وأمتها ما تزال تراوح في مكانها، مشددا على ضرورة العمل العسكري من أجل تحقيق النصر في آسيا من أجل المحافظة على أوروبا من خطر مد الشيوعية.

وقد سببت رسالة الجنرال ماك آرثر رد فعل سلبي لدى الحكومة الأمريكية نتيجة لمهاجمته العلنية لسياسة الحكومة الأمريكية ولذلك أمر الرئيس ترومان قيادة الأركان المشتركة بتوجيه رسالة شديدة اللهجة إلى الجنرال ماك آرثر، تلزمه بالتنفيذ بتوجيهات الحكومة الأمريكية.

غير أن الجنرال ماك آرثر لم يلق أذانا صاغية بشأن الاهتمام بالتوجيهات التي أصدرتها الحكومة، والداعية إلى عدم التدخل بالشؤون السياسية للإدارة الأمريكية والالتزام بالتعليمات التي تصدرها إليه حكومته، فقد أدلى الجنرال ماك آرثر بتصريح في ٢٤ آذار ١٩٥١ أوضح فيه استعداد الإجراء للقاء مع القيادات الشيوعية من أجل تسوية الموقف العسكري في ضوء أهداف الأمم المتحدة.

ونتيجة للتدخل العلني في السياسية الأمريكية من الجنرال ماك آرثر وانتهاجه سياسة مغايرة لسياسة حكومته من جهة، وعدم الامتثال للتعليمات التي أصدرتها إليه الحكومة الأمريكية في الفترة الأخيرة من جهة أخرى، دفع ذلك الرئيس ترومان إلى إصدار أمرا في ١١ نيسان ١٩٥١، بإعفاء الجنرال ماك آرثر من جميع مناصبه في قيادة الشرق الأقصى. وتعيين الرئيس ترومان

الجنرال ماثيو دجو أي خلفا للجنرال ماك آرثر في منصب القائد الأعلى لقيادة الشرق الأقصى ـ وقيادة قوات الأمم المتحدة في كوريا.

وبذلك فقد أدى تدخل القوات الصينية في الحرب الكورية إلى تغير مجرى الحرب بشكل كلي،وذلك كان واضحا من خلال تخلي الولايات المتحدة الأمريكية عن سياستها الرامية إلى عزل نظام بكين سياسيا، وذلك من خلال عدم السماح لحكومة الصين الجديدة بالمشاركة في جلسات مجلس الأمن. أما على الصعيد العسكري فقد أثبت التدخل الصيني، عجز القوات الأمريكية والحليفة معها من مقاوم هذا التدخل، مما أدى إلى مطالبة الحكومة البريطانية من نظيرتها الأمريكية، عدم توسيع نطاق الحرب لتشمل الأراضي الصينية وذلك منعا من اندلاع حرب عالمية ثالثة.

مفاوضات الهدنة - حزيران ١٩٥١ - ١٩٥٣:

المرحلة الأولى من مفاوضات الهدنة حزيران ١٩٥١- كانون الأول ١٩٥٢:

شهدت الفترة التي أعقبت التدخل الصيني في الحرب الكورية، حالة من التوتر الدولي في منطقة الشرق الأقصى بشكل خاص والعالم بشكل عام من جهة، ونجاح القوات الأمريكية والقوات المتحالفة معها في صد تقدم القوات الصينية وإفشال أهدافها في السيطرة على شبه الجزيرة الكورية من جهة أخرى، حدث تغير مفاجئ بعد مرور عام على بدء الحرب الكورية، تمثل باقتراح المندوب السوفيتي لدى الأمم المتحدة ماليك ٢٣ حزيران ١٩٥١، الذي يدعو إلى إجراء مباحثات بين الأطراف المشتركة في الحرب، من أجل إيقاف القتال وانسحاب القوات الكورية - الصينية إلى ما وراء خط العرض (٣٨°)، وإجراء مفاوضات بين الجانبين - المشتركين في الحرب الكورية دون شرط مسبق بوقف إطلاق النار وعلاوة على ذلك أضاف المندوب السوفيتي قائلا: (بأن حكومته ترغب بحل المشكلة الكورية عن طريق المفاوضات المباشرة بين أطراف الصراع، وذلك لأن الشعب السوفيتي يعتقد أن أكثر مشاكل العصر حدة هي مشكلة النزاع المسلح في كوريا والتي يمكن تسويتها عن طريق المفاوضات للمحافظة على السلام العالمي).

وفي الوقت نفسه، أكد وزير الخارجية السوفيتي غروميكو، الموقف ذاته في أثناء لقائه السفير الأمريكي في موسكو كيرك، حيث أعلن أن حكومته تحبذ قيام مفاوضات مباشرة بين أطراف النزاع من أجل عقد هدنة بين القوات المتحاربة ، وأضاف أيضا أن الهدنة المقترحة لن تتطرق إلى القضايا السياسية،

وإنما ستقتصر على الهدنة العسكرية وبأنها ستفتح الطريق بعد أن تبحث موضوع وقف إطلاق النار إلى فتح الطريق بالتسوية السياسية للمشاكل المتعلقة بين الطرفين ويبدو أن الاتحاد السوفيتي تقدم بهذا الاقتراح بعد اقتناعه التام أن التدخل الصيني الذي كان وراءه، والذي يهدف منه إلى زج الولايات المتحدة الأمريكية في صراع على الجبهة الأسيوية لم يؤد هدفه المنشود.

ونتيجة لذلك، فقد ساندت جميع الأطراف المشتركة في الحرب الكورية المقترح السوفيتي، حيث أكدت الصحافة الصينية، تأييد الصين للمقترح السوفيتي. ولم يقتصر تأييد المقترح الذي تقدمت به الحكومة السوفيتية على لسان مندوبها في الأمم المتحدة، الداعي إلى وقف إطلاق النار في كوريا على تأييد الصين، فقد أبدت الحكومة الأمريكية تأييدها للمقترح السوفيتي، وإزاء ذلك، أعلن الرئيس ترومان عن ترحيبه بالمبادرة السوفيتية لإنهاء النزاع الكوري، وقد جاء في حديثه : (إن السماح بتوسيع النزاع في آسيا، سيؤدي إلى خسارة حلفائها في أوروبا ... ونحن يجب أن نستعد لأخذ أية خطوه باتجاه السلام... ومستعدين للبدء بمحادثات التسوية على شرط أن تكون هذه التسوية حقيقية لإعادة السلام والأمن لشعب كوريا).

ومن أجل إعطاء الضمانات بشان رغبة الحكومة الأمريكية على بدء مفاوضات الهدنة اقترح قائد القوات الأمريكية في كوريا الجنرال ريدجواي بدء المفاوضات بين الطرفين، وقد أيدت كل من حكومتي الصين وكوريا الشمالية موافقتها على المقترح المذكور. وفي الوقت نفسه أرسل الجنرال ريدجواي رسالة مشتركة إلى قائد القوات الكورية الشمالية المارشال كيم آل سونغ، وقائد القوات الصينية الجنرال بينغ تي هواي في ٣٠ حزيران ١٩٥١ . حيث تضمن

رسالته المشتركة تلك مقترحا لعقد الاجتماع التمهيدي على ظهر السفينة والستون هاربر لكن ذلك الاقتراح رفض من الطرف الكوري ــ الصيني لكونه مكانا لعقد الاجتماع وذلك بعد موافقتها على المقترح الأمريكي ببدء المفاوضات بين الطرفين، واقترحا بدل ذلك مدينة كاينغ الواقعة على خط العرض (٣٨) بين الكوريتين.

وبعد الاتفاق على مكان الاجتماع توجه وفد الأمم المتحدة برئاسة الجنرال الأمريكي تورنرجوي إلى موقع الاجتماع للقاء الوفد الكوري ــ الصيني برئاسة الجنرال الكوري الشمالي نام، حيث قدم الوفد الكوري ــ الصيني مقترحاته لبدء مفاوضات الهدنة، وشملت على وقف إطلاق النار فورا ووقف القصف الجوي وإنهاء الحصار البحري قبل بدء مفاوضات الهدنة مسبقا، بالإضافة إلى اعتبار خط عريض (٣٨°) الخط الفاصل عسكريا بين الطرفين، وسحب جميع القوات الأجنبية من كوريا في أقرب وقت ممكن، غير أن المفاوضات لم تستمر، حيث قطع الجنرال جوي المفاوضات وذلك لان الكوريين الشماليين لم يحترموا مدينة كاينغ وهي جزء من المنطقة المنزوعة السلاح، وذلك باحتلالهم لها ومنع دخول الصحفيين من الدول الأخرى لحضور بدء مفاوضات الهدنة.

وعلى الرغم من بدء المفاوضات مرة أخرى في ١٥ تموز ١٩٥١ ، فقد برزت مشاكل جديدة عندما رد الجنرال جوي على المقترحات التي تقدم بها نظيره الكوري ــ الصيني الآنفة الذكر،أكد الجنرال جوي أن وقف إطلاق النار قبل بدء مفاوضات الهدنة سيسمح للعدو من بإعادة تنظيم قواته والقيام بهجوم آخر.

ورفض اعتبار خط (٣٨°) الخط الفاصل بين الطرفين وذلك لأنهما يسيطران على مواقع استراتيجية من شمال الخط المذكور توفر لهما الحماية أكثر من رجوعهما إلى الجنوب ذلك الخط، إما فيما يخص مسالة سحب القوات الأجنبية فقد أشار الجنرال جوي بأنها مسالة سياسية لا يمكن تسويتها، إلا بعد عقد الهدنة بين الطرفيين ومن أجل ضمان استمرار عقد مؤتمر الهدنة، أكد الجنرال ريد جواي في رسالته المشتركة إلى قيادة الوفد الكوري - الصيني في ١٣ تموز ١٩٥١ ، ضرورة الاتفاق على إقامة منطقة منزوعة السلاح على بعد ميلين من مكان المفاوضات، وقد وافق الوفد الكوري- الصيني على ذلك المقترح في رسالة بعث بها إلى الجنرال ريدجواي في ٢٨ تموز ١٩٥١، كما وافق الجنرال نام على مناقشة جدول الأعمال الخاص بمفاوضات الهدنة[١].

وبعد الاتفاق على الفقرة الثانية لجدول أعمال مفاوضات الهدنة، التي تقضي بإقامة منطقة منزوعة السلاح بين الجانبين، بعث الجنرال ريد جواي رسالة للقيادة الكورية_ الصينية في ١٧ آب ١٩٥١، أكد فيها ضرورة أن تكون منطقة كايسنغ منطقة منزوعة السلاح، وقد أجاب المارشال كيم آل سونغ وبينغ تي هواي على تلك الرسالة بالموافقة على إعطاء ضمانات إلى الجنرال ريد

(١) شمل جدول أعمال مفاوضات الهدنة:
أ. تحديد خط الحدود العسكري بين الجانبين من أجل تعين منطقة منزوعة السلاح شرطا أساسا لوقف إطلاق النار.
ب. إجراء الترتيبات اللازمة للتنفيذ شروط وقف إطلاق النار في كوريا، بإنشاء هيئة مراقبة وتحديد سلطاتها
جـ. النظر في الإجراءات التامة بأسرى الحرب.
د. رفع التوصيات إلى حكومات الدول المحايدة بشأن عقد مؤتمر سياسي بعد الهدنة.

جواي بعدم حدوث أي خرق عسكري لهذه المنطقة يؤدي إلى وقف المفاوضات. غير أن القيادة الكورية الصينية المشتركة لم تلتزم بوعدها بشان الحفاظ على حرمة المنطقة المنزوعة السلاح، حيث قامت قوات كوريا الشمالية بخرق هذا الاتفاق وذلك بقيام قواتها بالظهور على مقربة من هذه المنطقة مما أدى إلى سحب القيادة الأمريكية وفدها المفاوض من مفاوضات الهدنة .

بحجة عدم احترام الجنرال نام للاتفاق الذي تم التوصل إليه بشان احترام المنطقة المنزوعة السلاح، حيث طلب الجنرال ريدجواي من الجانب الكوري - الصيني إعطاء تفسير لتلك الحادثة، وقد أعطى كل من كيم آل سونغ وبينغ تي هواي جوابا على تساؤل الجنرال ريدجواي، بأن تلك القوات وصلت إلى المنطقة المنزوعة السلاح عن طريق الخطأ وأكد الوفد عدم تكرار مثل تلك الحوادث.

ومن أجل تنشيط عملية المفاوضات بين الجانبين قدم الجنرال نام ضمانات بشأن احترام المنطقة المنزوعة السلاح، فقد أصدر الجنرال ريدجواي - تعليماته في ١٠ آب ١٩٥١، إلى الجنرال جو للتوجه إلى مدينة كايسنغ لاستئناف المفاوضات حيث قدم الجنرال جوي مقترحا يقضي بمناقشة تعيين الخط العسكري الفاصل بين خط الهدنة، غير أن الوفد الكوري - الصيني رفض الموافقة على ذلك المقترح، وبالمقابل تقدم بمقترح يقتضي باعتبار خط عرض (٣٨°) الخط العسكري الذي يفصل بين الطرفين، غير أن ذلك المقترح رفضه رئيس الوفد الجنرال جوي وتقدم الجنرال جوي، بمقترح يدعو إلى عد خط المعركة آنذاك الذي يقع شمال خط عرض (٣٨°) هو الخط العسكري الفاصل بين الجانبين، ونتيجة للإصرار الأمريكي بضرورة الموافقة على مقترحه، وذلك

للاستمرار بمفاوضات الهدنة، فقد أعلن الجنرال نام موافقته على اعتبار منطقة شمال خط عرض (٣٨°) خطا لوقف إطلاق النار وأشار الجنرال نام بأن هذا الخط يمكن إدارته على أساس الإدارة المشتركة للمنطقة المنزوعة السلاح، وقد جاء في معرض موافقته ما يلي: (أن هذا المقترح من وجهة نظر حكومتي يعد مقترحا عادلا، ونحن نستمر بالإصرار عليه).

وبهدف إحراز تقدم في مفاوضات الهدنة والانتهاء من تسوية مشكلة خط الهدنة بشكل نهائي، قدم الجنرال جوي مقترحا، يقضي بتشكيل لجنة فرعية مشتركة – بين الجانبين مؤلفة من ضابطين عسكريين من كل جانب، تكون مهمتها رفع توصياتها إلى الوفدين بشأن اتخاذ الوسائل الكفيلة للخروج من أي خرق لهذه المنطقة.

وإزاء ذلك، فقد وافق الجنرال نام على مقترح الجنرال جوي بشان تسوية مشكلة خط الهدنة، فقد أكد الجنرال نام استعداد الوفد لإدارة خط الهدنة على أساس الإدارة المشتركة غير أن الموافقة التي أبداها الجنرال نام لم تدم طويلا، حيث عُلقت المفاوضات في ١٣ آب ١٩٥١، نتيجة لحصول المنطقة المنزوعة السلاح في كاينغ من الطائرات الأمريكية، وقد وجه الجنرال نام اتهامه إلى نظيره الأمريكي بوضع العراقيل لتعطيل مفاوضات الهدنة، نتيجة لذلك فقد شكل الجنرال جوي لجنة تحقيق للتحقيق بالاتهامات التي وجهها له الجنرال نام، حيث أثبت التحقيق عدم صحة تلك الادعاءات، وعلى إثر ذلك اتهم الجنرال جوي نظيره الجنرال نام، بإيجاد الذرائع من أجل قطع المفاوضات، مما أدى إلى استنكار الوفد الكوري الصيني لتلك الاتهامات مما أدى إلى تعليق مفاوضات الهدنة لمدة شهرين.

وعلى إثر قطع مفاوضات الهدنة الذي دام شهرين من جهة، ومن أجل فتح الطريق أمام استئناف المفاوضات مرة أخرى بين الجانبين من جهة أخرى، قدم الجنرال ريدجواي في ١٥ تشرين الأول ١٩٥١، مقترحا إلى كل من كيم آل سونغ وبينغ هواي لاستئناف المفاوضات في مدينة بان مون جوم، توصل الجانبان في ٢٧ تشرين الثاني ١٩٥١، إلى اتفاق بشأن تحديد الخط العسكري لإقامة المنطقة المنزوعة السلاح، حيث يبلغ طول هذا الخط الذي تم الاتفاق عليه (٣٤) كم شمال خط عرض (°٣٨) وتعيين حدود المنطقة المنزوعة السلاح بميلين، وقد أعلن الجنرال جوي أن الموافقة على تلك المقترحات تعد شرطا أساسيا لوقف العمليات العسكري في كوريا، وأشار جوي بأن الهدف من تلك المقترحات هو إعطاء الضمانات للدفاع أمام أية مبادرة لتحديد القتال، كما عرض جوي على نظيره الجنرال نام فكرة تحديد فترة الهدنة بثلاثين يوما لوقف العمليات العسكرية لكلا الطرفين من أجل توصل ضابط الأركان للاتفاق على وضع الخرائط العسكرية التي تحدد مواقع وقف إطلاق النار.

ومن أجل اتخاذ خطوات أكثر جدية في التوصل إلى اتفاقية، فقد تم الاتفاق بين الوفدين في ١٦ كانون الأول ١٩٥١، على مناقشة الفقرة الثالثة لجدول أعمال مفاوضات الهدنة، حيث شملت هذه الفقرة على وقف العمليات العسكرية لكلا الجانبين خلال الأربع والعشرين الساعة من توقيع اتفاقية الهدنة، وسحب جميع القوات العسكرية من المنطقة المنزوعة السلاح في غضون اثنين وسبعين ساعة من توقيع الاتفاقية، باستثناء وجود بعض دوريات الشرطة في المنطقة، كما أكدت الفقرة أيضا ضرورة إدارة الجانبين شؤون المنطقة الواقعة تحت سيطرتهما في خط التقسيم العسكري، بالإضافة إلى ذلك تضمنت

الفقرة الثالثة سحب جميع القوات البحرية والجوية من جميع المواقع التي يسيطر عليها الجانبان بشكل مباشر من المياه الإقليمية لكوريا في فترة خمسة أيام.

ومن أجل ضمان اتفاقية الهدنة العسكرية والتوصل إلى تسوية سلمية لإنهاء الحرب الكورية اتفق الطرفان في ٢٠ كانون الأول ١٩٥١، على تشكيل هيئة دولية للأشراف على تنفيذ شروط وقف إطلاق النار، حيث عرفت هذه اللجنة باسم اللجنة الدولية للرقابة المحايدة على أن تضم في عضويتها ست دول أعضاء في الأمم المتحدة، حيث يختار كل طرف ثلاثة أعضاء، وتكون مهمة اللجنة الدولية الأشراف على تطبيق نقطتين أولهما، تتعلق بأعمالها داخل المنطقة المنزوعة السلاح بالأشراف المباشر على تنفيذ اتفاقية الهدنة العسكرية، وثانيهما تتعلق بمهمتها خارج نطاق المنطقة المنزوعة السلاح للأشراف على المطارات العسكرية التي تدخل ضمن المنطقة التي اتفق عليها الجانبان، بالإضافة إلى ذلك تقوم اللجنة برفع تقاريرها الخاصة بشأن حوادث – الانتهاكات من الجانبين. كما ألزم الاتفاق لتشكيل عضوية اللجنة الدولية أن تكون تلك الدول من غير الدول المشتركة في الحرب الكورية.

وفي إطار الاتفاق على عضوية الدول في اللجنة الدولية للمراقبة المحايدة، اقترح الجنرال جوي عضوية كل من (السويد و النرويج و سويسرا) واقترح نظيره نام في عضوية اللجنة الدولية كل من (الاتحاد السوفيتي بولندا شيكوسلوفاكيا) بيد أن الجنرال جوي أبدى معارضته لعضوية الأتحاد السوفيتي في اللجنة الدولية، وقد تمت تسوية تلك المشكلة عندما أسقطت الولايات المتحدة

عضوية النرويج مقابل تخلي الوفد الكوري- الصيني عن إصراره بعضوية الاتحاد السوفيتي لتصبح اللجنة أخيرا مكونة من أربع دول فقط.

وبعد الاتفاق على المادة الأولى للفقرة الثالثة لاتفاقية مفاوضات الهدنة التي تتعلق بتعيين خط الهدنة العسكرية وتواجد القوات العسكرية لكلا الجانبين وفي إطار المحافظة على سلامة الاتفاقية العسكرية للهدنة من أي خرق عسكري لأي جانب، قدم الجنرال جوي مقترحا يتضمن الموافقة على تقييد حرية بناء المطارات العسكرية في كوريا الشمالية، غير أن الجنرال نام رفض الموافقة على هذا المقترح، مبررا رفضه بأن بناء المطارات مسألة داخلية لكوريا الشمالية لا يمكن بحثها في مفاوضات الهدنة، غير أن الجنرال جوي اعتبر مسألة بناء المطارات العسكرية في كوريا الشمالية مسألة تتعلق بزيادة القوة العسكرية لكوريا الشمالية خلال فترة الهدنة، ونتيجة للموقف المتشدد الذي أبداه الجنرال نام تجاه تلك المسألة اضطر الجنرال جوي التخلي عن شروطه الخاصة بتقييد حرية بناء المطارات العسكرية.

وبعد استكمال مناقشات الفقرة الثالثة من اتفاقية الهدنة، تحول اهتمام الوفدين إلى أهم فقرة في جدول أعمالهم وهي الفقرة المتعلقة بتبادل أسرى الحرب للجانبين، حيث تقدم الجنرال جوي في ١ كانون الثاني ١٩٥٢، بمقترح إلى الجنرال نام بشأن مبدأ تعويض للأسرى الرافضين العودة إلي بلادهم، غير أن الجنرال نام رفض هذا المبدأ، وأكد ضرورة عودة كافة الأسرى إلى بلادهم وفق المادة (١١٨) من اتفاقية جنيف لعام ١٩٤٩[(١)].

(١) نصت المادة (١١٨) على أن يتم إطلاق سراح جميع أسرى الحرب، ويعادون إلى بلادهم بعد إيقاف العمليات العسكرية.

ومن أجل كسر الجمود والخروج من الطريق المسدود الذي وصلت إليه مفاوضات الهدنة بشأن فقرة أسرى الحرب، تقدم الجنرال جوي في ٣ كانون الثاني ١٩٥٢، بمقترح يتضمن المحافظة على حقوق جميع الأسرى المدنيين والعسكريين على حد سواء وأكد أن كل الأسرى الذين عارضوا العودة إلى بلادهم سيتم إبعادهم من حالة الأسر، ومن أجل ضمان مبدأ التعويض أشار الجنرال جوي بالسماح إلى أعضاء لجنة الصليب الأحمر الدولية الأشراف على عملية تبادل الأسرى في نقاط تبادل الأسرى الحدودية بين شطري كوريا التي سيتم الاتفاق عليها في غضون توقيع الهدنة، وأضاف الجنرال جوي أن مبدأ التعويض سوف يضمن حرية الاختيار الفردية للأسرى، لضمان عدم وجود ضغوط للتأثير على موافقتهم ، بالإضافة إلى ذلك فقد أكد الجنرال جوي في مقترح مفاده أن مبدأ التعويض سوف لن يشمل أسرى الحرب فقط وإنما يشمل اللاجئين الذين عدوا ضحايا حرب أيضا. غير أن الجنرال نام رفض الموافقة على ذلك المقترح ووصفه بأنه محاولة للحفاظ على أسرى الحرب في نظام العبودية.

وقد طلب الجنرال جوي مرة أخرى منه الجنرال نام لاتخاذ خطوات أكثر إيجابية للتوصل إلى اتفاق بخصوص المقترحات التي تقدم بها الجنرال جوي بشأن موضوع أسرى الحرب والمتعلقة بمبدأ التعويض، غير أن الجنرال نام رفض هذا الطلب وتقدم في ٣ شباط ١٩٥٢، بمقترح لتبادل أسرى الحرب، حيث تضمن عودة جميع المتطوعين الصينيين الذين وافقوا على مبدأ التعويض.

إلا أن الجنرال نام رفض ذلك المقترح. ومن جهة أخرى أشار الجنرال جوي إلى ضرورة مشاركة هيئة الصليب الأحمر الدولية بعّدها منظمة محايدة للأشراف على تبادل الأسرى، كما أكد الوفد على تشكيل فريق عمل مشترك فيه أعضاء من كوريا الشمالية والجنوبية بشكل متساو في منطقة منزوعة السلاح للأشراف على تبادل الأسرى، حيث نال ذلك المقترح موافقة الجنرال نام، وقد تم تحديد وقت تبادل الأسرى في غضون ستين يوما للانتهاء من عملية تبادل الأسرى.

وبعد حصول الموافقة من الجانبين بشأن مشاركة لجنة الصليب الأحمر الكورية الجنوبية الشمالية المشتركة في ١٦ شباط ١٩٥٢، حيث نص الاتفاق على المشاركة (٦٠) عضوا من الجانبين بشكل متساو. فقد ضمت اللجنة (٣٠) عضوا من الجانب الكوري الجنوبي للأشراف على مخيمات الأسرى لدى كوريا الجنوبية، كما نص الاتفاق على تعين (٢٠) عضوا سيتم تحديد واجباتهم في المنطقة المنزوعة السلاح، ولضمان سريان مفعول هذا الاتفاق أخذ الجنرال جوي بأعداد مسودة اتفاقية أولية بشأن لجنة الصليب الأحمر المشتركة عن طريق الصليب الأحمر الأمريكي لتقديم المساعدات الغذائية والطبية للّجنة المشتركة. بيد أن الجنرال نام، رفض مرة أخرى المقترح الذي تقدم به نظيره الأمريكي بشان عدم تحريض الأسرى على رفض مبدأ التعويض عن طريق القوة، نتيجة لهذا الرفض أعلن الجنرال جوي عن رغبته بمواصلة مناقشات وشروط مفاوضات الهدنة الأخرى، وعدم الإشارة إلى مسالة تعويض الأسرى بالمحادثات القادمة.

ولم تحدث أي مبادرة انفراج في قضية مبدأ التعويض لأسرى الحرب. وقد زاد المسالة سوءا عندما حاولت قيادة الوفد الكوري- الصيني الضغط على نظيره الأمريكي من خلال الأهداف التي شهدتها جزيرة كوجي التي تعد أكبر معتقل لأسرى الحرب للقوات الكورية - الصينية الواقعة على مقربة من السواحل الجنوبية لشبه الجزيرة الكورية، حيث قامت مجموعة من الأسرى في ٧ايار ١٩٥٢، باحتجاز قائد المعتقل الجنرال فرانكس دود حيث قدموا عددا من الطلبات مقابل الإفراج عن الجنرال دود ومن أهم الطلبات إلغاء مبدأ التعويض الذي عطل المفاوضات بين الجانبين غير أن الجنرال جاريس كولسون الذي خلف الجنرال دود، أكد للأسرى هذه النقطة خارج صلاحياته العسكرية وأنها تتعلق بمناقشات الوفدين المفاوضين بشان التوصل لاتفاقية الهدنة.

ويتضح من الأحداث التي شهدتها جزيرة كوجي أن قيادة الوفد الكوري_ الصيني حاولت الضغط على نظيره الأمريكي في محاولة منه للتأثير على موقفه في مفاوضات الهدنة بشأن مبدأ التعويض.

وقد أثرت أحداث جزيرة كوجي على القيادة العسكرية الأمريكية، ففي ٢٢ أيار ١٩٥٢ ، تم تعيين الجنرال مارك كلارك خلفا للجنرال ريد جواي، وتم تعيين الجنرال وليم هارسيون للجنرال جوي لرئاسة الوفد الأمريكي في مفاوضات الهدنة. فقد قدم الجنرال كلارك في ٢٥ تموز ١٩٥٢، دعوة إلى الجنرال كيم آل سونغ والجنرال بينغ تي هواي لاستئناف وفدهم المفاوض بشأن مبدأ التعويض لأسرى الحرب، وعند عقد المفاوضات بين الوفدين رفض الوفد الكوري - الصيني تسلم قوائم الأسر الذين لديهم رغبة العودة إلى أوطانهم، فقد شملت هذه القوائم على (٧٧) ألف أسير من كوريا الشمالية و(٦) ألف أسير من

القوات الصينية، حيث ادعى الجنرال نام لنظيره الأمريكي بأن الذين يرغبون بالعودة إلى أوطانهم لدى القوات الأمريكية يبلغ أكثر من (١١٦) ألف أسير،كما أكد الجنرال نام مقترحا تقدم به الجنرال هارسون يقضي بإمكانية عرض الأسرى الذين لا يعارضون مبدأ التعويض على لجنة محايدة من ممثلي الجانبين.

وفي ٢٨ أيلول ١٩٥٢، استؤنفت المفاوضات بين الجانبين بشأن قضية الأسرى عندما تقدم الجنرال هارسون بعدد من المقترحات إلى الجنرال نام، وقد أعرب عن أمله في قبول إحدى هذه المقترحات للبدء في مفاوضات قضية الأسرى للانتهاء من محادثات الهدنة، وتضمنت هذه المقترحات، ضرورة إحضار جميع الأسرى لكلا الجانبين إلى المنطقة المنزوعة السلاح، من أجل التأكد من أعدادهم،و أضاف الجنرال هارسيون بأن الأسرى الذين يؤيدون مبدأ التعويض سيتم اختيار مجموعة من الدول التي يرغبون بالتوجه إليها، والذين يرفضون هذا المبدأ سيتم تركهم في المنطقة المنزوعة السلاح لتكون لهم الفرصة في حرية الاختيار. بالتوجه شمال خط العرض (٣٨) وجنوبه.

بيد أن الجنرال نام رفض هذه المقترحات ووصفها بأنها مقترحات غير مقبولة وعند استئناف المفاوضات مرة أخرى في ٨ تشرين ١٩٥٢، أصر الجنرال نام على موقفه تجاه المقترحات التي تقدم بها الجنرال الأمريكي، حيث أكد مرة أخرى، ضرورة عودة جميع الأسرى الصينيين والكوريين الشماليين، غير أن الجنرال هارسون رفض ذلك المقترح، مما أدى إلى قطع المفاوضات بين الجانبين إلى حين يقدم الوفد الكوري_الصيني خطوات إيجابية بشأن تلك القضية.

ونتيجة لهذا الموقف المتشدد من جانب الوفد الكوري _الصيني تجاه مسألة تعويض أسرى الحرب، تحول الاهتمام من موقع مفاوضات الهدنة في مدينة بان جون مون إلى جلسات الجمعية العامة للأمم المتحدة، ففي ١٤ تشرين الأول ١٩٥٢ ،أكد وزير الخارجية الأمريكي أجسون رغبة حكومته بالتزام موقف متشدد تجاه المحافظة على السلام في كوريا.

ومن أجل إيجاد مخرج للازمة التي أوجدتها قضية أسرى الحرب في مفاوضات الهدنة، تبنت الجمعية للأمم المتحدة في ١٧ تشرين الأول ١٩٥٢، مشروع قرار أمريكي يتضمن عدة مقترحات لتسوية الحرب الكورية، وشملت تلك المقترحات وقف إطلاق النار وعودة أسرى الحرب إلى بلادهم بالإضافة إلى سحب جميع القوات الأجنبية من كوريا بضمنها القوات الصينية خلال فترة ثلاثة أشهر، وتوحيد كوريا من الكوريين أنفسهم تحت إشراف لجنة دولية يتم تشكيلها من دول محايدة.

وقد أبدت الحكومة السوفيتية اهتمامها بقضية استئناف مفاوضات الهدنة، وذلك حينما أريد ممثل السوفيت لدى الجمعية العامة فيشنسكي لتلك المقترحات التي تبنتها الجمعية العامة في ١٧ تشرين الأول ١٩٥٢، ومن جهة أخرى رفضت الجمعية العامة في ٢٣ تشرين الأول ١٩٥٢، مقترحا تقدم به مندوب الاتحاد السوفيتي فيشنسكي، يقضي دعوة وفد من كوريا الشمالية لبحث مسالة إعادة الأسرى ووقف إطلاق النار في مناقشات الجمعية العامة.

وفي ٢٤ تشرين الأول ١٩٥٢، سلم المندوب الأمريكي لدى الأمم المتحدة كروس مشروع قرار إلى الجمعية العامة، ناشد فيه الحكومة الصينية وكوريا الشمالية لتجنب المزيد من إراقة الدماء والعمل على التوصل إلى

اتفاقية بشأن القضايا المعلنة من الجانبين، وأشار كروس أن اتفاقية الهدنة اعترفت بجميع أسرى الحرب، وذلك من خلال تطبيق مبدأ التعويض، والامتناع عن استعمال القوة بإجبار أسرى الحرب على العودة إلى أوطانهم، وفي الوقت نفسه اتهم وزير الخارجية الأمريكي أجسون، المندوب السوفيتي لدى الأمم المتحدة فيشنسكي، بإثارة المشاكل في كوريا وتعطيل المفاوضات، لذلك أكد أجسون أن اتفاقية الهدنة سيتم التوصل إليها لإنهاء الحرب وإجراء تبادل سريع لأسرى الحرب.

ومن أجل إنهاء النزاع في مناقشات الجمعية العامة والوصول إلى تسوية لقضية أسرى الحرب، تقدمت الحكومة الهندية في ٣ تشرين الثاني ١٩٥٢، بمشروع قرار إلى الجمعية لعامة عن طريق مندوبها ميتسدن، يراعي فيه تشكيل لجنة لترحيل الأسرى، والتي تسانده الحكومة الأمريكية، وفي الوقت نفسه راعى وجهة النظر الكورية – الصينية، بشأن مصير الأسرى الذين قبلوا مبدأ التعويض و يمكن أن يقرر مصيرهم في المؤتمر السياسي الذي سيتم عقده بعد التوقيع على اتفاقية الهدنة. وأكد المقترح وقف إطلاق النار وانسحاب جميع القوات الأجنبية من كوريا خلال فترة شهرين، وذلك لتوحيد كوريا تحت إشراف لجنة دولية يتم الاتفاق عليها وقد نال هذا المقترح تأييد الحكومة الأمريكية.

وفي ٢٦ تشرين الثاني ١٩٥٢، نقل فيشنسكي رفض حكومتي الصين وكوريا الشمالية للمقترح الذي تقدمت به الحكومة الهندية الداعي إلى دفع عملية المفاوضات من حالة التعثر التي وصلت أليها بالإضافة إلى ذلك، ساند وزير الخارجية الصيني شوان لاي في ٢٨ تشرين الثاني ١٩٥٢، والمقترح الذي تقدم به فيشنسكي الداعي إلى تشكيل لجنة كورية شمالية لبحث مسألة تفويض

الأسرى، وأوضع شوان لاي بان ذلك المقترح يشكل وسيلة مناسبة للتوصل إلى تسوية للمشكلات المتعلقة بين الطرفين، وأضاف بان حكومة الولايات المتحدة شجعت الأسرى على قبول مبدأ التعويض، كما أشار إلى أنه لا يوجد أي مبرر لقبول تعويض متطوعي الصين، كما أقترح شوان لاي العودة مفاوضات الهدنة بين الجانبين في مدينة مون جوم تكون على أساس المقترح السوفيتي السابق الذكر. لكن حكومة الولايات المتحدة لم تبد أي اهتمام بتصريحات شوان لاي وذلك من خلال رفضها تلك المقترحات بحجة أنه لا يمكن التوصل إلى تسوية عادلة على أساس المشروع السوفيتي.

المرحلة الثانية من مفاوضات الهدنة كانون الثاني **١٩٥٢- تموز ١٩٥٣**:

وقد أعقب الفترة التي تلت توقف مفاوضات الهدنة، تطور ملحوظ في المستوى السياسي للحكومة الأمريكية، حيث أن إجراء انتخابات رئاسة الجمهورية في أواخر عام ١٩٥٢، أسفرت عن فوز الجنرال دوايت أيزنهاور وقد أدى ذلك إلى تغير الموقف الأمريكي تجاه مفاوضات اتفاقية الهدنة حيث أدان ايزنها في حملته الانتخابية سياسية ترومان المرنة تجاه الموقف في كوريا. ووصفها بالفشل لانتهاز الفرصة لتسوية الحرب الكورية وعودة القوات الأمريكية إلى الولايات المتحدة. وتمنينا العودة في حملته الانتخابية، فقد زاد ايزنهاور كوريا قبيل تسلمه منصب الرئاسة، حيث التقى في ٢ كانون الأول ١٩٥٢، كل من الجنرال كلارك والرئيس ري. في ختام الزيارة صرح ايزنهاور: (أنه من الصعب جدا أن توضع خطة ذات نهاية إيجابية ونصر مؤكد بدون المخاطرة في توسيع رقعة الحرب).

ولتطبيق تلك السياسية الجديدة للإدارة الأمريكية، أخذ الرئيس ايزنهاور بممارسة الضغوط العسكرية على الجانب الكوري - الصيني لحصول انفراج في المفاوضات وقد أكد ذلك برسالته إلى الكونكرس الأمريكي في ٢ شباط ١٩٥٣، التي أوضح فيها السياسة الأمريكية تجاه الحرب الكورية، وذلك من خلال قرار الرئيس ايزنهاور بسحب الأسطول البحري السابع الأمريكي المتواجد في مضيق فرموزا منذ اندلاع الحرب الكورية، وإنهاء حياء الجزيرة التي أخذت بالشروع بتنظيم قواتها العسكرية وأصبحت مستعدة لفتح جبهة ثانية ضد الصين، وهذا ما أكدته الحكومة الأمريكية حيث أن تلك الاستعدادات ستساعد على تغيير وجهة نظر الصين من كوريا إلى فرموزا. مما يؤدي إلى تخليها عن موقفها المتشدد في قضية أسرى الحرب في مفاوضات الهدنة. وفي الوقت نفسه فإن الرئيس ايزنهاور وجه إنذارا إلى الصين ينص على أن واشنطن سوف تستعمل الأسلحة النووية في ضرب منطقة منشوريا الصينية، إذا لم يتم حصول انفراج في الموقف الصيني- الكوري في مفاوضات الهدنة.

وعلى الصعيد نفسه اتهم المندوب الأمريكي الجديد لدى الأمم المتحدة في ٢٠ شباط ١٩٥٣، كابوت لودج الحكومة السوفيتية بتقديم الدعم والمساندة إلى حكومة الصين وكوريا الشمالية، للاستمرار في موقفها المتشددة تجاه محادثات اتفاقية الهدنة، والعمل على تجديد القتل في كوريا وذلك عن طريق تقديم المساعدات العسكرية إلى قوات الصين وكوريا الشمالية.

وفي ٢٤ شباط ١٩٥٣، بذلت الحكومة الأمريكية محاولة جادة للتغلب على الصعوبات التي تخللتها مفاوضات الهدنة، حيث بعث الجنرال كلارك رسالة إلى الجنرال نام، أكد فيها استعداد قيادته بتبادل الأسرى المرضى والجرحى

وأعادتهم إلى أوطانهم غير أن القيادة الكورية - الصينية لم تقدم جوابا مباشرا بذلك الشأن.

بيد أن موقف القيادة الكورية - الصينية المشتركة المتحفظ تجاه مقترح القيادة الأمريكية بتبادل أسرى الحرب المرضى والجرحى، قد تغير بعد إعلان الحكومة السوفيتية عن وفاة زعيمها ستالين في ٥ آذار ١٩٥٣، مما أدى إلى وضوح موقفهم حيث أعربوا عن موافقتهم بمبدأ أسرى الحرب للمرضى والجرحى بشكل مباشر، وقد استند موقف القيادة الكورية - الصينية الجديد إلى إعلان رئيس مجلس الوزراء السوفيتي جورجي مالينكوف الذي أدلى به في الجلسة الرابعة لمجلس السوفيت الأعلى في ١٥ آب ١٩٥٣، حيث جاء فيه: (في الوقت الحاضر لا يوجد خلاف بشأن المسائل التي لا يمكن تسويتها إلا على أساس الاتفاق المشترك بين البلدين، وهذا ما ينسجم مع علاقاتنا مع كل الدول ومنها الولايات المتحدة والدول التي لها فائدة في وجود السلام يمكن أن تتأكد بأن مستقبل السياسية السوفيتية ثابتة على أساس سياسة السلام).

وقد دفع تصريح رئيس مجلس الوزراء ماليكوف، الحكومة الصينية على تبني موقف مرن تجاه مفاوضات الهدنة، وهذا ما أكده الإعلان الذي صرح به وزير الخارجية الصيني شوان لاي في ٣ آذار ١٩٥٣ جاء فيه: (أن التسوية المقبولة لمشكلة تبادل أسرى الحرب المرضى والجرحى بين الطرفين لابد أن يؤدي إلى تسوية مشكلة الأسرى بكاملها).

وفي الوقت نفسه، اقترح شوان لاي استئناف مفاوضات الهدنة بعد وقف العمليات العسكرية كما أشار إلى أن جميع الأسرى الذين لدى الجانب الأمريكي والذين قبلوا بمبدأ التعويض سيتم تسليمهم إلى دولة محايدة، وذلك لضمان تسوية

نهائية لمشكلة تعويض الأسرى، وأضاف أن حكومة بلاده مستعدة لأخذ الخطوات الأساسية بشأن تلك المسألة. وقد وافقت قيادة قوات الأمم المتحدة على ذلك المقترح في ٣١ آذار ١٩٥٣.

وأسفرت تلك المحاولة الإيجابية من قبل حكومة بكين إلى عقد اجتماع الوفدين في مدينة بان مون جوم في نيسان ١٩٥٣، وبعد توقف دام ستة أشهر حيث سلم الجنرال هارسيون رسالة إلى الجنرال نام، تضمنت إجراء ترتيبات لعقد الاجتماع بين رئيسي القيادتين من أجل تسوية مشكلة تبادل أسرى الحرب المرضى والجرحى بين الجانبين بشكل مباشر من جهة أخرى، أكد الجنرال كلارك رغبته بترؤس وفد قيادته المفاوض للاجتماع مع الجنرال كيم آل سونغ والجنرال بينغ تي هواي للمشاركة باستئناف مفاوضات الهدنة.

وفي ٥ نيسان ١٩٥٣، دعم المارشال كيم آل سونغ مقترحات شوان لاي في استئناف المفاوضات حيث بعث المارشال كيم آل سونغ وبينغ تي هواي رسالة مشتركة إلى الجنرال كلارك تضمنت للحصول على مقترحات تفصيلية بشأن تسوية مسألة الأسرى، يتم دراستها بشكل دقيق من قبل حكومتي البلدين، التي في ضوئها سيتم تبادل الأسرى للمرضى والجرحى، حيث سلم الجنرال نام تلك الطلبات إلى قيادة الوفد الأمريكي في ١٠ نيسان ١٩٥٣، بين الجانبين، حيث سلمت الولايات المتحدة (٦.٦٧٠) ألف أسير منهم (٥.٢٠٠) ألف أسير من قوات كوريا الشمالية و (١.٤٧٠) ألف أسير من قوات الصين، وفي الوقت نفسه تسلم القيادة الأمريكية (٦٨٤) أسيرا منهم (٤٧١) أسيرا من قوات كوريا الجنوبية و (٢٩٣) أسيرا من القوات الأمريكية.

ويتضح مما سبق أن تغير موقف الحكومة الصينية على إثر إعلان رئيس وزراء السوفيتي الجديد مليكوف، الذي كان بمثابة لفت نظر الحكومة الصينية إلى ان لاتحاد السوفيتي يرغب بتسوية الحرب الكورية من جهة، ولأدراك الحكومة الصينية بعدم ضمان المساندة السياسية والمساعدات الاقتصادية والعسكرية من خلفاء ستالين.

وعند استئناف مفاوضات الهدنة بين الجانبين في ٢٦ نيسان ١٩٥٣، قدم الجنرال نام مقترحا نيابة عن حكومتي كوريا الشمالية والصين، يقضي أن الأسرى الذين أيدوا مبدأ التعويض سيتم إرسالهم إلى دولة محايدة يتم الاتفاق عليها من الجانبين وذلك بعد شهرين من توقيع اتفاقية الهدنة، حيث يرسل كلا الجانبين ممثلين من أجل إقناعهم بالعدل عن مساندة مبدأ التعويض وعودتهم إلى بلادهم، وأن أي أسير يرفض ذلك المقترح، سيتم النظر في هذه المسألة الرفض للأسرى في المؤتمر السياسي المزمع عقده، بعد توقيع اتفاقية الهدنة. غير أن ذلك المقترح لم يلق قبولا لدى الجنرال الأمريكي هاريسون بشأن مغادرة الأسرى الذين يرفضون العودة إلى أوطانهم.

ولضمان التركيز على مسألة اختيار الدولة المحايدة لرعاية أسرى الحرب الذين أبدوا مبدأ التعويض، رفض الجنرال نام مقترحا تقدم به نظيره الأمريكي، حيث رفض الجنرال نام الموافقة على أن تكون سويسرا الدولة المختارة لرعاية الأسرى وأكد الجنرال نام أن تكون الدولة المحايدة من الدول الأسيوية، فقد قدم في ٢ أيار ١٩٥٣، إلى الوفد الأمريكي، مقترح قبول إحدى الدول الأسيوية (الهند أو باكستان أو إندونيسيا) بيد أن الوفد الأمريكي لم يعط جوابا على ذلك المقترح.

غير أن الجنرال نام، قد تراجع عن موقفه السابق بشأن قضية الأسرى الرافضين العودة إلى أوطانهم، حيث قدم في ٧ أيار ١٩٥٣، مقترحا جديدا ينص على تشكيل لجنة دولية تضم في عضويتها كل من (بولندا وتشكوسلوفاكيا، السويد والهند و سويسرا)، إذ تكون مهمة تلك الدول تقديم الرعاية اللازمة إلى جميع الأسرى الذين يرفضون العودة إلى أوطانهم، بالإضافة إلى أن يكون لدى تلك الدول مجموعة من قواتها العسكرية لتأمين الحماية اللازمة للأسرى الموجودين في كوريا خلال مدة (٤) أشهر السابقة للمؤتمر السياسي الذي يعقد بعد توقيع اتفاقية الهدنة.

بيد أن الجنرال هارسيون عاد في ١٣ أيار ١٩٥٣، للتمسك بالمقترح القاضي إلى تحويل حالة الأسرى من الحالة العسكرية إلى الحالة المدنية بعد التوقيع على اتفاقية الهدنة، وإزاء ذلك فقد أعلنت الحكومة الصينية بأنها لن تبدِ استعدادها للتعامل مع اللجنة الدولية المحايدة الخاصة بمبدأ التعويض، غير أن الحكومة الهندية وهي إحدى الدول الأعضاء في تلك اللجنة قدمت ضمانات إلى حكومة بكين، تتعهد فيها الحكومة الهندية بعدم إصدار اللجنة أي قرار يضر بمصالح أسراها في كوريا، فضلا عن ذلك أكدت الحكومة الأمريكية، أنه لا يوجد هناك أية محاولة من جانبها للضغط على الأسرى للقبول بمبدأ التعويض غير أن هذه الضمانات قد رفضها الجنرال نام.

وعلى صعيد آخر، وقبيل التوصل إلى تسوية نهائية بشأن قضية الأسرى، ظهرت مشكلة موقف الرئيس ري من مفاوضات الهدنة، حيث أكد معارضته للتوصل إلى توحيد كوريا سياسيا تحت حكومته، وأضاف أن هذا الهدف يمكن تحقيقه عن طريق استئناف القتال للقوات الأمريكية ضد القوات

الصينية الموجودة على الأراضي الكورية، كما أوضح أن المفاوضات بين الجانبين ستؤدي إلى عودة الحالة، بالسياسة السابقة والمتمثلة بتقسيم كوريا إلى قسمين، فضلا عن ذلك أكد الرئيس ري إعلانه عن رفضه لاي اتفاق للهدنة التي لم تحقق هدفه في جلاء القوات الصينية من الأراضي الكورية كما أشار إلى ضرورة اعتراف حكومة واشنطن بحكومة سيئول حكومة شرعية على شبه الجزيرة الكورية.

وإزاء ذلك أنتهج الرئيس الأمريكي ايزنهاور سياسة التهدئة مع الرئيس ري وذلك لعدم عرقلة سير المفاوضات وعودة حالة التوتر في المنطقة، فقد بعث رسالة شخصية إلى ري في ٤ حزيران ١٩٥٣، أكد فيها أن المقترحات التي أدلى بها كانت منسجمة مع المبادئ التي سارت عليها الحكومة الأمريكية في مفاوضات الهدنة، غير أن الرئيس ري رفض سياسة الرئيس الأمريكي. حيث سلمت السفارة الكورية الجنوبية لدى واشنطن في ٥ حزيران ١٩٥٣ رسالة من الرئيس ري إلى الرئيس ايزنهاور، أكد فيها مقترحاته الخاصة بشأن اتفاقية الهدنة، والتي تؤكد ضرورة انسحاب القوات الصينية من كوريا، كما أشار في رسالته إلى ضرورة التوصل مع حكومة واشنطن إلى عقد اتفاقية للدفاع المشترك مع كوريا الجنوبية، بالإضافة إلى طلبه من الحكومة الأمريكية التعهد لتقديم المساعدات الاقتصادية والعسكرية لحكومته، وأكد أيضا أنه في حالة رفض الحكومة الأمريكية تلك المقترحات فإن حكومته سوف تسمح لقواتها باستئناف العمليات العسكري التي تؤدي في النهاية إلى وقف مفاوضات الهدنة.

ومن أجل تفادي حصول أزمة جديدة على إثر موقف الرئيس ري، بعث الرئيس ايزنهاور رسالة إلى الرئيس ري في ٦ حزيران ١٩٥٣، وأكد فيها

الرئيس ايزنهاور أن المبادئ التي بدأت عليها مفاوضات الهدنة هي مبادئ سليمة لا يمكن خرقها، كما أشار الرئيس ايزنهاور إلى أن حكومة واشنطن عاقدة العزم على إتمام توحيد كوريا سياسيا، ولكن دون التورط في عمليات عسكرية جديدة، ويمكن تحقيق هدف الوحدة من خلال التسوية السياسية للمشكلة الكورية، وأكد استعداد حكومته بعد توقيع اتفاقية الهدنة للنظر بشأن معاهدة الدفاع المشترك مع كوريا الجنوبية وذلك للحفاظ على أمن منطقة المحيط الهادي، علاوة على ذلك تعهد الرئيس ايزنهاور بالعمل على إقناع أعضاء الكونكرس الأمريكي بالمصادقة على تقديم المساعدات الاقتصادية للمساهمة في إعادة أعمار كوريا بعد الانتهاء من توقيع اتفاقية الهدنة.

وفي الوقت نفسه، سلم الجنرال هارسبون مقترحا أخيرا من الجنرال نام بشأن أسرى الحرب الذين وافقوا على مبدأ التعويض، حيث سيكونون تحت رعاية اللجنة الدولية المحايدة للتعويض وأشار المقترح إلى ان يتم إطلاق وسراح جميع الأسرى بعد مرور أربعة أشهر من توقيع اتفاقية الهدنة، وقد وافق الجنرال نام، على ذلك المقترح حيث أسفرت تلك الموافقة عن توقيع الجانبين في ٨ حزيران ١٩٥٣، على اتفاقية الأسرى، وقد أثار الجنرال كلارك على مساندته إلى قرارات اللجنة الدولية المحايدة للتعويض، والتي تقرر أن يكون مركز قيادتها في المنطقة المنزوعة السلاح بالإضافة إلى ذلك أعلنت الحكومة الهندية عن وصول قواتها العسكرية إلى المنطقة المنزوعة السلاح لتسهيل عمل اللجنة، ومن جهة أخرى اتفق الجانبان على أن تكون مدينة بان مون جوم النقطة الرئيسية لتبادل الأسرى إذا دعت الحاجة لذلك ويكون مهمة الاختيار على عاتق الجنة الدولية.

وعلى صعيد آخر، أعلن الرئيس ري حالة الطوارئ العامة في كوريا الجنوبية، على إثر عدم تجاوب الحكومة الأمريكية بشأن المقترحات التي تضمنتها رسالته في ٤ حزيران ١٩٥٣، نتيجة لذلك أصدر تعليماته إلى الضباط الكوريين في الولايات المتحدة للعودة إلى كوريا، وأوضح بأن حكومته لن توافق على الهدنة ما لم يتم سحب القوات الصينية من الأراضي الكورية، كما اتخذ الرئيس ري خطوة أخرى أكثر جدية لتعثر المفاوضات التي تشرف على إدارتها حكومته.

غير أن مساعي الرئيس ري قد باءت بالفشل عندما التقى الوفدان في ٢٠ حزيران ١٩٥٣،لاستئناف مفاوضات الهدنة حيث حمل الجنرال نام رسالة من كيم آل سونغ إلى الجنرال كلارك، أوضح فيها أن عملية إطلاق سراح الأسرى كانت تحت تستر الحكومة الأمريكية، وأن تلك العملية لن تؤثر في مفاوضات الهدنة، كما أوضح كيم آل سونغ في رسالته ببذل الحكومة الأمريكية أقصى جهودها للسيطرة على تصرفات سلطات كوريا الجنوبية.

وقد رد الجنرال كلارك على اتهامات كيم آل سونغ بالتستر على إطلاق سراح الأسرى قبل التوقيع على اتفاقية الهدنة، وأكد الجنرال كلارك أن قيادته محافظة على وعودها بشأن الاستمرار في مفاوضات الهدنة، كما أشار إلى إمكانية إعادة الأسرى إلى مخيمات أسرهم لتجنب أية مشكلة تهدد انهيار محادثات اتفاقية الهدنة.

غير أن القيادة الكورية – الصينية المشتركة لم تلق أُذنا صاغية لتعهدات الجنرال كلارك حيث واصلت اتهاماتها إلى القيادة الأمريكية بإيجاد الذرائع لقطع مفاوضات الهدنة، نتيجة لذلك فقد قامت قواتها للفترة من ١٣ – ١٤ تموز

١٩٥٣، بعملية عسكرية واسعة ضد القوات الأمريكية، للضغط على الوفد المفاوض لإبداء مواقف أكثر مرونة في مفاوضات الهدنة، وقد ردت القوات الأمريكية على هـذه العملية مـما أدى إلى إفشال ذلك الهجوم ودعا ذلك الهجوم وزير الخارجية الأمريكي الجديد دالاس بالتوجه إلى كوريا للقاء الرئيس ري ٢٢ تموز ١٩٥٣، حيث حمل دالاس معه تأكيدات الرئيس ايزنهاور للمصادقة علـى بـرامـج إعمـار كوريا الجنوبية بعد توقيع اتفاقية الهدنة.

ونتيجة لتلك الضمانات التي قـدمها وزير الخارجيـة الأمـريكي دالاس إلى الـرئيس ري، عقد الوفدان اجتماعهم الأخير بشأن توقيـع اتفاقيـة الهدنـة، حيـث تـم التوقيـع علـى تلك الاتفاقيـة يـ ٢٧ حزيران ١٩٥٣، حيث جاء في ذلك الاتفاق: (أن أعضاء الأمم المتحدة المشاركة بـالقوات العسكرية التي اشتركت في كوريا، كان من أجل مساندة قرارات الأمم المتحدة، وقد تم التوصل إلى اتفاقيـة الهدنـة..... وفي رأينا أن الهدنة يجب أن لا تعرض السلام للخطر في أي جزء من أسيا).

ويتضح مما سبق أن بداية مفاوضات الهدنة شكلت نقطـة تحول كبيـرة في مجرى أحداث الحرب الكورية. وقد شكل اختلاف وجهات النظر بين الجانبين إحـدى العقبـات الأساسية في تعثر مفاوضات الهدنة المتعلقة بأسرى الحرب، حيث هدف الوفد الكوري – الصيني في موقفـه مـن مسألة أسرى الحرب الحفاظ علـى مـاء وجه حكومتي كوريا الشمالية والصين في مفاوضات الهدنـة حيـث أصبحت مسألة الأسرى الفقرة المميزة في جدول أعمال مفاوضات الهدنة للمرحلة الثانية.

وقد شهدت المرحلة الثانية من مفاوضات الهدنة، حدثين مهمين الأول بروز عامـل انتخابات رئاسة الجمهورية الأمريكية التي أسفر عنها تشكيل حكومة

جديدة، أخذت تنتهج سياسية جديدة لإنهاء الحرب الكورية وذلك بممارسة الضغوط السياسية والعسكرية على الأطراف المعنية في الحرب فضلا عن تلك فقد شكل الإعلان عن وفاة رئيس وزراء الاتحاد السوفيتي جوزيف ستالين نقطة تحول في سياسية الحكومة الصينية وكوريا الشمالية، وذلك من خلال تأييدهم المطلق لاستئناف مفاوضات الهدنة للتوصل إلى تسوية الحرب الكورية.

حرب المائة عام (١٣٣٧ - ١٤٥٣):

حرب استمرت على مدى عهود حكم خمسة ملوك إنكليز وخمسة ملوك فرنسيين تقاتلوا للسيطرة على فرنسا. وقد شمل هذا الصراع بين إنكلترا وفرنسا سلسلة من الحروب المتعاقبة نتيجة خرق اتفاقيات الهدنة والمعاهدات وسميت بتلك التسمية لمجرد الاصطلاح لأنها دامت في الواقع أكثر من قرن.

أسباب الحرب:

١. الأسباب غير المباشرة:

من أهم الأسباب غير المباشرة، الخلاف المزمن بين ملوك الإنكليز والفرنسيين حول الأملاك الإنكليزية في داخل فرنسا، ومساندة ملوك فرنسا الإسكتلنديين ضد الإنكليز. كما أن للقرصنتين الفرنسية والإنكليزية في عرض البحار الإقليمية عوامل فعالة في تأجيج الصراع.

٢. الأسباب المباشرة:

يكمن وراء الأسباب المباشرة للحرب موضوعات عدة، الموضوع الأول: وراءه العرش الفرنسيـ
حيث طالب الملك إدوارد الثالث ملك إنكلترا بعرش فرنسا، واعتبر نفسـه أحـق بـالعرش الفرنسيـ مـن
فيليب فالوا. وذلك لكون والدته شقيقة لثلاثة ملوك فرنسيين، آخرهم شارل الرابع الـذي لم يـترك وريثا
للعرش عند وفاته ١٣٣٧م. أما الموضوع الثاني، فهو بخصوص إقليم الفلاندروز، فهو من الإمارات التابعة
لملوك فرنسا، وهي في ذات الوقت من الأسواق المهمة للصوف الإنكليزي. وكانت الإمارة في نزاع مستمر
مع ملوك فرنسا. وحدث أن قامت فيها ثورة سنة ١٣٣٧ قادها أصحاب معامل النسيج وذلك لانقطاع
استيراد الصوف من إنكلترا بناء على أوامر الملك إدوارد لعلاقاته العدائية مع ملك فرنسا. لهذا تعاقد
قادة الثورة مع إدوارد على أن يكونوا بجانبه حينما يعلن نفسه ملكا على فرنسا لقاء سماحه باستمرار
التجارة بين فلاندروز وإنكلترا وعلى إثر ذلك اندلعت نيران الحرب الأهلية في فلاندروز والتي انقسم فيهـا
السكان إلى فريقين، تألف الأول من الطبقة المتوسطة، أما الثاني فضم رجـال الإدارة الإقطاعيين حلفـاء
ملك فرنسا. وأصبح النزاع هناك سافرا بين الجيوش الإنكليزية والفرنسية. لذا أعلـن الملك فيليب فـالوا
السادس مصادرة كافة الممتلكات الإنكليزية في فرنسا سنة ١٣٣٧ ويعتبر هـذا التـاريخ البدايـة الرسمية
لحرب المائة عام.

المرحلة الأولى (١٣٣٧ – ١٣٨٠):

امتازت هذه المرحلة بانتصار الجيوش الإنكليزية على فرنسا في معركة سلويس البحرية سنة ١٣٤٠. كما انتصروا في معركة كريسي البرية سنة ١٣٤٦. واستولى الإنكليز على ميناء كاليه سنة ١٣٤٨، وأنزلت الجيوش الإنكليزية هزيمة بجيوش الملك جون في معركة بواتية ١٣٥٣، وأخذ الملك الفرنسيـ إلى إنكلترا أسيرا. وقد انتهت هذه المرحلة بتوقيع صلح بريتاني عام ١٣٦٠م. الذي اعترفت فيه فرنسا بسيادة إنكلترا على ثلث الأراضي الفرنسية. واتفق فيه على إطلاق سراح الملك الفرنسي مقابل دفع فدية كبيرة تقدر بـ (٤٠٠٠٠٠) كراون. غير أن الأخير لم يتمكن من دفع الأموال إلى الإنكليز، لهذا سلم نفسه ثانية إليهم وبقي أسيرا في لندن حتى وفاته سنة ١٣٦٤م.

أن هذه الاتفاقية أجلت الصراع إلى مرحلة قادمة، لكن لم ينتهي هذا الصراع وأصبحت إنكلترا صاحبة الشأن في الشؤون الفرنسية.

المرحلة الثانية (١٣٨٠ – ١٤١٥):

على إثر وفاة شارل الخامس جاءت خسارة كبرى لفرنسا، إذا كان خليفته شارل السادس قاصرا في سن الثانية عشرة من عمره، مما أوقع البلاد في حالة شديدة من الفوضى بسبب الخلاف بين الأوصياء على العرش من جهة، والعودة إلى سياسية الإفراط في فرض الضرائب من جهة أخرى. وكان أن ثار الفلمنكيون سنة ١٣٨٢ وحاولوا عقد تحالف مع الإنكليز، ولكن الفرنسيين اخضعوا ثروتهم وحطموا قوتهم.

وقد سار دوق أورليان في ركاب السياسة الفرنسية ورفض الاعتراف لهنري الرابع ملك إنكلترا (١٣٩٩ - ١٤١٣)، في الوقت الذي أخذ دوق برغندي يساند ملك إنكلترا حتى تمكن من الاستيلاء على باريس سنة ١٤١١م بمساعدة بعض القوات الإنكليزية. وقد شجعت هذه العوامل الملك هنري الخامس ملك إنكلترا (١٤١٣ - ١٤٢٢) على غزو فرنسا، فأنزل قواته سنة ١٤١٥ على الشاطئ الفرنسي ـ بحيث حاصرها رفلير واستولى عليها، ومنها زحف نحو كاليه. وانتصرت الجيوش الإنكليزية في معركة (أزينكورت) سنة ١٤١٥م على الجيش الفرنسي. وأخضع الدوق للعرش الإنكليزي.

غير أن ذلك لم يحسم تلك المرحلة، فقد شن الملك هنري الخامس حملة عسكرية ثانية بمساعدة دوق برغندي على فرنسا. وفي هذه المرة غزا هنري الخامس نورمنديا، كما تمكن حلفاؤه البرغنديين من الاستيلاء على باريس سنة ١٤١٨. وعلى الرغم من قسوة الشروط التي فرضها هنري الخامس على الفرنسيين فقد اضطروا إلى قبولها، في اتفاقية تروي سنة ١٤٢٠م، حيث اعترفت فرنسا بموجبها بادعاءات ملك إنكلترا في الشمال الفرنسي ـ حيث أصبحت نورمنديا وآكوتين ورمين وباريس تحت السيطرة الإنكليزية.

ويلاحظ أن الجيوش الإنكليزية ما زالت تسيطر على الشؤون العسكرية الفرنسية في الحرب، وراجع ذلك إلى قوة تلك الجيوش المنظمة تنظيما جيدا، حيث بلغ عدد جيش هنري الخامس الذي غزا فرنسا الذي كان يتألف من ٢٠٠٠ جندي من حملت الأقواس، و٦٠٠٠ جندي من المشاة، في حين بلغت قوات ملك فرنسا نحو ١٤٠٠ جندي.

المرحلة الثالثة (١٤١٥ - ١٤٥٣):

في سنة ١٤٢٢ توفي شارل السادس ملك فرنسا، وهنري الخامس ملك إنكلترا. وعندئذ اختار أهل أورليان ولي العهد شارل السابع ملكا، في حين اختار الإنكليز هنري السادس ملكا على فرنسا. وقد بدأ شارل السابع ضعيفا عاجزا أمام الإنكليز الذين عاودا هجماتهم وجددوا انتصاراتهم في فرنسا، حتى أخذوا يحاصرون أورليان سنة ١٤٢٨ ليشقوا طريقهم نحو ما تبقى خارج سيطرتهم من أقاليم فرنسا الشمالية، وهكذا فقد مثل الاحتلال الإنكليزي لباريس وتربعهم على العرش الفرنسي- إهانة بالنسبة لمشاعر الفرنسيين.

في ظل هذه الظروف المتردية ظهرت شخصية جان دارك التي استطاعت أن تقنع الوصي شارل السابع بتزويدها بجيش لإنقاذ أورليان. وقد دخلت المدينة سنة ١٤٢٩ التي كان يسيطر عليها الإنكليز الذين اضطروا إلى الانسحاب. ثم توجت جان دارك الوصي شارل فعلا في كنيسة ريمز تحت أسم الملك شارل السابع.

وقد أثارت جان دارك قيادتها للجيش الملكي حسد القادة فسهلوا وقوعها أسيرة بيد أمير برغندي الموالي للإنكليز الذي باعها إلى الإنكليز بألف كراون ذهبي سنة ١٤٣٠، وقد أمر هؤلاء بإحالتها إلى محكمة دينية أدانتها بالكفر والهرطقة، وقضت بإعدامها حرقا سنة ١٤٣١.

وأصبحت جان دارك رمزا للكفاح الفرنسي ضد الإنكليز، ورمزا من رموز الحرية لفرنسا.

على الرغم من جهود دارك من جهة، وانقسام الإنكليز على أنفسهم حول الاستمرار في الحرب من جهة أخرى، فإن سيطرة الإنكليز على فرنسا لم

تضعف بشكل سريع، وفي سنة ١٤٣٥ عرض الفرنسيون تخليهم عن نورمندي ربوين مقابل تنحي الإنكليز عن مطالبهم في التاج الفرنسي. ولكن الإنكليز رفضوا الاستجابة لهذا العرض، وأصروا على موقفهم في عناد على الرغم من احتجاج المندوب البابوي. وقد هيأت الظروف لشارل السابع بعض المخلصين من مستشاريه، فأعفى دون برغندي - الذي فاق الملك في قوته - من التبعية الإقطاعية، وعقد معه حلفا بمقتضى اتفاقية أراس سنة ١٤٣٥، وبذلك حرم الإنكليز من مساعدة البرغنديين. ويبدو أن هذه الاتفاقية أتاحت فرصة لشارل السابع حتى يتفرغ لمشاكله الداخلية ويعالج المسائل المتعلقة بالإدارة والجيش وهكذا أصبح الفرنسيون على جانب من القوة التي مكنتهم من دخول مدينة باريس ١٤٣٦ حيث أصبحت هذه المدينة لأول مرة تحت السيطرة الإنكليزية والفرنسية على السواء. حتى توسطت الطبقات الإقطاعية الفرنسية (دون أوليان، برغندي، وبريتاني) فضلا عن البابا - لعقد هدنة عامة في تور سنة ١٤٤٤. وإذا كانت هذه الهدنة قد عاقت تقدم الفرنسيين فيما بين سنتي ١٤٤٩،١٤٤٤ فإن الحرب سرعان ما استؤنفت بعد انتهائها مباشرة، وهنا أخذ الإعياء والملل يبدوان على الإنكليز، فتعاقبت انتصارات الفرنسيين وأخذ أعداؤهم ينسحبون دون مقاومة تذكر، في حين أقبل الفلاحون والمزارعون في البلاد يرحبون بشارل السابع. وأخيرا بذل الإنكليز محاولة يائسة للاحتفاظ بمدينة بوردو، ولكن حتى هذه المحاولة باءت بالفشل وسقطت بوردو في أيدي الفرنسيين سنة ١٣٥٤م.

وهكذا انتهت الحرب، ولم يبق للإنكليز في الأراضي الفرنسية سوى ميناء كاليه على القنال الإنكليزي. وعند وفاة شارل السابع ١٤٦١ كانت فرنسا مملكة قوية بالرغم من بقاء هذا الميناء تحت السيطرة الإنكليزية، والذي لم تسترده فرنسا من إنكلترا إلا في عام ١٥٥٩ بموجب معاهدة كاتوكمبرسيس وأن

ملوك إنكلترا ظلوا متمسكين عدة قرون تالية بلقب "ملوك فرنسا"، ولكن هذه المظاهر كانت حربا من الشكليات التي لم تستطع أن تحجب حقيقة قيام الدولة الفرنسية الحديثة.

نتائج الحرب:

يمكن أجمال أبرز نتائج المائة عام بما يلي:

١.   ظهور الجيوش الثابتة في التاريخ الأوروبي التي يشرف عليها الملك والحكومة المركزية.

٢.   اختراع البارود واستخدامه في الأسلحة النارية الحديثة أدى إلى تدهور نظام الإقطاع، حيث أن الإقطاع كان يملك قوات تتسلح تسليحا خفيفا وكانت تعتمد على نظام الفرسان الخيالة. وعندما أكتشف البارود أي الأسلحة النارية، استطاعت أن تدك الأسوار والقلاع فأصبح ما عمله أمراء الإقطاع لمدنهم خرابا، فأدى إلى تقويض الدعامة التي بني عليها الإقطاع.

٣.   أن هذه الحرب شهدت تطورا في العمليات العسكرية القصيرة التكتيكية، مثل استخدام خطط الهجوم والدفاع في المعارك ، وربما استفاد الأوروبيون من الخطط الحربية العربية الإسلامية في الحروب الصليبية وطبقوها في هذه المعارك.

٤.   أن الحرب أظهرت تلك الفوارق القومية بين الإنكليز والفرنسيين. حيث ظل الفرنسيون ينظرون إلى الإنكليز نظرة شك وريبة. وأن الإنكليز ينظرون إلى الفرنسيين نظرة الند للند.

5. أن لحرب المائة عام نتائج داخلية على كل من فرنسا وإنكلترا. حقيقة أنها أنهت الصراع بين الدولتين، ولكنها فتحت صراعا داخليا جديدا، بالذات في فرنسا إذ برزت الطبقة النبيلة قوية جدا وذلك لاعتماد الملكية عليها خلال الحرب. فأخذت هذه الطبقة تتحين الفرص لزيادة مكاسبها السياسية والاقتصادية التي بقيت تتمتع بها طيلة الفترة الحديثة من تاريخ فرنسا حتى الثورة الفرنسية. أما في إنكلترا فقد قادت حرب المائة عام إلى حرب الوردتين (١٤٦٣ - ١٤٨٧). وهب حرب بين الطبقة النبيلة الإنكليزية نفسها فكانت النتيجة النهائية لهذه الحرب أن أدت إلى زوال الطبقة النبيلة الفرنسية التي أصبحت منافسا قويا للملكية الفرنسية.

الحرب النمساوية - البروسية (١٨٦٦):

وتسمى أيضا حرب الأسابيع السبعة، نظرا لقصر المدة التي استطاع الجيش البروسي خلالها من إحراز النصر التام على النمسا. وقعت هذه الحرب بين شهري حزيران وأب من عام ١٨٦٦. حيث حاربت النمسا ومعظم الولايات المتحدة الألمانية ضد بروسيا وإيطاليا، وقد أستعمل بسمارك - رئيس وزراء بروسيا- الحرب بمثابة جزء من حملته لإجبار النمسا على الخروج من الاتحاد الألماني، وجعل بورسيا القوة المسيطرة على ألمانيا.

الخلفية التاريخية للحرب:

إن مؤتمر فينا ١٨٤٨ سادته روح مترنيج -مستشار النمسا - الاستبدادية الرجعية وبنفس الروح عالج المشكلة الألمانية. إذ فرض هذا المؤتمر حين عرضت أمامه هذه المشكلة إنشاء اتحاد جرمائي تشترك فيه جميع الدول

الألمانية أو المقاطعات الألمانية الخاضعة لحكومات غير جرمانية. وقد ضم هـذا الاتحاد الإمبراطورية النمساوية أيضا، وتم ذلك بفضل مساعي مترنيج الـذي شـاء أن يضع الاتحاد الجديد تحـت سيطرة النمسا ليقضي على كل محاولة لجعل بروسيا تتـزعم الاتحاد الألمـاني. واعترف مـؤتمر فينا بـأن رئيس الاتحاد الدائم هو إمبراطور النمسا. أما أهم دول الاتحاد فكانت النمسا ثم بروسيا وبافاريا وسكونيا وفوتنبرغ. وقد تم الاتفاق على أن ينشأ مجلس للاتحاد تمثل فيه جميع الدول ويدعى بـ (ويات). وكان مركزه الدائم في مدينة فرانكفورت. أما مهمة هذا المجلس فكانت البت في الخلافات التي قد تنشأ بين دول الاتحاد وتقرر الأمور التي تهم الجميع.

إن النظرة الأساسية لكل من النمسا وبروسيا للاتحاد كانت مختلفـة، فالنمسا كانت ترغب بالمحافظة على الاتحاد وذلك لكي تؤمن السيطرة لها والزعامـة عـلى العـالم الجرمـاني. وإن بقاء الاتحاد يلزم بروسيا ولو بصورة شكلية بالتقيد بسياسته، يضاف إلى ذلك أن النمسا كانت تـرى في بقاء الاتحـاد بشكله الحاضر حاجزا أمام تزعم بروسيا للعالم الجرماني وتفردها بتحقيق الوحدة الألمانيـة التـي كانت أشد ما تخشاه النمسا.

أما فيما يتعلق ببروسيا فإنها كانت ترغب في تحطيم ذلك القيد الذي طوقها بـه مـؤتمر فينا والانطلاق في سياسة قومية مستقلة. كما كانت تـرى في بقـاء الاتحـاد بقـاء للسـيطرة النمسـاوية عـلى الوطن الجرماني وبالتالي بقاء بروسيا رغم قوتها تحت السيطرة النمساوية.

يضاف إلى ذلك قضية أساسية مهمة، أن بروسيا كانت ترى نفسها أكبر وأقوى دول ألمانيا ولذا فإنها كانت تشعر بالتزامات تجاه القضية الألمانية إذ

كانت تشعر بأن عليها وحدها يقع عبء تحقيق الوحدة. أما النمسا فإنها بالعكس من ذلك كانت ترى أن قيام الوحدة الألمانية يهدد الإمبراطورية النمساوية بشكل جذري. ذك أن الوحدة تعني قيام دولة تضم تحت لوائها ٢٠ % من سكان النمسا ذوي الأصل الجرماني. وهذا يؤدي بالنتيجة إلى إثارة بقية الشعوب النمساوية التي كانت تطالب بسيادتها واستقلالها.

وكادت النمسا تنجح في مساعيها في عدم تحقيق الوحدة الألمانية، لولا أن الظروف أوجدت في ذلك الوقت في بروسيا رجلا قويا وهو اوتو فون بسمارك مستشار بروسيا. الذي جعل المساعي النمساوية تبوء بالفشل وسار بالشعب الألماني بقوة وثبات نحو الوحدة التامة.

أسبابا الحرب:

كان بسمارك يرى لابد من التغلب على النمسا في حرب تقعدها عن عرقلة مساعي بروسيا في سبيل الاتحاد و الزعامة الألمانية. فمهد السبيل لذلك بأن عزل روسيا وفرنسا عن احتمال مساعدتهما النمسا إذا نشبت الحرب بينها وبين بروسيا، فاستمال القيصر الإسكندر الثاني بمساعدته في إخماد الثورة في بولندا عام ١٨٦٤، ونوه للإمبراطور نابليون الثالث بأن فرنسا ستنال شيئا من "التعويض" إذ ما التزمت جانب الحياد وكان هذا في الوقت الذي أخذت بروسيا تنظم جيشا على قاعدة التجنيد الإلزامي العام وتستعد للحرب، غير أن حربا مع الدانمارك سبقت التصادم مع النمسا وساعدت بسمارك في تحقيق مسعاه.

وفي عام ١٨٦٤ وقع خلاف بين الدانمارك وكل من بروسيا والنمسا حول ملكية مقاطعتي الشلزفيك وهولشتاين، وقد أدى هذا الخلاف إلى نشوب حرب بين الدانمارك وبروسيا (النمسا) حيث كان الألمان يؤلفون الأكثرية

الساحقة، في هاتين المقاطعتين اللتين كانتا تابعتين لملك الدانمارك، وإن لم يكونا جزءا من الدولة الدنماركية، فلما اعتزم الملك على ضمها إلى الدانمارك وجعلها جزءا منها أشتد استياء الأكثرية الألمانية في شلزفيك وهولشتاين. تدخلت كل من بروسيا والنمسا في الأمر باسم الاتحاد الألماني والتزمتا موقفا لا يقل تطرفا عما التزمته الدانمارك، فيما كانت بروسيا والنمسا تريدان ضم المنطقتين بكاملهما إلى الاتحاد الألماني، فكانت الدنمارك لا تريد التخلي عن أي جزء منها، ولم تلبث أن نشبت الحرب بين الطرفين حتى غلبت الدانمارك على أمرها، وأصبحت شلزفيك هولشتاين تحت نفوذ بروسيا والنمسا.

وسرعان ما أصبحت هذه القضية كما كان يريدها بسمارك مثار النزاع بين بروسيا والنمسا، إذا أخذ بسمارك يعمل على ضم المنطقتين إلى بروسيا بينما أرادت النمسا أن تجعلهما مستقلتين ضمن الاتحاد الألماني ولم يجد نفعا ما اتفقتا عليه ظاهريا من إقصار نفوذ بروسيا على شلزفيك ونفوذ النمسا على هولشتاين.

وتوجه بسمارك بالبحث عن حليف ضد النمسا، ووجد هذا الحليف في إيطاليا، حيث كانت مستعدة للمساومة والتحالف في حرب ضد النمسا، وذلك بسبب قضية ضم البندقية. ولذا فقد تركز موقف إيطاليا على أساس أن هذه مستعدة للوقوف إلى جانب بروسيا ومحاربة النمسا إذا كان في ذلك ضمان للحصول على البندقية.

وبناء على رغبة فرنسا وعلى نصيحة العسكريين البروسيين بدأت مفاوضات ديبلوماسية بين إيطاليا وبروسيا. أسفرت عن توقيع معاهدة تحالف بين بروسيا في ٨ نيسان ١٨٦٦ لمدة ثلاث أشهر فقط.

وبعد أن تمت هذه المفوضات الديبلوماسية وجد بسمارك أن الوقت قصير أمامه مما يضطره لخوض الحرب قبل نهاية الأشهر الثلاثة ولذا أخذ يحشد جيوشه سرا على حدود النمسا فعلمت هذه بذلك وحشدت جيوشها علنا مما أثار عليها الرأي العام وأظهرها بمظهر الدولة المعتدية، وهذا ما كان يريده بسمارك وخصوصا بعد أن طلب إلى المسرحين العودة إلى صفوف الجيش. وقبل بداية الحرب حاولت النمسا استرضاء الدول الألمانية بأن عرضت ترك أمر الدوقيتين (شلزفيك وهولشتاين) لها. وبدأت نذر الحرب وعندها اجتمع مجلس (الديات) وصوتت أكثرية الدول الألمانية إلى جانب النمسا وخاصة الدويلات الكبرى. بافاريا والهانوفر والساكس.

إعلان الحرب:

وفي ليلة ١٤ - ١٥ حزيران ١٨٦٦ بدأت المعارك بين بروسيا والنمسا بعد أن أعلن وفد بروسيا اعتباره الاتحاد ملغيا وانسحب من المجلس.

وعندما بدأت الحرب أرسلت النمسا جيشا مؤلفا من ٢٣٠ ألفا لمقابلة الجيوش البروسية وأرسلت جيشا مؤلفا من ١٤٠ ألفا يرابط في الجنوب بانتظار الجيوش الإيطالية. وفي ٣ تموز وقعت بين الجيشين النمساوي والبروسي معركة فاصلة تدعى معركة سادوا سُحق فيها الجيش النمساوي من قبل بروسيا. وقد تم النصر قبل أن تتمكن الدول الألمانية المحالفة للنمسا من مساعداتها. وفي نفس الوقت كان الإيطاليون قد بدؤوا زحفهم نحو الجنوب فوقعت بينهم وبين النمسا معركة كوستوزا التي هزم فيها الإيطاليون برغم تفوقهم في العدد. وقد كان لمعركة سادوا أهمية كبيرة بالنسبة لبروسيا في أوروبا لأنها أثبتت نظرة الأوربيين لعظمة الجيش الروسي وحسن تنظيمه وتدريبه كما أثبتت أن بروسيا

أصبحت دولة كبرى يجب أن يحسب لها حساب في ميزان القوى في أوروبا. وقد كان أثر هذه المعركة أقوى ما يكون في فرنسا. فقد أدرك الجميع أن النصر البروسي تهديد مباشر للسلامة الفرنسية وأن الموقف الذي اتخذته حكومة الإمبراطورية الفرنسية قبل الحرب الذي اتسم بالحياد إن لم يكن بالتأييد الفعلي لموقف بروسيا كان بمثابة خطأ فادح. وعلى هذا الأساس وجدت فرنسا نفسها مضطرة للقيام بدور الوسيط بين الطرفين وقد قامت بدور الوساطة هذه بناء على طلب النمسا.

وقد نص اتفاق إنهاء الحرب على ما يلي:

١. المحافظة على سلامة الأراضي النمساوية عدا البندقية.

٢. حل الاتحاد الألماني الذي كانت تتمسك به النمسا.

٣. الاعتراف لبروسيا بحق إنشاء اتحاد شمال الماين.

٤. الدول الواقعة جنوب النهر تشكل اتحادا تحت النفوذ الفرنسي.

٥. إعطاء الدوقيين بروسيا.

وقد قبل بسمارك بهذه الشروط لأنه كان لا يريد إذلال النمسا بينما كان الملك والعسكريون يودون تحقيق الاتحاد والتوسع على حساب المناطق النمساوية. ولكن بسمارك تمكن من إقناعهم.لآن سياسته كانت تهدف إلى تحقيق الوحدة الألمانية وليس إذلال النمسا والقضاء عليها. وأخيرا تم الصلح على هذا الأساس سنة ١٨٦٧ بين النمسا وبروسيا.

نتائج الحرب:

أهم النتائج التي ترتبت على اندحار النمسا في حرب الأسابيع السبع هي:

١. انحلال الاتحاد الألماني القديم الذي يرجع عهده إلى مؤتمر فينا.

٢. انفصال النمسا عن ألمانيا وتخليها عن البندقية لإيطاليا.

٣. توسيع رقعة مملكة بروسيا بضم شلزفيك وهوشتاين وهاونوفر ومدينة فرانكفورت وبعض مناطق أخرى حتى بلغ ما أ ضيف إلى بروسيا من السكان أربعة ملايين ونصف المليون فأصبحت بذلك تضم ثلثي سكان ألمانيا وتشغل ثلثي مساحتها تقريبا.

٤. تقرر تكوين اتحاد في الولايات الألمانية الشمالية بزعامة بروسيا وإدارة برلمان مؤلف من مجلسين أحدهما يمثل أمراء الدويلات المتحدة ويدعى بندسرات والثاني يمثل الشعب عن طريق التصويت العام ويدعى الرايخستاغ.

٥. إدخال نظام التجنيد الإلزامي في مختلف دويلات الاتحاد.

٦. الاعتراف باستقلال الدويلات الألمانية الجنوبية وهي (بافاريا وبادن وهسن داشتات).

كما وافقت هذه الدول الجنوبية أن تكون جيوشها تحت قيادة ملك بروسيا عند نشوب الحرب بين بروسيا وأية دولة أخرى (شرط أن تكون حربا دفاعية)، كما وافقت في الوقت نفسه على الانضمام إلى الاتحاد الكرمكي البروسي (الزرلفراين)

٧.   أبعدت النمسا من الشؤون الألمانية، ودفع مبلغ من المال إلى بروسيا.

الحرب الهندية – الباكستانية (١٩٧١):

هي حرب الأسبوعين أو الحرب الخاطفة التي أدت في أواخر عام ١٩٧١، إلى فصل باكستان الشرقية عن باكستان الغربية وقيام دولة (بنغلادش).

أسباب الحرب:

إن مشكلة بنغلادش (باكستان الشرقية) تعود في الأصل إلى التناقضات التي خلفها الاستعمار البريطاني في شبه القارة الهندية فعندما اضطرت بريطانيا عام ١٩٤٨ إلى مغادرة الهند وإنهاء استعمارها نتيجة الضغط المتزايد من الوعي الوطني طبقت سياستها المعروفة (فرق تسد) لخلق المشاكل وحماية الأطماع والاحتكارات البريطانية، فقسمت الهند إلى دولتين باكستان والهند كما أن باكستان نفسها أصبحت جناحين باكستان الشرقية وباكستان الغربية.

وقد طالب البنغاليون (وهم سكان باكستان الشرقية) عام ١٩٤٨ باعتبار اللغة البنغالية لغة قومية في باكستان على قدم المساواة مع لغة الأوردو (كانت اللغة الإنجليزية آنذاك تعتبر اللغة الرسمية الوحيدة). غير أن مؤسس باكستان – محمد علي جناح – رفض هذا الطلب متهما البنغاليين بأنهم يفكرون في مصالحهم الإقليمية الضيقة فقط . واستمر البنغاليون على مطالبتهم هذه التي اتخذت عدة أشكال. وفي عام ١٩٥٢ قامت مظاهرات طلابية من أجل هذا الغرض قتل خلالها (١٢) طالبا في (دكا) عاصمة باكستان الشرقية.

وفي الوقت الذي كانت الجمعية الوطنية الباكستانية تناقش فيه خلال السنوات الأولى من الاستقلال – وضع دستور إسلامي للبلاد كان الباكستانيون

الشرقيون يعلنون تذمرهم من ازدياد سيطرة البنجاب على البنغاليين (البنجاب هم الأغلبية الساحقة في باكستان الغربية) - ومن أنه لم يترك لباكستان الشرقية سوى دور ضئيل جدا في تسيير شؤون البلاد.

وفي عام ١٩٥٣ ومع اقتراب موعد الانتخابات الإقليمية وضعت جبهة موحدة من الأحزاب السياسية البنغالية برنامجا من (٢١) نقطة يدعو إلى إقامة اتحاد فيدرالي بين جناحي البلاد. بحيث لا يعود للحكومة المركزية في (إسلام آباد) سوى سلطة الأشراف سلط على الشؤون الخارجية والدفاع والتجارة والنقد. ومع أنه لم يكن لهذه (الجبهة) إي مستقبل فإن نجاحها في الانتخابات أظهر أن الوحدة بين قسمي البلاد سوف تظل موضع شك إلا أنه في السنوات الثلاثة التي أعقبت ذلك تولت شخصيات سياسية بنغالية مهام رئيسية سياسية في القطاع الشرقي بسبب نفوذ رئيس الوزراء آنذاك (حسين السهروردي). على أن الانقلاب العسكري الذي وقع عام ١٩٥٨ غير الوضع كليا. ورغم أن باكستان الشرقية عرفت في ظل نظام المارشال (أيوب خان) من التقدم ما لم تعرفه خلال السنوات الإحدى عشرة السابقة فإن أسباب ومظاهر التذمر لم تختف وعندما أزيح أيوب خان عن الحكم عام ١٩٦٨ وحل محله الجنرال (يحيى خان) اعتقد هذا أن في الإمكان حل هذه المشاكل عن طريق إجراء انتخابات عامة.

لكن هذا الحل تحول إلى مأساة ثم إلى حرب ذلك أن رابطة (عوامي) التي يرأسها الشيخ مجيب الرحمن وضعت خلال الحملة الانتخابية برنامجا من (٦) نقاط تخطى البرنامج الذي وضعته الجبهة عام ١٩٥٣ بكثير. والواقع أن الشيخ مجيب الرحمن كان قد أعلن هذه النقاط عام ١٩٦٦. وهي لا تترك للحكومة المركزية سوى الدفاع والشؤون الخارجية. وكان هدف مجيب الرحمن

عمليا إقامة اتحاد كونفدرالي تصبح باكستان الشرقية ضمنه (بنغلادش). إلا أن هذا المشروع أثار مرارة ومعارضة شديدتين لدى الجنرالات ورجال السياسة في باكستان الغربية ثم جاءت الانتخابات العامة في كانون الأول ١٩٧٠ وخرج منها مجيب الرحمن بنصر كاسح في باكستان الشرقية.

وهكذا أصبح مجيب الرحمن المسؤول عن هذا النصر، وما يكتنفه من مخاطر بالنسبة إلى الحكام في باكستان الغربية فلم يعد بإمكانه التراجع عن برنامج النقاط الست. وصار لابد من إقامة حكم ذاتي في شرق الباكستان. وبتعبير آخر لابد من شق الوحدة في بلد يفصل بين جناحيه حوالي (٢٠٠٠) ميل من الأراضي الهندية وهنا بدأت المشكلة فالجنرال (يحيى خان) الحاكم العسكري الفعلي لم يكن مستعدا لقبول فكرة الانفصال بين شقي البلاد. وعليه فقد دخل الطرفان مفاوضات من أجل الوصول إلى حل وسط. ولكن الحوادث أثبتت أن الحل الوسط لا يرضي الطرفين. فلم يجد (يحيى خان) من وسيلة أمامه سوى حل البرلمان الذي يحتل فيه (مجيب الرحمن) أكثرية مطلقة. وعند ذلك لم يجد الشيخ مجيب الرحمن أمامه سوى إعلان العصيان المدني وبالتالي إعلان الثورة والانفصال. واستطاع زعيم رابطة (عوامي) أن يحرك باكستان الشرقية كلها في هذا العصيان بعد ما أطلق شعارا حساسا جدا هو أن شرق الباكستان هو مركز الثروات الطبيعة كلها. في حين أن غرب الباكستان هو الذي يستغل الثروات ويترك البنغاليين في بؤس وفقر وحرمان.

وفي ٢٨ آذار ١٩٧١ وصل الخلاف بين الطرفين ذروته وعاد الشيخ مجيب الرحمن من كراجي معلنا أن مفاوضاته مع الرئيس (يحيى خان) قد انتهت إلى فشل نهائي وحاسم. ولم يكن يصل (دكا) حتى كان الآلاف من الجنود،

يصلون من باكستان الغربية بالطائرات والسفن وبدأت حملة قمع شديدة للعاصين. وكانت الحكومة المركزية في باكستان تعتقد أن عملية إخضاع المتمردين في الشرق لن تستغرق أكثر من أيام قليلة لكن الأمور تطورت إلى مأساة كانت نواة للحرب بين الهند وباكستان. فقد أخذ البنغاليون يهربون بالآلاف يوميا إلى الحدود الهندية القريبة. ثم ارتفع الرقم إلى عشرات الألوف فمئات الألوف فالملايين إلى أن أصبح قبل اشتعال الحرب عشرة ملايين لاجئ كلفوا الهند مليار دولار أو أكثر. وفي نفس الوقت الذي بدأ فيه الجيش الباكستاني عملية القمع، قامت هيئة تطلق على نفسها أسم حكومة بنغلادش المؤقتة برئاسة (نصر الإسلام). كما قامت حركة عسكرية تطلق على نفسها (موكتي باهيني) أو جيش التحرير البنغالي وسمت تلك الحكومة مؤقتة باعتبار أن رئيسها الأصيل الشيخ مجيب الرحمن غير موجود فعلا، فقد كان الرئيس (يحيى خان) قد أعتقله مع بدء حملة القمع، وسجنه في باكستان الغربية في العاصمة (كراجي).

وقد عرف العالم بشكل عام طبيعة المشكلة القائمة في جناحي باكستان وما يصبو إليه البنغاليون ومع ذلك فلا هيئة الأمم المتحدة، ولا بقية دول العالم فعلت شيئا لإنهاء المشكلة أو إيجاد حل لمشكلة اللاجئين. لأنه لو بقي سيل اللاجئين بتدفق، فمن المحتمل أن يتضاعف الرقم ويصبح عشرين مليونا بعد بضعة أشهر. الأمر الذي سيؤثر على اقتصاديات الهند وخطتها الخمسية إلى حد كبير جدا، هذا ولم يكن يبدو في الأفق، أي أمل في أن يغير الرئيس (يحيى خان) من خطته ويعود لإيجاد حل سلمي للمشكلة وإعادة اللاجئين إلى باكستان الشرقية، وعليه وإزاء ذلك كله، فقد قامت الهند بقبول اللاجئين وما يترتب على ذلك من نكسات اقتصادية والاعتراف بحكومة بنغلادش المؤقتة، وتقديم المساعدات إلى جيش التحرير البنغالي المسمى (موكني باهيني) بالأسلحة

والمعدات والتدريب. ثم قررت الحكومة الهندية حل تلك المشاكل، بشن حملة عسكرية تستهدف احتلال باكستان الشرقية بالقوة العسكرية وإقامة دولة موالية فيها يمكن في ظلها أن يعود اللاجئون إلى ديارهم وتتخلص الهند من مشكلتهم.

الحرب في الجبهة الغربية:

انفجرت شبه القارة الهندية واشتعلت نار الحرب بين الهند وباكستان في غارات جوية وقصف مدفعي وغزوات برية على الحدود الشرقية والغربية للبلدين إثر أسابيع من المناوشات المحدودة وأشهر من التوتر. ولقد بدأت المدفعية الهندية في أول كانون الأول ١٩٧١ تعاون قوات (الموكني باهيني) في قطع السكك الحديدية بين العاصمة (داكا) و (خولنا) و(شيتاكونغ) الميناءين الرئيسين على خليج البنغال. وفي ٢ كانون الأول. شنت القوات الجوية الهندية ضربتها المركزة ضد المطارات وطائرات باكستان.

وفي الساعة ٥.٤٥ من يوم ٣ كانون الأول ١٩٧١ هوجمت المطارات الهندية في كل من (سرينكار) و(أفانتبور) و(باتانكوت) و(أوتارلي) و(جودبور) و(أمبالا) و(اكرا). وفي أواخر الليل جاءت الموجة الثانية من الطائرات الباكستانية لتكرار القصف. وتقول المصادر الهندية بأنه لم تحدث خسائر، لدرجة أنه لم تصب أية طائرة هندية على الأرض وفي خلال الأربع والعشرين ساعة التي تلت ذلك، تمكنت القوة الجوية الهندية بهجوم مقابل من كسر شوكة القوة الجوية الباكستانية.

ويبدو أن القوة الجوية الباكستانية توخت بهجومها في الليلة الأولى تدمير مدارج الطائرات بقصد منعها من الإقلاع. أما الموجة الثانية فكان القصد منها تدمير الطائرات الهندية نفسها وهي جاثمة على الأرض. وقد افترضت القوة

الجوية الباكستانية أن معظم الأسراب الهندية قد استقرت في مطارات أمامية وأن الطائرات مكشوفة في العراء.

والحقيقة أن المطارات الهندية الأمامية كانت قد أعدت للعمل قبل اندلاع الحرب. أما توزيع الطائرات عليها فقد لوحظ الانتشار فيه، بشكل دقيق ووفق خطة مدروسة، بالإضافة إلى أن معظم الطائرات كانت في ملاجئ كونكريتية لا تؤثر فيها وإلى حد قليل إلا الإصابة المباشرة ولا شك أن الاستخبارات الباكستانية كانت على غير علم بوضعية المطارات الأمامية. وهذا ما يفسر لنا ضعف موجتي الهجوم الجوي حيث استخدمت طائرتان أو ثلاث فقط للهجوم على كل مطار. ولم يحقق أية نتائج مما كانت تتوخاه القوة الجوية الباكستانية.

واستمرت القوة الجوية الهندية بتصعيد عملياتها حتى وصلت قمتها وهي (٥٠٠) طلعة في اليوم، وهذه أعلى محاولة بذلت في أي مكان خلال الحرب العالمية الثانية وهاجمت القوة الجوية الهندية كلا من (جاندري) و(شوركوت) و(كراجي) و(روالبندي) و (جانكا مانكا). وتم إصابة (٢٥) طائرة باكستانية وتعطلت منظومة الرادار والمدارج، ولم تعد القوة الجوية الباكستانية تشكل أي تهديد خطر. وفي مساء ٤ كانون الأول ١٩٧١ حصلت القوة الجوية الهندية على التفوق الجوي.

وكان الجيش الباكستاني يتألف - تقريبا - من عشر فرق مشاة (اثنتين منها شكلتا حديثا) وبضعة ألوية مستقلة. وفرقتين مدرعتين ولواء مدرع واحد مستقل. وتجحفلت هذه القوات على الشكل التالي.

- في قطاع كشمير - الفرقة ١٢ في القطاع الشمالي. والفرقة ٢٣ في جبهة كونلي - بونج.

- في قطاع سيالكون – الفيلق الثاني ومقره في سيالكون، ويتألف من فرق المشاة ٨ و ١٥ و ١٧ و الفرقة المدرعة السادسة وكانت مسؤولية هذا الفيلق تشمل جبهة باثانكون – ديرا بابا - ناناك.

- في القطاع المركزي – الفيلق الرابع ومقره في لاهور ويتألف من فرق المشاة ١٠ و ١١ واللواء المدرع الثامن المستقل، وكانت مسؤولية هذا الفيلق تشمل محور لاهور – أمر ستار. ومنطقة خيم كاران.

- في قطاع ملتان – الفيلق الأول ومقره في ملتان، ويتكون من فرق المشاة ٧و٣٣ ولواء المشاة ٢٥ والفرقة المدرعة الأولى، وكانت مسؤولية هذا الفيلق تمتد جنوبا حتى قلعة عباس - ومقابل انوبكار وفي ولاية راجستان.

في القطاع الجنوبي - فرقة المشاة ١٨٥ وكتيبتا دروع ومقرها في حيدر آباد (ولاية السند).

أما القوات الهندية فقد كانت تزيد زيادة طفيفة بمجموعها على القوات الباكستانية، وتجحفلت على الشكل التالي:

القيادة الغربية - القائد هو الفريق (كاندث) وقد وضعت تحت تصرفه معظم القوات في الجبهة الغربية، ومسؤوليته تشمل بالإضافة إلى ذلك الجبهة الشمالية المواجهة للصين، من (لاداخ) في الشمال الغربي إلى قطاع (هيما جال برادش) والى الممرات الكائنة شمال (سملا) - تجحفلت قواته في ثلاثة فيالق بالإضافة إلى احتياطي مقر الجيش الذي كان أيضا ضمن منطقته، أما قادة هذه الفيالق فهم - الفريق سارتاج سنج والفريق (روالي) والفريق (سنغ) وأما مسؤولية

(كاندث) فكانت تمتد من مقاطعة (جمو وكشمير) في الشمال إلى الحدود في راجستان.

القيادة الجنوبية - القائد هو الفريق (بيوور) وقد انتقل مقره من (بونا) إلى الأمـام وكـان مسـؤولا عـن جبهة (راجستان).

وتقول المصادر الهندية إن أول هجوم باكستاني شن في الساعة ٨٣٠ مـن يـوم ٣ كـانون الأول ١٩٧١، باتجـاه الجـيش الهنـدي في قطـاعي (بـونج) و(جامـب) أي في الجنـوب الغـربي مـن مقاطعـة (جمووكشمير) - مباشرة بعد الهجوم الجوي الذي قامـت بـه القـوة الجويـة الباكسـتانية مسـاء يـوم ٣ كانون الأول. وكان القصد من هذا الهجوم هو الاستيلاء على جزء من مقاطعة كشمير بحركة كماشة، إلا أنه فشل في تحقيق ذلك.

وفي قطاع (بونج) شن لواء مشاة كشمير هجوما نحو (بونج) من اتجاه (كاهونـا) في الشـمال الغربي. بينما تسلل الكوماندو وراء منطقة (بونج) لقطع تقاطع الطرق. وكان الهجوم مسندا بالمدفعيـة وبوشر فيه بعزم إلا أن القوات الهندية تصدت له. وقد حصل الهجوم الجبهوي على بعض التقدم ولكنه لم يتمكن من الاتصال بقوات الكوماندو (القوات الخاصة). ثم قامـت القـوة الجويـة الهنديـة بقصـف مناطق التحشد الكائنة في الغابات شمال غرب (بونج) فتوقف هجوم القوات الباكستانية. وفي ليلـة ٩ - ١٠ كانون الأول استعدت القوات الباكستانية لشن هجوم ثانٍ بالاتجـاه نفسـه إلا أن القـوة الجويـة الهندية قامت بقصف تلك القوات وهي في مناطق تجمعها فلم تتمكن من شن الهجوم بعد هـذا جـاء دور القوات الهندية للقيام بهجوم مقابل تتمكن من الاستيلاء على بعض الربايا الباكستانية التي كانـت تسطير على طريق (بونج - كونلي).

أما في قطاع (جامب) فلم تكن الأراضي في صالح القوات الهندية، ذلك لأن نهر (منورتاوي) يمر من شرق (جامب). وكانت المواضع الدفاعية الهندية هنا - على الرغم من أنها تستند إلى النهر المذكور- مستورة من ناحية الغرب ولكنها تبعد (٥٠) ميلا فقط عن قاعدة الجيش الباكستاني في (خاريان). وتشكل الأرض الباكستانية الممتدة جنوب (أخنور) أسفينا يهدد المواضع الدفاعية الهندية من الخلف. وفي هذه المواضع بالذات حققت القوات الباكستانية نصرا كبيرا على القوات الهندية عام ١٩٦٥ ودفعتها بضعة أميال خلف (أخنور).

كان يقود هجوم الفيلق الباكستاني الثاني لواء مشاة وكتيبة دبابات تضم دبابات صينية من نوع (ت - ٥٩) ودبابات (شيرمان). وقد بوشر أولا برمي سد ناري مدفعي كثيف وبإسناد جوي ليلة ٣ كانون الأول. كما شن هجوم أخر بنفس الوقت على (بونج). ولكن القوات الهندية تمكنت من صد موجة الهجوم الأولى مدمرة (٦) دبابات باكستانية وفي يوم ٥ كانون الأول زج الجنرال (تيكاخان) -قائد الفيلق - بلواء مشاة وكتيبة دبابات إضافية. وقام بهجوم جديد تكبد فيه بعض الخسائر من جراء هجمات القوة الجوية الهندية. لكنه تمكن من احتلال (جامب) التي هي عبر نهر (منور تاوي). وانسحبت القوات الهندية عبر النهر. وفي أثناء ذلك قامت القوات الهندية الموجودة شرق (أخنور) بالهجوم على أرض (الاسفين) فطهرت المنطقة من القوات الباكستانية وأمنت بذلك الحماية لمؤخرة حامية (جامب).

استمرت القوات الباكستانية - بقيادة الجنرال تيكاخان - بشن هجمات جبهوية متكررة على المواضع الهندية المهيأة بعناية. وعلى الرغم من تكبدها خسائر كبيرة زج الجنرال (تيكاخان) في العاشر من كانون الأول بفرقة كاملة

ولواء مشاة وثلاث كتائب دبابات. وكانت القوة الجوية الباكستانية بطائراتها مـن نـوع (ميـغ - ١٩) و (سابر) فعالة وكان هذا القطاع الوحيد الذي ظهرت فيه القوة الجوية الباكستانية فعالة - ومـع ذلك فقد تمكنت القوة الجوية الهندية من الحصول على تفوق جوي محلي وقدمت الإسناد إلى القطاعـات الأرضية. ولم تسفر الهجمات الباكستانية عن نتيجة (وقد قدرت خسـائرها بحـوالي ٣٠٠٠ مقاتـل و ٥٠ دبابة وعندما حل يوم ١٢ كانون الأول توقف الهجوم الباكستاني.

وفي قطاع (كارجل) كانت القوات الباكستانية تحتل مرتفعـات تسـيطر عـلى خـط مواصـلات القوات الهندية الممتد من (له) وممر (زوجي) لذا فإن تعديل خط المواصلات أجبر القوات الهنديـة على التقدم والاستيلاء على حوالي (١٥) موقعا دفاعيا باكستانيا، تقع في مرتفعات يبلغ علوها (١٦) ألف قدم أو أكثر. وشنت كل هذه الهجمات ليلا في جو بارد بلغت درجـة البرودة فيهـا (١٧) درجـة مئويـة تحت الصفر.

وفي قطاع (تشوال) توجد أرض تشكل نتوءا بارزا تحتله القوات الباكستانية تقـع شرق نهـر (كشن كانكا) وتشكل تهديدا لخط مواصلات القوات الهندية في (سوبور). لذا فقد قامـت القوات الهندية بتطهير القسم الأكبر من وادي (ليبا) غرب ممر (نوت ماري كلي). كـما قامـت القوات الهنديـة أيضا في قطاع (بوري) - حيث يوجـد نتـوء بـارز آخر في (حـاجي بـير) يشـكل ممـرا سـهلا للتسـلل إلى (كولمارك)، وللاستيلاء على مواقع دفاعية في منطقة (ميدان ونس) لتفادي هذا التهديد.

وفي قطاع (جيسالمر) شن لواء مشاة باكستاني تسنده كتيبة دبابات مختلفة من نوع ت - ٥٩ وشيرمان هجوم على المواقع الهندية في (لونجيبولا)

وكتن الهدف منه منع القوات الهندية من مهاجمة تقاطع الطريق والسكة في (رحيم خان)، ويبدو انه لم تجر دراسة كافية للأراضي الرملية هناك. حيث غرزت العجلات الدولية أولا، حالما عبرت القوات الباكستانية الحدود، ثم جاء دور الدبابات التي أصبحت معزولة عن الرتل المساند فغرزت كذلك في الرمال وأصبحت هدفا سهلا للطائرات الهندية التي أخذت تهاجمها كرة بعد أخرى، فدمرت منها ما لا يقل عن (٢٠) دبابة. وفي اليوم التالي هاجمت الطائرات الهندية أرتال العجلات الدولية فأوقعت فيها خسائر كبيرة.

لم تحصل القوات الباكستانية على مكسب في مكان آخر إلا في بعض المواقع الهندية المعزولة نسبيا بسبب إحاطتها بأراضي باكستانية من اكثر من جبهة أو بسبب وجود نهر أو مانع يفصلها عن باقي القوات الهندية من جهة. أو بسبب وجود نهر أو مانع يفصلها عن باقي القوات الهندية. فمن الجسور الثلاثة الواقعة على نهري (رافي) و(سلونج) والتي تشكل خط الحدود بين الهند وباكستان. كان الجسر الوحيد الواقع في الجانب الهندي هو جسر (حسيني والا) قرب (فيروز بور) حيث توجد أرض هندية على الضفة الأخرى من النهر واقعة تحت سيطرة الباكستانيين. وفي ليلة ٣ - ٤ كانون الأول قامت القوات الباكستانية بهجوم على تلك الأرض، وأجبرت الحامية الهندية على التراجع وعبور النهر تحت قصف المدفعية الباكستانية التي دمرت الجسر أثناء عملية عبور الحامية الهندية، بعد ذلك أمر الفريق الهندي (راولي) قائد الفيلق بهجوم مقابل يستهدف الاستيلاء على نتوء (سهجرا) شمال غرب (فيروزبور). وكان يشكل تهديدا لا على (خيم كاران) فحسب بل على جسر (هاريكه) الواقع شمال (سهجرا) أيضا. وتقرر أن يكون الهجوم ليلة ٥ - ٦ كانون الأول. وقد جاء هذا الهجوم مفاجأة

تامة للقوات الباكستانية. إذا تقدمت القوات الهندية بمحاذاة شاطئ النهر المؤدي إلى جدار التحصينات الباكستانية البالغ ارتفاعه حوالي (٢٠) قدما. وكانت القوات الباكستانية تكمن وراءه. لقد كان خط الاقتراب هذا أحد المقتربات التي لم تعتقد القوات الباكستانية أن القوات الهندية قد تسلكها، فكانت النتيجة أن تم الاستيلاء على (سهجرا) فأزيل بذلك التهديد عن كل من (خيم كاران) و(هاريكه). كذلك استولت القوات الهندية ليلة ٦ -٧ كانون الأول على النتوء الباكستاني الواقع في الجانب الشرقي لنهر (رافي) والذي يحمي جسر (ديرا بابا نانك) كان هذا النتوء محصنا جدا صرف الباكستانيون على تحصينه عدة شهور بإقامة المانعات ومرابض الهاونات وأبراج المراقبة والمراصد. وقد قدمت القوات الهندية هنا من مقتربات غير متوقعة فتمكنت من الاستيلاء على هذا النتوء صباح يوم ٧ كانون الأول والسيطرة على الجسر.

أما في مقاطعة جمو وكشمير، فقد كان نتوء (شكركار) يشكل تهديدا مستمرا للجانب الهندي. ذلك أن طريق (جمو) يمر من هناك، وأن قاعدة (باثانكوت) الهندية تقع قريبا من الحدود. كما أن وجود الفيلق الباكستاني الثاني (في سيالكوت)- وهو أقوى الفيالق الباكستانية - يمكنه بسهولة من قطع الطريق العام أو شن هجوم على (باثانكوت) نفسها لهذا ارتأت القيادة الهندية ضرورة الاستيلاء على نتوء (شكركار). فقامت القوات الهندية بشن هجوم بثلاثة ارتال اثنان منها باتجاه الجنوب وعلى محور (كاثوا - سامبا) بمحاذاة طريق (باثانكوت - جمو) والرتل الثالث - وتوقيت هجومه يأتي بعد هجوم الرتلين الآخرين - تقدم من منطقة (كورد اسبور) موجها ضربته باتجاه الغرب. وشرع الرتلان الأولان بالهجوم ليلة ٥ -٦ كانون الأول الذي استمر حتى وقت إعلان وقف إطلاق النار.

وقد تمكن الرتلان الهنديان المندفعان من الشمال من الوصول إلى ضواحي (شكركار) و(نوركوت) في ٨ كانون الأول. ثم أصبح تقدمها بطيئا من جراء حقول الألغام الباكستانية الكثيفة المزروعة لعمق كبير. وكانت القوة الباكستانية هنا حوالي لواء مشاة تسنده سرية دبابات. ويبدو أن الباكستانيين كانوا يتوقعون هجوما في منطقة (جوانيدا - فيللورا) ذاك أن نفس الفيلق الأول الهندي هاجم هذه المنطقة عام ١٩٦٥ واستولى على (فيللورا) كنقطة إطلاق للهجوم على (سيالكوت) وكان قائد الفيلق الحالي الفريق (سنغ) قائد الفرقة الأولى في الفيلق الأول آنذاك وحين أدرك الجنرال (تيكاخان) أن هناك هجوما هنديا مركزا يستهدف الاستيلاء على نتوء (شكركار) جاء رد فعله سريعا، فأرسل لواءي دبابات (طراز بانون) من الفرقة المدرعة السادسة لتعزيز اللواء في (شكركار).

وبدأ هجوم القوات الهندية في الجانب الشرقي ليلة ٨ -٩ كانون الأول لعبور نهر (رافي)، وكان الهجوم مسندا بالمدفعية والدبابات كما هو الحال في باقي الهجمات. ووصلت المعركة ذروتها عندما وصل رتل أقصى الجناح الغربي إلى ضواحي (زفروال)، حيث جاء رد فعل القوات الباكستانية قويا حين قامت بهجوم مقابل مدرع بقوة كتيبتي دبابات طراز (باتون) فتصدت لها الدبابات الهندية طراز (سنتوريون) مستفيدة من الأرض وبامتناعها عن فتح النار حتى اقترابها لمدى (٩٠٠) ياردة فقط من الدبابات الباكستانية، فتحت النار فجأة ودمرت (٤٥) دبابة باكستانية خلال هذه المعركة التي استمرت نهارا وليلة واحدة. أما الجانب الهندي فقد خسر (١٥) دبابة. وبعد معركة الدبابات هذه تقدمت الأرتال الثلاثة حتى حصلت على التماس بالمواضع الباكستانية في كل من (زفاروال) و(شكركار). وهنا توقفت إذ أعلن وقف إطلاق النار.

وجاء رد فعل القوات الباكستانية كما توقعه الجانب الهندي، فقد أرسلت القيادة الباكستانية فرقة المشاة ٣٣ - وهي من الفيلق الأول - على جناح السرعة لتعزيز قاطع (رجيم بارخان - حيدر آباد) - وهذا ما توخته القيادة الهندية من جر الاحتياط الباكستاني، تنفيذا للخطة العسكرية العامة بالدخول في معارك هجومية - دفاعية محلية في الجبهة الغربية لكي تتفرغ القيادة العامة للهجوم الخاطف المقرر تنفيذه في الجبهة الشرقية لاحتلال (بنغلادش).

الجبهة الشرقية:

منذ أن بدأت القيادة العليا الهندية بوضع خطة احتلال (بنغلادش)، ظهر لها أن العامل الرئيسي للحركة كلها ستكون السرعة، لسببين مهمين، الأول سياسي والثاني عسكري، لكن الظروف كلها كانت تدل على أن الحصول على السرعة أو قابلية الحركة سيكون من أصعب الأمور.

كان قد غدا واضحا في الأوساط الدولية أن باكستان ستعتمد على إسناد الدول الصديقة لها، الذي قد يبلغ درجة تدخل حليفتيها الكبيرتين أي الولايات المتحدة والصين، في حالة هجوم القوات الهندية على باكستان الشرقية، وقد صرح الرئيس الباكستاني (يحيى خان) في حينه أنه سوف يستعين بحلفائه لكي يقفوا - وخاصة لولايات المتحدة - إلى جانبه، ومع انه لم يبد الزعماء الصينيون ما يدل على أنهم سيتدخلون في حالة الحرب. فلا بد أن يكون الرئيس (يحيى خان) قد افترض انه إذا ما تمكن من الصمود لمدة كافية فإن إسنادا سياسيا وعسكريا من قبل الصين سيجعل الهند لا تجازف بشن هجوم عسكري على باكستان الشرقية بقصد احتلالها وعليه فمن الضروري أن تصمد قواته في (بنغلادش) وتؤخر تقدم القوات الهندية لمدة كافية حتى تدخل الدولتان الحليفتان.

كان الجنرال نيازي وهو القائد العسكري في باكستان الشرقية - يواجه مشكلة الدفاع على جبهة واسعة وكان أمامه مسلكان - الأول مقاومة القوات الهندية بكل قواته بقصد إيقافها في مناطق الحدود والثاني - اتباع أسلوب قتال مرن في مناطق الحدود، ثم الانسحاب بانتظام إلى أرض يختارها هو، ليتمكن فيها من المقاومة والصمود أطول مدة.

وكانت أسس الخطة الدفاعية للباكستان الشرقية تقوم على أن الخطر الأكبر يأتي ولا شك من ناحية الغرب والشمال. لا بسبب الطرق القادمة من الهند، بل لان اتجاه جريان النهرين الكبيرين يفرض أن تكون اتجاهات الهجوم الهندي من هاتين الناحيتين على الأقل حتى نهري (جمونا) و(مادوماتي) إضافة إلى أنه تتوفر في هذه المنطقة، ومن الجانب الهندي، كافة مستلزمات الهجوم كشبكة المواصلات وأكداس الأعتدة، والوقود ومخازن التموين، والتسهيلات الطبية والإدارية، وبمعنى آخر فإن كل التسهيلات المساعدة على شن هجوم كبير في هذين الاتجاهين متوفرة لدى الجانب الهندي.

وتساعد الأرض في القسم الشمالي - أي في حدود ماغالايا - على حركة القطاعات أكثر من المناطق الأخرى. ولكن شن هجوم كبير من هنا لا يمكن الاستمرار فيه بالتقدم على طريق واحد - وهو الطريق الذي يربط (كوثاي) بـ (شيلونك) في الجنوب مع الطرق الجبلية الممتدة إلى الحدود، علما بأن استخبارات باكستان كانت قد أبلغت عن عدم وجود تحشدات هندية كبيرة في هذه الجبهة.

أما من جهة الشرق فقد علم الباكستانيون بأن التهديد الهندي لن يكون كبيرا بسبب عدم توفر تسهيلات التموين والتكديس في المنطقة الواقعة في (تراي

بورا) و (سلجار) وحوليهما - وذلك حتى أواخر أيلول ١٩٧١ وبسبب آخر هو أن سكة الحديد القادمة من وادي (براهما بوترا) تتجه جنوبا إلى (دارام نكار) فقط، وبعدها يبدأ طريق منفرد يصل إلى (اكارنالا) وما وراءها. وعليه فلا يمكن شن هجوم كبير من هذا الاتجاه أيضا.

لم يكن الجنرال (نيازي) القائد العام في باكستان الشرقية يتوقع أن تقوم الهند بتكديس قواتها بشكل كثيف وواسع بعد شهر أيلول. إلا أن الذي حدث أن القيادة الهندية الشرقية باشرت بتنفيذ منهاج تكديس واسع النطاق في الفترة بين أيلول - تشرين الأول تم خلالها تكديس العتاد والوقود والتجهيزات. كما تم تحسين الطرق ونقل العديد من الوحدات الإدارية. ويبدو أن عناصر الاستخبارات الباكستانية لم تعلم بأمر هذه الأكداس ولم تعرف بتحشد القطاعات الهندية إلا بعد نهاية شهر تشرين الأول ١٩٧١.

وكانت الخطة التي وضعها الجنرال (نيازي) تستهدف - من جهة نظره - تأخير تقدم القوات الهندية إلى أقصى حد. وكان تنفيذ تلك الخطة يقتضي سد الطرق القادمة من الهند، باحتلال مواضع دفاعية قوية على طول طرق التقرب. والاستفادة من طبيعة الأرض وهي مثالية للدفاع إلى أقصى- الحدود. لصد وإيقاف تقدم القوات الهندية. وكان ذلك يعني نشر قطعاته على مسافة (١٤٠٠) ميل- وهي طول خط الحدود- إذا كانت القوة المتيسرة لديه كافية. والواقع أنه كانت هناك ثلاث فرق باكستانية في باكستان الشرقية. ومقر فرقة رابعة لم يكن قد تكامل بعد، وحوالي (٤٢) فوجا نظاميا، تجهيزاتها إما صينية أو أمريكية، يضم كل فوج منها قوة نارية لأسلحة خفيفة تعادل ضعف القوة النارية الموجودة في الفوج الهندي. أما المدفعية فمع أنها كانت غير كاملة التشكيل وفق

الملاك الباكستاني لكنها كانت متفوقة من حيث القوة النارية على المدفعية الموجودة في الفرقة الهندية في القيادة الشرقية كما كانت هناك قوة تتراوح بين ٤ - ٥ سرايا دبابات خفيفة من نوع جافي لإسناد فرق المشاة.

كان الجنرال (نيازي) يعتقد أنه يمكن بقوة مدربة تدريبا جيدا صد الهجوم الهندي وإيقافه إلى أجل غير محدود. وكانت خطته التعبوية تستند إلى الاعتماد على المواقع المحصنة على طول خط الحدود والمتكونة من مانعات كونكريتية وملاجئ يبلغ سمك سقوفها ست أقدام تؤمن غطاء كافيا للرؤوس ومن خنادق ضد الدبابات وحقول ألغام كثيفة. كذلك كانت هناك أكداس كبيرة تؤمن لكل موقع حصين. كميات كافية من العتاد والمواد الأخرى تمكن الموقع من الصمود تجاه أقوى الهجمات لعدة شهور. وعندما احتلت القوات الهندية هذه المواقع وجدت أكداسا هائلة من العتاد مخزونة في مستودعات تحت الأرض. وكانت في أكثر المواقع الحصينة هناك خنادق مواصلات تربط بعضها ببعض ويشكل قسم منها جدارا حصينا يحمي تلك المواقع وكان معظم هذه المواقع مشغولا بقوة جحفل فوج مشاة وحتى بقوة لواء مشاة، وكل منها مسند بالدبابات والمدفعية.

وضع الجنرال (نيازي) خيرة فرقه على الجبهة الغربية - أي مقابل كلكتا- وأقام هناك أقوى تحصيناته الدفاعية. فكانت تحتل قلعة (جيسور) و(جنيدة) مثلا غرفة المشاة الباكستانية التاسعة ومقرها في (جيسور) ومسؤوليتها تشمل القاطع الواقع جنوب (بامدا) وغرب (دكا). وفي قاطع الشمال الغربي (أي شمال بامدا وجنوب جامونا) كان نتوء (ديناجبور - رانفبور) هو أقوى المواضع الدفاعية حيث تساعد الأرض على مناورة القوات الآلية.

وكانت تحتل هذه المواضع فرقة المشاة - ١٦ ومقرها في (ناتور) الواقعة على نهر (آتراى). أما القاطع الشمالي فكانت تحتله قوات أقل. إذ كانت المواضع الدفاعية مشغولة بلواء مشاة وزعت قطاعاته أمام (ميمن سنغ) وأما في الجبهة الشرقية من باكستان الشرقية فبالنظر لوجود تقاطع الطرق والسكة في (دكا - كوميلا - جيتاكونك) فقد أقيمت موانع حصينة كثيفة على الحدود عند (تراس بورا) وقد تم التمركز فيها من قبل فرقة المشاة الباكستانية الرابعة عشرة ومقرها في (اشوكانج) إضافة إلى مقر فرقة المشاة - ٣٦ المشكل حديثا في (كوميلا).

ويظهر من هذا التوزيع أن الجنرال (نيازي) كان قد وضع أماله في إيقاف القوات الهندية عند الحدود. ولعل أحد الأسباب التي دعته إلى ذلك كان وجود قوات جيش التحرير البنغالي (موكتي باهيني) فقد كانت حركات هذا الجيش غير النظامي خلال شهري أيلول وتشرين الأول ١٩٧١، قد أقنعته بأن هدفه هو احتلال نطاق من الأراضي على طول خط الحدود داخل الأراضي الباكستانية لكي يقيم عليها حكومة المنفى. ويطالب الدول الأخرى بالاعتراف بالدولة الجديدة. ولما كان الجنرال (نيازي) يعلم بأن الحكومة الهندية تساند وتؤيد جيش التحرير البنغالي فقد قدر أنه ربما كان من أهداف الحكومة الهندية أيضا الاستيلاء على جزء محدود من تلك الأراضي.

ولم تكن المشكلة التي تواجه رئاسة أركان الجيش الهندي، في حالة نشوب حرب شاملة، هي فتح الطرق المؤدية إلى (بنغلادش). بل فتحها سريعا بصورة لا تدع للقوات الباكستانية فرصة الانسحاب والاستناد إلى الموانع النهرية، أي حرمان القوات الباكستانية من احتلال مواضع دفاعية جديدة داخل

باكستان الشرقية. إذ لو تمكنت القوات الباكستانية من الانسحاب واتخاذ مواضع دفاعية في وعاء (دكا) - سمي هذا الموضع بالوعاء لأنه منطقة مثلثة الأضلاع يحيطها نهر جامونا وميكنا شمال دكا - فسوف تحتاج القيادة الشرقية الهندية لعدة أسابيع لاختراق المواضع الدفاعية في هذا الوعاء. فكلا النهرين عريضان في هذا القطاع والأراضي هنا بصورة عامة عبارة عن أرض طينية أو مستنقعات، أما (دكا) العاصمة فهي عبارة عن جزيرة محصنة داخل هذا الوعاء.

ثم أن هناك سببا استراتيجيا (سوقيا) لضرورة أنها الحملة في بنغلادش في وقت محدد قصير. فقد استخدمت القيادة الهندية الشرقية بضع فرق جبلية للمهمة المقررة في (بنغلادش) قد تحتاجها القيادة العامة إذا ما تدخلت الصين بعد اندلاع الحرب في باكستان الشرقية وكان لا يمكن تجاهل هذا الاحتمال الذي يقتضي وجوب إعادة الفرق الجبلية المعززة بسرعة إلى حدود الهند الشمالية.

ومن تقاليد القتال في الجيش الهندي التي تتوخاها أساليب التدريب المنبثقة دائما فيه تجزئة المعركة إلى صفحات ومراحل يستهدف منها الاستيلاء على المواقع المنيعة، ثم إعادة التجحفل والتقدم ثانية لاحتلال أهداف تالية، وهذا هو الأسلوب الكلاسيكي في سياق المعركة، وكان الجنرال (نيازي) يعرف ذلك طبعا. وتوقع أن ينفذ الجيش الهندي حركاته تبعا لهذا الأسلوب. لكن الجنرال (أورورا) -القائد العام في القيادة الشرقية الهندية- لم يتبع ذلك الأسلوب. كان الهدف هو احتلال (دكا) خلال (١٢ - ١٥) يوما فقط من إعلان الحرب. ولن يتمكن من إنجاز هدفه في هذا الوقت المحدد باتباع حرب خاطفة لا تسمح للجيش الباكستاني بالانسحاب إلى المواضع الدفاعية الداخلية الموجودة في منطقة (الوعاء). وكان ذلك يعني تجاوز المبادئ التعبوية المعروفة. والاندفاع بكل عنف

وسرعة نحو (دكا) مثلما كان ينبغي إيقاع الفوضى في صفوف الباكستانيين بحيث تكون القوات الهنديـة قد أحاطت بـ (دكا) قبل أن يستفيقوا من مفاجأة الهجوم المباغت ومع أن القوات الهندية تمتع بتفوق جوي كبير إلا أنها تتفوق على الأرض بنسبة (٩) إلى (٧) أي أقل مما هو مطلوب اعتياديا وهـي (٣) إلى (١) وكان هذا يحتم أن تكون الحملة خاطفة.

وضع الجنرال (أورورا) خطة بسيطة لكنها جريئة، كانت الصعوبة الوحيدة فيها طريقـة تنفيذها. لأنها إذا لم يجر تنفيذها بعزم واندفاع وقبول المجازفات المحسوب حسابها سلفا عـلى طـول محاور التقدم، فإنها ستنقلب إلى حرب موضعية.

وكان جوهر الخطة هو تثبيت القوات الباكستانية في نقاطها الدفاعية المحصنة عند الحـدود، بينما تندفع ارتال آلية قوية بسلسلة من حركات المراوغة لتقطع خـط مواصـلات الباكستانيين وتصل قبلهم إلى وعاء (دكا) وتقرر أن تكون هناك ثلاثة أرتال. رتل واحد من كل الفيالق الهندية الثلاثة ورتل صغير آخر من منطقة (ماكالايا) وكان من واجب كل رتل أن يتخطى المقاومات الرئيسية ويندفع نحو الأهداف الإستراتيجية تاركا قوة مناسبة لمشاغلة وتدمير مراكز المقاومة، وبالاستفادة مـن إسناد القـوة الجوية والقوة البحرية كان الجنرال (أورورا) يتوقع عزل (دكا) عن القسم الأكبر من القوات الباكستـانية بهجوم كاسح واحد.

وقد ترك الجنرال (أورورا) لقادة الفيالق حرية العمل بعد تلك المرحلة. علما بأنه طلب عـدم إعادة التجحفل لئلا توقف الأرتال من جراء ذلك وعدم التقيد تقيـدا أعمى بالخطة، وسيقوم بتنفيـذ الخطة الرتل الذي سيكون أكثر نجاحا وأقرب إلى (دكا). والواقع أنه لم يسبق لقائد عام أن جازف بهـذا الشكل باتباع

حرب حركة في أرض صعبة كهذه معتمدا على المشاة لعدم مساعدة الأرض على التقدم بأرتال مدرعة تجاه عدو قوي له شهرته القتالية. ومع ذلك وإذا ما نجحت الخطة فان نجاحها سيكون بفضل كفاءة القادة وشجاعتهم ومهارتهم في تنفيذ الواجبات التي كلفوا بها وبفضل عزم وإرادة قطاعاتهم العسكرية ويبدو أن الجنرال (أورورا) كان واثقا من قادته وقطاعاته وأنه كان مطمئنا إلى نجاح خطته.

لقد بدا للجنرال (أورورا) أنه من الصعب التنبؤ عن أي من الأرتال سيصل وعاء (دكا) أولا فهو يجرب حربا جديدة. وقد كان على كافة جحافل الألوية أن تتقدم على أراض رخوة متجنبة الطرق وأن تهيئ (جسورا جوية) لعبور الأنهر العريضة بواسطة طائرات الهليكوبتر وان تستفيد من كافة وسائط النقل المتيسرة كالعربات والدرجات الهوائية، علما بأن الدراجات الهوائية تستخدم من قبل الأهالي في الهند على نطاق واسع جدا لنقل الأعتدة والتجهيزات الأخرى كانت كل هذه الأفكار الجريئة تحمل في طياتها مجازفات لا يمكن التكهن بها منذ البداية. لذا فإن إنجازها هو الذي سيقرر من سيصل (دكا) قبل غيره.

بالإضافة إلى الفرق التي كانت تواجه الحدود الشمالية للهند في (سيكيم) و(نيفا) كان نظام معسكر الجيش الهندي تحت قيادة الجنرال (أورورا) مؤلفا من ثلاثة فيالق ومقر مواصلات - كان عليه أن يعمل كتشكيل مقاتل سيار- ثم جيش التحرير البنغالي وتعداده حوالي (١٠٠) ألف مقاتل. وفي ما يلي تفاصيل تأليف هذه الفيالق:

الفيلق الثاني - (المقر) في (كريشناكار) القائد، الفريق (ن. ن رينا) القوة فرقتا مشاة جبليتان - الأسلحة الساندة الإضافية لواء مدرع تقريبا (دبابات تي - ٥٥

سوفيتية، لواء دبابات خفيفة (بي تي - ٦٧ برمائية سوفيتية) كتيبة مدفعية متوسطة (١٣٠ ملم مدى بعيد، سوفيتية) وحدات تجسير هندسية. بالإضافة إلى الأسلحة السائدة الموجودة في ملاك الفرقتين.

الفيلق - ٣٣- المقر في (سيليكورى)، القائد الفريق (ام . أيل. ثابان). القوة - فرقة جبلية واحدة، لواء مشاة. الأسلحة السائدة الإضافية، كتيبة دبابات خفيفة (بي تي - ٦٧- سوفتية) كتيبة مدفعية متوسطة (إنكليزية عيار ٥,٥ عقدة). وحدات تجسير هندسية منطقة المواصلات ١٠١ - مقرها في (كوهاني) بقيادة للواء (جيل) مع لواء مشاة واحد.

الفيلق الرابع - المقر في (أكارتالا)، القائد الفريق (ما كات سنغ) القوة، ثلاث فرق جبلية، الأسلحة الساندة الإضافية - سريتا دبابات خفيفة- بالامرة لهذا الواجب وهي من طراز (بي تي - ٦٧- سوفيتية) كتيبة مدفعية متوسطة (بريطانية نوع ٥,٥ عقدة).

وفي ما عدا ذلك، خصصت طائرات للقوات الأرضية لغرض الإسناد على سماء المعركة في (بنغلادش). وقد بلغ مجموع القوة الهندية المخصصة لحملة (بنغلادش) أكثر من ثلث مليون مقاتل وتشمل جيش التحرير البنغالي والوحدات الإدارية المنتشرة في البنغال الغربية و (أسام) و(تراى بورا). أما الفرق الشمالية المواجهة للتبت فقد بلغت (١٠٠) ألف مقاتل. وبمعنى آخر كان مجموع القوات تحت تصرف القيادة الشرقية الهندية حوالي (مليون) رجل. وهذا ما لم يتيسر لدى أي قائد عسكري عبر التاريخ العسكري وبهذا الاتساع في المسؤولية.

سير المعارك في بنغلادش: في جبهة الفيلق الثاني المقابلة إلى كلكتا، قدم الجنرال (رينا) فرقتين باتجاه نهر (مادو ماتي) الذي يتجه نحو الجنوب إلى دلتا (سندربان) غرب (باريسال). كان هدف هذه الجبهة هو احتلال الأراضي الكائنة غرب (بإمداد) وكانت خطة الفيلق الثاني للحصول على هذا الهدف تقتضي مشاغلة المواقع الباكستانية المحصنة الواقعة قرب الحدود بينما تندفع أرتال قوية بسرعة متخطية هذه المواقع ومتجهة نحو نهر (مادوماتي) لمنع القسم الأكبر من القوات الباكستانية من الانسحاب عبر النهر والوصول إلى عبارات نهر (ميكنا) عند (دكا). وتتضمن خطة الفيلق انتشار رتلي الفرقة في بضعة أرتال فرعية. أحدها باتجاه (كوشتيا). وآخر نحو (ماكورا) و (فريد بور) على محور (جيسور). وثالث نحو (خولنا) و (باريسال) وأرتال أخرى هدفها قطع خط سكة حديد (خولنا - جيسور - كوشيتا) لمنع القوات الباكستانية من التنقل عرضيا.

إن تخطي المقاومة في جيسور مثال نموذجي على عمل هذه الأرتال. فقد سبق لجيش التحرير البنغالي أن حصل على موطئ قدم له داخل أراضي باكستان الشرقية بإسناد الجيش الهندي. كانت تلك الأرض هي النتوء الواقع شمال غرب (جيسور) في (جوكاجا) فتقدم أحد الألوية بصمت عبر أراض طينية حاملا معه تجهيزاته وأسلحته بواسطة العربات والدراجات الهوائية وكافة وسائط النقل المتيسرة التي قدمها السكان المحليون لذلك اللواء. وبهذه الطريقة تمكن لواء آلي من اجتياز أراض غير صالحة للتنقل والدخول في المعركة ولقد حدث نفس الشيء في نتوء (دار سانا) على محور (كوشتيا).

فإن صادف وانقطع خط تموين أحد الألوية، فكانت تدبر خطة لإسقاط مواد التموين إليه من الجو، أو اعتمد على الموارد المحلية المتيسرة، والأرزاق

الجافة. إن الشيء الوحيد الذي تمسكت به تلك الأرتال هو عدم التوقف انتظارا لورود مواد التموين والتجهيز.

وفي الخامس من كانون الأول ١٩٧١ تم الاستيلاء على سكة حديد (جيسور - كوشيتا) وبدون أية استراحة اندفع الرتل نحو الشمال فقطع (٣٠) كيلو متر حتى اليوم السابع منه، واستولى على (جنيدا)- وهي مركز مواصلات حيوي - وبنفس اليوم أخلت القوات الباكستانية مدينة (جيسور) وتراجعت بدون انتظام إلى (ماكورا) الواقعة على نهر (مادوماتي) وبعد ذلك تم الاستيلاء على (مهر بور) فانفتح الطريق للتقدم والاستيلاء على (جاودانكا) و (كاشويتا).

إن إخلاء (جيسور) كان دلالة على ما أصاب الجيش الباكستاني من هبوط في المعنويات فقد يدافع عن هذه المنطقة الحصينة جحفل لواء مشاة مسند بالدبابات والمدفعية وقوامه حوالي (٥٠٠٠) رجل كانت منطقة (جيسور) هي أقوى التحصينات الموجودة في (بنغلادش) وفيها مقر فرقة المشاة التاسعة لكن ما أن اقترب القتال منها حتى هربت الحامية - ولا يمكن تفسير ذلك إلا بهبوط المعنويات.

أما في جبهة الفيلق - ٣٣- كانت الخطة في جبهة هذا الفيلق تقضي بإرسال أرتال التثبيت من الشمال، بينما تندفع أرتال الهجوم الرئيس باتجاه (هيلي) - في أضيق نقطة من النتوء - لقطع خط سكة الحديد جنوب (رانكبور) ثم الاستدارة جنوبا نحو (بوكرا). ولتنفيذ هذه الخطة عبر لواء الحدود من جنوب (جال بيكوري) وعبر لواء آخر من (كوج بيهار) كان هدف اللواء الأول هو (دينا جبور) وهدف اللواء الثاني هو (رانكبور) واندفاع باقي الفرقة باتجاه (هيلي) وقوبلت هذه الهجمات بمقاومة عنيفة جدا من قبل الحاميات الباكستانية

مثل ما توقعت القيادة الشرقية الهندية. لأن المواضع الدفاعية هنا كانت محصنة بشكل جيد- وفي بعض الأماكن كانت عربات قطار كاملة قد أغرزت في الأرض لتشكل مانعات. هذا وقد قاومت الحاميات الباكستانية في هذا القطاع لآخر طلقة وآخر جندي.

واستولت الأرتال القادمة من الشمال على (بيركانج) و(خان بور) في ٥ كانون الأول ١٩٧١، وعلى (لال منيرهان) في السابع منه، وفي الثامن من كانون الأول تم الاستيلاء على (دور كابور) ولكن عندما حل يوم ٩ كانون الأول اصطدم الرتلان بالمواضع الدفاعية في (رانكبور) و(دينا جبور) التي أبدت مقاومة عنيدة، أما رتل الفرقة المندفع شرقا في ممر ضيق من النتوء فقد أحاط بقرية (هيلي) واندفع نحو (بلاش ماري) الواقعة على بعد (٣٥) كيلومترا شرقي (هيلي) فاستولى عليها في التاسع من كانون الأول.

أما في قطاع منطقة المواصلات ١٠١، شن الهجوم الرئيس من (تورا) نحو (جمال بور) الواقعة على بعد (٥٠) كيلومترا في أعالي النهر وإلى الشمال الغربي من (ميمن سنغ) كانت القوة الباكستانية هنا هي لواء مشاة تسنده سرية دبابات ومقر اللواء وفوجان في (ميمن سنغ) أما الفوج الآخر فكان في (جمال بور) ويبدو أن استخبارات الجانب الباكستاني كانت على علم بموقف القوات الهندية وأنه يوجد لواء هندي واحد في (تورا). وفي التاسع من كانون الأول كان هذا اللواء قد وصل ضواحي (جمال بور) فاندفع منه رتل جانبي لتخطي المقاومة وعبور نهر (براهما بوترا) ووصل إلى ما وراء (جمال بور) بنفس اليوم. وعندما عزز الباكستانيون حامية (جمال بور) بفوج من اللواء الموجود في (ميمن سنغ).

وفي قطاع الفيلق الرابع الذي كان واجبه التقدم من شرق بنغلادش وكانت الخطة تقضي- إرسال ثلاث فرق عبر رقعة من الحدود طولها (٢٥٠) كيلومترا تقع بين (ميكالايا) في الشمال ونتوء (فيني) في أقصى الجنوب من مقاطعة (تراي بورا). ويتضمن الواجب احتلال أراضي بنغلادش الواقعة إلى الجنوب من نهر (سورما) وشرق نهر (ميكنا). وهذا يعني أن أقوى الفيالق في جيش الجنرال (أورورا) كان مسؤولا عن أطول رقعة من خط الحدود. أما الواجبات الثانوية التي عهدت إلى الجنرال (ساكات سنغ) - قائد الفيلق - فهي قطع الطرق والسكة الحديدية المؤدية إلى (جيتاكونك) وبذلك تحرم بنغلادش من طريق تموين رئيسية، وعندما تحين الفرصة يُعبر نهر (ميكنا) وللوصول إلى العاصمة (دكا).

قرر الجنرال (ساعات سنغ) تنفيذ واجبه بدفع فرقة من منطقة (سلجار - كريم كانج) نحو (سليهيت). ودفع فرقة أخرى على امتداد محور (اخورا اشوكانج) بينما تقوم الفرقة الموجودة في الجنوب في منطقة تراى بورا بإرسال ثلاثة أرتال، الرتل الأول لتثبيت القوات الباكستانية في (كاميلا)، الرتل الثاني، يتقدم باتجاه الغرب نحو (لاكشام) و (جاند بور). الرتل الثالث، يتقدم من (فيني) باتجاه الجنوب.

في القطاع الشمالي عبرت الفرقة الحدود مقابل (كريم كانج) واندفعت نحو الشرق واستولت على (منشي نكار) الواقعة على بعد (١٥) كيلومترا غرب الحدود في الخامس من كانون الأول ١٩٧١، وبعدها اندفع أحد الأرتال جنوبا نحو (ماو لافي بازار) واستولى عليها يوم ٨ كانون الأول بينما اندفع رتل آخر نحو (سيلهيت). وعند هذه المدينة جابه الرتل مقاومة عنيفة لا بد من

الإشارة إليها هنا، فقد كان على هذا الرتل عبور النهر وهو لا يحمل معدات التجسير معه. إذ كان المفروض أن تؤمن له فيما بعد. وتم ذلك فعلا فخصصت طائرات هليكوبتر وبوشر بإنشاء (جسر جوي) عند حلول الظلام. وفي صباح اليوم التالي كان اللواء على أبوب مدينة (سيلهيت).

وفي القطاع المركزي دفع قائد الفيلق بفرقة من منطقة (أكارثالا) نحو (أخورا). وفي هذه النقطة من الحدود كان جيش التحرير البنغالي قد استولى على بعض الأراضي داخل (بنغلادش) وهو بتماس مع المواضع الدفاعية الباكستانية في (أخورا). ويبدو أن الجنرال (مساكات) قد خطط بدفعه هذه الفرقة ليجتاز نهر (ميكنا) وينطلق بعدها مسرعا نحو وعاء (دكا). إن عرض النهر هنا يبلغ حوالي الميل في الرقعة الواقعة بين (شيتاكانج) و(بيهاراب بازار). وإن خط سكة الحديد في (أخورا) يتجه بعدها نحو الشمال الغربي إلى جسر (أشوكانج) الواقع على نهر (ميكنا) وبعد ذلك لا يوجد طريق مناسب يكمل سكة الحديد. وكان المؤمل أن يدمر الباكستانيون الجسر قبل أن تصله القوات الهندية لكن على الرغم من كل هذه الصعوبات فقد كان قائد الفيلق مصمما على كسر الرقم القياسي للوقت والوصول إلى (دكا) قبل غيره.

تمكن اللواء الذي يقود التقدم من تطويق (أخورا) واندفع نحو أقرب مدينة وهي (كانكانكار) فاستولى عليها يوم ٥ كانون الأول تاركا فوجا من قوات الحدود لتثبيت القوات الباكستانية في (أخورا) وقد سقطت (أخورا) أيضا يوم ٥ كانون الأول - واستمر اللواء في تقدمه باستقامة خط السكة نحو (براهما نباريا) واحتل (سلطان بور) يوم ٦ كانون الأول ١٩٧١. وهنا كما حدث في أماكن

أخرى أيضا تطوع السكان المحليون لجلب المعلومات عن المواضع الدفاعية الباكستانية كلـما اقتضت الضرورة ذلك.

اندفع الرتل الجنوبي لهذه الفرقة من جنوب (أكارثالا) نحو (كـوميلا) بقصـد تثبيت الحاميـة الباكستانية القوية التي تحتل الأماكن الدفاعية في معسكر (ميناماتي) والالتفاف إلى مـا وراءهـا لقطع خط مواصلاتها.

وفي قطاع (ترابورا) في الجنوب تقدمت الفرقة الثالثة (مـن الفيلـق الرابـع) بـرتلين باتجاهين مختلفين - الأول بقوة لواء باتجاه الغرب وهدفه مفرق سكة الحديد في (لاكشام) و الثـاني بقوة لـواء أيضا باتجاه الجنوب نحو (جيتاكونك). وعندما حل يوم ٨ كانون الأول سقطت كـل مـن (بـراهمان مـن باريا) وتم تطويق (كوميلا) وكان رتل (الاكشام) يندفع نحو (جانـدبور). فأصبح كـل القطاع المواجه لترابور تحت سيطرة القوات الهندية وفي هذه الأثناء كان رتل من الفرقة الجنوبية يتقـدم بسرعة نحو (جيتاكونك) بعد أن حرر نتوء (فيني).

وبينما كانت القوات الأرضية تتقـدم بسرعة مذهلـة في أراضي بـنغلادش، بلـغ إسـناد القـوة الجوية الهندية والأسطول الهندي مستوى لم تشهده الهند من قبل وكان واجب القيادة الجوية الشرقية ما يلي:

١.   تأمين الحماية الجوية للبنغال الغربية.

٢.   تقـوم القاصفـات بـأعمال التجريـد (وتشـمل تـدمير خطـوط مواصـلات العـدو لعـزل قواتـه الأمامية).

٣.   تقديم الإسناد القريب للقوات الأرضية.

٤.   تأمين الإسناد بالنقل.

ويمكن اعتبار الـواجبين الأولين واجبين سـوقيين بيـنما الواجـب الثالـث هـو واجـب تعبـوي والواجب الرابع هو واجب إداري. ومع ذلك ومهما كانت الأسبقية للواجبـات السـوفيتية فـأن القيـادة الجوية الشرقية قد وضعت في اعتبارها تيسير الإسناد الفوري لقادة الفرق لإسناد القطاعات الأمامية في جمع الأوقات.

كانت المعلومات المتيسرة لـدى الجانب الهنـدي أن القـوة الجويـة الباكسـتانية في بنغلادش تتألف من سرب نفاث نوع سابر - ١٨ طائرة في بنغلادش. وعدد من طائرات ميغ - ١٩ قرب دكا، ولكن عندما بدأ الحرب لم تكن في بنغلادش أية طائرة ميغ ويبدو أنها سحبت إلى الغرب.

لقد تمكنت القوة الجوية الهندية من شل القوة الجويـة الباكسـتانية في بنغلادش في نهايـة اليوم الثاني للحرب. ومع أن بعض طائرات السابر نجت مـن المعـارك الجويـة والقصـف الجـوي فإنـه لم تشاهد أية طائرة باكستانية طيلة بقية أيام الحرب. وكان هذا عاملا كبيرا سـاعد الأرتـال الهنديـة عـلى التسابق بسرعة كبيرة. كما أنه سـاعد عـلى تنقـل القطعـات وانفتاحهـا، وعـلى عـدم الحاجة لاستعمال التمويه بكثافة، وعـلى عـدم ملاحظـة كثافـة العجـلات في الأرتـال. وعـلى عـدم الحاجـة لحفـر مواضـع للمدفعية، وبتعبير آخر أصبحت الأرتال حرة في أن تتقدم بسرعة دون الخـوف مـن القصـف الجـوي أو الغارات الجوية.

لقد ازداد عدد الطلعات المتيسرة للإسناد القريب زيادة كبيرة وفي الحقيقـة كانت هنـاك أوقات تطلب فيها القوة الجوية - لا القوة البرية - القيام بطلعات لإسناد القطاعات الأرضية لهـذا فـإن الأرتال كانت تتسابق في التقدم لدرجة أنها نادرا ما كانت تتوقف منتظرة هجوما جويا مـدبرا، والواقع أن الأرتال لم تكن تطلب إسنادا جويا إلا عند وجود مركز مقاومة منيع. وحتى في مثل هذه الحالات

بلغ عدد طلبات الإسناد الجوي بعده كانون الأول ١٩٧١ بمعدل (١٢٠) طلعة في اليوم. كانت القوة الجوية الهندية في قصفها للمواقع الحصينة دقيقة لدرجة أنها لم تصب أية منشآت مدنية أو أهدافا غير عسكرية في مدن جيسور و كوشتيا وخولنا وغيرها. في (جنيدة) نفذ ما لدى رتل الإدامة المعقب للواء المشاة فدبرت القوة الجوية على عجل منهاج إسقاط المؤن والاعتدة من الجو لذلك اللواء. حيثما اقتضت الضرورة وكان إخلاء الخسائر يجري باستخدام طائرات الهليكوبتر وطائرات النقل الخفيفة إلا أن أفضل استخدام لجناح النقل حدث عندما اضطرهم الموقف إجراء عمليات عبور للأنهر. ففي هذه الحالات استخدم أسطول من طائرات الهليكوبتر نوع (أم أي - ٤) بشكل متواصل لعمل (جسر- جوي) لعبور الأنهر في بنغلادش كما حدث في كل من (سيلهيت) و(ماكورا) الواقعة على نهر (مادوماتي) وعبر نهر (ميكنا) حيث جرت عملية العبور المشهورة في (اشوكانج). وفي تلك العمليات الجوية كان يتم نقل الرجال والمدافع والأعتدة فوق النهر لتمكين الأرتال من التسابق نحو أهدافها.

كان منهاج التجريد يتضمن واجبا خاصا، هو اكتساح الطوافات النهرية الراسية على ضفاف الطرق المائية المتعددة، فعندما كانت الأرتال الهندية تندفع بسرعة للأمام متخطية نقاط المقاومة كان الكثير من أفراد القوات الباكستانية يتراجع إلى الخلف مستخدما أية واسطة نقل متيسرة ومنها القوارب والمحركات المائية والطوافات النهرية التي كانت تستخدم من قبل الأهالي كوسائط نقل يصل بعضها في تنقله حتى العاصمة (دكا). لذا فقد قامت القوة الجوية الهندية بسلسلة متواصلة من الضربات الجوية على الجماعات الباكستانية الفارة بهذه

الوسائط فأغرقت منها حوالي (٢٧٠) قاربا من مختلف الأنواع عند نهاية الحرب.

لقد شاركت في هذه الحرب الجوية، سواء بتقديم الإسناد السوقي أو التعبوي، طائرات الأسطول البحري الهندي من سطح حاملة الطائرات (فيكرانت) وكان الحد الفاصل بين القوة الجوية والأسطول هو خط العرض ٢١° شمالا فكانت مسؤولية البحرية جنوب هذا الخط. وكان أول أهداف السلاح الجوي البحري هو مدينة (جيتاكونك) فقامت الطائرات بمهاجمة المطار والميناء البحري هناك. أما الأهداف الأخرى فقد تولتها حاملة الطائرات (فيكرانت) وهي مدينة (جالنا) و(منكلا) و(باريسال) و(كوكس بازار) الواقعة في أقصى الجنوب الشرقي. وكان الواجب الرئيس للقيادة البحرية الشرقية هو فرض الحصار البحري على موانئ بنغلادش، لمنع أية باخرة بحرية من دخول أو مغادرة تلك المياه، وقد نجحت القيادة في ذلك نجاحا تاما.

وجدير بالذكر أن في السابع من كانون الأول ١٩٧١ صوتت الجمعية العامة لهيئة الأمم المتحدة بأغلبية (١٠٤) أصوات مقابل (١١) صوتا على قرار يقضي بوقف إطلاق النار فورا وانسحاب القوات المتحاربة إلى ما وراء الحدود من قبل كلا الطرفين (الهندي والباكستاني). وكان هذا القرار بهذه الأغلبية الساحقة تجربة جديدة على الهند. ومن المهم ذكره أن الصين والولايات المتحدة صوتتا إلى جانب القرار بينما صوت الاتحاد السوفيتي (السابق) ضده. وامتنعت عن التصويت بريطانيا وفرنسا.

ولم تكتف حكومة الولايات المتحدة بالضغط الدبلوماسي على الهند، بل أصدرت أوامر بتهيئة الأسطول السابع الأمريكي في المحيط الهادي للتدخل في

خليج البنغال. ثم أصدرت الأوامر بتخصيص (قوة واجب) من هذا الأسطول وهي حاملة الطائرات (انتربرايس) وحمولتها (٩٠) ألف طن وتسير بالطاقة الذرية وقد خصصت الواجبات الهجوم وتحمل على ظهرها طائرات (فانتوم) المقاتلة - القاصفة كما تحمل قنابل ذات رؤوس نووية. أما حاملة الطائرات الثانية فكانت (تريبلوي) وهي حاملة طائرات هليكوبتر مخصصة لنقل القوات الخاصة (الكوماندو) وبالإضافة إلى هاتين الحاملتين خصصت ست بواخر حربية تضم مدمرات وسفن حراسة وعناصر إدارية. وكان الواجب المعطى لهذه القوة، كما ادعت الحكومة الأمريكية، هو إخلاء الرعايا الأمريكان الذين بقوا في بنغلادش. أما الواجب الحقيقي فكان يشمل إضعاف الحصار البحري الهندي المفروض على باكستان الشرقية. وتحويل حاملة الطائرات الهندية (فيكرانت) عن تنفيذ واجباتها المكلفة بها وإجبار الهند على إبقاء قسم من طائراتها في وضع الدفاع تأهبا للطوارئ وبذلك نقل فعالياتها باتجاه القوات الأرضية الباكستانية.

أما سير المعارك فبينما كانت أرتال الفيلق الرابع تتسابق للوصول إلي العاصمة (دكا) و(جيتاكونك)، كان فيلق الجنرال (رينا) يتقدم للوصول إلى خط نهر (مادوماني) فأرسلت الفرقة الشمالية رتلين باتجاه (ماكورا) - وهو المكان الوحيد الذي يحتمل عبور النهر منه- بينما استدارت الفرقة الجنوبية نحو الجنوب بعد أن استولت على (جيسور) متجهة نحو (خولنا). وفي ١١ كانون الأول تخطى الرتلان العائدان للفرقة الشمالية (من الفيلق الثاني) الحامية الباكستانية في (ماكورا) ووصلا إلى ضواحي (كمار خالي كان) على نهر (مادوماتي) وتعتبر (كمارخالي) معبرا مهما على النهر لأن الطريق بعد العبور يتشعب إلى قسمين - طريق يذهب إلى (فريد بور)، وآخر يتجه إلى (كولاندو

فان) الواقعة على نهر (بامدا). وقد حدث تأخير هنا بسبب قلة وسائط العبور فاستفادت المقدمات والدوريات من القوات المحلية المتيسرة التي قدمها الأهالي هناك. لكن القسم الأكبر اضطر إلى التوقف بانتظار وصول أسطول من الهليكوبترات التي أرسلتها القوة الجوية لإقامة (جسر جوي).

وفي اليوم الرابع عشر من كانون الأول وصلت طلائع الأرتال الهندية مدينة (فريدبور) الواقعة على نهر (بامدا) وتم الاستيلاء على محور (خولنا) و(دولتا بور) الواقعة شمال خولنا ببضعة أميال. وبذلك تم إغلاق طريق الهرب الرئيسي للقوات الباكستانية في قطاع (كوشتيا - جيسور - خولنا).

في القطاع الشمالي- الغربي كان التقدم يجري ببطء بسبب المقاومة العنيفة التي أبداها المدافعون الباكستانيون. كانت (لال منيرهات) قد سقطت قبل أيام فسيطرت القوات الهندية بذلك على معابر (تستا) وعلى كل فإن الهجوم الرئيس في (هيلي) هو الذي سبق غيره في استئناف التقدم السريع، وفي يوم ١٢ كانون الأول سقطت (كوركان) ومن هنا اتجه الرتل جنوبا نحو (بوكرا). كانت مجموعة قوية من جيش التحرير البنغالي موجودة هنا. وبالتعاون معها تم احتلال (كوبندبور) الواقعة في منتصف الطريق بين (كوراكات) و(بوكرا) وفي الرابع عشر منه تم الاستيلاء على (بوكرا) التي كان فيها مقر القوات الباكستانية.

وفي جبهة الفيلق الرابع في الشرق كانت (دكا) العاصمة قد غدت عرضة لتهديد أكيد خطر، وفي التاسع من كانون الأول وصل الرتل المندفع من (اخورا إلى (اشوكانج) ليجد أن قسما من الجسر قد دمر، الأمر الذي غدا النهر فيه مانعا صعب الاجتياز إذ يبلغ عرضه هنا حوالي ميلا. لذلك فقد بدأ اللواء الأمامي باستطلاع أماكن العبور وتطوع عدد من الأهالي لمساعدته،

بجلبهم القوارب والطوافات. وسرعان ما عبرت جماعات الصولة. لكن استئناف اللواء بتعرضه يحتاج إلى إسناد المدفعية واعتدتها والى مدافع ضد الدبابات وغيرها من التجهيزات التي لابد من عبورها أولا. كما أن هناك مشكلة عبور دبابات (بي تي - ٦٧) إذ على الرغم من أنها برمائية فإن مصمميها السوفيت لم يفكروا بأنهر بنغلادش ومن المعروف أن هذه الدبابات ترتفع فيها درجة الحرارة عاليا بعد عومها لمدة نصف ساعة. بينما يستغرق عبور نهر (ميكنا) العريض والسريع الجريان مدة ثلاث ساعات تقريبا. وأخيرا دخلت الدبابات النهر وتحركت بقوتها الذاتية لأطول مسافة ممكنة ثم جرى سحبها بواسطة العشرات من القوارب المحلية.

بدأت عملية (التجسير الجوي) بطائرات الهليكوبتر في ١٠ كانون الأول ١٩٧١ وقامت القطعات المسؤولة عن إنشاء الجسر بنقل كل مادة لا يمكن نقلها جوا، بواسطة القوارب المحلية. وفي ١١ كانون الأول كانت هناك قوة كافية في الضفة الأخرى لاستئناف التقدم. لقد جرى العبور من مكان يبعد ميلين جنوب موقع الجسر. ولم تبد الحامية الباكستانية أية مقاومة لمنع العبور رغم رؤيتها طائرات الهليكوبتر وهي تقوم بأعمال النقل الجوي. ويظهر أن السبب في ذلك يعود إلى خوفها من قوات جيش التحرير البنغالي وإلى هبوط معنوياتها وهكذا بقيت قابعة في مواضعها.

لم تكن تتيسر محاور طرق بعد رأس الجسر تؤدي إلى (دكا) مما أضطر الرتل الهندي إلى أن يتقدم خارج الطرق وبمحاذاة سكة الحديد متجنبا (بهيراب بازار). وهنا أيضا تطوع المئات من الأهالي لمساعدة القوات الهندية في نقل التجهيزات الثقيلة. وعند الوصول إلى خط السكة وجد نقيب مدفعي - يعرف

بعض الشيء عن محركات الديزل - قطار بضائع مهجورا على خط السكة فأسرع بتحميل مدافعه على عرباته، ولم يمض بعض الوقت حتى بدأ القطار بالتحرك فتمكن من الالتحاق برتل اللواء.

وفي اليوم نفسه تمكن الرتل الجنوبي من اختراق (لاكشام) واستولى على (جاندبور) وهي ميناء على نهر (بامدا) الرئيسي يقع جنوب (دكا) و(نارايان كانج). وتم على الفور إرسال رتل من (جاندبور) نحو الشمال باتجاه (دوخاندي) الواقعة على نهر (ميكنا).

وفي الحادي عشر من كانون الأول بدأ نجاح الجيش الهندي واضحا للعيان في حملته في بنغلادش. فقد أصبح القسم الأعظم من القوات الباكستانية مطوقا في المناطق الثلاث. أي في الغرب والجنوب الغربي من (بامدا) وغرب (ميكنا) وأصبح طريق تراجعها إلى وعاء (دكا) مقطوعا عدا قطاع (ميمن سنغ) الذي كان يحتمل أن يتراجع منه قسم من الجيش الباكستاني وفي هذا القطاع كان هناك لواء واحد. قد يتمكن مع القطاعات الأخرى المتراجعة من جبهة (اشوكانج) من الانسحاب وتعزيز حامية (دكا) التي كانت قوتها تقدر ب (٥٠٠٠) مقاتل من مختلف الصنوف ولكنها ليست وحدة أو تشكيل مشاة نظامي، بل هي خليط من القوات المقاتلة. ولم يكن الجنرال (أورورا) يخشى هذه الحامية أو يعتقد بأنها ستحتفظ بالعاصمة (دكا) ولن يكون بمقدوره احتلالها. لكن ما كان يخشاه هو التدمير الشامل الذي سيصيب المدينة وسكانها إذا ما أستمر القتال فيها لبضعة أيام أخرى. لذلك فإنه كان يرى وجوب منع الحامية الباكستانية من الوصول إلى (دكا) بطريقة ما.

وفي عصر يوم ١١ كانون الأول هبطت في مطار (دم دم) قرب كلكتا بضع طائرات تابعة لهيئة الأمم المتحدة حاملة معها الأجانب الذين تم إخلاؤهم من (دكا). وكان وقد حضر في المطار عدد من الصحفيين الهنود والأجانب فشاهدوا بأعينهم أسطولا من طائرات النقل التابعة للقوة الجوية الهندية مصطفا على أرضية المطار. كانت تلك الطائرات من أنواع مختلفة، فمنها السوفيتية (أي أن - ١٢) والكندية (كاريبوس) والأمريكية (فيرجايلد) و(داكوتا) وشاهدوا كذلك قطعات مظلية كثيرة. فانتشرت الإشاعات بأن هناك لواء مظليا كاملا على وشك الإقلاع للقيام بواجب ما. ولا بد أن تكون تلك الإشاعات قد وصلت (دكا) في صباح اليوم التالي. وقد تعززت تلك الإشاعات بالتقارير التي تقول بأن هناك قطعات مظلية أخرى على وشك الإقلاع من (باراك بور) بطائرات (البونيك ٧٣٧). وفي الحقيقة كانت القطعات الأخيرة هي الوجبة الأولى من القوات المنوي إرسالها غربا من القيادة الشرقية لكنها جعلت الجنرال (نيازي) يعتقد بأن هناك ألوف المظليين الهنود الذين هم على وشك الهبوط على (دكا).

وفي جبهة (ميمن سنغ). أرسل اللواء الهندي الذي أحاط ب(جمال بور) فوجا عبر نهر (جامونا) وقطع خط الرجعة على المدافعين. كما أن الجنرال (ناكرا) جلب أيضا لواء آخر كان متجها نحو (ميمن سنغ). ولم يكن ممكنا بعد، البت بشكل قاطع بأن اللواء الباكستاني لن يتمكن من الانسحاب إلى (دكا) عن طريق (تانكيل). وكانت هناك حامية باكستانية صغير في (تانكيل) تحتل (قاعدة أمنية) للواء الباكستاني في (ميمن سنغ) لكي ينسحب إليها عند الحاجة. ينبغي أن نتذكر بأن منطقة (تانكيل) هي أيضا مقر لمجموعة قوية من جيش التحرير البنغالي يرأسها المدعو (صدقي) وقد تقرر الاستيلاء على (تانكيل) بإسقاط

المظليين الذين كان عليهم تأمين التماس مع قوات جيش التحرير البنغالي وقطع خط الرجعة على الباكستانيين والاحتفاظ بالأرض لحين تأمين التماس مع الألوية الهندية في الشمال. وفي عصر يوم ١١ كانون الأول تم إسقاط فوج من اللواء المظلي الهندي مع أسلحته السائدة (وهي مدافع ضد دبابات جبلية وعديمة الإرجاع) في منطقة (تانكيل) في الوقت المناسب تماما وقد علم آمر الفوج فيما بعد من اللواء قادر (أمر) اللواء الباكستاني في (ميمن سنغ) بأن الجنرال (نيازي) سبق وأن أصدر أوامره إلى اللواء المذكور بالانسحاب إلى (دكا). وفي الحقيقة كان رتل العجلات قد شرع لتوه بالمرور من (تانكيل) متوجها نحو الجنوب في عصر ذلك اليوم.

وبعد إسقاط كاذب إلى جنوب غرب المدينة. تم تنفيذ الإسقاط الحقيقي في السهل المفتوح عبر النهر الذي يجري من الشرق إلى الغرب والذي يمر على بعد بضعة أميال من شمال (تانكيل) وكان الواجب الرئيسي للفوج الهابط، هو الاستيلاء على الجسر وموقع العبارة على النهر لمنع القوات الباكستانية من الهرب نحو الجنوب. وواجبه التالي هو احتلال (تانكيل) ثم تأمين الاتصال مع مفارز جيش التحرير البنغالي. وواجبه الأخير بعد تأمين الاتصال مع اللواء الهندي التحرك جنوبا من (جمال بور) نحو (دكا) بأمر من قائد منطقة المواصلات -١٠١.

جرى إسقاط الفوج من ارتفاع (١٠٠٠- ١٢٠٠) قدم وكانت الريح بسرعة ١٢ عقدة فانتشر الفوج في رقعة تزيد على ٢×١ كيلومتر. وعلى الرغم من كون المنطقة مفتوحة ومستوية. إلا أنها مملوءة بالقرى المحاطة بعدد من البرك المائية. وقد سقطت في هذه البرك بضعة مدافع وسقطت بعض المظلات

التي تحمل رجالا أو تجهيزات على سطوح بعض الأكواخ ومع هذا فقد تمكن الفوج مـن جمـع شـمله خلال ساعتين وأعاد تشكيله إلى فصائل وسرايا وباشر بتنفيذه الواجبات. وكان الظلام الـدامس قـد حـل آنذاك فتطوع سكان القرى أدلاء لتوجيه القطعات نحو أهدافها. وبينما توجه القسم الأكبر مـن الفـوج نحو الجسر. أرسلت إحدى السرايا لمسك موقع العبارة. كما أرسلت دورية شـمالا نحـو طريـق (جـمال بور) للأخبار عن أي تقرب للقطعات الباكستانية.

كان أول علامة تدل على اقتراب القوات الباكستانية هو رتل من العجـلات علاقـة قـادم مـن اتجاه (جمال بور) وقد حصل على التماس مع الدورية على بعد ميلين من الجسر فتبـادل معهـا إطـلاق النار. أما الرتل الثاني - وهو أكبر من الأول - فقد جـاء مـن اتجـاه طريـق (ميمن سـنغ) وقـد سـمحت القطعات الهندية لهذا الرتل بالتقرب حتى مواضع الفوج وعندها فتح قـاذف صـاروخي النـار فأصـاب العجلات الثلاث الأولى. وقد قتل في هذا الحادث حوالي (٣٠) جنديا باكستانيا. كان هذا الرتل عبارة عن بطرية خفيفة تنسحب من (ميمن سنغ). أما باقي الرتل فاستدار إلى الخلـف وتـواري بسـرعة وعنـدما أدرك الباكستانيون أن القوات الهندية قد استولت على (تانكيل) قاموا بشن عدة هجمات لفتح الطريق إلى (دكا) صدتها القوات الهندية ومنها ثلاث هجمات ليلية على الجسر ومنطقة هبوط المظليين. ثم شن هجوم يائس أخير من قبل القطعات الباكستانية في ضوء النهار صباح اليوم التالي. فحدثت مجـزرة كـان فيها الجنود الباكستانيون بـدون قيـادة وقـد استسلـم قسـم كبـير مـنهم وتسـلل عـدد آخـر إلى القـرى المجاورة. ومهما يكن فان هذه المعركة كانت الأخيرة في محاولـة وصـول الباكستانيين إلى جسرـ (قادر) وسلم آمر اللواء (قادر) نفسه عصر ذلك اليوم. وفي وقت متأخر من نفس اليوم وصل

الجنرال (نكرا) ومقره التعبوي. وقد كان ينفذ الزحف متقدما بسرعة نحو (دكا) فأرسل اللواء الأمامي نحو (جوى ديبور) وكان على وشك إرسال لواء آخر يعقب اللواء الأمامي بعد ساعات قليلة. كما صدر الأمر إلى الفوج المظلي للبقاء مؤقتا في (تانكيل). وفي اليوم الثالث عشر توقفت القطاعات الأمامية في (جوى ديبور) حيث لاقت بعض المقاومة. وعبر اللواءان النهر عنوة بعد أن أخرهم بضع ساعات واندفعا جنوبا نحو (تونجي).

أخذ ضغط القوات الأرضية الهندية يتزايد، فتم احتلال القطاع الغربي والقطاع الشمالي الغربي وأصبحت القوات الباكستانية المتراجعة مطوقة، وفي الوقت نفسه صعدت الهند من حملتها النفسية لتثبيط معنويات الباكستانيين في (دكا) وقامت القوة الجوية الهندية بضرب الأهداف العسكرية فيها. وبوشر بإرسال الأوامر المتناقضة والمضللة عبر ذبذبة اللاسلكي المستخدمة من قبل القوات الباكستانية. وقد تمكن منهاج (الحرب الإلكترونية) المستخدمة من قبل القوات الباكستانية في (دكا) وقامت القوة الجوية الهندية بضرب الأهداف العسكرية فيها. وبوشر بإرسال الأوامر المتناقضة والمضللة عبر ذبذبة اللاسلكي المستخدمة من قبل القوات الباكستانية. وقد تمكن منهاج (الحرب الإلكترونية) الهندي من حل الشفرة الباكستانية وأصبح من السهل التداخل في المواصلات اللاسلكية الباكستانية.

وقد استلمت حكومة باكستان المدينة، واستقالت في رسالة بعث بها رئيسها السيد مالك إلى الرئيس يحيى خان. والتجأ مسؤولو الحكومة المستقيلة إلى فندق (كونتيننتال) بموجب أمر خطي من السيد مالك وكان الفندق المذكور قد أعلن منطقة محايدة.

الاستسلام في دكا وقيام جمهورية بنغلادش:

وفي ١٤ كانون الأول ١٩٧١ أعلنت رئيسة وزراء الهند (انديرا غاندي) في مجلس النواب الهندي، السقوط النهائي لباكستان الشرقية والخطوط الأولى لقيام (بنغلادش). كما عبرت عن أملها في أن يأخذ الشيخ مجيب الرحمن مكانه على رأس الدولة الجديدة في وقت قريب جدا (وكان لا يزال سجينا في باكستان الغربية). وبالفعل وقع الجنرال (نيازي) وثائق الاستسلام في (دكا) بتاريخ ١٦ كانون الأول ١٩٧١ وتسلمها منه الجنرال (أورورا). وكانت خسائر الهند في هذه الحرب (٢٠٦٣٣) فردا، منهم (٢٣٠٧) قتلى بينما خسرت باكستان كل قواتها في الجبهة الشرقية بين قتلى أو جرحى أو أسرى.

وفي ٢٠ كانون الأول ١٩٧١ استقال الرئيس (يحيى خان) من منصبه كرئيس لجمهورية باكستان، تحت ضغط شعبي متزايد، وسلم السلطات إلى (ذو الفقار علي بوتو)، كبير الزعماء السياسيين في باكستان الغربية، ومن جهة أخرى نقل الجنرال (نيازي) من دكا إلى كلكتا بطائرة خاصة. وصلت الانتقامات الوحشية مكان الابتهاج في العاصمة (دكا). واندفع زهاء خمسة آلاف من ثوار (بنغلادش) المزودين بأسلحة أوتوماتيكية حديثة في الشوارع، يتخلصون بسرعة من الذين يشتبهون بأنهم كانوا يؤيدون الحكم السابق والواقع أن أعمال العنف قد ارتدت طابعا غير مألوف من الوحشية والفظاعة حتى أصبحت الجثث منظرا يوميا في العاصمة.

وكان أول ما فعله الرئيس علي بوتو بعد استسلام السلطة إطلاق سراح الشيخ مجيب الرحمن بتاريخ ٢٢ كانون الأول، الذي وصل إلى (بنغلادش) في العاشر من الشهر التالي. وأخذ في ممارسة صلاحياته في الدولة الجديدة. وفي

٢٥ كانون الثاني ١٩٧٢ كانت (بنغلادش) قد حصلت على اعتراف الاتحاد السوفيتي (السابق) وفنلندا وبولندا ويوغسلافيا (سابقا) ومنغوليا بالإضافة إلى الهند التي اعترفت بها خلال أيام الحرب. ولم تمض فترة طويلة حتى حصلت الدولة الجديدة على اعتراف الأسرة الدولية بما في ذلك باكستان نفسها.

حرب الوراثة الأسبانية (١٧٠١ – ١٧١٤):

يطلق أسم (حرب الوارثة الأسبانية) على مجموعة الحروب الأوروبية العامة التي بدأت في العام ١٧٠١ وانتهت في العام ١٧١٤، بعقد معاهدات اوتريخت واراستات.

سبب الحرب:

عندما تولى شارل الثاني عرش أسبانيا في عام ١٦٦٥، ثارت في أوروبا مشكلة خطيرة، فقد كان هذا الملك سيقيم العقل والجسم معا، وهو في الوقت نفسه لم يكن لديه ولد يرث العرش ولذلك كانت الدول الأوروبية الكبرى تنتظر اليوم الذي يموت فيه فتثار في أعقاب موته مسألة الوارثة الأسبانية يضاف إلى ذلك أن وريثيه الأقربين، كانتا أختيه ماريا تريزا التي تزوجت من لويس الرابع عشر وماجريت تريزا التي تزوجت الإمبراطور ليوبولد الأول، وقد أنجبت الأخيرة ابنة تزوجت أمير بافاريا. وبذلك تشعبت المطالبة بعرش أسبانيا إلى ثلاثة فروع.

١. فادعى الوراثة أمير بافاريا لأنه ابن أخ ملك أسبانيا، وكان أقل المطالبين بالوارثة نفوذا ولا يشكل خطرا على التوازن الدولي، ولذلك كانت الدول تميل إلى جعل وراثة الملك في ولي عهد بافاريا.

٢. وأدعى الرابع لويس عشر حق وراثة هذا العرش لولي عهده من زوجته ماريا تريزا، ولكن لويس قد تنازل عند زواجه منها عن كل حقوقها في عرش إسبانيا، ولكنه عندما لاحت مشكلة الوارثة الأسبانية ادعى أن تنازله ليس قانونيا ويعتبر باطلا وتذرع بأسباب واهية.

٣. وادعاها الإمبراطور ليو بولد الأول، أولا لأنه حفيد فيليب الثالث وثانيا لأنه متزوج بنت فيليب الرابع، وتنازلت ل ابنته (ماريا انطوانيا) عن كل حقوقها قبل أن تتزوج أمير بافاريا.

٤. وهكذا تعقدت مسألة الوارثة الأسبانية، وطمع فيها الكثيرون، فقد كانت أملاك شارل الثاني تشمل مع أسبانيا جزائر البليار، والأراضي المنخفضة الأسبانية، وميلان ونابلي، وصقلية، وبعض ثغور على ساحل تسكانيا، ومستعمرات واسعة في إفريقيا وأمريكا الوسطى وأمريكيا الجنوبية وعدة جزر في خليج المكسيك والبحر الكاريبي والمحيط الهادي، وكان موت شارل الثاني المريض متوقعا في أية لحظة، وكذلك كان الصراع الدولي على الوارثة متوقعا بعد وفاته على الفور، حفظا على مبدأ التوازن الدولي، ولذلك حدثت قبل موته عدة مناورات سياسية، ومحاولات سرية لتقسيم أملاكه ولكن باءت بالفشل لتعارض المصالح بين فرنسا والإمبراطور، وانقسم بلاط شارل الثاني إلى حزبين أحدهما يؤيد الإمبراطور والثاني يؤيد أطماع لويس الرابع عشر وأخيرا انتصر الحزب المؤيد لفرنسا حيث نجحوا في إقناع الملك المختصر بأن يوصي في تشرين الأول ١٧٠٠، بجميع أملاكه إلى (فيليب دوق أنجو) حفيد لويس الرابع عشر (ثاني أولاد ولي عهد فرنسا)، وبعد هذه الوصية بشهر واحد مات شارل.

وعندئذ تجاهل لويس الرابع عشر ـ معاهدة التقسيم التي وقعها مع إنكلترا والأراضي المنخفضة عام ١٦٩٩، وقرر قبول وصية ملك إسبانيا الراحل لحفيده دوق أنجو وأعلن توليه عرش فرنسا باسم (فيليب الخامس) وكتب إلى وليم الثالث ملك إنكلترا يشرح له الأسباب التي أدت إلى قبول الوصية ونقض المعاهدة وبعد مباحثات طويلة تبين لإنكلترا وهولندا مدى الخطر الذي يتهددها من ازدياد الخطر الفرنسي على التوازن السياسي في أوروبا.

وتزعم وليم الثالث ملك إنكلترا تعبئة الشعور الأوروبي ضد لويس، ونجح في إقامة اتحاد سمي بالتحالف الأعظم (أيلول ١٧٠١)، ومات في السنة التالية قبل اندلاع الحرب وشمل التحالف الأعظم إنكلترا وهولندا والإمبراطور، وأيدته دوقية براندنبرج (بروسيا) ثم البرتغال ودوقية سافوى الإيطالية.

حملة إيطاليا (١٧٠١):

بدأت حرب الوراثة الأسبانية بإبراز كل النوايا والأهداف من خلال التعامل مع قلاع الأرض الأسبانية وتحصيناتها حتى الأراضي الفرنسية، وذلك في آذار ١٧٠١. وقد بدأت بريطانيا وهولندا استعداداتهما في وقت واحد. ولكن النجاح لم يحالف إحداهما في هذه السنة لحشد جيوش وزجها في ميدان القتال. ذلك لان جيش إنكلترا في زمن السلم كان ضعيفا. كما أن هولندا لم تجد في نفسها الجرأة للدخول وحدها ميدان الحرب. وعلى كل حال. فقد أخذ الأمير أوجين المبادأة على المسرح الإيطالي وقاد جيشه النمساوي بهدف الاستيلاء على الممتلكات الأسبانية في شبه الجزيرة الإيطالية. وتم حشد القوى في التيرول

مع بداية فصل الصيف، واستطاع الجيش الفرنسي بقيادة كاتينا تشكيل سد أمام الزحف النمساوي، ولكن الأمير أوجين نجح في استخدام الطرق والممرات عبر الجبال بين روفيريدو وفيسنزا حيث المقاطعة الخالية من حدود إمارة فينيتان.

وفي ٢٧ أيار ١٧٠١، اتخذ الأمير أوجين تدابير الحيطة الضرورية وإجراءات الأمن للتقدم وذلك بإقناع السلطات المسؤولة في فينيتان بعدم التعرض لقواته أو مقاومتها طالما أنها لم ترتكب مخالفة أو تقوم باتخاذ موقف عدواني من السكان ثم انطلق الأمير أوجين بعد ذلك في سيرته عبر الطرق التي لم يسلكها جيش منذ أيام شارلكان.

وفي يوم ٢٨ حزيران ١٧٠١، وصل جيشه إلى السهول، ثم انتشر على مساحة واسعة ووصل إلى ليبباغو (القلعة الإيطالية في إقليم فيرون على نهر أديج) ثم تجاوزها في محالة للبحث عن طريق يعبر خلاله نهر أديج الأسفل وعند ظهور الأمير أوجين في السهل بوغت القائد الفرنسي كاتينا مباغته تامة، لأنه كان يعتمد في تنظيم دفاعه اعتمادا كاملا على حياد فينيتيان. كما ارتكب هذا القائد الفرنسي- خطيئة كبرى عندما افترض أن الجيش النمساوي مصمم على غزو الممتلكات الأسبانية جنوب بو فعمل على نشر قواته بشكل ستارة ضعيفة وتنظيم خطوط دفاعية رقيقة حتى يستطيع تغطية جبهة طويلة على امتداد نهر أديج. واستطاع الأمير أوجين العثور على بقعة محروسة من قبل القوات الفرنسية فعمل بطريقته الحذرة على اجتياز أديج الأسفل في ليل ٨ - ٩ تموز، وعندما جمع القائد الفرنسي كاتينا قواته فورا، وحشد خلف النهر الإيطالي مينسيو في الوقت الذي كان فيه أوجين يستدير شملا بجيشه لمعاودة تحقيق الاتصال مع خطوط إمداداته الأساسية في روفيردو - ريفولي وتعرض الأمير أوجين خلال

تلك الفترة لصعوبات كثيرة في تـأمين إمداداتـه نظـرا لأن إمـارة فينيتيـان لم تعـد تسـمح للأمـير أوجـين باستخدام أراضيها لنقل القوات والإمدادات. وأخيرا قرر الأمير أوجين مجابهة الموقف وحسـمه بالصراع. فاتخذ استعداداته لاختراق نهر مينسيو قريبا من بحيرة بيشييرا وعلى أبعد مسـافة مـن الجنـاح الأيسر لجيش كاتينا.

وفي ليل ٢٨ تموز نفذ أوجين العملية وتراجع كاتينا بهدوء إلى (أوليو) ولكن هذا التراجـع أثـار نقمة القوات الفرنسية و لا سيما وأن القوة النمساوية كانت أصغر بكثير من القوة الفرنسـية. وفي مطلـع آب نقل تيسيه خصم كاتينا هذا الموقف إلى باريس التي أرسلت المارشال فيلروا المقرب من الملـك الرابـع عشر لاستلام القيادة من كاتينا. وكان القائد الجديد أقل كفاءة من جميـع الضـباط الأعـوان الفرنسـيين. فعمل قبل كل شيء على شن هجوم ضد الأمير أوجين الذي كان يحتل مواقع دفاعيـة جيـدة في شـياري، وذلك في (١) أيلول. وانتهى الهجوم بهزيمة كاملة للقوات الفرنسية. وفي الشتاء قام الأمير أوجين بهجـوم مباغت على كريمونا في ليل الأول من شباط ١٧٠٢. وبعد قتال في ظروف غامضة ومعقدة انسحب الأمير أوجين ومعه القائد الفرنسي (فيلار) كأسير حرب، في حـين كانـت بقيـة الجـيش الفرنسي تتراجـع، وعـاد الأمير أوجين لقضاء الشتاء في مقر قيادته واستئناف حصار مانتوا.

حملة مارلبورو الأولى (١٧٠٢):

بدأ الصراع الحقيقي مع العام ١٧٠٢. وكان بعض مستشاري الملك لويس الرابع عشر ـ قد اقترحوا عليه العمل على تركيز الجهد للدفاع عن الراين والدانوب، وذلك لأن هذه المنطقة هي نقطة التوازن ومركز الثقل في التحالف المضاد لفرنسا. ولكن الملك لويس الرابع عشر ـ لم يستجب لنصح مستشاريه، وزج القسم الأكبر من الجيش الفرنسي على ضفة نهر الموز، وترك جبهة الراين تحت حراسة قوات ضعيفة كلفت بواجب الدفاع، وقد تم هذا التوزيع بالقوى وتحديد الواجبات القتالية بتأثير عوامل سياسية.

أما في مسرح عمليات إيطاليا فقد بقي ميزان القوى ثابتا، ولم يطرأ عليه أي تغيير باستثناء إرسال قائد من أفضل قادة الملك لويس وهو الجنرال فاندوم، ليحل محل القائد الأسير (فيلار). وفي البلاد المنخفضة، كلف جينكل بممارسة القيادة المؤقتة كقوات الحلفاء (الإنكليز والألمان وبعض الإمارات الجرمانية الصغرى). وكان جينكل في بدايات إحباط مناورات القائد الفرنسي ـ بوفلر. وكان التهديد الفرنسي المؤقت بالغزو وقد ترك أثرا ثابتا في السلطات الألمانية التي كانت موافقتها المتخاذلة عاملا في تدمير أفضل المخططات التي وضعها مارلبورو، حتى أصبح مرغما للخضوع إلى مطالبها ورفضها.

ولم تكن تلك العقبات المصدر الوحيد لمتاعب مارلبورو والذي كان عليه أيضا أن يضع في حسابه دائما وقف كبار قادته وصراعهم فيما بينهم على السلطة والتحزب ورسم المؤامرات على إنكلترا، علاوة على ما كان يجب عليه اتخاذه لدفع عوامل الحسد والجبن والتهاون والتمرد والرفض بين دول الحلف

التي قدمت فرقها العسكرية لجيشه المختلط. بمثل هذه الصورة بدأت الحرب في القرن الثامن عشر، وتم تنفيذها بجيش شديد التعقيد، سواء كان في تكوينه أو في تنظيمه. بحيث لم يكن هناك رجل آخر في أوروبا يستطيع المحافظة على قوة هذا الجيش وقيادته كقوة واحدة سوى مارلبورو.

عمل الفرنسيون بالتعاون مع الحاميات على الأرض الأسبانية وفوق هذا المسرح للحرب فنظموا خطا دفاعيا من التحصينات طوله أكثر من مائة كيلومتر، ويمتد من أنتويرب في الشمال حتى هوي بالإضافة إلى خط آخر أكثر طولا ولكنه أقل أهمية في قوته وقدرته الدفاعية يمتد من انتويرب أيضا ويسير حتى شبلذت - ليس ليصل إلى آير في فرنسا. وكان إلى جانب ذلك كله خطوط يرابان التي احتلها يوفلر كما احتل جميع قلاع الموز الواقعة تحت هوي باستثناء ما ستريتش. ومقابل ذلك فقد عمل مارلبورو على حشد وتركيز قوة مكونة من ستين ألف مقاتل (منهم ١٢٠٠٠ مقاتل انكليزي فقط) في المنطقة المحيطة بمدينة نيجمجن، وذلك في شهر حزيران وبداية تموز ١٧٠٢.

وبعد إنهاء الاستعدادات تقدم مارلبورو مباشرة حتى دييست المدينة البلجيكية مما حمل بوفلر على التراجع بسرعة للوصول إلى خطوط برابان والاستناد إلى تحصيناتها. وقد حاول مارلبورو القيام برد فعل إيجابي وذلك بدفع قواته للتقدم بسرعة، وزجها في المعركة لحرمان قوات بوفلر من الاستناد إلى تحصيناتها، واستطاع مارلبورو كسب السباق وتوقف في انتظار وصول جيش بوفلر ليضربه ضربة تصيبه بالشلل وتقعده عن العمل وهو لا يزال متعبا من المسير الطويل، ولكن في اللحظة الحرجة، رفض النواب الألمان الاستمرار في المعركة، واكتفوا من دون إرهاق قطرة دم واحدة، وذلك في ٢٢ تموز ونتيجة

لهذه التجربة المريرة قرر مارلبورو اتخاذ جانب الحذر من سلبية الأمراء الألمان، والعمل على تطويق قلاع نهر الموز وتحصيناته التي لم تلبث بدأت بالسقوط تباعا وبسرعة في قبضة قوات مالبورو في شهري أيلول وتشرين الأول. وتراجع بولفر إلى حدود المنطقة التي يدافع عنها من خطوط برابان، وتوقفت الاشتباكات عند سقوط لييج في قبضة الحلفاء بتاريخ ١٢ تشرين الأول ١٧٠٢، وعاد مالبورو بعدها إلى لندن حيث منح لقب دوق في تشرين الثاني.

وعند عودة مارلبورو إلى مسرح عمليات أوروبا، لم يكن ميزان القوى لصالح الحلفاء. وكان التفوق العددي لصالح الفرنسيين (٩٠٠٠٠ مقابل ٥٠٠٠٠). وعلى الرغم من ذلك فقد قرر مارلبورو الوصول قبل خصمه إلى ساحة المعركة، وبدأ عملياته بالاستيلاء على بون في أيار ١٧٠٣، ثم وضع (الدوق مارلبورو) مخططه لاختراق الخطوط الدفاعية الطويلة على الجبهة الواسعة للفرنسيين والأسبانيين والاستيلاء على انتويرب. وتنفيذا لهذا المخطط كان على فيلق ألماني بقيادة كوهورن التجمع في إقليم سلوزي - هولست بينما يتجمع فيلق ألماني آخر بقيادة أوبدام في بيرجن - أوب - زوم وخلال ذلك يقوم مارلبورو بتنفيذ مناورته خارج الطرقات للانضمام إلى جيش الأميرين الألمانيين أمام التحصينات الفرنسية في انتويرب. ونفذ مارلبورو نصيبه من المخطط، وقاد تحرك القوات بمهارة، ولكن القائديين الألمانيين ساعدا الفرنسيين على الخروج من المناورة بنصر ضخم نظرا لعدم تدخلهما في المعركة. وتدخلت هنا مشاريع كثيرة وضعها الفرنسيون، وكان من هذه المشاريع الاستيلاء على فينا بجيش (فرنسي - بافاري - هنغاري) مشترك.

وقد أصر الأمير البافاري أن يعمل فيلار على عبور الغابة السوداء للانضمام إليه ولم يكن فبلار (الذي أطلق سراحه من الأسر وعادا إلى قيادة القوات)راغبا في عبور الغابة السوداء منذ وقت مبكر من هذه السنة نظرا لأن ثلثي ضباطه كانوا كالعادة على وشك ترك الخدمة أو التخلي عن التزاماتهم في الجيش. وإلى جانب ذلك فقد قرر كورتيبه تحت تأثير أي حافز أو تحريض حتى لو كان مصدر ذلك الملك ذاته قبل إنهاء استعداداته.

ونتيجة لذلك، قرر نالارد العمل وحده، وانطلق في نهاية نيسان ١٧٠٣، للدفاع عن الألزاس ضد الحاكم العسكري لبادن كما زج فيلار قواته في مضائق الغابة السوداء ودروبها، وانضم في ٨ أيار إلى قوات الأمير الألماني (الاليكتور) في ايبنجن. وكانت كل الظروف مناسبة للتقدم إلى فينا، ولكن وفي اللحظة الأخيرة أظهر الأمير الألماني بعضا من الندم لتحالفه مع أعداء الجرمان. وتقدم بعرض بديل عن الذهاب إلى فينا وذلك بالتوجه إلى التيرول والاتصال بفاندوم في إيطاليا. ولكن هذا العرض لم يحقق شيئا. فقد نهض التيروليون وأشعلوا نار الثورة بسبب السلوك المشين والتصرفات الحمقاء للباخاريين الذين تميزوا بقلة الانضباط. أما فاندوم الذي كان راغبا في اللوكسمبرغ فإنه كان عملاقا في ميدان القتال، ولكنه كان كسولا متراخيا في المعسكر لهذا فإنه لم يتمكن من التحرك أو القيام بعمل إيجابي.

حملة هوشستت (١٧٠٣):

نظم فيلار المراكز الدفاعية في أولم وترك فيها جيش المقاطعة تحت قيادة حاكمها العسكري (المارغراف) حتى عودته إليه. أما هذا الجيش فبعد

الاشتباك في ماندركينجن يوم ٣١ تموز ١٧٠٣ رجع إلى الراين تنفيذا لأوامـر الملـك لـويس الرابع عشر ـ وعلى كل حال فبعد مضي خمسة أسابيع، رجـع جيش مقاطعـة أولم وهـو بكامـل قوتـه، وتحـرك مـع الضفة اليمنى لنهر الدانوب حتى وصل اوغسبورغ في ٦ أيلول.

وخلال هذه الفترة رجع أمير المقاطعة الألماني من حملته الفاشلة في التيرول، وانضم فـورا إلى فيلار في ديللينجن، وقد شجعه المارشال على مهاجمة الجيش النمساوي الذي كان يغطي فينا وذلك قبل أن يتمكن الجنرال من ضم قواتها، وكانـت النتيجـة حـدوث معركة هوشستت في ٢٠ أيـلول ١٧٠٣ التي انتهت بتحقيق نصر كبير لصالح الأمير الألماني وفيلار بخسارة ألف قتيل فقط، في حين كانت خسائر العدو أحد عشر ألف قتيل. وتعتبر هذه النتيجة أكبر نصر ـ حققتـه حـروب القرن الثامن عشر ـ لا سيما وأنها استطاعت إنهاء الحرب بموقعه واحدة. وعلى الرغم من ذلك فإن فيلار ذاتـه لم يفكر في طريقـة لاستثمار الظفر أكثر من تحقيق الاتصال دونما عقبه أو عائق بين جيشه وجيش تالار وقضاء الشتـاء في فيرتمبورغ وهكذا فإن التقدم الكبير حتى فينا لم ينته إلى نتيجة حاسمة، وحقق الفرنسيون نجاحا كبيرا في تنظيم جيش بافاريا، أما في إيطاليا فإن خاندوم لم يحقق شيئا من المنجزات على الـرغم مـن أن الأمـير أوجين لم يظهر أية مقاومة جدية.

حملة الراين والدانوب (١٧٠٤):

على الرغم من حدوث تطور هام في مسارح عمليات الأقاليم المنخفضة وإيطاليا نتيجة معركة الراين والدانوب، فإن مسيرة مارلبورو إلى الدانوب في هذه المعركة هي من أكبر العمليات الإستراتيجية للقرن الثامن عشر.

أ. معركة الراين:

في البداية كان الأمير الألماني والقائد مارسان (خليفة فيلار) في الموقف الأضعف بين أولم والموز، وكان يقف في الطرف المقابل الحاكم العسكري للإقليم الجرماني في إقليم ستوكتيش - انجن ونظرا لمسؤوليته في السيطرة على منطقة وسط الراين بكاملها ورغبته في مقاومة الأمراء الألمان، فقد كان موقفه ضعيفا في كل مكان، وكان دفاعه على الراين محددا عمليا بالصمود في خطوط ستولهوفن، وإقامة موقع دفاعي قريب من بوهل في بادن. وكان الفرنسيون، بفضل سيطرتهم على جيش بربساك وكهيل، يؤمنون الاتصال مع رفاقهم العاملين في بافاريا . وقد عمل تالار على إرسال فرقة كبيرة من المتطوعين عبر مضائق الغابة السوداء وطرقها لدعم جيش مارسان. ولكن العدد الأكبر من أفراد هذه الفرقة تشتت خلال الطريق وهرب من الخدمة. واضطر جيش المقاطعة الجرمانية إلى شق طريقة. وفي الواقع أنه لم يتم تنظيم أي محور نظامي لطرق المواصلات وقد وضع مارلبورو مخططا دقيقا ومحددا للغاية يتلخص بنقل الفيالق الكبرى من البلاد المنخفضة إلى بافاربا. وحشد القوات هناك بالتعاون مع الحلفاء لسحق الجيش الألماني التابع للالكتور، وإلحاق الهزيمة الساحقة به.

وحتى لا يثقل القائد مارلبور كاهله بالمستشارين الألمان واعتراضاتهم، فقد قرر اغتنام الفرصة والتخلي عن فكرة دعم الوحدات الألمانية، وتركها تحت قيادة الكنيسة للدفاع عن المـوز، وألقـى أعبـاء المغامرة على عاتق الإنكليز والوحدات المأجورة التي يدفع لها الإنكليز.

ولقد قدر مارلبورو موقفه فوجد أن الفرنسيين سيحشدون المزيد من قواتهم مع كل تقدم له نحو الراين، وذلك لمنعه من العبور، عوضا عن قيامهم هـم أنفسـهم بـالعبور للانضمام إلى الايليكتور ودعم مارسان. وعلى هذا فإن باستطاعته قيادة حملته للوصول إلى وادي نيكار دون أن يثير الشكوك حول أهداف تحركه الحقيقية، وعند الوصول إلى هناك فإن باستطاعته الاختفاء مـن مراقبـة الفرنسـيين وقواتهم المدافعة عن الراين ليعاود الظهور من جديد على الدانوب، حيث لا يتوقع أحد ظهوره هناك وفي ١٢ أيار ١٧٠٤ عبر مارلبورو بجيشه نهر الموز عند ريرموند.

وفي يوم ٢٣ أيار وصل بون. وفي ٢٩ وصل منيز. وفي الأول مـن حزيران لـوحظ أن الفرنسـيين المرتبكين يقومون باستعداداتهم لإقامة جسر على الـراين عند فيليسـبورغ ولكـن وبعد يومين استدار الإنكليز إلى اليسار ودخلوا وادي نيكار، وقد أظهرت فيالق مارلبورو كفاءة عاليـة وقـدرة علـى تحمـل المشاق خلال مسيرتها الطويلة من ربرموند، ولقد كان من الظواهر الرائعـة للعمليـة في القرن الثـامن عشر قيام القوات بمثل هذا الإنجاز في عصر تميـز بطابعه العام الـذي تكثـر فيه المثيرات والمحرضات للفرار من جيش قد يتعرض للدمار خلال تنفيذه مثل هـذه المحـاولات. وقد أعجب الأمير أوجين إلى درجة الذهول للدقة الجيدة التي تميزت بها مواقف هذا الجيش. وفي الوقت ذاتـه فقـد كانـت الأمـور تسير على

الجانب الفرنسي في إطار من الاضطراب والفوضى بحيث انه مضى أسبوع كامل على انضمام جيش مارلبورو إلى الجيش الألماني (المارغراف) قبل أن يبدأ جيش فيلروا عبر نهر الموز للوصول إلى الألزاس ومراقبة فيلق الأمير أوجين أو بالأحرى الأشراف على مواقع توصل في ستولهوفن. وهذا يعني أن المبادأة والتفوق العددي أصبحا وبصورة نهائية لصالح مارلبورو.

ب. معركة الدانوب (١٧٠٤):

قاد دوق مارلبورو قواته حتى الآن، ونفذ مناورته بنجاح رائع عند الانتقال من مسرح العمليات إلى مسرح آخر وضمن لنفسه جميع الميزان الضرورية للنصر. وأخذ في التحرك من أمام أولم لينحرف جانبيا بصورة تدريجية على امتداد الجانب الشمالي للدانوب في محاولة للبحث عن ممرات غير محروسة. وكان يتناوب مع دوق الجرمان (المارغراف) القيادة العامة في الأيام المتتالية، وعندما كان يوم دوره في ممارسة القيادة وصل إلى أمام دونوورث وعرف بتدابير الحيطة التي اتخذها لويس، ووجد أن القيام بالهجوم المباشر هو أفضل من انتظار يومين آخرين إلى الشرق.

وزيادة على ذلك فقد كان بحاجة إلى إقليم محدد تتوفر له شروط الحماية لاستخدامه كقاعدة خلفية تضم المستودعات والمخازن. وفي وقت متأخر من بعد ظهر يوم ٢ تموز، اندفع مارلبور بجيشه لاحتلال الخنادق المحصنة في مرتفع شيللينبرغ القريب من دونوورث، وقد تكبدت القوات الإنكليزية خسائر في هجومها، ولكنها لم تتوقف واستطاع (الايلكتور) تنظيم مفرزة قوية، ونجح الهجوم في النهاية الوصول إلى أهدافه. وكانت تكاليف الهجوم ٦٠٠٠ رجل في

حين لم يرجع من البافار مـن ١٢ ألـف مقاتـل -تقريبـا- سـوى ثلاثة آلاف مقاتل، التحقـوا بقطعـاتهم الأساسية بعد الانسحاب من التل، وأخذوا بعد ذلك في التحرك من أولم إلى لونجن وأصبح الحلفاء عنـد اجتيازهم النهر مطوقين بخصومهم، واستولوا على قلعة صغيرة على الـراين ومـن ثـم تحركوا إلى جـوار أوغسبرغ وهم يدمرون بصورة شاملة أرض الإقليم، بغية إرغام الاليكتور على التفاهم معهم.

وأصبح هناك الآن خمسـة جيـوش مـن الميـدان جيشـان للحلفـاء وثلاثة جيـوش للفرنسـيين ونتيجة لذلك أصبح مركز الثقل والتوازن متعلقا بموقف معسكر فيلروا، فـإذا انضـم هذا المارشـال إلى تالار وتبعه فإنه لن تكون لدى مارلبورو قوة كافيـة للاسـتمرار في الصـراع حتى لـو انضـم اوجـين إلى مارلبورو فإن اللعبة ستكون لصالح الحلفاء ، ولكـن واحـد مـن احتمالات انضمام الجيشين لم تتحقق بسبب عدم محاولة أحد الأطراف للقيام به. وعندما علم الأمـير أوجـين بـأن تـالار يتحـرك مبتعدا عـن فيلروا تحرك للانضمام إلى مارلبورو. وفي الواقع فقد كان تـالار والايليكتـور يتخذان مـن الأمير أوجـين موقف الحذر الكبير، ولهذا فانهما عندما شعرا بتحرك الأمير أوجين اكتفيا بضـم قـواتهما والتوقف عند أوغسبرغ. كما أن فيلروا الذي كانت في قبضته مفاتيح الموقـف لم يتخـذ موقفـا حاسـما ووقف موقـف المتردد، وأخيرا، وعندما حاول احتجاز الأمير أوجين وأعاقته، كان الامير أوجـين قـد ابتعـد مسـافة كافيـة، ووصل إلى خطوط ستولهوفن. وجاء موعد المرحلة الأخيرة من المعركة التي كانت قصيرة وموجزة. فقد كان مارلبورو والأمير أوجـين يضعان في تفكيرهم تصفية الموقف بمعركة حاسـمة في حين كـان تـالار ومارسان يريدانها حرب مناورات وتحركات تستغرق الأسابيع القليلة الباقية

آب ووضع مارلبورو الاحتمالين التاليين: إذا حاول الفرنسيون البقاء في الجبهة الجنوبية للدانوب فان على الأمير أوجين العبور، أما إذا عاودوا العبور إلى الشمال فإن على مارليورو اتباع الموقف الملائم. وكان الفرنسيون قد وجهوا (المارغراف) لويس أمير بادن لحصار اينغو لستادت وذلك لمجرد وصول الأمير أوجين إلى مسافة الأمن الكافية. ونتيجة لذلك وحالما توفرت التقارير عن توقف الفرنسيين والبافاريين في مواجهة الأمير أوجين، شمال الدانوب، أسرع مارلبورو فورا بالعبور ودون انتظار تحرك أمير البافاريين (المارغراف) واتجه كل قائد من القائدين العظيمين إلى الأمام وفوق اتجاه الآخر وفي ١٢ آب حدث الهجوم، وتم تدمير الجيشين فعليا وخسر تالار ومارسان المعركة بضياع قواتهما.

حملة عام (**١٧٠٥**):

كانت حملة عام ١٧٠٥ هادئة بعيدة عن الأحداث المثيرة، وذات فائدة قليلة للطرفين المتصارعين. فقد رجح جيش مارلبورو إلى البلاد المنخفضة، كما رجع فيلروا إلى خطوط برابان واستعاد هوي وأصبح معه الآن دوق بافريا (الايليكتور) الذي رافقه إلى خطوط برابان، وفي ١٨ تموز ١٧٠٥ وبعد مجموعة من المناورات التي صممت باتفاق وأحكام ونفذت بمهارة اخترق مارليورو خطوط برابان عند نهر اليسيم قريبا من تيرلومونت، ولكن وعلى الرغم مما حققه مارلبورو من نجاح فإنه لم يمكن من استثارة حماسة النواب الألمان على الانقياد لمخططاته. وكان الملك لويس الرابع عشر قادرا على دعم ميلروا عاجلا وتقوية جيش اللورين في الوقت المناسب، ونتيجة لذلك انتهت المعركة بنتيجة لا تزيد على تدمير وإبادة المواقع الفرنسية التي استولى عليها الحلفاء.

وفي اللوريين قاد فيلروا هجوما بقوات ضعيفة في عددها متدهورة في روحها المعنوية لإخضاع (المارغراف لويس) وفي إيطاليا حدثت اشتباكات عنيفة ومعارك ضارية، فقد اندفع هنا جيش فاندوم في محاولة لإخضاع فيكتور أما دوس دوق سافوا، فقد كان هجومه ناجحا بحيث اضطر دوق سافوا إلى الإسراع لطلب دعم الإمبراطور النمساوي. وأرسل الأمير أوجين ومعه قوات دعم جديدة لمجابهة القوات التي كانت بقيادة فيليب (وهو أخوفاندوم) وكان فيليب هذا كسولا، محبا للفنون ولا يصلح للحرب. ولهذا ترك نفسه حتى وقع فريسة للمباغتة التي أوقعه بها الأمير أوجين بهجومه العنيف على خط أدا. ومع هذا فقد أمكن تصحيح الموقف في آخر النهار، وأمكن إلحاق الهزيمة بالنمساويين بفضل وصول فاندوم في الوقت المناسب وبفضل شجاعة الابن الأكبر لملك فرنسا (الدوفين) وبذلك انتهت معركة كاسينو في ١٦ آب. وفي هذا الموقف تم تأجيل إخضاع البييد مونت حتى السنة التالية.

حملة راميلييه (١٧٠٦):

كان العام ١٧٠٦ عاماً سيئا بالنسبة إلى الفرنسيين، فمنذ البداية المبكرة للمعركة في البلاد المنخفضة وصلت المعلومات إلى فيلروا بأن بعض قوات الحلفاء التي نضمها مارلبورو وضمها إلى جيشه قد رفضت اللحاق به فغامر بمغادرة خطوطه الدفاعية الجديدة على امتداد نهر الديل . وتحرك في اتجاه نامور فأسرع مارلبورو في اتجاهه وذلك ليسبقه في الوصول إلى ملاجئه المحصنة وقلاعه القوية على ضفاف نهر الموز. وما أن أقبل يوم ١٢ أيار حتى كان مارلبورو في المواقع التي اختارها لاستقبال الفرنسيين بحيث لم يعد قادرا

على كسب النصر فحسب. بل أصبح باستطاعته أيضا استثمار النصر العظيم في موقعة راميلييه لتي حدثت يوم ١٢ أيار ١٧٠٦.

وفي إيطاليا استمرت المعركة كما كانت عليه من قبل. وأخذ الصراع أبعاده في فرعين أو اتجاهين، صراع من جهة من أجل السيطرة على بييد مونت وصراع من جهة أخرى بين الفرنسيين في لومباردي والجيش النمساوي الثاني الذي كان من المفروض أن ينضم إلى فيكتور أمام دوس وستارلمبرغ وقد نجح فاندوم في دفع ستارلمبرغ في كاسانو وإرغامه على الانسحاب إلى بريسكيا وبحيرة غاردا ثم تبعه فاندوم، مستفيدا من غياب الأمير أوجين المؤقت لتنظيم هجوم على المعسكرات النمساوية في نيسان ١٧٠٦. وقد نجح فاندوم في اختراق الدفاع وتدميره تدميرا تاما (في معركة كالاناتو ١٩ نيسان) وطرد بقوة بقايا الجيش النمساوي الممزق وإرغامها على التراجع حتى الجبال، حيث جابه الأمير أوجين أعظم الصعوبات في اللحاق بها. واستطاع فاندوم حتى منتصف حزيران إعاقة الأمير أوجين إعاقة تامة وإحباط محاولاته للتسلل بين صفوفه للوصول إلى بييد مونت. وعلى كل حال، فقد تغير الموقف عندما طلب إلى فاندوم الحضور إلى بلجيكا لإبطال دور فيلروا. وقد فشل حلفه لضعفه في استثمار الفرصة.

وكان فيليب دوق أورليان ومارسان يحاصران مدينة توران، وحالما علم الأمير أوجين بغياب القائد فاندوم أسرع في الظهور ودفع قوات جديدة من الجبال، وأحبط مناورات الفرنسيين في لومبارديا، ثم أسرع في اتجاه توران فعمل فيكتور أمام دوس على ترك الدفاع للنمساويين والبيمونتيين المشاة وتسلل من خلال قوات الحصار وخطوطهم الدفاعية وانضم إلى بن عمه مع قوة كبرى من الفرسان.

وفي يوم ٧ أيلول قام أوجين وابن عمه بالهجوم على الخطوط الفرنسية المحيطة بتوارن، وأمكن تدمير الفرنسيين تدميرا تاما وإلحاق الهزيمة بهم على الرغم من تفوقهم العددي الكبير، وذلك بسبب الاختلاف والانقسام بين قادة الجيش الفرنسي والصراع بين مختلف الفيالق الفرنسية. وانتهت المعركة بمقتل القائد الفرنسي الكبير مارسان وانسحاب دوق اورليان بيسزولو. وقد أنهت معركة توران عمليا الحرب على المسرح الإيطالي. وتحول الموقف في الشمال والجنوب. في وقت واحد، وانتقل الصراع إلى حدود فرنسا ذاتها. وهنا بدأ المد الفرنسي فيه التراجع والتقهقر. ولكن ومن هذه النقطة ذاتها. توقفت العمليات الفرنسية عن الظهور بمظهر العمليات غير الواضحة وغير المحددة بدقة أو التي تشكل مزيجا غير متجانس من القوى التي تقوم بالغزوات أو التي تنظم نطاقات دفاعية على نحو ما كانت عليه حتى هذه المعركة. وقد تم هذا التحول في الواقع بصورة تدريجية. فاتخذ الملك لويس الرابع قراره بتعيين فيلار وفاندوم وبرويكس عوضا عن تالار ومارسان وفيللروا.

بالإضافة إلى ذلك فقد كان اقتراب جيوش الحلفاء من الحدود الفرنسية بمثابة حافز أثار في الأمة الفرنسية روح الدفاع الوطني، وكان ظهور هذا الروح يشابه إلى حد بعيد تلك الثورة الجامحة التي وحدت الشعب الفرنسي عند اقتراب الحلفاء من حدود فرنسا وتهديدهم لها في العام ١٧٩٢، وحتى تستطيع فرنسا التقاط أنفاسها وحشد هذه الطاقة المتفجرة للروح المعنوية غير المتوقعة، فقد كان لابد من فترة استراحة، وإرجاء الأعمال القتالية لمدة سنة وكان العام ١٧٠٧ عام الهدوء على جبهات القتال.

كان لا بد من فترة استراحة، وإرجاء الأعمال القتالية لمدة سنة وكان العلم ١٧٠٧ عام الهدوء على جبهات القتال.

حملة عام (١٧٠٨):

كان الأمير أوجين يتوقع بالنسبة إلى عمليات عام ١٧٠٨ تحولا في مركز الثقل ومركز التوازن. واتخذ الإجراءات مع مارلبورو لنقل جيشه، الذي كان مخصصا ظاهريا لمعركة الراين، من أجل العمل على خطوط برابان. وذلك لان جيش الفرنسيين كان متفوقا بشكل واضح في عدد على جيش مارلبورو، وأقل بقليل جدا من جيشي مارلبورو والأمير أوجين مجتمعين. عين الملك لويس الرابع عشر ـ ابنه الأكبر وريثه الشاب (دوق بورغندي) لقيادة الجيش الكبير الذي حشده في فالانسيين وعين القائد فاندوم مستشارا له وكان الأمير (دوق بورغندي) تقيا ورعا معتدل المزاج بطيئا في ردود فعله عنيدا، والى جانب ذلك لم يكن طموحا لتحقيق الانتصارات العسكرية. وكان فاندوم على النقيض تماما، مقداما، مندفعا بحماسة تصل إلى درجة التهور.

وفي نهاية أيار تقدم فاندوم للالتحام مع مارلبورو أن يتمكن الأمير أوجين من الانضمام إليه. وبما أن الفرنسيين كانوا يتقدمون في اتجاه بروكسل، فقد قرر مارلبورو بعد أن حشد قواته بتركيز في حال التراجع بسرعة والقيام بمسير اضطراري للوصول إلى لوفان، وبذلك كسب فاندوم المرحلة الأولى من العملية. وهنا حدث توقف، فقد انتشرت القوات الفرنسية بصورة مباغتة حول الغرب، وأخذت في اجتياح الفلاندر، حيث كان أنصارها قد حققوا انتصارات في كثير من المراكز والمقاطعات على الموظفين والمسؤولين من وضعهم الحلفاء في

ولقد ناقش الدوق مارلبورو الموقف مع الأمير أوجين، وكـان مـارلبورو أكثر رغبـة في انتظار وحدات الأمير أوجين بسب معرفته بعدم وجود خطة للمقاومة عند فاندوم، ولكن الأمير أوجين اقترح القيام بعمل مباشر خشية قرار الفرنسيين وانسحابهم، واعتمد مارلبور علـى مهاراتـه في تنفيـذ مناوراتـه وكفاءته القيادية بقدر اعتماده على معرفته الجيـدة بتمـزق القيـادات الفرنسـية، فقـرر البـدء بالعمـل واتجه فورا إلى الأمام، ومع تقدم مارلبورو أخذ الفرنسيون في رفع الحصار عن أودنارد، وانتقلوا لاحتلال مواقع دفاعية في غافر على بعد عشرة كيلومترات تقريبا عـن المنخفضـان السـفلى لشـيلدت. وفي هـذه المرحلة أصبح الاختلاف في القيادة الفرنسية خطيرا.فبـدأ فاندوم بوضـع قسـم مـن الجيـش في مواقـع دفاعية على امتداد النهر، في حين عمل دوق بورغوف عـلى توزيـع بقيـة الجيـش في مواقـع إلى الخلـف وعلى مسافة بعيدة من المواقع الأولى. وانطلقت الكتلة الرئيسـية مـن جيـش الحلفـاء بأقصى- سرعتهـا، وعبرت شيلدت من جميع الاتجاهات.

وفي معركة المواجهة التي أعقبت ذلك، عمل مارلبورو عـلى فصـل القـوات وتجزئتهـا وتـدمير الجناح الأيمن للقوات الفرنسية. وانسحب الفرنسيون يوم ١١ تمـوز بشـكل فوضـوي إلى غنـت بعـد أن خسروا ١٥ ألف رجل. وقد رغب مارلبورو في متابعة الهجوم والقيام بتحرك مباغت في اتجاه باريس بعد انتهاء معركة أوردنارد، ولكن الحلفاء أحبطوا رغبته.

وخلال هذه الفترة تم سحب بيروبك من الألزاس، وقام بمناورته حول دواي بينما بقي فاندوم قريبا من غنت، وكان يعمل بينهما جيش الأمير أوجين ومارلبورو، وقد ركـزا جهودهما لتطويـق مدينـة ليل. وفي هذا الإقليم كان

المارشال العجوز بوفلر يقوم بالدفاع عن القطاع من تحصينات فويان. وقد استطاع بوفلر في الواقع تنظيم مقاومة قوية استمرت فترة طويلة وغير متوقعة في مواجهة جيش الأمير أوجين الذي احكم طول الحصار، واستمر الموقف على هذه الصورة حتى يوم ٨ كانون الأول، حيث وجد المارشال العجوز بوفلر نفسه مرغما على الاستسلام بعد أن أظهر شجاعة نادرة وكفاءة عالية في قيادة المعارك الدفاعية، وقد عامله الأمير أوجين بفروسية واحترام، فسمح له بكتابه شروط الاستسلام كما يريد.

واستطاع الحلفاء بعد ذلك الاستيلاء على غنت وبيرغس بلا صعوبة تذكر. وهكذا جاءت الكوارث متتالية لتلقي بثقلها على كاهل الفرنسيين سواء أودنارد أو في ليل، وجاء بعد ذلك فصل الشتاء حاملا معه مزيدا من الكوارث والنكبات لتدمر فرنسا تدميرا تاما تقريبا. وفي حالة من حالات اليأس قرر الملك لويس الرابع عشر الدخول مع الحلفاء في مفاوضات لإحلال السلم، ولكن الحلفاء تقدموا بشروط قاسية جدا بحيث لم يكن الملك لويس الرابع عشر وحده هو الذي رفضها بل أن شعبه أيضا رفضها وقرر متابعة الصراع حتى نهايته.

حملة مالبلاكيه (١٧٠٩):

اقترح مارلبورو قيام قوات الحلفاء بهجوم في اتجاه باريس مع قدوم ربيع ١٧٠٩، واتخذ الإجراءات الخداعية لتمويه القلاع والتحصينات التي نظمها. ولكن هذا المخطط كان على درجة كبيرة من الجرأة حتى بالنسبة للأمير أوجين ذاته الذي كان يفضل إنقاص المواقع القوية قبل استئناف الأعمال القتالية. وأمكن حصار ليل وتنظيم التطويق حولها بفاعلية ونجاح، وكانت تورنيه هي الهدف التالي للهجوم، ثم قام الحلفاء بصورة سرية ومباغتة في الانسحاب المنظم وإخلاء

معسكرات النمساويين المحيطة بمدينة ليل، وذلك في ليل ٢٦ – ٢٧ حزيران، وكأنهم يريدون الهجوم على خطوط دواي ولكن، وقبل ظهر يوم ٢٧ حزيران، وكانت قواتهم تحاصر تورنيه، وبعد ذلك بأيام قليلة كانت مدافعهم تكمل التطويق وتأخذ طريقها صاعدة من مينان عبر طريق النهر (في أسفل وأعلى شيلدت)، وتم إحكام ضغط الحصار القوي وتنفيذه بجرأة وحماسة.

وعلى الرغم من ذلك فإن الحامية المدافعة عن القلعة لم تستسلم قبل يوم ٣ أيلول، وعند ذلك أصبح مارلبورو حر التصرف بصورة مطلقة لنقل جيشه بصورة سرية وعلى مراحل إلى نهر هاين، والقيام بالهجوم لاختراق خطوط الدفاع الفرنسية هناك دون مقاومة تقريبا وبما أن التنظيمات الدفاعية عن مونس كانت ضعيفة، فقد تركز جهد مارلبورو من أجل تطوير عملياته بسرعة كبيرة قبل أن يتمكن فيلار من التدخل لمنعه من الاستيلاء عليها. ولكن فيلار تحرك أيضا بسرعة أكبر. وارتفعت حماسة جيشه وروحه المعنوية بوصول المارشال بوفلر إليه بعد إطلاق سراحه من الأسر. وكان بوفلر يعمل مساعدا لفيلار، وقد عاد ثانية للانضمام إليه في لحظة الخطر، وليضع نفسه في خدمة فيلار كقائد ثان له في ممارسة القيادة. وكان القائدان الفرنسيان يعتقدان أن قوات الحلفاء كانت أكثر بعدا إلى الشرق مما وصلت أليه في الواقع. ولهذا فقد عمل المارشال الفرنسي بوفلر على تنظيم تقدمه بصورة سرية مستخدما بصورة جيدة الأرض وتضاريسها المقطعة والمكسوة بالغابات لإخفاء تحركاته وتمويهها حتى وصل جنوب القلعة واحتل في يوم ٩ أيلول الثغرة بين أولنوا ومالبلاكيه. وبدأ العمل بصورة محمومة لحماية نفسه وتنظيم مواقع دفاعية قوية.

وفي الوقت ذاته تابع مارلبور تنفيذ مخططه لحصار مونس، فنقل جيشه بهدف تنفيذ الهجوم بأسرع ما يمكن وفق وصول ألويته إلي ساحة المعركة ودون انتظار لوصولها كلها والقيام بهجوم بها ككتلة واحدة. وفي مواجهة هذه الأزمة قرر مارلبورو إخضاع مشكلة الهجوم لقرار (مجلس الحرب) وكان ذلك على غير إرادة من مارلبورو. فقد وقف الأمير أوجين في معارضة الاشتباك والدخول في معركة غير متوقعة وغير كاملة الإعداد والتحضير، وتبع ذلك بالضرورة فترة من الجمود والتوقف بحيث إنه عندما بدأ مارلبورو هجومه يوم ١١ أيلول كان الفرنسيون قد احتلوا المواقع الدفاعية القوية وهكذا كانت معركة مالبلاكيه في ذروة الصراع اليائس الذي شهدته عمليات حرب الوراثة الأسبانية. وفي النهاية، وعندما تسلم بوفلر القيادة، قرر القيام بانسحاب منظم للتخلص من الاشتباك واستطاع بوفلر تنظيم الانسحاب وتنفيذه بشكل جيد.

وفي الطرف المقابل أصيب الأمير أوجين بجراح أيضا، كما تعرض مارلبورو لأقسى تجربة مريرة يمكن أن يتعرض لها جندي في حياته بحيث لم تعد لديه القدرة للاستيلاء على مونس، وفضل الانسحاب إلى مقر قيادته الشتوية. وكانت خسائر الفرنسيين المقدرة تتراوح بين ٧ – و١٢ ألف رجل، في حين ارتفعت تضحيات الحلفاء إلى أكثر من ٢٠ ألف رجل.

حملة عام (١٧١٠):

تمركز فيلار دفاعيا في العام ١٧١٠، خلف سلسلة من الخطوط الدفاعية المنظمة بصورة جيدة التي اعتبرها (خطوطا لا مثيل لها) كانت هذه الخطوط تمتد من البحر حتى فالانسيان ولم يحاول مارلبور بعد تجربته الفاشلة في السنة

السابقة غزو فرنسا من جهة مونس. وعلى الرغم من بقاء فيلار على رأس الجيش الفرنسي الـذي تحمـل محنة مالبلاكيه الرهيبة والقاسية، فأن هذا البقاء لم يتم دون مجابهة مقاومة بإنزال عقوبة تصيب قائد الجيش فيلار. وفي إنكلترا كان حزب خصـوم مـالبورو وقـد كسـب الجولـة وأصبحت لـه اليـد العليـا في المجلس الاستشاري للمملكة، ولهذا لم يعد باستطاعة مالبورو الأقدام على مزيد من المغامرات أو تحمل المجازفات غير المحسوبة، فعاد إلى جهة ليل، واستولى عـلى دواي في ٢٦ حزيـران، وبيتـون في ٢٦ آب ولم يحاول أبدا التعرض للهجوم على الخطوط الدفاعية الفرنسية وفي دوفينه، استطاع بيرويك دفع هجمات النمساويين والبيمونتيين.

معركة (١٧١٠):

كان عام ١٧١٠، أخر عام مارس فيه مارلبورو قيادة الأعمال القتالية وقد تميزت عمليات هـذه السنة بصورة خاصة بالاستيلاء على الخطوط الفرنسية (التي لا مثيل لهـا) بواسـطة منـاورة تسـتحق أن تسجل بأنها مناورة (لا مثيل لها أيضا) بين مناورات وعمليات القرن الثامن عشرـ وذلـك مـن حيـث إن قيادة الحرب تتوافق مع الأسس الإستراتيجية.

وفي شهر أيار ١٧١٠، جاءت وفاة الإمبراطور النمساوي لتمارس دورها في إدخال تعديل كامـل على التطلعات السياسية لدول الحلف، بحيث لم تعد القضية بالنسبة إلى خلفه شارل مجرد الحلف مـن المطالبة بالعرش الأسباني، بل أصبحت بالنسبة إلى مـن كـانوا يقـاتلون مـن أجـل المحافظـة عـلى تـوازن القوى، قضية لا يمكن التساهل فيها لأنه لم يعد باستطاعتهم رؤية لويس الرابع عشر قد

أصبح شارلمان أوروبا الجديد. بقي المارشالي فيلار في مواقعه خلف الخطوط الدفاعية وفقا للسياسة الإستراتيجية السلبية والثانية ولهذا قرر مارلبورو أخراجه من هذه المواقع المحصنة، نظرا لعدم توفر القوة اللازمة لإنجاز مثل هذا الهدف الكبير، فقد كانت لدى مارلبورو الثقة بالوصول عن طريق الحيلة والخداع ما كان يعجز عن تحقيقه بالقوة، وكانت الخطوط الدفاعية الفرنسية تبدأ من بحر المانش وتسير مع امتداد نهر كاتش (الذي يمر من مونتروي ويصب في المانش وطوله ٦٩كم) حتى تصل أراس (العاصمة القديمة لمقاطعة أرتوا- باري كاليه) وعلى طول سين النهر البلجيكي حتى بوشين (مركز الشمال في إقليم فالانسيين) عند شيلدت. وبما أن القسم الغربي من الخطوط كان عديم الأهمية، قليل الفائدة، إلى جانب كونه قويا ومنيعا من وجهة نظر الغزو، فقد اتخذ مارلبورو قراره باختراق الحاجز الدفاعي بين أراس وبوشين.

وفي ٦ تموز ١٧١٠، قاد مارلبورو وجيشه مبتعدا نحو الغرب متظاهرا وكأنه يريد الهجوم على الخطوط بين أراس ومراكز القيادة الفرنسية في كاتش. وتبع فيلار هذه الحركة بحذر. ولكن وفي هذه المرحلة أضاع مارلبورو صفاءه الذي عرف به وخر هدوؤه وتصرف بطريقة متصلبة جدا حتى أن جيشه الذي طالما أعجب بقيادته اتهمه بالحماقة والجنون. فقد أرسل مارلبورو قسما من جيشه إلى بيتون (المدينة القديمة في بادوكاليه القريبة من لو) كما أرسل قسما آخر إلى خلف دوييه وأمر بقية القوة الصغيرة التي بقيت معه بالهجوم على الخطوط بين كانش وأراس. في حين كان فيلار يحتفظ بكامل جيشه في كتله واحدة.

وفي ليل ٤ – ٥ آب ١٧١٠، انحرفت القوة الرئيسية لجيش مارلبورو نحو الغرب، وسارت بأقصى سرعة لها، وقامت بعبور نهر مكارب (الذي ينبع من بادوكاليه ويرفد نهر إيسكوت وطوله ١٠٠كم) وبعد ذلك تزايدت سرعة المسير حتى تحولت إلى هرولة وركض بحيث سقط الآلاف من جند المشاة منهكين وفقدوا حياتهم بسبب استنزاف قوتهم وقصورهم عن متابعة التقدم. وتم التوقف بعيدا عن مسرح القتال. ولم تمض على هذا التوقف أكثر من خمسة ساعات حتى كانت بقية قوات الحلفاء تجتاح مواقع الجيش الفرنسي وتستولي على الخطوط الدفاعية الكبرى دون مقاومة تقريبا، بعد أن كانت القوات الفرنسية قد تجمعت في كامبري. وحاول فيلار قيادة هذه القوات والدخول في معركة حاسمة مع مارلبورو الذي رفض الاشتباك في القتال، وقام بمناورته متوجها إلى مسافة (أبعد نحو الشرق واجتاح بوشان. وكانت المواقع مغطاة بنقاط قوية (يمثلها خط من المتاريس والتحصينات)، بحيث أن فيلار لم يحاول أبدا تنظيم هجوم ضدها وانتهى الأمر بتطويق هذه المواقع من قبل القوات الفرنسية في يوم ١٣ أيلول وبذلك انتهت مجموعة المناورات الرائعة.

وفي شهر كانون الأول ١٧١٠، تم عزل مارلبورو الذي أنهى خدمته بشكل غير مشرف. ولكن هولندا والنمسا قررتا القيام بمحاولة أخيرة لغرض شروطهما الخاصة على الملك لويس الرابع عشر. وكان جيش الأمير أوجين الذي استخدم عام ١٧١١، للتأثير على الانتخابات الإمبراطورية، قد تم سحبه إلى البلاد المنخفضة عوضا عن زجه في القتال ضد فيلار. ووعى الأمير أوجين ما تعنيه قصة سقوط مارلبورو، فقرر استثمار الموقف، وأخذ بالاستعداد بصورة سرية، ووضع المخططات لتسلم قيادة قوى الحلفاء المختلفة وزجها كلها في

المعسكر الإمبراطوري أو المعسكر الذي تموله هولندا. وعندما وصل أورموند الـذي عينته إنكلـترا خلفـا لمارلبورو، لم يتبعه سوى ١٢ ألف مقاتل من المرتزقة الذين تدهورت روحهم المعنويـة وانقسم المرتزقة الذين تدهورت روحهم المعنوية، وارتسم البؤس على جباههم، في حين كـان جيـش الأمـير أوجين يضم ١٠٠ ألف مقاتل.

خلال هذه الفترة توفي في شهر واحد على التتابع اثنان مـن ورثـة العـرش وحـدثت فـترة مـن الغموض والاضطراب شملت كل شيء، ونشر الحزن ظلاله على فرنسا، وقد أفاد الأمير أوجين مـن الحـظ السـيئ الذي نزل بفرنسا لتنفيذ باكورة عملياته بنجاح، وأصبح الخـط يقـترب مـن حـدود فرنسـا، وهنـا ثارت شجاعة الملك العجوز في مجابهة الموقف المتدهور، فأعلم فيلار بأنه إذا ما هـزم الجيـش الفرنسـي- فإنه سينظم بنفسه إلى الجيش لمقاسمته مصيره. وعلى الرغم من أن فيلار كـان لا يـزال يعـاني مـن آلام الجراح التي تركتها في جسمه معركة مالبلاكيه فاستلم قيادة الجيش يوم ٢٠ نيسان وخصـص كـل وقتـه حتى نهاية أيار لإعادة تنظيم الدفاع وقيادة الأعمال القتالية الدفاعية حتى أرغم أورموند علـى سـحب قواته من ميدان القتال. ونظرا لتراجع إنكلترا واقتصار عملياتها على العمل بعيدا عن مسرح العمليـات الأوروبي، وممارسة القتال بشكل غير مثمر على مسافة قريبة من البحر، فقد أخذ الأمير أوجين المبادأة، واستولى على لوكيستوي بتاريخ ٤ تموز، وتحرك بعد ذلك إلى لاندرسي حيث عمل علـى تنظيـم حصار دقيق حولها. ونظم بعد ذلك المجموعة الأخيرة من الأعمال القتاليـة في الحـرب، والتـي تمثلـت بمعركـة دينان وهي المعركة التي أنقذت العرش الفرنسي وأكملت تمزق التحالف المضاد لفرنسا.

معركة دنيان (١٧١٢):

في الوقت الذي كانت تجري فيه مفاوضات سلام في (اوترخت) بين الأطراف المتنازعة في حرب الوراثة الأسبانية، تسلم الأمير أوجين قيادة القوات النمساوية - الهولندية - البريطانية في الأراضي المنخفضة في العام ١٧١٢. ولم يكن أوجين أكثر نجاحا من مارلبورو (الذي استدعي إلى بريطانيا في أواخر العام ١٧١١) لإقناع الهولنديين بالقيام بأعمال هجومية، خاصة وأن المفاوضات كانت دائرة في ذلك الحين. ومع ذلك عبر أوجين نهر (ايسكو) في أيار ١٧١٢، على رأس ١٢٠ ألف رجل، في محاولة لاستدراج فيلار لخوض معركة حاسمة. وكان فيلار متخندقا مع ١٠٠ ألف رجل من كامبري إلى آراس. وبعد فترة قصيرة تم انسحاب الوحدات البريطانية التي كانت بقيادة جيمس باتللر دوق أورموند، بعد أن تلقت أمرا بعدم المشاركة في القتال. فتوقف ما تبقى من جيش الحلفاء، وبدأ أوجين يبذل الجهود لتأمين التعزيزات.

وفي ١٩ تموز، بدأ فيلار بتحريك قواته، متظاهرا بالتوجه نحو مدينة لاندريسي- المحاصرة في ذلك الحين، ووصل إلى حدود نهر (سامبر) في ٢٢ تموز، ولكنه غير اتجاهه في ليلة ٢٣ تموز، وأمر قواته بالتوجه إلى مدينة دوتان. وفي ليلة ٢٣ - ٢٤ تموز قام فيلار. بمسيرة ليلية واجتاز نهر (ايسكو) في الساعة ٨.٠٠ من يوم ٢٤ تموز وفي الساعة ١٣.٠٠ أنتشر جيش فيلار للقتال ثم شن هجوما بالحراب على قوات أوجين الموجودة حول دونان. ولم يقم أوجين بأي رد فعل جدي، إذ أنه لم يتوقع أن يقوم فيلار بأي عمل فوري، وقد نجم من المعركة مقتل حوالي ٨٠٠٠ جندي من جنود الحلفاء، غرق قسم منهم في نهر ايسكوفي حين لم يخسر الفرنسيون سوى حوالي ٥٠٠ جندي.

ولقد تميزت مناورة فيلار بالخداع والسرية والسرعة، الأمر الذي مكنه من تحقيق نصر حاسم قليل التكاليف على الحلفاء في دونان وساعد في تمكين الملك الفرنسي لويس الرابع عشر من تحقيق سلام أفضل بكثير بالنسبة إلى مصالح فرنسا.

العمليات البحرية والعسكرية في إسبانيا:

نصر الحلفاء في قادس (١٧٠٢):

في منتصف ١٧٠٢، صدرت التعليمات إلى الأميرال الإنكليزي السير جورج روك للاستيلاء على قادس بهدف استخدامها كقاعدة للعمليات المقبلة في البحر الأبيض المتوسط، وكانت التقديرات في أواسط قيادة الحلفاء تتوقع حمل الأسبانيين على الاعتراف بالأرشيدوق شارل كملك شرعي لهم، عن طريق قصفهم بالقنابل. وكان من الطبيعي على كل حال تراجع الأسبان عن استقبالهم لمرشح ملك فرنسا الذي لا يتمتع بدعم الجيوش الإنكليزية - الهولندية. وعلى ضوء هذا الموقف فإنه لم يكن بالمستطاع تطوير محاولة قادس ودفعها بقوة، وبهذا يمكن القول أن المحاولة كان مقدرا لها بالفشل سلفا.

ولقد وجه روك القوة البحرية الإنكليزية في اتجاه الشمال من جديد عندما علم بان الأسطول الأسباني الذي يحمل ثروة ضخمة قد دخل خليج فيغو، وقررت قيادة الحلفاء على الفور حرمان خصومها من الحصول على الثروة والاستيلاء عليها لأنفسهم. وقاد روك قواته البحرية، واقتحم بها الخليج، وتم إنزال وحدات بحرية بقيادة أرموند للهجوم على القلعة، في حين كان روك يدفع إلى الأمام فصيلة خاصة ونجح بواسطتها في اقتحام العائق بالقوة (وهو العائق

الذي وضعه الفرنسيون لأقفال المدخل إلى الخليج ومنع الوصول إلى داخل الميناء) ثم تابعت قوة الإنزال طريقها وتمكنت من احتلال الميناء سوم ١٢ تشرين الأول ١٧٠٢م. وخلال الاشتباك العنيف الذي تبع ذلك نجح روك في إغراق واسر ٢٤ قطعة حربية فرنسية علاوة على ١٧ غليون (سفينة شراعية ضخمة حربية أو تجارية كان الأسبان يستخدمونها بين القرن الخامس عشر والثامن عشر) كما استولى على ثروة ضخمة تساوي مليوني جنيه إسترليني.

انضمام البرتغال إلى الحلفاء في العام ١٧٠٣:

انضمام البرتغال إلى الحلفاء في العام ١٧٠٣ أصبح بالإمكان استخدام لشبونة كقاعدة بحرية. ولكن إرسال الأميرال الإنكليزي كلوديسلي شوفل قد تم في وقت متأخر جدا بحيث إنه عندما وصل إلى البحر الأبيض المتوسط لم يجد أهدافا يستطيع التعامل معها. وعند عودته دمر كثيرا من قطعة البحرية خلال عبورها القنال بسبب اصطدامها بعاصفة كبيرة هوجاء في يوم تشرين الثاني ١٧٠٣.

وقد بذلت جهود ضخمة في العام ١٧٠٤ للوصول إلى نتيجة حاسمة، فأبحر روك في شهر شباط وقام بالإنزال في أرض الأرشيدوق شارل في لشبونة ومعه وحدات تضم ٢٠٠٠ مقاتل إنكليزي وهولندي بهدف التعاون مع البرتغاليين لغزو إسبانيا ثم قاد روك أسطوله عبر مضيق جبل طارق على أمل أن توفر له الفرصة المناسبة للقيام بالهجوم على طولون وذلك بالتعاون مع دوق سافوا الذي كان قد انضم إلى الحلف حديثا وكانت هذه المناورة تتوافق مع تقدم مارلبورو ومسيرته عبر ألمانيا. وبذلك يمكن اعتبارها ضربة معاكسة للهجوم الفرنسي

الموجه ضد فينا. ولكن، وكما كان يحدث غالبا فيما بعد، فقد فشل التعاون مع سافوا، وأجريت محاولة لتحقيق انتصار عن طريق برشلونة لدعم قضية الأرشيدوف، ولكن الحاكم رفض قبول قوات الحلفاء، وفي الوقت ذاته نجح كونت تولوز في إحضار أسطول الهجوم الفرنسي إلى البحر الأبيض المتوسط.

وعلى الرغم من تحرك الأسطول الفرنسي تحت مراقبة الأسطول الإنكليزي بقيادة روك. فإن تحرك القطع البحرية الإنكليزية كان بطيئا جدا، بحيث أنها لم تتمكن من اللحاق بالفرنسيين الذين دخلوا ميناء طولون دون أن تعترضهم أية مقاومة، وبذلك أمكن لهم توحيد قواتهم البحرية الرئيسية العاملة في المحيط الأطلسي وفي البحر الأبيض المتوسط . وأمام هذا الموقف اضطر روك إلى عبور مضيق جبل طارق ومقابلة شوفل والنمساويين بين رأس سان فاسان وقادس، حيث عاد بعدها من جديد إلى البحر الأبيض المتوسط لمراقبة الأسطول الفرنسي فيه.

استيلاء الحلفاء على جبل طارق (١٧٠٤):

اتخذ قادة الحلفاء قرارهم التاريخي باحتلال جبل طارق ودفع نطاق نشاطهم وفاعليتهم إلى أفق ثلاثمائة ميل فيما وراء لشبونة. وبعد مرحلة طويلة من التحضير للعملية والاستعداد لتنفيذها قاد الأميرال الإنكليزي جورج بينغ الحملة إلى هدفها، وبدأ بقصف القلعة واستخدم في ذلك بعض القطع البحرية الخاصة، وذلك في يوم ٢٣ تموز ١٧٠٤، في حين بدأ الأمير النمساوي جورج بإنزال ١٨٠٠ مقاتل من البحرية الإنكليزية ونجح في تمزيق الدفاع المحيط

بقشتالة. وكانت القوات المدافعة عن جبل طارق ضعيفة في قوتها، ووسائطها فتم إنزال قوة بحرية للقيام بهجوم فوري، وأمكن تطويق الموقع في اليوم التالي.

وترك روك الأمير جورج ومعه تسعمائة بحار في جبل طارق. وذهب للبحث عن طريقة يصل بها إلى تولوز، وفي يوم ٩ آب وقفت الأساطيل الفرنسية والإنكليزية متقابلة في البحر، وفي هذا الموقف بدأت القوات البحرية الفرنسية بالتراجع، ثم حاولت بعد ذلك مضاعفة سرعتها من جديد والتحرك بصورة قريبة ومتوازية للشاطئ. وتابع روك هذه المناورة، وتقدم بمرونة حتى أصبح قريبا من الفرنسيين وأرغمهم على الدخول في معركة بحرية خارج مالاقا في يوم ١٣ آب. وانتهت المعركة بإلحاق هزيمة حاسمة بالقوات البحرية الفرنسية.

وعاد الحلفاء بعد ذلك إلى لشبونة لإعادة إصلاح القطع البحرية وإعادة التنظيم والاستعداد. وهناك تقرر ترك الأمير جورج مع قوة البحارة بكاملها وبعض القطع البحرية والمدافع والمواد التموينية وذلك بمهمة الدفاع عن جبل طارق. وبدا الأمير جورج على الفور بالهجوم البري- البحري بقوات متفوقة تفوقا ساحقا ولكنه لم يتمكن من متابعة عملياته بسبب استبداله بالأميرال الإنكليزي ليك الذي وصل من لشبونة، وقد تم تعيينه لممارسة القيادة عوضا عن روك الذي رجع إلى إنكلترا وخلال هذه المرحلة أرسل الفرنسيون المارشال تيسيه مع وسائط ضخمة للحصار، وحددت للمارشال تيسيه مهمة قيادة الهجوم البري، وتعرض الأمير جورج لضغوط قوية، ولكن ليك استطاع دعمه بقوة وجهز بالإمدادات والتموين من جديد في كانون الأول ١٧٠٤. وبتاريخ ١٠ آذار ١٧٠٥م. دمرت قوات ليك من قبل قوات يوانتيس الفرنسي في ماربيلا وعندها عمل تيسيه على رفع الحصار.

قيام الحلفاء بغزو إسبانيا (١٧٠٦):

حضر شوفيل ولورد بيتربورغ من إنكلترا إلى جهاز القيادة، وبدأ الحلفاء هجومهم وفق مخطط جديد، فتحركت القوة البحرية إلى لشبونة حيث انضمت إلى الحملة قوة الجنرال ليك، وتابعت الحملة طريقها إلى جبل طارق حيث انضمت إليها أيضا قوة الأمير جورج تابعت الحملة البحرية تحركها وهدفها الوصول إلى برشلونه. وعند الوصول إليها عملت على تطويقها وإحكام الحصار حولها حتى استسلمت في ٣ تشرين الأول ١٧٠٥. وقامت قوات الحلفاء باحتلالها، وأثناء الهجوم قتل الأمير جورج، وهنا أسرع فيليب (المرشح البوربوني) إلى كاتالونيا ومعه المارشال تيسيه لمعاودة الاستيلاء على برشلونه، وأبحرت قوة بحرية من طولون لدعم الهجوم البري الفرنسي.

ولكن ليك استطاع إحباط الجهود الفرنسية كلها وإرغام الفرنسيين على رفع الحصار بتاريخ ٣٠ نيسان ١٧٠٦، كما عمل ليك بعد أن تولى من جديد قيادة الأسطول على استخدام الوقت بشكل جيد، فاستولى على قرطاجنه بتاريخ الأول من حزيران ١٧٠٦، وليقنت في ٢٤ آب ١٧٠٦، ثم اتجه بحرا بعد ذلك لاحتلال جزر الباليار، فاستولى على جزيرة ما يورقة، وجزيرة يابسة في شهر أيلول ١٧٠٦. وفي الوقت ذاته كانت قوات الحلفاء تتقدم من البرتغال، واستطاعت هذه القوات الاستيلاء على مدريد في ٢٦ حزيران ١٧٠٦، وأعلنت تنصيب الأمير شارل ملكا على عرش إسبانيا، واستطاع بيرويك توحيد القشتاليين وتنظيم المقاومة وإرغام الحلفاء على التراجع في اتجاه الجنوب الشرقي لشبه الجزيرة الأسبانية، واستمر تراجعهم حتى توقفوا في فالانسيا عند حدود الشاطئ.

شهدت الفترة بين شهري تموز وآب ١٧٠٦، محاولات جديدة للقيام بعمليات مشتركة ضد طولون. ولكن دوق سافوا تأخر عند التدخل مرة أخرى. وعاد شوفيل مع ١٢ قطعة بحرية فقط بعد أن دمرت بواخره في جزر صقليه بتاريخ ٢٢ تشرين الأول ١٧٠٧. ولم يبقى سوى ليك الذي أخذ يمارس نشاطه في البحر الأبيض المتوسط، واستطاع الاستيلاء على سردينيا في أب ١٧٠٨، لصالح الحلفاء وفي شهر أيلول ١٧٠٨، نجح الجنرال الإنكليزي ستانهوب في احتلال جزيرة مينورقه (من جزر الباليار).

وصلت الحرب على مسرح العمليات الأسباني إلى درجة كبيرة من الضعف في العام ١٧٠١، ولكن ستانهوب استطاع إقناع وحدات النمساويين بالانضمام أليه للقيام بغزوة جديدة، واستطاعت هذه الوحدات في تحقيق بعض النجاح والوصول إلى مدريد وإحضار الأرشيدوق شارل. وتكررت الظروف السابقة ذاتها ووجد الحلفاء أنفسهم مرغمين من جديد على التراجع إلى الشرق والأنسحاب إلى الشاطئ تحت ضغط قوات دوق فاندوم. وفي ٩ كانون الأول ١٧٠١. امكن الحاق الهزيمة بقوات ستانهوب وأخذ ستانهوب ذاته أسيرا في بريهيغو. لم يعد أمام الحلفاء سوى الانسحاب بشكل منظم إلى برشلونه التي أمكن المحافظة عليها والتمسك بها حتى تم توقيع معاهدة أو تريخت. وفي البحر، نجح الأميرال الانكليزي ويجر في الأستيلاء على اسطول أسباني بنقل ثروة ضخمة وذلك عند خروج هذه الأسطول من قرطاجة في أيار ١٧٠٨، قاد الأمير البحري الإنكليزي مارتالن قوة بحرية مدعمه بقوة أمريكية من المستعمرات واستطاع الاستيلاء على نوفا – سكوتيا وكانت هذه العملية هي نهاية الصراع البحري في حرب الوراثة الأسبانية.

انتهاء الحرب:

انتهت حرب الوارثة الأسبانية بعقد معاهدتي اوتريخت وراستات وتقع مدينـة أوتريخـت في البلاد المنخفضة (هولندا) وفيها عقدت الاتفاقية، وبدأ المؤتمرون اجتماعاتهم في ٢٩ الثاني ١٧١٢، ووقع الملك فيليب (ملك أسبانيا) تنازله عن حقه في وراثة عـرش فرنسـا. وبعـد ذلك وقعت إنكلـترا وفرنسا اتفاقية هدنة عاجلة للسلم، وجاء توقيع المعاهدة النهائية بتاريخ ١١ نيسان ١٧١٣. بين فرنسا وإنكلترا اعترف بموجبها الملك لويس الرابع عشر للبروتستانت بحق وراثة عرش إنكلـترا وإيقاف دعمه لعائلة ستيورات، وسلمت فرنسا لإنكلترا نيوفونـد لانـد (وهـي جزيـرة في أمريكا مسـاحتها ٦٦٧ و ١١٠كم٢ عاصمتها سان جان وكانت لفرنسا قبل العام ١٧١٣)، كما تنازلت لها عـن توفاسـكوتيا أو أكاديـا (وهـي إقليم في كندا يقع على الأطلسي) وكذلك جزيرة سان كيت أو جزيرة سان كريستوف، وخليج هيدسـون. كما تعهد الملك لويس الرابع عشر بتدمير التحصينات في دنكرك.

أما الاتفاقية بين فرنسا والأقاليم المتحالفـة فقـد تركـزت بصـورة أساسـية عـلى ضـمان حـدود التحصينات وكانت هذه التنظيمات الدفاعية على درجة كبيرة من التعقيد، وتمتد على مساحة واسعة، وكانت النمسا وبافاريا تركزان اهتماما كبيرا على البلاد المنخفضة، ولهـذا فـأنهما لم توافقـا عـلى شروط اتفاقية السلم. وقد منحت فرنسا الإمبراطورية الألمانية امتيازات مشابهة لتلك التي أعطتها لإنكلـترا بالنسبة إلى الاتفاقيات التجارية التي تم توقيعها في اليوم ذاته. وفي هذا الوقت أيضا تم توقيع اتفاقيات أخرى بين فرنسا وبروسيا والبرتغال. وبموجب هذه الاتفاقات استعاد دوق سافوا لحلا من سافوا وينس، وتعهدت فرنسا بالحصول له

على جزيرة صقليه، وحصلت بروسيا أيضا على بعض المكاسب الصغرى على الحدود بما في ذلك قسم من جيلد رلاند ونيوشاتل، ومقابل ذلك حصلت فرنسا وبشكل نهائي على مقاطعة أورانج. أما المعاهدة بين فرنسا والبرتغال فقد تركزت بصورة أساسية على التسوية البرتغالية للبرازيل. واعترفت فرنسيا لها بذلك وهناك اتفاقات أخرى تم توقيعها في اوتريخت بين إسبانيا والحلفاء وقعها فيليب الذي أصبح منذ ذلك الوقت الملك الشرعي والمعترف به لأسبانيا.

وفي ١٣ تموز ١٧١٣، وقعت إنكلترا اتفاقية مع إسبانيا نظمت بموجبها بعض العلاقات التجارية التي كانت قائمة بين الإقليمين في السابق، وسلمت إسبانيا لإنكلترا جزيرة مينورقه الأسبانية وجبل طارق، ووعدت بإعطاء صقلية إلى سافوا كما منحت لإنكلترا امتيازا لمدة ثلاثين عاما باحتكار تجارة الرقيق بين إسبانيا وأمريكا، وبذلك انتزعت إنكلترا من فرنسا ما كانت تحققه من مكاسب، وتلك هي أهم بنود الاتفاقية.

أما اتفاقية السلم بين إسبانيا والأقاليم المتحالفة فإنها لم توقع قبل ٢٦ حزيران ١٧١٤. ولكن الفصل النهائي من الاتفاقية بين إسبانيا والبرتغال تأخر حتى شهر شباط عام ١٧١٥. وكانت الأقاليم المتحالفة مهتمه بصورة رئيسية بالأمور التجارية فأعطت إسبانيا لهذه الأقاليم أفضل الشروط لتنظيم العلاقات التجارية.

وقد اشترطت معاهدة أو تريخت التعويض للإمبراطور شارل الرابع (إمبراطور جرمانيا) بمجرد موافقة لإمبراطور شارل على تقديم طلب بذلك إلى إسبانيا. وكان من المفروض أن يتسلم شارل الرابع نابولي وميلانو والأراضي

المنخفضة النمساوية ولكن التسوية السلمية الشاملة لم تتحقـق بسـبب اسـتمرار الصـراع بـين فرنسـا
والإمبراطور شارل.

وعلى كل حال فلم تمض سوى فترة قصيرة حتى أدرك شـارل الرابـع بأنـه لا يسـتطيع متابعـة
الحرب طويلا مع فرنسا دون وجود حلفاء إلى جانبه. ولذلك قابل ممثله (الأمير أوجين) الماريشال فيلار
الفرنسي في راستات، خلال شهر تشرين الثاني ١٧١٣. ووقع شـارل الرابـع الاتفاقيـة دون انتظـار حضـور
ممثلي الإمارات والمقاطعات المختلفة للإمبراطورية. وكان حضورهم ضروريا لضمان السـلم، وعـلى هـذا
تقابل ممثلو بعض الأمراء في الإمبراطورية مـع أقرنهم مـن الفرنسـيين في بـادن بتـاريخ ٧ أيلـول ١٧١٤.
ووقعت اتفاقية بادن التي وضعت حدا نهائيا للحرب وكانت هذه الاتفاقية أخر معاهدات السلم العام
المتفق عليه في معاهدة اوتريخت وقد تركزت المعاهدة الأخيرة بكاملها على قضية تنظيم الحـدود بـين
فرنسا والإمبراطورية للعودة بهذه الحدود إلى مثل ما كانت عليـه قبـل انـدلاع حـرب الوراثـة باسـتثناء
واحد هو اكتساب فرنسا لإقليم لاندو.

الحروب الإيطالية (١٤٩٤ – ١٥٥٩):

صراع بين فرنسا وأسبانيا اتخذ من إيطاليا ساحة حرب بسبب المنافسة بين الولايات الإيطاليـة التي ظهرت في عصر النهضة لدعوة كل من فرنسا وأسبانيا، للتدخل في فض المنازعات القائمة بينها.

الدور الأول (١٤٩٤ – ١٥١٦):

في أواخر القرن الخامس عشر، كانت إنكلترا وفرنسا وأسبانيا، أقوى الـدول في أوروبـا، حيـث تمتاز بوحدتها تحت حكم ملوك أقوياء يتوارثون العرش أما ألمانيا وإيطاليا فقد كانت نهبا للانقسام مـما أدى إلى ضعفها وانحلالهما.

على أن إيطاليا – مع ضعفها وانقسامها – تمكنت في عصر النهضة مـن أن تصبح مـن أغنى الشعوب الأوروبية وأقواها نهضة، إلا أنها لم يكن لديها قوة عسكرية تـدافع عـن كيانهـا، بالإضافة إلى الانقسام السائد بين ولاياتها المختلفة والتنازع فيما بينها.

وكانت فرنسا أقوى وأقرب جيرانها. فكان من الطبيعي أن تكون إيطاليا هـي المجـال الحيـوي الطبيعي للتوسع الفرنسي. بعد أن أصبحت فرنسا هي الدولـة الموحـدة الكبرى في النصـف الثـاني مـن القرن الثالث عشر. بينما كانت المدن والدويلات الإيطالية تدأب على التنافس ومحاربة إحداها الأخرى ولم يكن لأي منها جيش ثابت يدافع عنها بـل كانـت تلجـا عنـد الحـرب إلى الاسـتعانة بقـوات المرتزقـة للدفاع عنها أو مهاجمة غيرها.

الحملة الأولى (١٤٩٤ - ١٤٩٥):

قام بهذه الحرب شارل الثامن ملك فرنسا. حيث عبر جبال الألب في ٨ أيلول ١٤٩٤ واقتحم الجيش الفرنسي الأراضي الإيطالية. ولم يواجه شارل الثامن أية صعوبات في دخول إيطاليا. بل أحتل فلورنسا في ١٧ تشرين الأول ١٤٩٤ وفي آخر يوم من ذلك العام دخل شارل الثامن مدينة روما وبعد الاتفاق مع الاسكندر السادس، توجه إلى مدينة نابولي في الجنوب في شباط ١٤٩٥. ولذلك أبتعد عن الحدود الفرنسية حوالي ٦٠٠ ميل لكن هذه السرعة في التوسع واحتلال إيطاليا، كانت أيضا عامل ضعف في الاحتلال الفرنسي لشبه الجزيرة الإيطالية أيضا.

وسرعان ما ظهرت عصبة البندقية التي تتألف من البابا الإسكندر السادس والإمبراطور مسكمليان، والملك فردناند ملك إسبانيا، وجمهورية البندقية ودوقية ميلان. فقد وقفت هذه العصبة في وجه التقدم الفرنسي في الوقت الذي بدأت تجهيزات الجيوش الفرنسية بالتدهور بسبب بعدها عن خطوط تموينها ولذلك انسحب الجيش الفرنسي إلى داخل الأراضي الفرنسية. وفي الوقت نفسه، وأثناء تراجع الجيش الفرنسي اشتبك في معركة عرفت بمعركة فورتوفو التي خسرها الفرنسيون.

وكان من أهم نتائج هذه الحملة، أنها كانت واحدة من أهم القنوات الرئيسية لانتقال النهضة من إيطاليا إلى فرنسا. حيث عملت حملة شارل الثامن على الإسراع بنقل مظاهر النهضة بصورة مباشرة إذ اطلع الجنود الفرنسيين على مظاهر النهضة بصورة مباشرة، فتعرفوا على المجتمع المتفتح وعلى الثراء

الذي كانت تعيشه إيطاليا والنتيجة الأخرى لهذه الحملة، أبعاد آل مديتشي من حكم فلورنسا، والـذين ورثوا حكمها قرنا من الـزمن، ووضـع دسـتور جديـد جمهوري لتلـك الإمـارة يشـبه دسـتور جمهوريـة البندقية.

الحملة الثانية (١٤٩٩ – ١٥٠٢):

بدأت الحملة الفرنسية الثانية على إيطاليا بزعامة لويس الثاني عشر الـذي ورثا حـق ادعائـه بعرش ميلان وعرش نابولي، حيث أحتل جيشه المؤلف من ١٧ ألف جندي دوقية ميلان. وأحاط بدوقيـة ميلان، وذلك بالمساعدة التي تلقاها من البندقية، بسبب ما كان بينها وبين ميلان مـن عـداوة وتنـافس. وبعدها توجه لويس الثاني عشر جنوبا نحو مملكة نابولي والتي تقاسـمها مـع الملـك الأسـباني فرديناند بموجب معاهدة غرناطة لعام ١٥٠٠م ولكن سرعان ما طرد الأسبان الفرنسيين عن مملكة نابولي بسبب خلافاتهم على جباية الضرائب ويرجع نجاح الأسبان في طرد الفرنسيين عن ميلان إلى سببين رئيسين:

١. حداثة جيشهم المدرب والمؤلف من الأسبان والمرتزقة السويسريين وكانت تحـت قيـادة بعـض القـادة الأكفاء والذين اشتركوا في استرداد غرناطة.

٢. قرب الأسبان من قواعد تموينهم العسكرية. ولذلك بقيت نابولي تحت السيطرة الإيطالية حتى عـام ١٧١٣ بموجب معاهدة أوترخت التي أنهت حرب الوراثة الأسبانية.

الحملة الثالثة (١٥٠٨ - ١٥١٥):

بدأت هذه الحملة على إيطاليا بظهور البابا بوليوس الثاني في أفق السياسية الأوروبية، وكان يطمح للحصول على نفوذ سياسي وحاسم في السياسة الإيطالية.

وكان العداء موجها ضد البندقية التي كانت قد توسعت في الماضي على حساب غيرها من الولايات الإيطالية، ولذلك لم يجد البابا صعوبة في تكوين حلف ضدها وهو عصبة كمبرية ١٥٠٨، حيث شُكلت العصبة من كل الأطراف التي تطمع بالبندقية وهي (البابا يوليوس الثاني والإمبراطور مكسميليان ولويس الثاني عشر). ولم تستطع البندقية أن تقاوم تلك الجيوش، فاضطرت إلى النزول عن أجزاء من أراضيها التي كانت قد انتزعتها من قبل الدول المتحالفة ضدها. على أن هذا النصر ـ الذي أحرزته عصبة كمبرية أدى إلى قيام الخلافات بينها على تقسيم ما تم الحصول عليه من مكاسب أرضية من البندقية.

وقد أدرك البابا يوليوس الثاني أنه ارتكب خطأ كبيرا بدعوته القوات الأجنبية لغزو أجزاء من الأراضي الإيطالية، ولا سيما الفرنسيين الذين سيطروا سيطرة تامة على جميع الأراضي الإيطالية شمال نابولي، لذلك أخذ على عاتقه العمل على طرد الفرنسيين، ولما أحس لويس الثاني عشر بخطة البابا ضد فرنسا حاول المناداة بعزل البابا عن طريق دعوة المجلس العام، وقوبلت دعوته لدى الدول الأوروبية الأخرى بالاستنكار، وانتهز البابا يوليوس الثاني ظهور ذلك الشعور ليكون ضده حلفا مقدسا سنة ١٥١١ يضم الإمبراطور مكسميليان، بالإضافة إلى (إسبانيا والبندقية وهكذا تحالف ضد فرنسا عدد من خصومها، حيث طردوا الفرنسيين من الأراضي التي كانت قد استولت عليها في إيطاليا

ولكن ذلك لم يقلل من رغبة فرنسا في التدخل في الشؤون الإيطالية. وكان اعتلاء الملك الفرنسي ـ الشاب الطموح فرانسو الأول (١٥١٥ – ١٥٤٧). قد أعاد ادعاء فرنسا بدوقية ميلان.

معركة مارجنانو ١٥١٥:

قام الملك الفرنسي فرانسوا الأول بتجهيز جيش عبر به جبال الألب ثم اشتبك في معركة مارجنانو بالقرب من ميلان. حيث انتصرت القوات الفرنسية على المرتزقة السويسريين نتيجة لذلك عقد الفرنسيون اتفاقا عرف هذا الاتفاق بالسلام البولوني لعام ١٥١٥. والذي كانت بنوده لصالح فرنسا ومنها:

١. تعهد السويسريون بعدم مساندة أي قوة في الاعتداء على فرنسا مقابل دفع رواتب سنوية لهم من فرنسا. حيث عرف هذا باسم السلام حذف الأبدي حيث لم يعد للمرتزقة السويسريين دور في السياسة الأوروبية.

٢. اعترفت البابوية بحق الملك بتعيين رجال الدين في الكنائس الفرنسية.

٣. اعترفت إسبانيا وملكها الجديد شارل الخامس بموجب معاهدة (نوبون) في عام ١٥١٦ بحكم فرنسا على ميلان وفي محاولة لتعزيز تلك الاتفاقية، تم الاتفاق على زواج ابنة الملك لويس الثاني عشر من الإمبراطور شارل الخامس.

وهكذا نلاحظ أن الاتفاقية أعطت الفرنسيين اليد الطولى في الشؤون الإيطالية، غير أن تلك الهدنة لم تستمر طويلا ولم تخدم مصلحة إيطاليا، لكنها مجرد هدنة في ذلك الصراع الطويل بين إسبانيا وفرنسا في إيطاليا.

الدور الثاني (١٥٢٢ - ١٥٥٩):

الحملة الأولى:

بعد وفاة الإمبراطور مكسميليان تم انتخاب حفيده شارل الأول كإمبراطور حيث ضمت كل أملاك آل هابسبورغ في أوروبا وأسبانيا وممتلكاتها في الشرق والعالم الجديد وأصبح يعرف باسم الإمبراطور شارل الخامس (١٥١٩ - ١٥٥٦) بذلك أصبح إمبراطور للإمبراطورية الرومانية المقدسة. ولم تعارض تنصيبه سوى مملكة قشتالة التي حدثت فيها الثورة المشهورة بـ (ثورة العوام) في ١٥٢١، بسبب أن أسبانيا كانت ثرية تريد ملكا إسبانيا وليس مشاركة في إمبراطور أجنبي (لأنه من أصل ألماني) لا يعرف لغتها ولا تقاليدها فثارت قشتالة ضده. وعندما تحولت هذه الثورة في مواجهة الملك الأسباني إلى أهداف اقتصادية لتلك الطبقة مع الأرستقراطية ضد العامة. وعندما فشلت الثورة تدخل شارل الخامس لمواجهة فرنسا في إيطاليا.

كان مجيء شارل الخامس يمثل مرحلة جديدة من الصراع الفرنسي- الأسباني في إيطاليا فقد انتهز الفرنسيون الثورة في قشتالة ضد الملك شارل الخامس محاصرة مملكة نافار الأسبانية ١٥٢١، إلا أن شارل الخامس استطاع طرد الفرنسيين، وذلك بمساعدة دوق بوريون الفرنسي- الذي انشق ضد الملك الفرنسي فرانسوا الأول، وعينه شارل الخامس قائدا لجيوشه الأسبانية.

وقد عاد فرانسوا الأول لاحتلال ميلان لكن نصره لم يستمر طويلا حيث ألحقت به هزيمة كبيرة في معركة بافيا الشهيرة سنة ١٥٢٥ الذي وقع فيها أسيرا، وأُرسل إلى مدريد، وهناك وقع معاهدة مدريد ١٥٢٦ نصت على:

١. تنازل فرانسوا الأول عن كل ادعاءاته في إيطاليا.

٢. تنازله عن مقاطعة برغندي لفرنسا نفسها والتي أعطيت إلى دوق بوربون المنشق.

٣. تنازله عن جميع ممتلكاته في إقليم الفلاندرز في الأراضي المنخفضة.

٤. أرسل فرانسوا الأول ابنيه رهينة عند شارل الخامس في مدريد حتى يتم تنفيذ المعاهدة. عند ذلك أطلق سراحه ورجع إلى فرنسا.

إن هذه المعاهدة تمثل نصرا لأسبانيا وشارل الخامس ولكن سرعان مـا غـادر فرانسـوا الأول مدريدو وأعلن أنه وقع المعاهدة تحت الضغط وأن قسمه في الالتـزام بهـا هـو قسـم باطـل، لأن ذلـك القسم كان بالإكراه. ولذلك سرعان ما بدأ بالتحالفات ضد أسبانيا عرفت (بعصبة كوجنـاك)، والمتألفـة من عائلة آل سبورزا، و البابا كلمنت السابع وفلورنسا، والبندقية بالإضافة إلى فرنسا. ولكن خلال ثـلاث سنوات لم يحرز أي من الطرفين نصرا واضحا في الحرب، سوى السيطرة الأسبانية على مدينة روما في عام ١٥٢٧، ونهبت روما وحتى الفاتيكان الذي هو مقر البابوية لتأخر دفع مرتبات تلـك الجيـوش الأسبانية طيلة الثلاث الشهور الأولى. وفي ١٥٢٨ أعلنت جنوا وقوفها بجانب شارل الخامس حيـث وفرت مدينـة جنوا إلى شارل الخامس أسطولا جيدا وميناء هاما في الطريق بين إسبانيا وميلان، وذلك للسـيطرة عـلى الطريق البحري إلى مقاطعة بروفانس الفرنسية.

صلح كامبريه ١٥٢٩:

على الرغم مما أحرزه الإمبراطور شارل الخامس من انتصارات متلاحقة على فرنسا، إلا أن تطور الأحداث في بلاده وقيام حركة الإصلاح الديني وما كانت تتطلبه من تفرغ ومجابهة أضعف قدرته على الاستمرار. وفي الوقت نفسه كان فرانسوا الأول ملك فرنسا يتصل بالبروتستانت الألمان لمساعدتهم وإثارتهم ضد شارل الخامس، رغم أن فرانسوا كان كاثوليكيا متعصبا.

ومن جهة أخرى كانت فرنسا على وشك الانهيار بعد الهزائم التي منيت بها لولا الأسباب والظروف لعقد الصلح بين الدولتين في كابريه في ٣ أب ١٥٢٩، وبمقتضى هذا الصلح الذي دام سبع سنوات استعاد ملك فرنسا بعض ما فقده بموجب معاهدة مدريد. وقد جاء في صلح كامبريه:

١. تنازل فرانسوا الأول عن كل ادعاءاته في إيطاليا وكذلك في مقاطعة آرانوا في فرنسا، والأراضي المنخفضة وهذا ما كان متفاوضا عليه في معاهدة مدريد عام ١٥٢٥م.

٢. تم إطلاق سراح أبني فرانسوا الأول مقابل دفع فدية مقدارها مليوني كراون ذهبي.

٣. تم الاتفاق على عقد من الزواج السياسي لترسيخ ذلك الصلح حيث تزوجت أخت شارل الخامس من الملك الفرنسي فرانسوا الأول. وبعد ذلك بعام (١٥٣٠) ذهب شارل الخامس إلى روما لتتويجه إمبراطورا من قبل كلمنت السابع.

الحملة الثانية (١٥٣٦ - ١٥٤٤):

كان ملك فرنسا فرانسوا الأول يتحين الفرص في عدم التقيد بصلح كامبريه. ولذلك رأى أن يعزز مركزه بالتحالف مع البروتستانت في ألمانيا، ومع السلطان العثماني، ورغم أن الحكومة الفرنسية كانت تضطهد البروتستانت في فرنسا ذاتها، إلا أنها وجدت من مصلحتها أن تتصل بالبروتستات في ألمانيا وتساعدهم ضد الإمبراطور شارل الخامس. وفي الوقت نفسه، قام فرانسوا الأول بالاتصال بالبابا الذي كان في واقع الأمر يميل إلى الملك فرنسا ويرغب في إعادة ميلان وجنوة للتاج الفرنسي. إلا أن وفاة البابا كلمنت السابع عام ١٥٣٤ وانتخاب البابا الجديد بول الثالث، حرم فرانسوا الأول من الوعد الذي قطعه البابا كلمنت على نفسه وتحسن بذلك موقف الإمبراطور شارل الخامس.

ومهما يكن من أمر، فقد صمم فرانسوا الأول على استئناف القتال وبدأ بغزو سافول واحتل تورين وسرعان ما سيطر على سافوي وبدمونت وعندئذ تحرك الإمبراطور لمواجهة فرانسوا الأول. إلا أن هذه الحرب لم تأخذ طابع الشدة والحسم. مما أدى بالطرفين إلى عقد هدنة نيس في تموز ١٥٣٨ ومدتها عشر سنوات. احتفظ كلاهما بموجبها بالأراضي التي استولى عليها الطرفان، وبذلك ظلت فرنسا تحتل سافوي وثلثي أراضي بدمونت.

وانشغل الإمبراطور شارل الخامس بعدد من المشكلات الداخلية والخارجية، فكان عليه مجابهة الحركة البروتستانتية، ومحاربة القائد البحري المسلم خير الدين بربروس الذي كان يحكم الجزائر وتونس باسم السلطان العثماني الذي استعان به الوضع شمال إفريقيا تحت الحكم العثماني. وكان بربروس يواصل حملاته البحرية ضد السفن الأوروبية في البحر المتوسط، وأخذ

يهاجم السواحل الأوروبية في أسبانيا وإيطاليا. ولذلك لم يجد شارل الخامس بُدّا من القيام بحملة بحرية لمهاجمة خير الدين، إلا أنه انهزم في معركة بحرية في عام ١٥٤١م. وعاد عدد قليل من قواته إلى إسبانيا.

انتهز ملك فرنسا الفرصة ليستغل الموقف الخطير الذي وقع فيه شارل الخامس بعد هزيمته، وأعلن الحرب في عام ١٥٤٢، وكانت الأخيرة بين فرانسوا الأول وشارل الخامس.

فقد قام شارل الخامس باختراق الأراضي الفرنسية في طريقه إلى باريس، إلا أنه عرض الصلح على الملك فرانسوا الأول، وذلك لعدم ثقته في نيان هنري ملك إنكلترا، بالإضافة إلى انشغاله بما يجري في ألمانيا مما يتطلب وجوده هناك. ولما كان فرانسوا الأول لم يحقق نجاحا في ميادين القتال فقد قبل الطرفان أن يعقدا معاهدة كرسبي ١٥٤٤م.

وبموجب معاهدة كرسبي تقرر أن تتنازل فرنسا عن أي حق في نابولي وجلائها عن بيد مونت والسافوي. وأن يتنازل الإمبراطور شارل الخامس عن كل ادعاءاته في مقاطعة برغندي. وأخيرا اتفق الطرفان على عقد زواج سياسي بين الابن الأصغر لملك فرنسا وهو الدوق أورليان وابنة الإمبراطور.

الحملة الثالثة (١٥٥٢ – ١٥٥٩):

في شهر آذار ١٥٤٧ توفي الملك فرانسوا الأول دون أن يحقق لفرنسا شيئا من أهدافها في شبه الجزيرة الإيطالية، وتولى العرش ولي العهد هنري الثاني (١٥٤٧ - ١٥٥٩). واجه هنري الثاني عند توليه العرش مشكلتين

أساسيتين: أولهما الصراع القائم بين فرنسا والإمبراطور شارل الخامس، وثانيهما الأطماع الإنكليزية في شمال فرنسا.

كان الإمبراطور شارل الخامس في مركز القوة عندما بدأ صراعه مع هنري الثاني، فقد تخلص من أهم مشكلة داخلية أثناء حكمه، بانتصاره على حكام الولايات الألمانية من الأمراء البروتستانت في نيسان ١٥٤٧ وإحكام قبضته على ألمانيا. ورأي هنري الثاني ألاّ يدع الأمور تسير لمصلحة شارل الخامس. فعمل على إثارة الأمراء البروتستانت ليعاودوا السعي في مقاومة الإمبراطور واتصل بهم وقدم لهم المساعدات المالية رغم أنه كان متعصبا للكاثوليكية وعقد معهم معاهدة يقدم لهم بموجبها نفقات الحرب في مقابل موافقتهم على أن تستولي فرنسا على مدينة تول وفردان وبذلك يمتد نفوذها إلى الألزاس واللورين.

وفي شباط ١٥٥٢ قام هنري الثاني بالهجوم على الحدود الألمانية، فعبرت قواته نهر الميز واستولت على فردان وتول ومتز، واشتركت جيوش الأمراء الألمان المتحالفين معه في الحرب ضد الإمبراطور، واضطر شارل الخامس إلى شن حملة مضادة لانتزاع متز - وهي أقوى حصن من حصون الحدود في اللورين - فحاصرها بقوات أتى بها من ألمانيا وإسبانيا، إلا أن هذه القوات باءت بالفشل، فأسقطت بيده، ولم يستطع احتمال الكارثة، وتعب من طول الحروب التي خاضها، لذلك قرر أن يتنازل عن عرش الإمبراطورية الرومانية لأخيه فرديناند، التي تشمل النمسا وألمانيا أما عرش إسبانيا الذي كانت تتبعه الأراضي المنخفضة والممتلكات الأسبانية في العالم الجديد، لابنه فيليب. وقد تم التنازل الرسمي في تشرين الأول ١٥٥٥، وقضى بقية حياته في إسبانيا حتى توفي عام ١٥٥٨م.

أصبح فيليب الثاني ملك إسبانيا والأراضي المنخفضة مسؤولا عن الممتلكات الأسبانية في إيطاليا (نابولي وميلان) بعد أن انتصر الأسبان في كل المعارك التي خاضوها في إيطاليا ضد القوات الفرنسية، إضافة إلى ذلك تهديدهم لروما مقر البابوية.

وكان البابا بول الرابع، الذي انتخب عام ١٥٥٥، عدوا متحمسا ضد الأسبان وخصوصا عندما عقد الإمبراطور شارل الخامس الصلح مع البروتستانت أعداء الكنسية الكاثوليكية. ولذلك كان البابا يكن الحقد والبغضاء لأسرة آل هابسبورغ - ويسخط على الإمبراطور فرديناند الذي وافق في معاهدة اغسبورغ على منح الحرية الدينية لاتباع مارتن لوثر.

وفكر البابا في الاستعانة بالملك هنري الثاني ملك فرنسا الذي استجاب لنداء البابا وأرسل القوات الفرنسية، وعادت الحرب من جديد في أيلول ١٥٥٦ على ارضي إيطاليا. وعجز القائد الفرنسي- "فرانسوا دي غيز" عن اقتحام حصون نابولي. بعد أن تحرك الأسبان من روما إلى نابولي. واضطر البابا بول الرابع أن يقبل صلحا عرضه الأسبان، كان أهم بنوده أن توضع إيطاليا تحت الحماية الأسبانية وإلغاء الحلف المعقود بين البابا والملك هنري الثاني، وأن يستقبل البابا بول الرابع ملك إسبانيا فيليب الثاني كأحد الرعايا المخلصين للكنيسة.

ورغم تلك الهزيمة العسكرية التي مني بها ملك فرنستا فقد عاد إلى ميدان الحرب مرة أخرى ضد الأسبان في بداية عام ١٥٥٧، وفي هذه المرة انضمت إنكلترا إلى جانب أسبانيا. وحاصرت قوات إسبانية وإنكليزية مدينة سان وسقطت المدينة في صيف عام ١٥٥٧م. وبدا كأن الطريق أصبح مفتوحا للقوات الأسبانية للتقدم نحو باريس غير أن الفرنسيين عادوا للقتال، وانتزعوا ثغر "كالبه" من الإنكليز

في كانون الثاني في ١٥٥٨م وكان ذلك تعويضا لهم عـن هـزيمتهم وبـذلك فقـدت إنكلـترا آخـر أملاكها في فرنسا.

معاهدة كاتوكمبرسيس ١٥٥٩م:

شعر الجانبـان المتحاربـان - فرنسا وإسبانيا - أن الحـروب الإيطاليـة قـد أنهكـت قـواهما، وحطمت اقتصادهما، وأفنت عددا كبيرا من القوات للطرفين على مدى ما يقرب من خمسين عامـا دون أن يحصل أحدهما على نصر حاسم، ورغم نجاح الأسبان في كسب عدة مواقع في مراحل الحرب الأخيرة. وقد تهيأت الفرصة في تشرين الأول ١٥٥٨م للقيام ببعض الاتصالات وإجراء المفاوضات للوصول إلى حل ينهي تلك الحروب الإيطالية التي طال أمدهما، وأخيرا تم عقد معاهـدة كاتوكمبرسيس - بـالقرب مـن الحدود الفرنسية البلجيكية - تقرر بموجبها مايلي:

أولا: تنازلت فرنسا لأسبانيا عن الحقوق التي تدعيها في ميلان ونابولي، وبذلك يتم تدعيم الحكم الأسبـاني فيهما، كذلك وافقت على التنازل عن دوقية سافوري التي كانت تجمع سافوي وبيد مونت.

ثانيا : احتفظت فرنسا لنفسها بالثلاث اسقفيات التي استولى عليها هنري الثاني وهي متـز وتول وفردان على أن تظل من الناحية الاسمية تابعة للإمبراطورية الرومانية المقدسة، وقد كان لهذا الكسب الفرنسيـ أثره في المستقبل، عندما أقدمت فرنسا على احتلال إقليم اللورين بعد قرنين من ابرام تلك المعاهدة.

تعتبر معاهدة كاتو كمبرسيس فاتحة عهد جديد في العلاقات الدوليـة في أوروبـا، فقـد كانـت خاتمة حروب طاحنة استمرت نيرانها مدى أربعين عاما بين فرنسا وأسبانيا.

نتائج الحروب الإيطالية:

١. لا تختلـف الحـروب الإيطاليـة في طبيعتهـا عـن الحـروب الأوروبيـة في العصـور الوسـطى، حيـث استمرت عدة عقود، لم يستطع أحد الطرفين من التغلب علـى الأخر بشكل حاسم.

٢. أصبحت إيطاليا جزءا من الإمبراطورية الرومانية المقدسة من الناحية العملية حيث كانت إسبانيا تسيطر على نابولي و ميلان و جنوا و فلورنسا مما دفع العديد من المؤرخين إلى الاعتقاد أن واحـدا من عوامل التدهور للنهضة الإيطالية بقاء إيطاليا مجزئة تحت تأثير الأسبان.

٣. خسرت فرنسا موارد مالية وبشرية كثيرة ولم يكن لها هدف واضح في هذه الحـروب. فقـد فشـلت فرنسا في السيطرة على المدن والمقاطعات التي كانت تدعي حق الوراثـة فيهـا وفي إيطاليـا. ولكـن نلاحظ أن هذه الحروب نجحت في نقل مظاهر النهضة من إيطاليا إلى فرنسا حقيقة، كانت هنـاك اتصالات ثقافية وحضارية قبل الحروب الإيطالية بين فرنسا والشمال الإيطالي، ولكن ما أسهمت به الحروب الإيطالية من نقل مظاهر النهضة يفوق إلى حد كبير نتائج تلك الاتصالات.

٤. أما إيطاليا فقد قامت بالكثير لكونها الساحة لذلك الصراع، وهي لا تملك مصلحة فيه.

الحروب الصليبية (١٠٩٦ - ١٢٩١):

من الصعوبة بمكان إعطاء تعريف واحد يمكن الاتفاق عليه لهذه الظاهرة التاريخية. فتعريفها يتوقف على وجهة نظر صاحب التعريف وفهمه وتفسيره لدوافع هذه الحركة العسكرية. فبعضهم رأى فيها حربا ذات دوافع دينية، بينما عدها آخرون بدعة استغل فيها بابوات العصور الوسطى أوهام بسطاء غرب أوروبا ليوسعوا سلطانهم، وعدها مؤرخو عصر التنوير على أنها اندفاعات عاطفية أنتجها جهل العصر الوسيط. أما المؤرخون العرب المسلمون القدامى والمعاصرون فقد نظروا إليها على أنها صورة من صور التعصب الديني ورد فعل لحروب التحرير العربية الإسلامية ولانتشار الإسلام، واعتبرها ابن الأثير حربا ثأرية لتلك الحروب. أما أصحاب الآراء المحدثة فإن بعضهم اعتبرها حلقة من سلسلة حلقات الصراع بين الغرب والشرق التي تمتد عبر تاريخ طويل أخره الغزو الاستعماري الأوروبي للشرق العربي في نهاية القرن الثامن عشر وبداية القرن العشرين. وذهب غير هؤلاء إلى اعتبارها التعبير الحي عن الحالة الاجتماعية والاقتصادية والسياسية المتردية لغرب أوروبا في العصور الوسطى ومحاولة من سكان ذلك الصقع للخروج من وهدة التردي تلك. هكذا نلاحظ أن تقدير طبيعة تلك الحروب ودوافعها الذي لا يمكن أن يحدد تعريفها.

مما سبق ومن خلال استقراء الوثائق التاريخية والمصادر القديمة يمكن أن نقول إن الحروب الصليبية هي الحروب التي جرت وقائعها في الشرق العربي الإسلامي خلال الفترة من ٤٩٠هـ/ ١٠٦٩م - ٦٩٢هـ/١٢٩١م بين المسلمين وبين جيوش الغزاة الأوروبيين التي جاءت على شكل حملات متعددة بقيادة بعض ملوك أوروبا أو بعض أمرائها الإقطاعيين أو رجال الدين وذلك

بإيعاز وتنظيم من البابوية تحت هدف معلن هو امتلاك بيت المقدس. وبهدف استعمار الشرق العربي استعمارا عسكريا. ولتحقيق أغراض فكرية واجتماعية وسياسية واقتصادية وتاريخية ذات علاقة بواقع الغرب الأوروبي ومعضلاته وظروف الشرق الغربي الإسلامي في القرون الثلاثة الخامس الهجرية الحادي عشر الميلادي، والسادس الهجري الثاني عشر الميلادي والسابع الهجري الثالث عشر الميلادي.

ظروف ودوافع الحروب الصليبية:

لا يمكن تحديد نطاق جغرافي ضيق كمسرح لنشوء ونشوب الحروب الصليبية كما أنه من الصعوبة بمكان تحديد تاريخ دقيق لبدء فكرة هذه الحروب. فظروفها ومكوناتها امتدت عبر رقعة جغرافية واسعة في كل من أوروبا وأسيا وشمال إفريقيا. كذلك من حيث الزمن أو التاريخ فان بداية المكونات الأولى لدوافع هذه الحروب قد تمتد بعيدا في أغوار تاريخ العلاقات بين الشرق والغرب وفي التاريخ الفكري والعقائدي وتطور الظروف الاجتماعية لكل منهما على انفراد.

الظروف والدوافع التاريخية:

لقد كان لمجيء الإسلام وقيام الحرب بتحمل رسالته ونشرها والقيام بمهمة تحرير أرض بلاد الشام ومصر وشمال إفريقيا وفتح الأندلس أثره في توتر العلاقات مع الغرب الأوروبي. سواء أكان ذلك مع الدولة البيزنطية في الشرق أم مع إسبانيا وفرنسا في الغرب. إن الاحتكاك العربي الإسلامي بهذه المناطق برا، رافقه توسع وهيمنة عربية إسلامية في البحر المتوسط وجزره، كل

هذا زاد عقدة الخوف لدى أوروبا من العرب والمسلمين إذا ما دبت في عروق قواهم العسكرية نبضات نشاط جديد من وقت لآخر. ولقد استجابت أوروبا القريبة بردة فعل قوية جدا تجاه الانتصار الكبير الذي حققه السلاجقة بقيادة السلطان ألب أرسلان على البيزنطيين في معركة ملاذكرد ٤٦٣ هـ/ ١٠٧١م حيث تم دحر الجيش البيزنطي وأسر قائده الإمبراطور البيزنطي رومانوس ديوجين، ثم أطلق سراحه مقابل فدية معينة. ومهدت لاستيلاء السلاجقة على معظم أسيا الصغرى. لقد استفز هذا الدولة البيزنطية وأرعبها فاستدارت تبحث عن نصير لها في الكنيسة الكاثوليكية في روما وفي الأباطرة والملوك الجدد في أوروبا الغربية خاصة بعد أن تأسست دولة سلاجقة الروم في أسيا الصغرى وجعلت مدينة قونية عاصمتها وبقيت تقلق الغرب واستمر طلب النجدة من الأباطرة البيزنطيين منذ تلك الواقعة فقد كثر إلحاح ميخائيل السابع (١٠٧١م - ١٠٧٩) على البابا جريجوري السابع (١٠٧٣ - ١٠٨٥م) لإرسال قوة لاسترداد أراضي البيزنطيين من السلاجقة في أسيا الصغرى في مقابل العمل على إزالة الخلاف بين الكنيستين الشرقية والغربية. وقد قام البابا جريجوري بمكاتبة ملوك أوروبا بهذا الخصوص ولكن دونما نتيجة ثم اتجه الإمبراطور اللاحق الكسيوس كومنين (١٠٨٨م - ١١١٨م) مستغيثا مرة ثانية إلى البابا الجديد أورليان الثاني (١٠٨٨م- ١٠٩٩م) لتخليصه من السلاجقة وفي هذه المرة لاقت الدعوة أذنا صاغية لدى البابا أورليان الثاني الذي كان هو ذاته يخطط على نحو شامل لإزالة نفوذ المسلمين من أسبانيا ومن أسيا الصغرى وحتى من بلاد الشام.

لقد كان البابا أورليان الثاني هو الذي أعلن بتشكيل الحملة الصليبية الأولى ودعا إلى الانضمام إليها بعد أن أضفى عليها طابعا دينيا وذلك في خطابه

الشهير في المجمع الكنسي في كليرمونت في جنوب فرنسا في ١٠٩٥م. وقد بدا واضحا في ذلك الخطاب إثر ذلك الصراع التاريخي الطويل كما برز أيضا الانفعال الكبير ضد انتصارات السلاجقة الأخيرة.

الظروف والدوافع السياسية:

كانت أوروبا في القرنيين الخامس الهجري/ الحادي عشر الميلادي، السادس الهجري/ الثاني عشر الميلادي، مقسمة إلى ممالك وإمارات ودوقيات صغيرة يمكن وصفها بأنها إقطاعيات وبالرغم من أن بعض هذه الممالك حديثة العهد بالتكوين فإنها كانت قد بدأت باستحداث نظم حكم أكثر تطورا من مجرد النظم الإقطاعية البدائية، إلا أنها مع ذلك بقيت محتفظة بخصائص تحوي في طياتها المشاكل الإقطاعية المعهودة كالخضوع والعبودية والوراثة.

ولقد كان التنافس قائما بين هذه الممالك والدوقيات ومقترنا بالحروب المستمرة لقد أدى كل ذلك إلى نشوء الجيوش المتعددة والمتعادية. ونتيجة الحاجة إلى هذه الجيوش فإن الكثير من الفلاحين وأصحاب الحرف التي خربت الحروب أعمالهم تحولوا إلى مرتزقة في جيش هذا أو ذاك من الإقطاعيين. وظهرت طبقة الفرسان في هذا الوسط الحربي وبدأت تتخذ لها معايير وتقسيمات مفصلة قائمة على أساس من الواقع الذي سادت فيه القوة والغلبة والغطرسة. ولما كان الكثير من أصحاب هذه الممالك أو الإقطاعيات يفقدون ممتلكاتهم نتيجة الحروب أو يزيحون بعضهم بعضا بسببها فإن كثيرا من هؤلاء الفرسان الإقطاعيين لم يعد بمقدورهم أن يجدوا ما يفرضون عليه سلطانهم فجاءت الحروب الصليبية خير متنفس لهم أنها تعدهم بإمكانية استعمار أرض وبلاد جديدة يمارسون فيها طموحاتهم في الحكم وشن الحروب.

في نفس الوقت كان نفوذ البابوية قد تعاظم، فلن تعد مجرد مؤسسة دينية بل قوة سياسية تحاول أن تفرض وجودها وتحقق طموحات البابوات في السيطرة والحكم على كافة المسيحيين بوصفهم خلفاء المسيح (ﷺ) والقديس بطرس. وبدأت البابوية تسابق قوى الملوك والأباطرة السياسية كي تبسط سلطانها على مجرى الأحداث في أوروبا. فقد نظر ليو التاسع (١٠٤٨ - ١٠٥٤م) إلى البابوية على أنها هيئة عالمية ذات سلطان مطلق. ورأى البابا جريجوري السابع الذي ولي البابوية سنة ١٠٧٣م أن العالم بأسره دولة واحدة مسيحية يسيطر عليها البابا. فلا يحده قانون وهو صاحب الحق بخلع السيئ من الملوك وحرف رعيتهم عن طاعتهم، ونادى بضرورة إنشاء قوة حربية خاصة لسلطان الكنيسة الكاثوليكية.

لذا فقد خاض البابوات صراعا مع الملوك المتحاربين. وقد وجد البابا أورليان الثاني في استغاثة البيزنطيين به ضد السلاجقة وفي بعض التقارير المبالغ بها صعوبة الحج إلى بيت المقدس لوجود الاضطرابات في بلاد الشام فرصة لأن يضع أباطرة وملوك أوروبا في موضع حرج ويخضعهم لمشيآته بتصريحه بأنهم عندما يقاتلون بعضهم يسيؤون إلى المسيحية ولأنه يفترض ان يكرسوا جهودهم للذهاب للشرق وتملك القدس بإشرافه وتنسيقه. فانصاع بعضهم لذلك أملا في الاستحواذ على رضا البابا وبالتالي تعزيز مركزهم السياسي في وسط رعاياهم وتقوية مركزهم أمام خصومهم. بينما امتنع الآخرون فلاحقتهم البابوية وأساءت إلى سمعتهم ومكانتهم في أوساط رعاياهم وكان ذلك كله بمثابة الابتزاز السياسي. وقد خلف كل ذلك وحدة نسبية في الوسط الأوروبي الغربي وقاد إلى مجيء الحملات الصليبية إلى الشرق العربي الإسلامي.

أما بالنسبة إلى واقع الدولة العربية الإسلامية السياسي، فإنه في تلك الأثناء كان قد افتقد عنصر الوحدة. ذلك أنه بعد ذهاب عصر السلاجقة الكبار طغرل بك، والب أرسلان، وملكشاه (١٠٣٧ - ١٠٩٢)م الذي حقق وحدة الدولة إلى حد ما وأكسبها قوة بعد ضعف عصر ـ البويهيين وفساده، حلت فترة من الانقسام والاضطراب والتنافس الداخلي بين الأمراء السلاجقة.

ونشأت دويلات المدن والأتابكيات الواهنة التي مثلت نقيض الوحدة المطلوبة للتعدي الأفرنجي وخاصة في بلاد الشام واسيا الصغرى وإقليم الجزيرة. وبدأت هذه الدويلات المحلية تصارع بعضها بعضا بضراوة نتيجة غياب قيادة مركزية كفؤة. ومثال على ذلك الصراع ما حصل بين أولادنتش، وخوان ودقاق في حلب ودمشق في الفترة التي كان الإفرنج يتقدمون فيها نحو بلاد الشام. بل إن انعدام العلاقة الإيجابية بين الفاطميين في مصر، الذين كانت دولتهم قد أوهنها الضعف أيضا. وبين السلاجقة وأتابكتهم ممثلي الخلافة العباسية كان قد رسخ الصراعات المحلية وشتت جيش الأمة ووزع ولاته فضعفت جميع الأطراف. وعاني الناس من هذه الصراعات فاضطربت الزراعة وفسدت الأعمال وانتشرت المجاعات وما شابهها. وفي هذه الأثناء أيضا الحملة الصليبية الأولى قد بدأت تحتل مواقع في بلاد الشام سنة ٤٩٣ ه / ١٠٩٨م. لقد كانت فترة تشتت وافتقار قيادة أفاد منها الإفرنج.

الظروف والدافع الاجتماعية:

إن الأوضاع الاجتماعية ترتبط بالدوافع السياسية وتتأثر به ومن ثم تؤثر فيه لقد تألف المجتمع الأوروبي في فترة الحروب الصليبية من ثلاث طبقات متمايزة طبقة رجال الدين وطبقة النبلاء الإقطاعيين ثم طبقة الفلاحين وقد كان

هناك تفاوت كبير في الامتيازات والوضع الاجتماعي والاقتصادي لهـذه الطبقــات فرجــال الــدين كانـت سطوتهم قد بدأت بالتنامي بعد أن قويت البابوية وبدأت بالتدخل في السياسة العامة لأوروبـا. كـما أن الكنيسة بدأت بالاغتناء نتيجة الملكيات الكبيرة التي كانت تضمها كأوقات لها. وبدأ رجال الدين وحتى صغار القسس والرهبان منهم يحضون بأهمية اجتماعية وخاصة بين الأوساط الفقيرة التي كـان الجهـل مستشريا بينها والتي كانت ترى في رجال الدين طبقة مقدسة مـن البشرـ لقد سـهل كـل هـذا مهمـة الكنيسة في خلق الدين طبقة مقدسة من البشر لقد سهل كل هـذا مهمـة الكنيسـة في خلـق الحمـلات الصليبية وتنظيمها لغرض تحقيـق أهـدافها في بسـط نفـوذهـا ونفـوذ شركائها مـن النبلاء الإقطاعيين والحصول لها على أرض جديدة في الشرق العربي الإسلامي أما بالنسبة للإقطاع. فقـد خلـق طبقـة ذات وضع خاص له أزماته أيضا فنظام الإقطاع الوراثي، الذي بموجبه لا يرث ملكية الإقطاعي المتوفى الأكبر مـن أبنائه. أما البقية فعليها أن تتـدبر أمورهـا، حـدد عـدد الإقطاعيين المـلاك بيـنما ازداد عـدد أبنـاء الأسر الإقطاعية الذين لا يمتلكون أرضا بالمقابل. ولم يجد من لم يشمله نظام الوراثة ذاك مناصا من أن يـدخل المسلك الكنيسي أو أن يتخذ له حرفة عسكرية. وبالطبع فإن هذا دفع بزيادة الحروب سواء أكان مـن الإقطاعيين الوراثيين الذين يطمعون في توسيع إقطاعياتهم وفي أولئك الذين فـوت علـيهم النظام فرصـة الملكية فخرجوا يبحثون عنها بالقوة والحرب ودونما شك بالنسبة للجميع، وخاصـة الفئـة الأخـيرة، فـإن الحملات والحروب الصليبية جاءت بمثابة صمام الأمان الـذي انطلـق منـه الفرسان مـن أبنـاء الطبقـات الإقطاعية الذين كانت أعدادهم قد ازدادت كثيرا في داخل بلادهم.

أما الطبقة الأخيرة، وهم الفلاحون، فإن النظام الإقطاعي كان قد أنهكها فعاشت في ظروف سيئة في أكواخ غير صحية. مع وضع اجتماعي هو أشبه بالعبودية. حيث افتقدوا الحرية الشخصية في الانتقال من الأرض التي أصبحت بمثابة القيد بالنسبة لهم تتكبل به أجيالهم وراثة كما كان عليهم أداء جملة من الأعمال السخرة المجانية والالتزامات للإقطاعيين. إن الكثير من هؤلاء الفلاحين البسطاء ربما وجدوا في أن غزوهم واحتلالهم لأرض فلسطين التي " تفيض بالعسل والحليب" سوف يحقق لهم الخلاص وبخاصة أن الاساقفة الأوروبيين الذين تحملوا مهمة الترويج للحملات الصليبية أتقنوا تحريف نصوص الكتاب المقدس وتوجيه تفاسيرها بحيث تحدث مفعولها الروحي والنفسي لدى الفلاح الأوروبي، فتوافدوا للمشاركة في الحملات الأولى المتجهة إلى القدس الشريف في بلاد العرب.

الظروف والدوافع الاقتصادية:

لقد كانت أوروبا الغربية في القرن الخامس الهجري / الحادي عشر ـ الميلادي تمر بأزمات اقتصادية صعبة. وقد أسهم الظرف السياسي والاجتماعي إلى حد بعيد في خلق ظروف قاسية بما روجه من حروب ومآس أتلفت الحياة الزراعية إلى حد كبير وسحبت الأيدي العاملة في الزراعة والحرف إلى الحروب المحلية الإقطاعية الكثيرة. ولقد كان هناك مشاكل في الاقتصاد الزراعي في جنوب فرنسا وإيطاليا منذ سنة ٨٥٠ م، التي ازدادت تفاقما حتى بلغت أسوأ مراحلها في حوالي عام ١٠٠٠م، فلا عجب إذ أن نرى الغالبية العظمى من رجال الحملة الصليبية الأولى من الفرنسيين.

لقد تأثرت التجارة في داخل أوروبا أيضا بالفوضى العسكرية فتقطعت الكثير من طرقها في البر مما أدى بالتجار الأوروبيين - وخاصة تجار إيطاليا وجمهورياتها البحرية إلى البحث عن أسواق ومصادر خارجية وخاصة على سواحل البحر المتوسط كافة. لقد كانت جمهوريات فينيسيا وجنوه وبيسا دويلات تجارية تمتلك أساطيل تجارية نامية. ونتيجة لتوسع تجارتها فقد بدأت تصطدم بالعرب المسلمين في جريرة سردينا وأفريقيا. وفي الحقيقة فإن منتصف السواحل التي تحيط بالبحر المتوسط كانت بأيدي العرب المسلمين ولذلك فإن احتلالها، وخاصة بلاد الشام ومصر- يعطي تجارة هذه الجمهوريات منافذ جديدة لتجارتهم وهكذا جرى التنسيق بين البابوية والأمراء الإفرنج والإمبراطور البيزنطي وهؤلاء التجار الإيطاليين لوضع أساطيلهم في خدمة الحملات الصليبية. فعمل الأخيرون على جعل أساطيلهم تقوم بدور غرب أوروبا في مقابل امتيازات تجارية في الأماكن المحتلة من تلك البلاد أن الدور الذي لعبوه في احتلال المدن الساحلية في بلاد الشام كان بالغ الفعالية. ويمكن القول إنه بدونهم لم يكن بالإمكان احتلال مدن الشام ولا حتى بقاء الصليبين فيها لسنة واحدة.

الظروف والدافع الدينية:

لقد حاول المؤرخون التقليديون فهم الحملات والحروب الإفرنجية على أنها ذات دوافع وطبيعة دينية. وليس في ذلك من الحقيقة إلا القليل جدا. إن الديانات السماوية لا تؤمن بالاعتداء ولا تشرعه ولا تقره، بل أن هذه الديانات في حقيقتها ليست إلا ردود فعل ضد الظلم والعنف والاعتداء عبر التاريخ البشري والمسيحية ديانة سماوية تدعو إلى الحب والعطف والتسامح حتى تجاه الأعداء فكيف إذا أدت تلك الحملات والحروب الإفرنجية لنفسها أو أدعي لها

أنها دينية في الوقت الذي بات فيه جميع المؤرخين يقرون بأنها ليست سوى حركة استعمارية عدوانية سببت من الكوارث البشرية الشيء الكثير.

إن البابوية التي كان قد قوي أمرها واشتد في القرنين الرابع الهجري / العاشر الميلادي، الخامس الهجري / الحادي عشر الميلادي. تحولت من مؤسسة دينية بحتة إلى شريك سياسي في صراع القوى للسيطرة على أوروبا، بدأت تحاول تبرير سلوكياتها التوسعية الاستعمارية بإعادة تفسير النصوص الدينية المسيحية والاجتهادات السابقة للقديسين كمبدأ القديس أوغسطين (٣٥٤م - ٤٣٠م) بخصوص عدالة الحرب ومشروعيتها إذا ما كانت من أجل الدفاع عن النفس أو استرجاع حق مغتصب لمصلحتها فروجت لفكرة أن احتلال بيت المقدس مشروع وفقا للمبدأ السابق من حيث أن البابوية تسترد ملكية هذا المكان المقدس هذا رغم أنه ليس هناك من نص مسيحي يشير إلى ملكية القدس لغير أهلها وأصحابها وسكانها الذين هم منها. وهكذا فقد حاول البابا أورليان الثاني مروج الحملة الصليبية الأولى ومهندسها، استخدام شتى النصوص الدينية بحيث تبدو كأنها مبررة ومشروعة للعدوان الإفرنجي. ومثال ذلك أنه وعى الأوروبيين المسيحيين للخروج في الحملة في خطابه الشهير في كليرمونت سنة ١٠٩٥م. ولما لم يكن هنالك من نص في الكتاب المقدس يدعو إلى مثل هذا العمل، فإنه استخدم نصا ذا وظيفة مخلطة بعد أن ربطه بطريقة بارعة بما يهدف هو إليه، كذلك فعل البابا والدوقيات والإقطاعيون بتحويرهم واحد من الطقوس المسيحية السلمية إلى ظاهرة حربية عدوانية، وذلك عندما اعتبروا أن الحملة الإفرنجية الأولى ما هي إلا الحج إلى البيت المقدس ولكن مع حمل السلاح للدفاع عن الذات واسترداد المقدس هذا في الوقت الذي كان فيه الحج ولعدة قرون ظاهرة

تعبدية بمثابة التوبة والخضوع لا القتال والغزو. علما بأن النصوص المسيحية لم تشرع مسألة الحج إلى بيت المقدس إنما هي ممارسة لاحقة، حتى أن بعض المفكرين كالقديس أوغسطين أعتبر الحج لا علاقة له بالدين المسيحي، وقد شارك عدد كبير من الناس في هذه الحملة بهذا الوازع وخاصة من أبناء الطبقات الفلاحية الذين كان الجهل مستشريا بينهم فغلف الحقائق عليهم بلياس ديني أحسن البابوات والأمراء والملوك حياكته.

ولكي نجمل كل ما سبق فنقول إن الدعوة للحملات والحروب الصليبية صادفت هوى في نفوس الأوروبيين الغربيين إذ رحب بها المتدينون لوعدهم بثواب الآخرة، وأنسى بها الاقنان لتحريرهم من وثاق الأرض، وطربت لها المدن التجارية الإيطالية لأنها فرصة للثراء، وتنفس المثقلون بالديون الصعداء لتعطيل البابوية استيفاء الأرباح. وصفق لها المجرمون لأنها حولت عقوبة الموت إلى جهاد مدى الحياة في فلسطين ورأى فيها المغامرون من تجار وأفاقين طريقا للكسب في " الحليب والعسل".

تعداد الحملات الصليبية:

إن الحملات الصليبية استمرت فيما بين سنة ١٠٩٥م - ١٢٩١م، ويمثل هذان التاريخان زمني إعلان الحملة الأولى من قبل البابا أوريان الثاني وطرد الإفرنج نهائيا من بلاد الشام بيد المماليك في مصر- والشام. في الحقيقة كانت هناك مقدمات وإرهاصات سبقت التاريخ الأول، كما أن هناك نشاطات مختلفة تلت التأريخ الأخير مما يمكن اعتباره امتدادا للحروب الصليبية ومع هذا فقد حصر- الحروب الصليبية ومعالجتها بين هذين التاريخيين كذلك فإن المؤرخين وضعوا عددا للحملات الصليبية هذه وهي ثمانٍ، ورغم أن الجموع كانت دائمة

الورود، فإن ثمانٍ فقط هي التي نالت الترقيم ربما يعود هذا إلى ما حصلت عليه هـذه الجموع في حملاتها مـن شهرة بـسبب ما حققتـه مـن احـتلال للأرض المقدسة في الحملـة الأولى، أو لتوجهها إلى مكان خاص جديد كما هو الحال في الحملة الرابعة والخامسة، أو لخروجها تحت زعامـة كبار ملوك الغرب كما هو الحال في (الثانية والثالثة والسادسة والسابعة والثامنة).

الحملة الصليبية الأولى (١٠٩٦ – ١٠٩٩):

عندما انتصر السلاجقة الأتراك على البيزنطيين في معركة ملاذ كرو سيطروا على معظم مناطق آسيا الصغرى وعلى سوريا وفلسطين طلبت بيزنطة مساعدة عسكرية مـن البابوية التي لم تعط أذانـا صاغية لطلبات بيزنطة في البداية إلا أنها قدمت دعمها عندما خلف البابا أوريان الثاني البابا جريجوي السابع الذي استجاب لطلبات الإمبراطور البيزنطي الكسيوس كومينن لمساعدات عسكرية من البابوية، فاستجاب البابا لهذه الطلبات وانطلق يدعو شعوب أوروبا وحكامها إلى إعلان الحـرب "المقدسـة" ضـد المسلمين ولاقت دعوة البابا هذه استجابة كبيرة.

ولكن تشجع البابوية الناس على الاشتراك في الحملـة الصـليبية منحهم كثير مـن التسـهيلات والامتيازات، إذا أعلنت عن حمايتها لأسر الذين يشتركون في الحملة وأملاكهم، كما أعلنت أن مـن كان عليه دين فانه يعفى من أداء هذا الدين طول غيابه عن وطنه ومن يشـترك مـن الفلاحـين والاتبـاع في الحملة الصليبية سيتحرر من التبعية لسيده، وتعود لـه حريتـه إلى الأبـد بالإضافة إلى هـذا وجهـت البابوية الدعاة من رجال الدين إلى مختلـف بـلاد أوروبـا كي يـدعو الناس للاشـتراك في الحملـة المزمع إرسالها إلى الشرق، فاستطاع الدعاة إثارة حماسة

الأوروبيين فتجمعت خلال عام واحد جموع غفيرة من الصليبيين، ثم انطلقوا نحو الشرق سنة ١٠٩٦ على دفعتين.

حملة العامة (الفقراء):

انطلقت في أوائل سنة ١٠٩٦ من أوروبا إلى المشرق جموع من الفلاحين الفقراء، كما أنضم إليهم بعض المجرمين وقطاع الطرق. وقد سار على رأس هذه الجموع غير المنظمة بطرس الناسك وبعض رجال الدين الآخرين الذين أثاروا حماسة الجماهير الفقيرة وقادوها إلى الهلاك بلا وعي وتقدير للعواقب. وكان أكثر هؤلاء الصليبيين الفقراء في وسط فرنسا وشمالها ومن غرب ألمانيا. وانطلق الصليبيون عبر هنغاريا وبلغاريا في الطريق البرية التي يسلكها عادة الحجاج إلى القسطنطينية ومنها إلى فلسطين. ولم يكن لدى هؤلاء الصليبيين المؤن اللازمة لإطعامهم، فلجؤوا إلى النهب والسلب واستخدام القوة من أجل الحصول على طعام لهم في الأماكن التي يمرون بها. وعلى هذا قاومهم الهنغار والبلغار فقتلوا عددا منهم، بينما فر بعضهم الآخر منهزمين إلى بلادهم، وأما الباقون فقد وصلوا القسطنطينية في حالة يرثى لها. لم يكن الإمبراطور البيزنطي ينتظر من أوروبا مثل هذه المساعدة التي لا فائدة ترجى منها، وبخاصة وأن هؤلاء الصليبيين لم يتورعوا عن سرقة الكنائس المسيحية البيزنطية نفسها.

وعلى هذا عمل الإمبراطور الكسيوس كوفين على التخلص من الصليبيين الفقراء فسهل لهم العبور إلى أسيا الصغرى، حيث انقض عليهم السلاجقة المسلمون فقتلوا الكثير منهم، بينما عاد الباقون برئاسة بطرس الناسك إلى القسطنطينية لينتظروا قدوم حملة الأمراء الإقطاعيين. وهكذا أفضت الحملة

الصليبية الشعبية إلى كارثة وزادت منذ البداية في الكراهية بين البيزنطيين والأوروبيين كما وضعت العراقيل والصعوبات أمام حملة الأمراء التي جاءت إلى القسطنطينية بعد فترة وجيزة.

حملة الأمراء الإقطاعيين:

تشكلت حملة الأمراء الإقطاعيين من أربع مجموعات كبيرة:

- المجموعة الأولى: ضمت فرسان منطقة اللورين الفرنسية، وترأسها الدوق غودفروا وأخوه بلدوين.

- المجموعة الثانية: ضمت فرسان المنطقة الشمالية من فرنسا وفرسان دوقية نورمانديا الفرنسية وترأسها روبير دوق نورمانديا.

- المجموعة الثالثة: ضمت فرسان منطقة البروفانس في جنوب فرنسا، وترأس ريموند كونت مدينة تولوز، كما رافقه المندوب البابوي آديمار.

- المجموعة الرابعة: ضمت الفرسان النورمانديين من المملكة النورماندية التي نشأت في جنوب إيطاليا، وترأسها بوهميوند بن روبير غيسكار واين أخيه تانكرد.

وهكذا لم تكن للقوات الصليبية قيادة واحدة، بل كانت كل مجموعة تشكل وحدة عسكرية مستقلة لها قيادتها الخاصة. وكانت هذه القوات الإقطاعية مجهزة بالسلاح والمال والمؤن، وهي أفضل بكثير مما كانت عليه القوات الصليبية الشعبية التي ساقتها إلى القسطنطينية غير أنه قد التحق بحملة الأمراء الإقطاعيين عدد كبير من الفلاحين الذين كان سلاحهم سيئا علاوة على أن بعضهم لا يحمل سلاحا إطلاقا.

انطلقت قوات الأمراء الإقطاعيين من أوروبا إلى المشرق في أواخر عام ١٠٩٦. وقد سلكت هذه القوات طرق مختلفة فالقسم الأول منها سار في الطريق البرية المحاذية لنهر الراين والدانوب والقسم الثاني سار في الطريق المحاذي لشاطئ البحر الأدرياتيكي، والقسم الثالث عبر إيطاليا وركب البحر متوهجا إلى البلقان. وفي ربيع ١٠٩٧ وصلت قوات الأمراء الإقطاعيين إلى جوار القسطنطينية وكان عددها يتراوح بين ستين ألفا ومائة ألف وقبل دخول الصليبيين إلى العاصمة البيزنطية نشب خلاف بينهم وبين البيزنطيين. فالإمبراطور البيزنطي الكسيوس كوفين أخذ الحيطة من نوايا الصليبيين واستاء من تصرفاتهم وأعمال النهب والسلب التي قاموا بها تجاه المسيحيين الشرقيين، لذا لم يفتح أبواب القسطنطينية لهم في البدء أما الصليبيون فلم يكن هدفهم من الحملة التي جاؤوا فيها مساعدة بيزنطية في استعادة المقاطعات التي احتلها السلاجقة منها، بل كان هدفهم الحقيقي إنما هو تأسيس إمارات لهم في المشرق وتحقيق مكاسب اقتصادية وغيرها وما كان الإمبراطور البيزنطي يريد من الصليبيين أن يقاتلوا من أجل بيزنطة، فإنه لم يسمح لهم بدخول العاصمة إلا بعد أن أقسم كبار قادتهم يمين الولاء له وتعهدوا بتسليمه الأراضي البيزنطية التي ينتزعونها من السلاجقة، ما عدا الأراضي المقدسة - أي فلسطين. ومن ناحية ثانية تعهد الإمبراطور البيزنطي لهؤلاء الصليبيين بتقديم المؤن لهم وكل الإمدادات الممكنة التي تساعدهم على تحقيق النصر. وفي الواقع لم يكن الإمبراطور البيزنطي يثق بيمين الولاء الذي قطعه الأمراء الأوروبيون على أنفسهم، كما لم يكن هؤلاء في نيتهم تنفيذ ما أقسموا وما وعدوا به.

بعد أن تم الاتفاق بين الإمبراطور البيزنطي والصليبيين عبرت القوات الصليبية البوسفور وأخذت تتوغل في آسيا الصغرى. وكان أول عمل قام به الصليبيون ضد السلاجقة هو حصار مدينة نيقية التي كان قد احتلها السلطان السلجوقي سليمان من بيزنطة سنة ١٠٨١، وبعد حصار دام أكثر من شهر دحر خلاله الصليبيون القوات السلجوقية التي جاءت لمساعدة المدينة المحاصرة وقد استطاع الإمبراطور البيزنطي من أجراء مفاوضات سرية مع سكان المدينة فحصل منهم على قبول الاستسلام لبيزنطة مقابل الحفاظ على حياتهم وعدم تعرضهم للاضطهاد. وبعد استعادة مدينة نيقية من السلاجقة طلب الإمبراطور الكسيوس كومين من حلفائه الصليبيين التوغل وحدهم في آسيا الصغرى. وفي أول تموز سنة ١٠٩٧ أحرزت القوات الصليبية نصرا ساحقا على القوات السلجوقية في سهل (خوروليوم).

لقد ترتب على هذه المعركة نتيجتان مهمتان:

١. أن الخسائر الفادحة التي أصابت سلاجقة الروم في هذه المعركة الفاصلة وضعت حدا لأحلام السلاجقة في السيطرة على كامل أسيا الصغرى، وبذلك أيضا وضعت حدا لتهديدهم الخطير للعاصمة البيزنطية وفسحت المجال للبيزنطيين من جديد في الامتداد صوب الجهات الساحلية الغربية والجنوبية من أسيا الصغرى.

٢. منحت الطريق أمام الصليبيين للاستمرار في التوغل باتجاه هدفهم نحو فلسطين دون صعوبة كبيرة.

تأسيس الإمارات الصليبية:

أقام الصليبيون بعد أن نجحوا في الاستيلاء على أسيا الصغرى وبلاد الشام. تباعـا عـددا مـن الإمارات والممالك هي : إمارة الرها، وإمارة أنطاكيا، ومملكة بيت المقدس، وإمارة طرابلس.

إمارة الرها:

كانت الرها، لما توجه إليها الصليبيون، بعـد أن أوقعـوا بقـوات سـلاجقة الـروم عند نيقيـة، تخضع لحاكم من الأرمن يدعى طوروس بن هيتوم، وكان هذا الحاكم قـد تمكـن مـن الانفراد بحكمهـا نتيجة للنزاع الذي استحكم بين الأمراء السلاجقة سنة ١٠٩٥م وتجنب الـدخول في صراع مبـاشر معهـم. وفي الوقت ذاته حصل هذا الحاكم على سند شرعي في حكـم الرها مـن الإمبراطور البيزنطي بعـد أن اعترف بالتبعية له. ومع ذلك فقد ظلت الرها مهددة باستمرار من قبل السـلاجقة فهم يحيطون بهـا. الأمر الذي جعل حاكمها الأرمني ينظر بعين الرضا إلى وصول الصليبيين إلى هذه الديار.

وقد ساعد الأرمن المسيحيون الذين كانوا يشكلون أكثرية من سكان الأجزاء الشرقية من أسيا الصغرى وشمال الجزيرة الفراتية ومشارف بلاد الشام على فتح أبـواب الـوطن الغـربي في الشرق إمـام الصليبيين وكانت هذه الظاهرة أشد ما تكون وضوحا في منطقة تل باشر على الطريق بين الرها وانطاكيا وفي منطقة الراوندان على الطريق بين مراكش وانطاكيا أيضا.

وقد حقق الأمير بلدوين، الذي قاد الصليبيين إلى الشرق باتجاه الرها تقدما كبيرا فاستولى على الكثير من المواقع والمدن والقلاع في شمال الجزيرة

الفراتية، بمساعدة هؤلاء الأرمن الذين نظروا إلى الصليبيين نظرة ودية، رغبة مـنهم بالخلاص من حكم الأتراك المسلمين فنجح الصليبيون في الاستيلاء على تـل باشروالراوندان، فلمـا بلغـت أخبـارهم إلى حاكم الرها الأرمني، أرسل إلى قائد الصليبيين بلدوين ١٠٩٨م يدعوه للحضـور إلى الرها. وخشيـ أن تضيع الرها من أيدي المسيحيين وتقع في أيدي السلاجقة وخاصة صاحب الموصل الأمـير كربوقا، لـذلك أسرع بلدوين إلى الرها ودخلها وسط استقبال أهلها وحاكمها ورجال الدين الأرمن فيها بغبطة بالغة.

وكان بلدوين يطمع في أن يحول إمارة الرها الأرمنية إلى إمـارة لاتينيـة، في حين كان حـاكم الرها، يطمع في أن يكون قائدا للجيش الصليبي ويكون الصليبيون جنودا مرتزقة تحت إمرته. وإزاء هذا التناقض بين مصالح الأميرين الشخصية - رغم عدائهما المشترك للمسلمين - فقد رفض حـاكم الرها أن يتبنى الأمير الصليبي بلدوين، ويتخذه ابنا ووريثا شرعيا له في حكم الرها. ونظرا لحاجـة كل مـنهم إلى الآخر، في هذه الظروف فقد انتهى الموقف بينهما بأن يتبنى توروس بلدوين ونودي بـه وريثا في حكـم الرها، وجرت مراسيم التبني وفقا للتقاليد المعمول بها في الكنيسة الأرمنية وبحكم هـذه الاتفاقيـة ومـا ارتبط بها من وصايا أصبح العنصر الصليبي و هو الوريث الطبيعي للأرمن في حكم الرها.

ونظرا لانقسام أهل الرها على أنفسهم إزاء ما تم بين الحاكم الأرمني توروس والصليبيين مـن اتفاق فضلا عن سوء أحوالهم الاقتصادية من جراء فرض الضرائب وجمع الأموال منهم. فقد قاموا بثورة عارمة في الرها سنة ١٠٩٨م تعبيرا عن استيائهم هذا، انتهت بمقتل الحاكم توروس وانتقال مقاليد

الأمر في الرها إلى القائد الصليبي الأمير بلدوين الـذي أصبح سـيد الرهـا وحاكمهـا وصـاحب السلطان فيها.

وهكذا حقق بلدوين أهدافه فكان أول أمير صليبي يتمكن من تأسيس إمارة صليبية لنفسـه في الشرق، الأمر الذي جعل لهذه الأمارة أهمية كبيرة لدى الصليبيين باعتبارها حامية لممتلكاتهم في بلاد الشام، ضد أي هجوم يأتي من الشرق عن طريق شمال الجزيرة الفراتية.

وقد عمل بلدوين الصليبي على توسيع إمارته بالرهـا فاستولى عـلى سـمياط مـن السـلاجقة والأتراك، كما استولى على حصن سروج الواقع على الطريق على البيرة سنة ١٠٩٩م. وهي قلعة على نهر الفرات ذات موقع حربي هام على الطريق بين الرها وعين تاب. وقامت سياسته في حكم هـذه الإمـارة على أساس الترابط بين العناصر المختلفة التي تتألف منها هذه الإمارة وخاصة الصليبيين والأرمن.

٢.إمارة أنطاكية:

زحف الجانب الأكبر من الصليبيين بعد أن أوقعوا بقـوات سـلاجقة الـروم عنـد نيقيـة، ناحيـة الجنوب من أسيا الصغرى باتجاه أنطاكية، ويتألف هذا الجيش مـن معظـم كبـار أمـراء الصـليبيين، وفي مقدمتهم الأمير بوهيمند، ويصحبهم المنـدوب البـابوي ادهـمار أسـقف بـوي (puy)، ووصـلت جيـوش الصليبيين هذه إلى مدينة أنطاكية يوم ٢١ تشرين الأول ١٠٩٧م عـن طريـق مـرعش وبغـراس، وقلعـة ارتاح. وذلك في الوقت الذي كان القسم الآخر من الصليبيين يعمل في منطقـة الجزيـرة الفراتيـة والرهـا كما أشرنا سابقا، وقد أحدث وصول الصليبيين

إلى بلاد الشام قلقا كبيرا في قلوب الناس، وكانت أنطاكية في ذلك الوقت تخضع لحكم الأمير ياغي سيان، من قبل السلاجقة وكان هذا الحاكم على درجة من القدرة والكفاءة في الدفاع عنها، ضد الصليبيين. وكانت المدينة من أكثر المدن تحصينا لكن دون جدوى.

نزل الصليبيون على أنطاكية برا، بينما نزلت من قبرص إلى سيناء واللاذقية قوات أخرى. وأحاطت القوات الصليبية البرية بأنطاكية وشددوا الحصار عليها، فعسكر القائد الصليبي بوهيمند مع أربعة آلاف فارس أمام أحد أبواب المدينة. حتى لا يمكن أحدا من دخولها أو مغادرتها وحاصرت بعثة القوات الصليبية الأخرى بابين آخرين، ولم يتمكنوا من محاصرة الباب الرابع، حيث كان يحيطه جبل شامخ.

وكانت أنطاكية من أقوى المدن تحصينا في ذلك العصر، حيث تحيطها الجبال المرتفعة من الجنوب والشرق ويحدها من الغرب نهر العاصي والبحر ومن الشمال مستنقعات وأحراش، وكانت قلعة حصينة يصعب الاستيلاء عليها، فلما وصلها الصليبيون، بقيادة بوهمند، واتخذوا مواقعهم في الجبهة الشمالية والغربية. أخرج ياغي سيان من كان بالمدينة من السريان والأرمن. بحجة العمل لحفر خندق حولها، ثم منعهم من دخولها فانحازوا إلى جانب الصليبيين في حصار أنطاكية الذي استمر قرابة تسعة أشهر سنة ٤٩٠هـ/١٠٩٧م. وتم لهم تأمين طريق الاتصال مع أوروبا عن طريق البحر.

وقد ساعد الشقاق بين باغي سيان أمير أنطاكية. وسيده رضوان بن تتشى السلجوقي. ملك حلب على تسهيل مهمة الصليبيين في شمال بلاد الشام التي أخذت جيوشهم تتدفق من غرب أوروبا إلى الشرق عبر أسيا الصغرى يضاف

إلى ذلك ما كان من نزاع بين الأخوين أميري دمشق وحلب في ذلك الوقت إلى جانب كثرة الاضطرابات والحروب الداخلية في هذه البلاد.

أما أمير أنطاكية ياغي سيان، فقد حاول الحصول على الإمدادات من جيرانه المسلمين، فأرسل الرسل إلى ملك دمشق وأمير حمص واتابك الموصل كما أرسل الرسل إلى سلاجقة فارس العراق وإلى الخليفة العباسي ببغداد، وإلى سائر البلاد والأطراف. يستنجدهم ويحثهم على الجهاد لنصرته ضد الصليبيين. وفي الوقت ذاته كان قد استعد لمواجهة الصليبيين وحصارهم الطويل لمدينته، فخزن المؤن وشحن القلاع بالجند والمقاتلين.

أما الصليبيون فقد أخذوا بعد أن طال حصارهم لأنطاكية دون جدوى بتوجيه نشاطهم، نحو القرى والمدن المجاورة لها، بهدف الحصول على المواد الغذائية منها، وفي الوقت نفسه وصلت بعض الإمدادات الإسلامية لإنقاذ أنطاكية واصطدمت مع الصليبيين في معركة عند نهر العاصي سنة ١٠٩٧م. و أوقعوا بالصليبيين وقتلوا منهم أعدادا كبيرة.

وقد لاقى الصليبيون أثناء حصارهم لأنطاكية ظروفا حرجة وهددهم شبح المجاعة، وكثرة الفوضى بين صفوفهم، وخاصة سوء النظام بين الجند، وفرار الكثير منهم من المعارك، وفي وسط هذه الأوضاع الصعبة، برز بوهيمند بوصفه الرجل القوي، وتركزت حوله أمال الصليبيين. واعترف له معظم أمرائهم بأحقية حكم أنطاكية إذا تم لهم الاستيلاء عليها.

وعلى الرغم من شدة الخطر الصليبي على عموم المنطقة العربية فقد ظل المسلمون فيها غير مقدرين لهذا الخطر، بل فقد حصل العكس من ذلك عندما عمل الفاطميون في مصر ـ على التحالف مع الصليبيين ضد العباسيين

والسلاجقة واتفقوا على أن تكون أنطاكية للصليبيين وبيت المقدس للفاطميين وأرسل الفاطميون جيشا تمكن من الاستيلاء على بيت المقدس سنة ١٠٩٨م من السلاجقة، في الوقت نفسه أرسلوا سفارة فاطمية إلى الصليبيين وهم يحاصرون أنطاكية. وقد رحب الصليبيون بهذه السفارة ولعل هذه الأحداث تكشف بوضوح، عن مدى انقسام العالم الإسلامي، وتناقض مصالح حكامه الأمر الذي مكن الغزو الأجنبي من تحقيق مكاسبه على حساب الجميع، كما حاول الصليبيون استمالة أمير حلب لكي يتمكنوا من مواجهة القوى الإسلامية كل على انفراد والاستيلاء عليها واحدة بعد الأخرى.

عاود أمير أنطاكية باغي سيان الاستنجاد ثانية بالقوى الإسلامية القريبة والبعيدة للعمل على إنقاذ أنطاكية والوقوف بوجه الخطر الصليبي الذي يهدد الجميع فاجتمعت له قوة إسلامية كبيرة، عند حارم إلى الشرق من أنطاكية وكانت خطة المسلمين في هذه المرحلة، أن تهاجم جيوشهم هذه الصليبين المحيطين بأنطاكية فجأة، وفي الوقت نفسه تخرج جيوش باغي سيان من أنطاكية وتهاجم الصليبيين في الاتجاه المقابل غير أن النصارى في حلب وحارم وخاصة السريان والأرمن أبلغوا الصليبيين بهذه الخطة، فلما دارت المعركة بين الفريقين، حلت الهزيمة بالمسلمين قبل أن ينفذوا خطتهم واستولى الصليبيون على حارم بمساعدة أهلها السريان والأرمن في حين لم يتمكن باغي سيان بإيقاع الهزيمة بالصليبيين من جانبه.

أدرك الصليبيون أن طول مدة الحصار على أنطاكية ليس من صالحهم ولذلك فقد عزموا على ضرورة التعجيل في الاستيلاء عليها، أما أمير أنطاكية فقد أدرك بحراجة موقفه داخل أنطاكية فأرسل إلى سلاجقة فارس وأمير

الموصل يطلب منهم النجدة مجددا فشدد الصليبيون الحصار على المدينة ومنعوا وصول المؤن والإمدادات الإسلامية إليها. وفي الوقت نفسه، وصلت الإمدادات الصليبية بواسطة الأسطول الإنكليزي الذي حمل لهم الكثير من آلات الحرب والسلاح وآلات الحصار واشتدت الاشتباكات بين الفريقين أظهر فيها أمير أنطاكية شجاعة بالغة وحزما شديدا غير أن الخيانة لم تلبث أن لعبت دورها في سقوط أنطاكية بأيدي الصليبيين. ذلك أنه لما طال حصار الصليبيين لأنطاكية وضاقت بهم الحال استقر رأي قادتهم على أن يقوم أحدهم بالاستيلاء بالقوة على أحد حصونها الواقع على ناحية نهر العاصي وتقرر أن يحاصر كل قائد منهم هذا الحصن مدة أسبوع بالتتابع وكان على الحصن قائد تركي من قبل الأمير باغي سيان يدعى فيروز وكان فيروز قد اعتنق الإسلام ونال ثقة باغي سيان فعهد إليه باغي سيان بحراسة أحد أبواب المدينة في الجبهة الجنوبية ولم يلبث هذا الأرمني - النصراني الأصل - أن غلبت عليه روح الخيانة فاتصل ببعض الأرمن الذين مع الصليبيين وتوسطهم لمراسلة القائد الصليبي بوهمند، وأنه مستعد لتسليم أنطاكية لهم، إن قووه وأعطوه ما أراد، فراسله الصليبيون وتوثقت عرى الصداقة بينه وبين القائد بوهمند بعد أن أغراه بالثروة الكثيرة والترحيب به إذا أعتنق المسيحية ثانية فوثق فيروز بقوله، واتفق معه على أن يفتح أحد الأبراج التي يتولى حراستها وبذل له بوهمند مالا كثيرا، وأقطاعا واحتفظ بوهمند لنفسه بسر هذه المؤامرة عن أصحابه. فلما كانت نوبته في محاصرة البرج المذكور فتح له فيروز شباكه ليلا، فدخل الصليبيون منه وهدموا جزءا من السور، ودخلوا البلد ودوت الصيحة في أحياء المدينة ورفع بوهمنذ رايته مواجهة لقلعة أنطاكية. وقتل الصليبيون في اليوم التالي من صادفوه بالمدينة من

المسلمين. عدا الذين لجؤوا إلى القلعة وقتلوا واسروا وسبوا من الرجال والنساء والأطفال ما لا يحصى، أما الأمير باغي سيان فقد هرب مع ثلاثين من أصحابه خارج أنطاكية وتبعه نائبة فيها، وكان ذلك ما سهل على الصليبيين الاستيلاء على البلد.

أظهر سقوط أنطاكية بأيدي الصليبيين في ١٦ رجب ٤٩١هـ بسبب خيانة فيروز وتباطأ أمراء الشام المسلمون في نجدتها، موجة من الذعر في البلدان والأقاليم الإسلامية القريبة والبعيدة وهرب من كان من المسلمين بالمدن والقرى القريبة واستولى عليها الأرمن، وكان لسقوط أنطاكية هذا دوي هائل في العالمين المسيحي والإسلامي لا يفوقه شيء إلا سقوط بيت المقدس بأيدي الصليبيين فيما بعد، على أن الخلافة العباسية تحركت أخيرا إزاء هجوم الصليبيين على بلاد الشام بعد أن طال صمتها، فنهض صاحب الموصل الأمير كربوغا. وجمع العساكر وعبر الفرات إلى بلاد الشام وأقام بمرج دابق، حيث اجتمعت إليه عساكر الشام والجزيرة الفراتية، وسار إلى أنطاكية. وكان ذلك بعد أن بلغهم مقتل صاحبها الأمير باغي سيان ونزلوا بظاهرها. ودخلوا البلد من ناحية القلعة التي ما زالت بأيدي المسلمين.

لما علم الصليبيون بما جرت عليه الحال خافوا على أنفسهم الوهن وقلة المؤن وقبل أن يشترك الفريقان في معركة حاسمة كان أميرا الموصل كربوغا، وهو قائد الجيوش الإسلامية هذه - قد أساء معاملة العرب وأمرائهم في جيشه فقرروا خيانته عند اللقاء بالصليبيين - وعسكرت قوات المسلمين في السهل الممتد جنوب أنطاكية قرابة ثلاث أسابيع وشنت قوات المسلمين عليهم هجوما عنيفا من داخل القلعة فارتدوا إلى أبراج المدينة وأسوارها وضاق بهم الحال.

واضطر الكثير منهم إلى الهرب في الوقت الذي شددت فيه قوات كربوغا الحصار عليهم حتى طلبوا الأمان منه والخروج من أنطاكيـة سـالمين لم يسـتجب كربوغـا لطلـب الصـليبيين في السـماح لهـم بالخروج وأصر على استسلامهم له دون قيد أو شرط ولما أستقر رأي الصليبين على الخروج مـن أنطاكيـة متفرقين. أشار المسلمون على الأمير كربوغا أن يقفوا على أبواب المدينة ويقتلوا كل من يخرج منهـا، لان أمرهم وهم متفرقون أسهل لكنه لم يستجب لهذا الرأي وقال أمهلوهم حتى يتكامل عـددهم فنقـتلهم جميعا.

ولما أجتمع الصليبيون خارج أنطاكية. ولم يبق منهم أحـد بـداخلها حـاصروا كربوغـا، وسـدوا المنافذ عليه من جميع الجهات وبذلك أطبقوا على المسلمين وأوقعوا الهزيمة بأمراء دمشـق وحمـص. في حين أنهزم كربوغا وأصحابه إلى الموصل، بينما ظلت جماعة من المسلمين تقاتـل الصـليبيين حتـى غلبـوا على أمرهم.

احتل الصليبيون أنطاكية، بعد أن حلت الهزيمة بالمسلمين لكنهم وجدوا أنفسهم أمام مشاكل كثيرة ومعقدة أهمها. تنافس أمرائهم على حكم أنطاكية وخاصة الأمير بوهمنـد، والأمـير ريمونـد، فضـلا عما طلب منهم من تحشيد طاقاتهم للاستيلاء على بيت المقدس. هدفهم المنشـود إضـافة إلى مـا كـانوا يعانونه من قلة الذخيرة والمؤن في المدينة وفق كل ذلك فقد واجهـوا بشـكل مبـاشر أطـماع الإمبراطـور البيزنطي في أنطاكية بعد أن استولوا عليها.

أما الأمير بوهمند، الذي نجح في اختراق أسوار أنطاكية واحتلالها من خلال خيانة فيروز. فقـد طلب من زعماء الصليبيين تسليمه ما بأيـديهم مـن أبـواب المدينـة وأبراجهـا، فأجـابوا طلبـه باسـتثناء ريموند الذي نازعه على حكم

أنطاكية وعندما أشتد النزاع بينهما، وكاد الأمر يصل إلى الصدام المسلح بينهما، تم الاتفاق على اقتسامها، فأصبحت الأجزاء الشمالية والشرقية والوسطى من المدينة بما فيها القلعة إلى بوهيمند. في حين احتل ريموند القسم الجنوبي الغربي منها. وإزاء هذا الاختلاف، عقد الصليبيون مجلسا سنة ١٠٩٨م، قرروا فيه دعوة الإمبراطور البيزنطي لاستلام أنطاكية شريطه أن يحضر بنفسه إليها، لكن الإمبراطور، تأخر في الرد عليهم، وفي الوقت نفسه، قرر الصليبيون الزحف على بيت المقدس الأمر الذي يسر لبوهيمند أن يثبت مركزه في أنطاكية.

وعلى الرغم من المنازعات التي قامت بين أمراء الصليبيين على حكم أنطاكية فإنهم رأوا إن ظلوا بأنطاكية تسعة أشهر، استطاع خلالها الأمير بوهيمند أن يثبت مركزه فيها، ويستولي على معظم أبراجها وحصونها في الوقت الذي كانت فيه جموع الصليبيين بدأت زحفها على بيت المقدس سنة ٤٩٢هـ / ١٠٩٩م.

وكان الصليبيون لما تم لهم الاستيلاء على أنطاكية وقلعتها، ساروا إلى معرة النعمان القريبة منها، ونزلوا عليها في ٢٩ ذي الحجة ٥٤٩١، فدار بينهم وبين أهلها قتال عنيف انتهى باستيلاء الصليبيين عليها عنوة ثم ساروا إلى عرقة فحاصروها أربعة أشهر. غير أنهم لم يتمكنوا من الاستيلاء عليها كما راسلهم ابن منقذ صاحب حصن شيرز وصالحهم عليها، ثم ساروا إلى حمص فاضطر صاحبها إلى مصالحتهم، ثم قصدوا عكا، لكنهم لم يتمكنوا من الاستيلاء عليها.

أما بوهيمند، صاحب أنطاكية فقد واصل سياسته التوسعية على حساب المسلمين في بلاد الشام، فخرج في شهر رجب ٤٩٣هـ، إلى حصن افامية ونزل عليه وأقام أياما. وأتلف زرعه، ثم التقى مع عسكر المسلمين السلاجقة في

معركة انهزم فيها بوهيمند أمامهم، وقتل من عسكره عدد كبير. ووقع في الأسر مع بعض أصحابه، ولم يزل بوهيمند أسيرا حتى أطلقت سراحه سنة ٤٩٥هـ فعاود سياسته التوسعية من جديد ضد المناطق الإسلامية في بلاد الشام.

وكان الزعماء الصليبيين. قد حلوا منازعاتهم قبل الزحف من أنطاكية إلى بيت المقدس، فقد انفرد بوهيمند بحكم أنطاكية وأقام فيها أمارة في حين أصبح ريموند الزعيم الذي لا ينافسه أحد في قيادة الحملة الصليبية إلى بيت المقدس. أما تنكرد، فقد خلف بوهيمند في حكم أنطاكية سنة ٤٩٨هـ / ١١٠٤م، وواصل سياسة التوسع في بلاد الشام واتجهت أطماعه إلى المناطق التابعة لإمارة حلب بالدرجة الأولى فقصد حصن أرتاح وعزم على الأستيلاء عليه فخرج صاحب طرابلس لحربه، ودارت بين الفريقين معركة مهمة، حلت الهزيمة فيها بالمسلمين.

ثم واصل تنكرد بعد ذلك سياسته التوسعية باتجاه المنطقة الساحلية من بلاد الشام وكذلك المنطقة الداخلية فيها، فخرج سنة ٥٠٣هـ من أنطاكية في جيش كبير إلى الثغور الشامية فاستولى على طرطوس وما والاها من الأعمال وأخرج نائب الإمبراطور البيزنطي منها، ثم خرج إلى سيرز، وفرض عليها الجزية، اتجه بعد ذلك إلى حصن الأكراد فتسلمه منهم. واستولى على حصن الأثارب على مقربة منها، واستسلمت له من منيع وبالس.

وهكذا نجحت إمارة أنطاكية الصليبية في السيطرة على المواقع الساحلية لبلاد الشام في الوقت الذي كانت فيه حلب المركز الرئيس للمقاومة الإسلامية في مواجهة التوسع الصليبي هذا. وخاصة بعد وفاة الأمير رضوان بن تاج الدولة نتشى، وكانت حلب إلى جانب تصديها للزحف الصليبي من جهة الغرب تتصدى

للعدوان التوسعي الذي مارسته ضدها إمارة الرها الصليبية من جهة الشمال الشرقي.

مملكة بيت المقدس:

خضعت بيت المقدس للنفوذ الفاطمي منذ تمكن قائدهم جعفر بن فلاح من الاستيلاء على مدينة دمشق من العباسيين سنة ٣٥٩هـ / ٩٩٦م. ولم تزل بيت المقدس خاضعة للفاطميين رغم الصعوبات الكثيرة التي واجهوها في إقرار سيادتهم على بلاد الشام، حتى تمكن مقدم السلاجقة بالشام القائد اتز التركماني من الاستيلاء على فلسطين سنة ٤٦٣هـ / ١٠٧٠م، وفتح الرملة وبيت المقدس.

ومع ذلك فقد واصل الفاطميون سياستهم الرامية إلى الاستيلاء على بيت المقدس من السلاجقة الذين ضعف شأنهم في هذه الديار وخاصة عندما نجح الصليبيون في الاستيلاء على أنطاكية منهم سنة ٤٩٠هـ / ١٠٩٦م. فخرج الوزير الفاطمي الأفضل بن بدر الجمالي وحاصرها، وفيها أبناء ارتق التركماني من قبل السلاجقة فراسلهم الأفضل لتسليم القدس من غير حرب. فتم له ما أراد بعد حصار لها دام أربعين يوما. ودخل الأفضل بيت المقدس واستولى عليها.

عمد الفاطميون بعد الاستيلاء على بيت المقدس إلى إصلاح أسوارها واستحكاماتها ثم عاد الأفضل بن بدر الجمالي إلى مصر بعد أن تناوب على حكمها الأمير افتخار الدولة الذي ظل واليا عليها حتى شرع الصليبيون في حصارها سنة ٤٩٢هـ / ١٠٩٨م.

ولما قرر الصليبيون في اجتماع عقدوه في أنطاكية الزحف إلى بيت المقدس، سارت جموعهم في شهر محرم سنة ٤٩٢هـ / تشرين الثاني ١٠٩٨م،

من أنطاكية وعلى رأسهم الأمير ريموند الصليبي. فوصلوا إلى معرة النعمان، ثم إلى كفر طاب، حيث لحق بهم عدد آخر من قادة الصليبيين وبوصول الصليبيين إلى هذه المناطق بدأ احتكاكهم مع الإمارات العربية الصغيرة التي أدركت خطورة هذا الغزو. ومالت إلى اتباع سياسة الموادعة والمسالمة معهم. وكان الصليبيون قد اختلفوا حول طريق سيرهم إلى بيت المقدس، فقد رأى بعضهم ان عليهم أن يسلكوا طريق الساحل السوري ليضمنوا وصول الإمدادات إليهم عن طريق البحر في حين رأى الآخرون أن يستمروا في طريقهم المستقيم وهو سهل البقاع. رغم أن هذا الطريق قد يؤدي بهم إلى الاصطدام مع أمير دمشق السلجوقي. ثم أستقر رأيهم أن يسلكوا طريقا وسطا بين الطريقين إلى بيت المقدس أي أنهم يسلكون الطريق الداخلي ويقتربون بين حين وآخر من شاطئ البحر.

وهكذا خرجوا من شيرز إلى أرقنية واستولوا عليها واضطر صاحب حمص إلى إعلان المسالمة معهم وأن يحمل لهم الهدايا وكذلك فعل أمير طرابلس لما عرف عن الصليبيين من الإساءة والتخريب في هذه البلاد والقوة مع أهلها.

ثم سار الصليبيون إلى حصن الأكراد وسط سهل البقاع، فاستولوا عليه، وتابعوا زحفهم إلى عرفة وحاصروها. وسار بعضهم إلى طرابلس بينما سار بعضهم إلى أنطروس. وقد ظل الصليبيون يحاصرون عرفة مدة أربعة أشهر دون جدوى فتركوها وساروا نحو طرابلس حيث قدم لهم أميرها الهدايا والأموال، ثم ساروا بعدها إلى جبيل فاستولوا عليها. ومنها إلى بيروت ثم إلى صيدا وصور ثم قصدوا عكا. ولما عجزوا من الاستيلاء على عكا فارقوها إلى يافا ثم نزلوا على الرملة فاستولوا عليها واتجهوا منها إلى بيت المقدس.

عقد الصليبيون في الرملة مجلسا للحرب ناقشوا فيه مسألة الزحف على بيت المقدس أو مهاجمة مصر الفاطمية. باعتبار أن مفاتيح بيت المقدس موجودة فعلا هناك، وأن الصليبيين إن أرادوا أن ينعموا بالاستقرار في بيت المقدس فعليهم أن يؤمنوا أنفسهم بالاستيلاء على الدلتا، ثم قرر الصليبيون الزحف على بيت المقدس مباشرة وتركوا الرملة في شعبان ٤٩٢هـ/ حزيران ١٠٩٩م. فاستقبلهم بعض المسيحيين الوافدين من بيت لحم واستحثوهم للثأر لهم فاتجة القائد الصليبي تتكرد إلى بيت لحم، حيث استقبله المسيحيون على اختلاف مذاهبهم، استقبالا حافلا، تم اجتمع الصليبيون عند بيت المقدس وحاصروها من جميع جهاتها فكان الأمير روبرت النورماندي من الشمال وكان جودفري وتتكرد من الغرب، في حين حاصرها ريموند من الناحية القبلية حيث أقام على جبل صهيون شرع الصليبيون في مهاجمة بيت المقدس المحاصرة في اليوم السابع من شهر حزيران ١٠٩٩م، وهاجموها بعدد كبير من آلات الحصار والهدم لكنهم لاقوا مقاومة في بادئ الأمر من قبل الحامية الإسلامية الموجودة فيها. وكان والي بيت المقدس في هذه الفترة افتخار الدولة من قبل الفاطميين، قد فوجئ بقدوم هذه الجموع الغفيرة من الصليبيين، فعمد إلى تسميم الآبار وردم القنوات، كما طرد جميع من بالمدينة من النصارى وأهتم في الوقت نفسه بتقوية التحصينات والتأكد من سلامة الأسوار، واعتمد في الدفاع عن هذه المدينة على حامية من عساكر مصرية وفلسطينية و سودانية وأرسل إلى مصر يطلب النجدة ضد الصليبيين، في حين كانت الدولة العباسية تنظر بعين الرضى على هذا الغزو لهذه المدينة المقدسة كما فعل الفاطميون عندما احتل الصليبيون أنطاكية من قبل وهي تابعة للعباسيين. أما الصليبيون فقد حاولوا دون وصول الإمدادات

إلى بيت المقدس وقطعوا اتصالها بالخارج وقد دام حصارهم لها أربعين يوما وقد ساعدهم في الاستمرار في هذا الحصار وصول مساعدات بحرية ومؤن مختلفة من أوروبا.

ولما طال الحصار على بيت المقدس، وحالت بعض العوامل دون تمكنهم من اجتياز أسوار المدينة، عمد الصليبيون إلى بناء برجين يطلان على أسوار المدينة، أحدهما عند باب صهيون والثاني عند باب العامود فاحرق المسلمون البرج الأول. وقتلوا من فيه من الصليبيين، أما البرج الثاني فقد زحف به الصليبيون حتى ألصقوه بالسور وأحكموا به البلد وكشفوا من كان عليه من المسلمين ثم رموا بالمجانيق والسهام أهل المدينة، واستطاعوا اقتحام المدينة بعد حصار دام أربعين يوما، إثر اكتشافهم المنقذ يمر عبر سورها وقد تسلل بعضهم منه فيسر لهم الاستيلاء على السور من جهة الشمال وبذلك تمكن- جودفري من فتح أبوابها. فاضطر المسلمون على الاعتصام بالمسجد الأقصى- فتبعهم الصليبيون واقتحموا المسجد وأحدثوا بداخله مذبحة وحشية رهيبة ضد المسلمين ولبث الصليبيون سبعة أيام يواصلون قتل الناس حتى بلغ عدد من قتل بالمسجد الأقصى- وحده ما يربو على سبعين ألفا من المسلمين. وأخذ الصليبيون من قبة الصخرة نيفا وأربعين قنديلا من الفضة والذهب، وغنموا ما لا يقع عليه الحصر.

على أن استيلاء الصليبيين هذا على بيت المقدس لم يتم بسهولة فقد واجه الصليبيون مقاومة شديدة في القطاع الجنوبي منها، كما قاتلهم افتخار الدولة والي القدس من قبل الفاطميين ثلاثة أيام. ثم استسلم لهم بالأمان وكان وصحبه الفئة الوحيدة التي سلمت من مسلمي بيت المقدس، من وحشية الصليبيين بعد أن سمح لهم بالخروج إلى عسقلان.

وهكذا سقطت مدينة بيت المقدس بأيدي الصليبيين في ٢٢ رمضان ٤٩٢هـ / ١٠٩٩م، بعد أن قتلوا آلاف الأبرياء من المسلمين بغير ذنب ولم يرع الصليبيون حرمة المسجد الأقصى ـ الأمر الذي يؤكد وحشيتهم وعظمة الجرم الذي اقترفوه ببيت المقدس فاعتبرت تلك المذبحة لطخه عار في تاريخهم.

وقد اختلف قادة الصليبيين بعد أن تم لهم الاستيلاء على بيت المقدس وعلى حكمها، وتطلع كل منهم للاستبداد بها، وهم كل من الأمير ريموند، والدوق جودفري، وروبرت فلاندر، وروبرت النورماندي. ونظراً لما عرف عن ميل ريموند إلى جانب الإمبراطور البيزنطي، فقد اتجهت أنظار الصليبيين إلى جودفري في نزاعه مع ريموند، فتوج أميرا لبيت المقدس.

بلغت أخبار احتلال الصليبيين لبيت المقدس إلى أسماع الخلافة الفاطمية فقوبلت ببرود وظلت الخلافة في سباتها العميق، وكذلك كان الحال بالنسبة لبغداد حيث كانت الخلافة العباسية هي الأخرى في سبات عميق عن هذه الكارثة التي حلت في بلاد العرب والمسلمين من جراء الغزو الصليبي الوحشي لهذه الديار ولم تحرك ساكنا رغم استنجاد واستغاثة سكان هذه البلاد المنكوبة بهم.

واجه الصليبيون مشكلة داخلية هامة بعد أن تم لهم الاستيلاء على بيت المقدس تلك هي عدم وجود زعيم أو رئيس يعترفون له جميعا بالزعامة ويقدمون له الطاعة. وخاصة بعد وفاة أوهيمار المندوب البابوي في هذه الحملة والذي كان حتى وفاته يقوم بدور الزعيم الروحي لهم ولم تلبث أن ظهرت الاتجاهات الشخصية القوية لدى الأمراء الصليبين على السلطة في بيت المقدس حتى تمكن جودفري من الانفراد بها، كان وضعهم هذا مثلما فعله بلدوين في الرها ويوهيمند في أنطاكية وما راد أن يفعله جودفري في جبلة وريموند في عرقه.

وقد تدارس زعماء الحملة الصليبية في اجتماع لهم في بيت المقدس أسلوب تنظيم فتحهم الجديد واختلفوا حول نوع الحكومة لدولتهم الجديدة هل هي حكومة دينية تخضع لإشراف الكنيسة. أم حكومة علمانية تستطيع الدفاع عن هذه الدولة ضد أعدائها المحيطين بها، خاصة وهي تقوم في بقعة بمثابة القلب من العالم الإسلامي، فاتجهت الآراء نحو اختيار أحد الأمراء العلمانيين لتنظيم أمور الدولة الجديدة. وهنا بدأت مشكلة أخرى، وهي أي الأمراء من هؤلاء القادة سيكون زعيم هذه الدولة، وكلهم يتطلع إليها ونتيجة المناقشات والمنازعات انحصرت المنافسة بين أثنين منهم . هما ريموند وجودفري، ورغم أن ريموند كان أوفر ثروة، وأكثر قوة من منافسة فضلا عن قوة شخصيته ومرونته السياسية إلا أن الرأي اتجه نحو جودفري لأن الأول كان مع حصافته القوية، يفضل التحالف مع الدول البيزنطية.

وعندما فاز جودفري في حكم دولة بيت المقدس لم يحمل لقب ملك بل اكتفى باتخاذ لقب (حامي بيت المقدس). ومن الواضح فإن هذا اللقب يعني الاعتراف بأن هذه الدولة ليست لها خطة سياسية بحتة إنما لها صفة دينية تعطي الكنيسة نوعا من الأشراف عليها.

ولما أستقر الحكم لجودفري في بيت المقدس قصد أرسوف وحاصرها مدة شهرين وضيق عليها الحصار، فاضطر أهلها إلى الاستسلام بالأمان، كما أفتتح الصليبيون حيفا وواصلوا بسط سلطانهم على مدن فلسطين تباعا، فأخذوا الجليل ثم طبريا وأرغموا أهلها على مغادرتها.

على أن الصليبيين الذين لاقوا مقاومة من سكان مدن الساحل السوري وبعض النجدات لهم من قبل الفاطميين الضعيفة، فإنهم لم يجدوا نفس الصعوبة

في تحقيق أهدافهم التوسعية في المناطق الداخلية لبلاد الشام، لعدم وجود مقاومة إسلامية قوية هناك.

ولما قتل جودفري حاكم بيت المقدس من جراء سهم أصابه وهو يحاصر مدينة عكا ٤٩٤هـ اختلفت إلى الرها، قرر صاحبها الأمير بلدوين - وهوأخو الأمير جودفري- الزحف على بيت المقدس والانفراد بحكمها، باعتباره الوريث الشرعي لأخيه جودفري، فسار إليها من الرها، ودخلها في مئة ٤٩٥هـ / ١١٠٠م، وأعلن نفسه ملكا على بيت المقدس كما أعلن قادة الصليبيين هناك ولاءهم له، وبذلك تحولت إمارة بيت المقدس على يد الأمير بدوين إلى مملكة لاتينية.

واصل بلدوين ملك بيت المقدس، سياسته التوسعية في فلسطين وعمل على تحقيق الكثير من أهداف الصليبيين في هذه البلاد فكانت مدينة عكا من بين أهدافه الأساسية، فسار إليها الملك بلدوين بقوات بحرية وبرية وحاصرها بعد أن سيطر على ثغر جبيل، وظل الصليبيون يقاتلون في عكا، حتى عجز واليها ورجاله عن حربهم. كما ضعف أهلها عن مواصلة القتال وبذلك تيسر للصليبيين الاستيلاء عليها سنة ٤٩٧هـ وانسحب واليها لعجزه عن حمايتها، وكان قد التمس من الصليبيين الأمان له ولأهل عكا. وخرج مهزوما إلى الاتابك طغتكين، وظل مقيما فيها حتى تمهدت له السبل في العودة إلى مصر-ووصلها سالما.

ولما استقرت الأمور للصليبيين في بيت المقدس وما جاورها، عملوا على الاستيلاء على بقية مدن فلسطين، ولم يواجهوا صعوبات كبيرة في تحقيق هذه المهمة، لأن سقوط بيت المقدس بأيديهم، أحدث موجة من الرعب في نفوس أهالي المدن والقرى القريبة والبعيدة فأسرع أهل نابلس إلى الاستسلام لهم،

وأرسلوا وفدا إلى الصليبين يدعوهم لاستسلام المدينة فتم لهم ذلك سنة ١٠٩٩م، ثم سارت قوات الصليبيين إلى قيسارية ومنها إلى الرملة، ثم ساروا إلى عسقلان وباغتوا القوات الفاطمية هناك، وكان يقودها الوزير الأفضل بن بدر الجمالي، ودارت معركة بين الطرفين في ١٢ آب ١٠٩٩م، حلت الهزيمة بالفاطميين وهرب قائدهم الأفضل إلى مصر واستحكمت سيوف الإفرنجة في عسقلان.

إمارة طرابلس:

عمل ريموند الصنجلي، وهو أحد أهم القادة الصليبيين على إقامة إمارة له في بلاد الشام شأنه في ذلك شأن معظم زعماء الحملة الصليبية الأولى فلم يسعفه الحظ بإقامة هذه الدولة في أنطاكية التي انفرد بها القائد الصليبي بوهيمند، فحاول ريموند العمل على تحقيق حملة في إقامة إمارة له على حساب أمارة حلب الإسلامية، وخاصة حول البارة ومعرة النعمان لكنه لم ينجح أيضا، فلما أحتل الصليبيون بيت المقدس طمع في إمارتها ورشح نفسه لها، لكنه لم يوفق أمام منافسة الأمير جودفري، وبذلك ضاعت منه فرص عديدة في هذا الشأن فوجه سياسته إلى مهاجمة النفوذ الفاطمي في ثغور الساحل السوري، ومال في سياسته إلى مهاجمة النفوذ الفاطمي في ثغور الساحل السوري. ومال في سياسته كثيرا في التقرب من الدولة البيزنطية والتعاون معه، بعد أن خذله أصحابه الصليبيون مرارا، لتحقيق أهدافه ومطامعه المنسجمة مع أهداف وأطماع البيزنطيين في بلاد الشام.

لكن ريموند الصنجلي، أدرك أخيرا أن سياسة التحالف مع الدولة البيزنطية لا تحقق أهدافه في إقامة إمارة خاصة به في بلاد الشام، لذلك عمل على التعاون والتفاهم مع القادة الآخرين من الصليبيين الموجودين في بلاد الشام. وعندما سار ببقية حملته من أنطاكية إلى بيت المقدس. فكر بالاستيلاء على انطرسوس، فحاصرها واستولى عليها سنة ١١٠٢م واتخذها قاعدة لأعماله ومشروعاته المقبلة على ساحل الشام وكان أول هذه المشروعات هو الاستيلاء على مدينة طرابلس نفسها.

فلما أستقر ريموند في انطرسوس، وأخذ يصر في عناد على الاستيلاء على طرابلس. استعد صاحبها القاضي أبو علي بن عمار والذي عرفت سياسته بالمهادنة والمسالمة مع جميع القوى المتنازعة في بلاد الشام، الداخلية منها والخارجية استعد للدفاع عن مدينته واتجه إلى التعاون التام مع القوى الإسلامية في المنطقة ضد الخطر الجديد، فاجتمع له عدد كبير من المسلمين، ودارت معركة بينه وبين الصليبيين الغزاة انتصر فيها الصليبيون فقد واصلوا حصارهم لطرابلس ولما لم يستطيعوا دخولها، اضطروا إلى الاكتفاء بقبول الجزية وانسحبوا بعد ذلك عن طرابلس إلى انطرسوس سنة ١١٠٢م.

حاول ريموند بعد مهادنة بن عمار صاحب طرابلس، أن يغزو بلاد سهل البقاع، فهاجم حصن الطوبان ثم حصن الأكراد. وهي ضمن ممتلكات أمير حمص الإسلامية المدعو جناح الدولة، ثم هاجم الصليبيون جبيل التي اضطرت إلى الاستسلام لهم بالأمان سنة ١٠٤م.

حقق ريموند باستيلائه على انطرسوس في الشمال من طرابلس، وعلى جبيل في الجنوب منها، الإطار الخارجي لأمارة طرابلس المقبلة، ولم يبق أمامه لتحقيق هذه الغاية سوى الاستيلاء على العاصمة الطبيعية لتلك الإمارة، وهي مدينة طرابلس نفسها. على الجبال المواجهة لها، اسماها المسلمون قلعة صنجيل نسبة إلى ريموند الصنجيلي، وكان الإمبراطور البيزنطي قد أعانه على

بنائها حيث أمده بالأخشاب والمعدات اللازمة، وكان ريموند يهـدف مـن ذلك إحكـام الرقابـة عـلى طرابلس وقطع اتصالها بالعالم الخارجي، وبذلك لم يبق أمام بن عـمار في طـرابلس مـن المنافـذ سـوى البحر، ومع ذلك فقد مال النصارى داخل طرابلس إلى جانب الصليبيين وخاصة الموارنة مـنهم، فهاجم ابن عمار وجنده قلعة الصليبيين ليلا، وكان ريموند الصنجلي فيها، فأصيب بجروح خطيرة، وتوفي عـلى إثرها سنة ٤٩٧هـ /١١٠٥م، بعد أن حلت الهزيمة بجنده فلم يستطع تحقيق أمنيته في الاستيلاء عـلى مدينة كبرى من مدن الشام كأنطاكية وبيت المقدس ليتخذها مركزا لإمارته المنشودة.

وإذا كانت مدينة طرابلس ذاتها قد صمدت أمام الصليبيين - لهذا الوقت ولم تسقط بأيـدهم قبل وفاة ريموند - إلا أن لريموند الفضل الأول بالنسبة للصليبيين في تأسيس الإمارة الرابعـة فيمـا بعـد، بطرابلس، فهو الذي وضع الإطار العام لحدودها وسهل مهمة الاستيلاء عليها من قبل حلفائه فيما بعد.

ولما توفي ريموند، اجتمع قادة جيشه واختاروا وليم جوردان لقيادتهم خلفا لابن خالته ريموند فاستأنف جوردان سياسة سلفه ريموند في التحالف مع البيزنطيين من جهة، واستمر في إحكام الحصـار على مدينة طرابلس من جهة أخرى وبدات مناوشاته معهـا سـنة ٤٩٨هـ فلمـا اشتد الحـال عـلى أهـل طرابلس من جراء هذه الحروب مع الصليبيين استنجد أميرهم ابن عمار، بصاحب الأمير رضوان بن تـاج الدولة نتش السلجوقي فخرج إليه الأمير رضوان بجمع كبير من الجند لمعاونته ضد الصليبيين.

غير أن الحصار الصليبي، اشتد على طرابلس، وندرت الأقوات فيها وخشي النـاس عـلى أهلهـم وأموالهم، وتعذر وصول الإمدادات إليهم من الفاطميين

في مصر وولاتهم ببلاد الشام. وانشغل جميع المسلمين في هذه الديار بالاشتباكات مع الصليبيين لذلك اتجهت أنظار أمير طرابلس إلى بغداد، لطلب النجدة والمساعدة من الخليفة العباسي المستنصر ـ بالله والسلطان السلجوقي محمد بن ملكشاه.

وقد خرج ابن عمار بنفسه من طرابلس سنة ٥٠١هـ قاصدا بغداد بعد أن أناب عنه في تدبير أمور طرابلس ابن عمه أبو المناقب بن عمار فلما بلغ دمشق أكرمه صاحبها، وكذلك فعل السلطان السلجوقي ببغداد، وعهد لبعض امرائه بالمسير مع ابن عمار، فعاد ابن عمار إلى دمشق من بغداد في طريقه إلى طرابلس بعد أن اطمأن على مساعدة السلطان له. وفي هذه الأثناء انحاز نائبه أبو المناقب ابن عمار إلى جانب الفاطميين أيضا لما ضاق بهم الحال من جراء الحصار الصليبي، فأرسل الفاطميون واليا عليهم من قبلهم تمكن من استلام طرابلس من أبي المناقب نائب أميرها فخر الملك بن عمار الذي أتجه إلى بغداد لطلب المساعدة وتم ذلك قبل عودته إلى طرابلس.

أما الصليبيون، فقد جمعوا شملهم في بلاد الشام ووصلت إمداداتهم وجموعهم لإخوانهم المحاصرين لطرابلس سنة ٥٠٢هـ فوصلت إمدادات جنوه عن طريق البحر إليهم، ووصل تنكرد صاحب أنطاكية. كما وصل بلدوين ملك بيت المقدس في عسكره، ونزلت جموع الصليبيين بعد أن سَوّى زعماؤهم خلافاتهم على طرابلس، وشرعوا في حصارها، فلما اشتد الحصار على هذه المدينة العربية الصامدة، وتباطأ الفاطميون في إرسال الأسطول، وتأخر وصول المساعدات إلى أهلها، كما لم تصل الإمدادات من بغداد. أضطر أهل طرابلس إلى الاستسلام واستولى الصليبيون على مدينتهم سنة ٥٠٢هـ ونهبوا ما فيها

وأسروا رجالها، وسبوا نساءها وأطفالها وغنموا من أموالها وامتعتها الكثير. وسلم واليها الفاطمي وجماعة من جنده. كانوا قد التمسوا الأمان قبل فتحها، ورحلوا عنها قاصدين دمشق، ولا شك فإن عدم مسارعة الفاطميين للدفاع عن طرابلس، كان من بين العوامل التي أدت إلى سقوط المدينة بأيدي الصليبيين إضافة إلى عدم وصول الإمدادات الفعلية من بغداد عاصمة الخلافة العباسية.

وهكذا سقطت مدينة طرابلس بأيدي الصليبيين بعد أن صمدت في مقاومتهم مدة تزيد على ستة أعوام، وكانت الظروف قد شاءت أن تكون طرابلس أخر مدينة كبرى في بلاد الشام تسقط بأيدي الصليبيين وآخر أمارة كبرى يؤسسها الصليبيون في المنطقة العربية، بعد الرها وأنطاكية وبيت المقدس. ولكنها في الوقت ذاته، آخر إمارة صليبية في بلاد الشام. استردها المسلمون عندما بدأت دويلات الصليبيين تتهاوى أمام المسلمين منذ أواخر القرن الثالث عشر الميلادي، فإمارة الرها التي أقامتها الصليبيون على حساب المسلمين سنة ١٠٩٨م، عادت إلى المسلمين سنة ١١٤٤م، وأنطاكية التي غزاها الصليبيون سنة ١٠٩٨م استعادها المسلمون سنة ١٢٦٨م، وبيت المقدس التي استولى عليها الصليبيون سنة ١٠٩٩م، استردها المسلمون سنة ١١٧٨م، أما طرابلس التي لم تقع بأيدي الصليبيين حتى سنة ١١٠٩م، فقد ظلت باقية في حوزتهم حتى استعادها المسلمون سنة ١٢٨٩م.

ولما تم للصليبيين الاستيلاء على طرابلس، ساروا نحو بانياس فأخذوها بالأمان سنة ٥٠٢هـ ثم نزلوا على ثغر جبيل، فأخذوه بالأمان أيضا، وواصلوا زحفهم للاستيلاء على مدن الساحل السوري الخاضعة للنفوذ الفاطمي تباعا

فنزلوا على ثغر بيروت سنة ٥٠٣هـ وحاصروها وأخذوها عنوة واضطر واليها الفاطمي على الفرار منها مع أصحابه.

ثم أن الصليبيين لما استولوا على بيروت ورتبوا أمورها ساروا إلى صيدا فحاصرها وأخذوها صلحا، وخرج واليها وجمع الجند وكثير من أهلها إلى دمشق، ثم سار الصليبيون بعد ذلك إلى عسقلان سنة ٥٠٤هـ، وكانت لا تزال خاضعة للفاطميين وتم الاتفاق بين الجانبين الصليبي والفاطمي على المهادنة.

وكان الصليبيون قد استولوا على معظم مدن الشام الداخلية والساحلية سنة ٥٥٠٤، فأخذوا صيدا بالأمان وصالحهم أمير حلب رضوان ابن تاج الدولة السلجوقي، على اثنين وثلاثين (٣٢) ألف دينار. كما صالحهم بن منقذ صاحب حصن شيرز على أربعة آلاف دينار. ثم حاصر الصليبيون صور سنة ٥٠٥هـ وكانت لا تزال في حوزة الفاطميين، ولم يتمكنوا من الاستيلاء عليها حتى سنة ٥١٨هـ ثم عسقلان كانت آخر مدن الساحل السوري التي ظلت خاضعة للنفوذ الفاطمي حتى أخذها الصليبيون سنة ٥٤٨هـ.

أوضاع الإمارات الصليبية:

بعد أن أقام الصليبيون إماراتهم الأربع، الرها وأنطاكية وبيت المقدس وطرابلس، استطاعوا الاستيلاء على مناطق واسعة من بلاد الشام والجزيرة الفراتية. وسرعان ما أصبحت هذه الإمارات بعد توسيعها وتوطيدها، تشكل خطرا كبيرا على البلاد الإسلامية ثم أخذ هذا الخطر يتوسع يوما بعد أخر نتيجة لمواقف القوى الإسلامية غير الموحدة.

لقد كانت البابوية ترمي إلى إقامة حكومات ثيوقراطية في الشرق الإسلامي تجمع بين السلطتين الدينية والزمنية، ولكن قوة الأحداث والمطامع الدنيوية للأمراء الذين قادوا حشود الصليبيين، جعلتهم يحققون أطماعهم بما أنشؤوه في هذه الإمارات التي بدأت تتركز فيها السلطة الزمنية.

وأما النظام الاقتصادي - الاجتماعي الذي ساد في الشرق إبان الحكم الصليبي، فقد كان نظاما إقطاعيا يشبه النظام الإقطاعي الذي ساد في أوروبا الغربية في ذلك العصر. فلقد قسمت جميع الأراضي المحتلة إلى إقطاعيات زراعية، ووزعت على الفرسان الصليبيين مقابل أن يقوموا بواجباتهم العسكرية ويستجيبوا لنداء الملك عندما يدعوهم للقتال، وكذلك نال بعض الفلاحين الأوروبيين الذين اشتركوا في الحملة الصليبية لقب فارس وحصلوا بعد ذلك على إقطاعيات زراعية معينة.

أما سكان البلاد الأصليون (الذين كان أكثرهم عربا من المسلمين المسيحيين) فقد انقلبوا إلى فلاحين تابعين للإقطاعيين الجدد. فهم يشتغلون في الأرض ويعطون حصة من إنتاجها إلى هؤلاء الإقطاعيين، بالإضافة إلى قيامهم بأعمال السخرة وغيرها من الخدمات وكان الفلاحون العرب ينظرون بعين الكراهية إلى هؤلاء الإقطاعيين الأوروبيين الذين استعمروا بلادهم، كما يتحينون الفرص للانقضاض عليهم وطردهم خارج الأرض العربية المغتصبة، وقد قام الفلاحون العرب فعلا بعدة تمردات ضد الغزاة الأوروبيين فكان من أشهرها الثورة التي نشبت في منطقة بيروت سنة ١١٢٥م واشترك فيها المسلمون والمسيحيون العرب.

ولم يقتنع الأوروبيون الصليبيون بالسيطرة على الأرض العربية واستغلال فلاحيها بل احتكروا أيضا التجارة الخارجية فلقد حصل تجار المدن الإيطالية (جنوه والبندقية وبيزا) في موانئ بلاد الشام على امتيازات تجارية خاصة وتسهيلات متعددة، حيث جعلت لهم في كل مدينة أحياء وأنظمة خاصة مستقلة، كما يدير أمورهم قنصل تعينه سلطات المدن الإيطالية وقد كانت السفن الإيطالية تبحر في الموانئ الأوروبية وهي محملة بالرقيق الأبيض والسلاح والخيول والمنسوجات الصوفية والكتانية وغير ذلك من بضائع الغرب، وتعود من موانئ بلاد الشام محملة أيضا بالبضائع الشرقية كالعطور والسكر والبهارت والأحجار الكريمة والحرير وغير ذلك. وكانت جمهوريات المدن الإيطالية تشرف على تنظيم التجارة بين الغرب والشرق، إلا أن المنافسة بين التجار الإيطاليين أنفسهم أفضت إلى وقوع التصادم المسلح بين مدن إيطاليا في بعض الأحيان. كذلك أخذت بعض المدن الأوروبية الأخرى (كمدينة مرسيليا الفرنسية وبرشلونة الأسبانية) تنافس المدن الإيطالية وتتاجر مع المشرق مباشرة. وهكذا سيطر التجار الأوروبيون على تجارة المبادلة بين أوروبا والمشرق، بعد أن كانت بأيدي التجار البيزنطيين والتجار العرب وهذا ما يفسر لنا تكالب التجار الأوروبيون على استعمار المشرق العربي تحت شعارات حروب دينية مصطنعة وكاذبة.

لم تكن الإمارات الصليبية قوية ولم تستطع الصمود والاستمرار لولا تلقي المساعدة المستمرة من أوروبا، فالسلطة الملكية في القدس ضعيفة وسيطرتها على الإمارات الصليبية سيطرة شكلية فحسب. كما كان المسلمون الذين يسيطرون على المدن الداخلية في بلاد الشام يقومون دائما بشن الهجمات

على المناطق التي يحتلها الصليبيون هذا وأفضت المنافسة بين الأمراء الصليبيين أنفسهم (على السلطة والأملاك والتجارة) إلى وقوع التصادم المسلح فينا بينهم، فلجأ بعضهم إلى طلب المساعدة من المسلمين أو البيزنطيين، كما تناقص عدد الصليبيين في المشرق تدريجيا حيث عاد الكثيرون منهم إلى أوروبا بعد أن حصلوا على الغنائم والأموال التي أشبعت أطماعهم ومن ناحية ثانية كانت بيزنطية غير راضية عن استئثار الصليبيين بمدينتي الرها وأنطاكية وعدم تسليمها لها، لذا تحالفت مع السلاجقة للعمل ضد الصليبيين وهكذا كانت الإمارات الصليبية ضعيفة في النصف الأول من القرن الثاني عشر الميلادي، ولكن الأمر الذي ساعدها على الصمود هو تفتت القوى الإسلامية وعدم وجود جبهة قوية متحدة تستطيع إجلاء الصليبيين من الأراضي العربية المحتلة.

لمس الصليبيون ضعفهم في المشرق فلجؤوا إلى تشكيل منظمات عسكرية تعرف بالطوائف أو الهيئات العسكرية الدينية وكان لها شأن كبير في سياسة الصليبيين في بلاد الشام وبالإمكان اعتبار هذه الهيئات حصيلة تفاعل الأمراء الديرية والإقطاعية وأصبح لهذه الهيئات تأثيرها على المستوى العسكري السياسي والاقتصادي ومن أبرز تلك الهيئات التي كانت تتمتع بنفوذ واسع هي الأسبارتية[١] والدارية[٢]، وهاتان الهيئتان من أفضل مصادر الجندية التي كانت

[١] الأسبارتية: hospitallr ترجع نشأة هذه الهيئة إلى الدار التي أقامها تجار أمالفي سنة ٤٦٣هـ/ ١٠٧٠ لتقديم المساعدة للحجاج الفقراء وكانت تدار من قبل رهبان عليهم مقدم ، وكان مقدم هذه الدار عند الغزو الصليبي جيرار والذي حث حكومة بين المقدس على أن تخصص لهذه الهيئة أحباسا وفي عهدة أصبحت لهذه الهيئة علاقة مباشرة مع البابوية وأطلقت عليه تسمية الأسبارتية وعندما توفي هذا اشتهر خليفته ريموند، إذ تحركت سياسة هذه الهيئة الخدمية إلى اعتماد السياسية الحربية ضد المسلمين وكان شعار هذه الهيئة الصليب الأبيض.

تزود الصليبيين في بلاد الشام بمقاتلين، وفي الوقت الذي تم تكلف هـذه الهيئـات الحكومـات الصليبية مسؤولية تغطية نفقاتها، وقد اشتهرت هاتان الهيئتان بما كان لهما من نظام قـوي وصـارم مكنهـا قبـل نهاية القرن الثاني عشر الميلادي، ومن أن يكون من نضم أقـوى الجهـات الصليبية في المنطقـة إذ إنهـم كانوا يعيشون في ظروف دائمية وسط محيط متغير باستمرار وأصبحوا يمتلكون ثروة هائلة تشمـل أقاليم بأكملها. وتمتعت هـذه الهيئـات بامتيـازات الإعفـاء مـن الضرائب. وأدى هـذا الثراء إلى ازديـاد نفوذهم السياسي، ومما عزز هذا النفوذ علاقتهم المباشرة مـع البابويـة لـذا فانهم كـانوا غير ملـزمين بالسياسية التي تنتهجها السلطات الصليبية في بلاد الشام بحيث أصبحوا شبه ما يكونـون بدولـة داخـل دولة وكما هو الحال بالنسبة للكنيسة في تلك الفترة.

عماد الدين زنكي وجهوده ضد الصليبيين:

قام السلطان محمود بتعيين عماد الدين واليا على الموصل، فإن الـدافع الأسـاسي لـذلك كـان الاعتقاد بأنه أمام تعاظم خطر الصليبيين في بلاد الشام فلابد من وجود قائـد كفـوء يستطيع أن يقـف بوجههم ويزيل خطرهم وقد كانت فكرة بعض الرجال في الموصل بعـد وفـاة واليها هـي الطلب مـن السلطان عماد الدين زنكي بناء على طلبهم. وكانت الغاية من تعيينه على الموصل، كما يبدو واضحا

---

(٢) الدارية: فرسان المعبد templars نشأت هذه الهيئة سنة ١١١٨م، من قبل هيوبانيز عندما نـذر نفسـه ومجموعـة مـن الفرسان لحماية الحجاج المسيحيين المسافرين إلى الأماكن المقدسة، وحصلوا من بلـدوين الثـاني عـلى مسكن لهم بالقرب من هيكل سليمان ومن هنا جاءت تسميتهم بفرسان المعبد، ولم تتوقف نشاطاتهم عـلى حمايـة الحجاج بل تجاوزت ذلك إلى الاشتراك والأعداد للحروب التي خاضها الصليبيون ضد المسلمين وكان شعارهم الصليب الأحمر.

أيضا أن السلطان حفزه على استعادة البلاد العربية من يد الصليبين بتوليته على ما يحرر منها، وهكذا جعل عماد الدين نصب عينه مسألة مقاتلة الصليبيين والتخطيط لها منذ اللحظة الأولى لتكليفه.

لقد كانت أمور بلاد الشام والجزيرة وما جاورها سيئة جدا فقد كانت الإمارات الصغيرة مختلفة مع بعض متصارعة طوال الوقت كما أن الصليبيين كانوا قد تركوا أثارا سلبية كثيرة في المنطقة بأكملها مما خلقوه فيها من فوضى وقطعهم من طرق و المواصلات وما نهبوه من المزارع والحقول ونشرهم الرعب بين سكان المدن والأرياف في المنطقة.

لقد كان على عماد الدين زنكي بوصفه قائدا يرمي إلى تحقيق هدفه في خلق جبهة قوية أن يعمد إلى وضع خطة يسير بمقتضاها للوصول إلى النتائج المطلوبة. وقد كان هناك جملة عناصر يجب أخذها بنظر الاعتبار ووضعها في مكانها المناسب في سياق الخطة.

١. تشتت وتمزق البنية السياسية للأراضي العربية الإسلامية، مما لا يخلق منها جبهة متينة أو قوة فاعلة للوقوف بوجه الصليبيين ولابد من توحيدها لتكوين عمق جغرافي بما فيه من موارد مفيدة لتكوين جبهة متينة.

٢. ازدياد أعداد القوات الصليبية القادمة بشكل مستمر من الغرب في الوقت الذي لا تفي عساكر عماد الدين بأعدادها القليلة لتحقيق ما يطمح له من قلع حصون الصليبيين. فلابد إذا من تجمع جيوش الإمارات والدويلات والاتابكيات المتفرقة في بلاد الشام والجزيرة الفراتية في كيان عسكري واحد ذي هدف واحد بدلا من تشتتها وضعف قيمتها وتعدد أهدافها السلبية القائمة على أساس التنازع فيما بينها.

٣. أخذ الأوضاع السياسية للدولة العباسية للسلطات السلجوقية بنظر الاعتبار ومحاولة فهم وملاحقة تغيراتها السريعة وذلك لان تغيير السلطان أو الخليفة قد يعني في تبعيات الإقطاعيات أو إقالة أصحابها فكان على عماد الدين أن يكون قدرا من هذه الناحية لئلا تذهب جهوده أدارج الرياح بمجرد تغيير السلطان.

لم يشتبك عماد الدين مع الصليبيين مباشرة، بل سعى إلى تثبيت نفسه في إمارته وتعزيز إمكانياتها الاقتصادية والعسكرية ثم السيطرة على الإمدادات المحيطة بها وضمها إليها حتى لا تكون عوائق ضد المواجهة القريبة أو البعيدة مع الصليبيين فيضمن زيادة موارده وقواته كما يطمئن على خطوط تقدمه أو تراجعه. بعد هذا وعندما لاحظ عماد الدين أنه يقترب من معاقل الصليبيين في محاولته لتوحيد الجبهة العربية الإسلامية فانه لجأ إلى عملية حكيمة، وذلك بان هادن ملك الرها الإفرنجي جوسلين فعقد معه هدنة لمدة سنتين. وقد قبل جوسلين الهدنة لأنه نفسه كان يعاني من مشاكل داخلية واضطرابات كحال جميع إمارات الصليبيين التي بدأت تفتتها الاختلافات والمنافسات التي أحسن عماد الدين استغلالها بعد أن أدرك أبعادها وعرف دقائقها. لقد أفاد عماد الدين استغلالها بعد أن أدرك أبعادها وعرف دقائقها "يفرغ ... من الاستيلاء على ما بقي من البلاد الشامية والجزيرة وإصلاح شأنها والفراغ من أقطاع بلادها لجند يختبرهم ويعرف نصحهم وشجاعتهم" وفضلا عن ذلك فإنه خلال هذه الفترة حقق نجاحا كبيرا بسيطرته على حلب وضمها لممتلكاته سنة ١١٢٨م، وقد رحب سكانها به لأنهم علموا أنه سوف يعمل على حمايتهم من تهديد الصليبيين الذين كانوا قريبين

منها وقد قاسموها زرعها وخيراتها، وتمكنت في نفس هذه الفترة من إخضاع الأراتقة الذين وقفوا ضده وضم بعض بلادهم إليه.

بعد أن أتم عماد الدين معظم هذه الإنجازات وبعد انتهاء أمد الهدنة ١١٢٩ - ١١٣٠م، وحتى حلول سنة ١١٤٤م، فإن عماد الدين انصرف إلى فتح بعض الحصون الصليبية المهمة، كحصن الأثارب وذلك بعد أن انتصر على التجمع الصليبي الكبير الذي قام ضده سنة ١١٣٠ وبذلك أزال من أطراف حلب واحدا من أهم الحصون التي كان الصليبيون يزعجون حلب منها. كما أنه من خلال هذه الفترة أيضا تمكن من تحرير حصون عديدة أخرى جعلته أكثر قربا من أنطاكية. وأثناء هذه المدة أيضا تمكن من إحباط محاولة الإمبراطور البيزنطي وإفشال مساعيه في بسط سيطرته على بعض المناطق العربية الإسلامية عندما قدم بنفسه إلى الشرق من القسطنطينية مما أدى إلى عودته فاشلا وربما حدد من نشاط نور الدين خلال هذه الفترة انشغاله بالصراعات السياسية بين سلاطنة السلاجقة أنفسهم. وبينهم وبين الخليفة المسترشد وذلك بعد وفاة السلطان محمود سنة ١١٣١ م.

فتح الرها:

يبدو أن عماد الدين بعد أن وحد معظم الجبهة العربية والإسلامية في بلاد الشام والجزيرة وبعد أن استعاد الكثير من الحصون والمواقع الصليبية فكر بفتح كبرى المدن المحتلة من الصليبيين أنطاكية وطرابلس والقدس والرها. وقد حاول أكثر من مرة وبشتى السبل ضم دمشق إلى اتابكته ولكن آل بوري الاتابكه الذين كانوا متملكين لها أثبطوا كل محاولاته. ودونما شك فإن امتلاك عماد الدين لدمشق كان يضعه في مواجهة بيت المقدس ومن هنا فسوف

يفكر في الجهاد من أجل تحريره ولكن عندما فشلت جهوده تجاه دمشق التفت إلى (الرها) أقرب الإمارات الصليبية إليه وأكثرها خطورة. وذلك لقربها من العراق ولقوة تحصيناتها ولما كانت تسببه للمناطق الإسلامية المجاورة من أخطار لا تقف عند حد حيث أن غارات فرسانها كانت تبلغ أمد وماردين ورأس عين والرقة، فضلا عن أن هذه الإمارة كانت تشكل عائقا أمام عماد الدين زنكي ضد تحقيق الوحدة بين بلاد الشام والجزيرة بسبب تدخلها إلى جانب أعدائه ضده وتهديدها لخطوط المواصلات والتجارة.

ولهذا فقد قام عماد الدين زنكي سنة ١١٤٤ بالتوجه إلى الرها وعمد إلى خداع ملكها جوسلين بأن أوحى له بأن وجهته هي غير الرها، مما جعل جوسلين يتركها إلى إحدى المناطق المجاورة عندئذ عاد عماد الدين مسرعا بعد استنفر كل قواته وقوات المناطق المجاورة للرها وحاصرها. ولم تجد محاولات الصليبيين إنقاذ المدينة من الحصار الذي دام ثمانية وعشرين يوما انتهت بفتح المدينة وسقوط أولى الإمارات الصليبية في الشرق.

لقد كان لسقوط هذه المدينة وتحريرها أهمية بالغة. فقد أعطى ذلك المسلمين ثقة كبيرة بإمكانية مجابهة الصليبيين مجابهة فعالة وانتزاع حصونهم منهم فضلا عن أن القضاء على هذه الإمارة فتح الطرق الممتدة بين أسيا الصغرى والعراق وبلاد الشام التي كان الصليبيون قد قطعوها أو هددوها كما أن هذا الحد نبه الصليبيين إلى خطورة موقفهم ودفعهم للإسراع إلى دعوة حملة عسكرية جديدة من أوروبا.

إن عماد الدين بعمله هذا مهد الطريق من بعده لابنه نور الدين محمود لكي يتم المهمة التي قام هو بحمل أعبائها خير قيام حتى مقتله سنة ١١٤٦ وهو

محاصر لقلعة جعبر يحاول ضمها إلى وحدته كي يجعل خطوته القادمة تحرير أماكن جديدة على رأسها القدس الشريف الذي لم يتح له تحقيقه ولا لولده ولكن أتيح لأحد قواده وهو صلاح الدين الأيوبي سنة ١١٨٦.

الحملة الصليبية الثانية (١١٤٧ – ١١٤٩):

في الوقت الذي كان نور الدين محمود يحاول تقوية مركزه ورد هجمات الإمارات الصليبية على أرضه كانت الحملة الصليبية الثانية قد تم إعدادها وهي في طريقها إلى الشرق العرب الإسلامي. وقد كانت هذه الحملة هي رد الفعل تجاه الكارثة التي أحاطت بالصليبين إثر تحرير الرها على يد عماد الدين زنكي فقد استغاث هؤلاء من جديد بأوروبا لكي ترسل المزيد من القوات في حملة جديدة لاسترجاع الرها والقضاء على عماد الدين. وقد استجاب البابا أيوجينوس الثالث لطلبهم فبدأ منذ سنة ١١٤٥ باستنفار الأوربيين وترغيبهم بالتوجه نحو الشرق، وسخر لهذا الغرض مجموعة من معاونيه من كبار الأساقفة ونجح في النهاية بإقناع كونراد الثالث إمبراطور ألمانيا بالمشاركة مع لويس السابع ملك فرنسا لقيادة الحملة الجديدة بعد الكثير من التردد. وقد وصل الاثنان إلى سواحل بلاد الشام في سنة ١١٤٧ مع ما تبقى من جيشيهما فقد أباد سلاجقة أسيا الصغرى (سلاجقة الروم) تسعة أعشار جيش كونراد بعد عبوره من القسطنطينية إلى أسيا الصغرى. كما أن السلاجقة ذاتهم أنهكوا قوات لويس بمهاجمتها في عدة نقاط وهي في طريقها إلى فلسطين عبر البر على شواطئ البحر المتوسط.

عندما وصلت هذه الحملة المشتتة إلى سواحل الشام ١١٤٧ كانت أهواء أصحاب الإمارات الصليبية منقسمة على بعضها، فقد وصلت المنافسات بينهم

حدا كبيرا بحيث تألب بعضهم على بعض ولم يعد يساعد بعضهم بعضا عند تعرضه للخطر إلا نادرا كما حصل بجوسلين عندما ترك وحده أمام عماد الدين الذي قهره وحرر الرها منه. كانت رغبة أمير أنطاكية أن يتوجه الجميع لحصار حلب والقضاء على نور الدين محمود فيها. بينما كانت فكرة جوسلين هي أن يساعده جند الحملة والباقون لاسترجاع الرها. ولكن أراء الصليبيين الشماليين هؤلاء لم تحظ بالإنصاف. فقد استخدمت ملكة بيت المقدس الحملة بكاملها لاحتلال دمشق لأنها أكثر تهديدا للقدس من أي مكان آخر وهكذا بدت مصالح كل طرف تطغى بشكل واضح وكانت نتيجة هذه الحملة فشلا مهينا. فقد قام الصليبيون بحصار دمشق بحوالي خمسين ألف مقاتل وهو أكبر عدد يؤمنه الصليبيون لعملية واحدة في بلاد الشام، إلا أن قائد عسكر البوريين فيها أثرا استغاث بسيف الدين ونور الدين ابني عماد الدين فجاؤوا من الموصل وحلب، فاضطر الصليبيون إلى الانسحاب نتيجة مقاومة المدينة الباسلة وموقف الترنكين الموحد، وذلك بعد خمسة أيام فقط من الحصار، دون أن يحققوا أي مكسب وبانتهاء هذه الحملة الفاشلة مباشرة عاد كونراد الثالث إلى ألمانيا وتبعه في السنة التالية لويس السابع إلى فرنسا بعد أن ألقى الأخير بتبعية الفشل المهين على البيزنط متهما أمبراطورهم بالخيانة والتقصير.

اتحاد مصر وسوريا والعراق في عهد نور الدين محمود:

إن أسباب الانتصارات التي حققها الصليبيون في مطلع القرن الثاني عشر هو تفتت القوى الإسلامية وتصارعها في المشرق. وعندما اتحدت قوات مصر وسوريا والعراق (في النصف الثاني من القرن الثاني عشر) استطاعت أن تلقن هؤلاء المستعمرين الأوروبيين دروسا قاسية وأن تلحق بهم هزائم شنيعة.

ففي سنة ١١٤٦ توفي عماد الدين بعد أن حرر مدينة الرها من الصليبيين وضم حلب إلى إمارة الموصل. وخلفه ابنه نور الدين محمود فعمل على تحقيق الوحدة بين العراق وسوريا ومصر ـ كي يحشد قوات هذه الأقطار كلها ضد الصليبيين.

ضم دمشق:

تتمتع دمشق بأهمية بالغة وذلك لأنها أقرب من حلب إلى القدس التي تحريرها هو الهدف الأسمى من عملية الجهاد والتي خاضها الزنكيون فترة طويلة ولم يتمكن عماد الدين من أخذ المدينة رغم محاولاته العديدة، وقد حاول من بعده نور الدين أن يتقرب إلى حاكم المدينة وسكانها بالوسائل الدبلوماسية فشارك في الدفاع عنها ضد حصار الصليبيين لها سنة ١١٤٨. لكن جهوده الدبلوماسية كلها لم تثمر حتى سنة ١١٥٤ عندما سيطر الصليبيون على مدينة عسقلان ، ولم يتمكن نور الدين من فعل شيء بسبب وقوع دمشق بينه وبين مدن فلسطين المحتلة من الصليبيين فعمد إلى حيلة زرع بوساطتها الشك بين صاحب المدينة مجير الدين البدري، وقادته العسكريين وجعله يتخلص منهم مما أضعف البلد فتمكن نور الدين من دخولها ولم تفلح محاولة الصليبيين في الإسراع لمنعه من ذلك. وبهذا ضم دمشق إلى دولته فأصبحت معظم بلاد الشام بيده باستثناء البقع التي يحتلها الصليبيون والتي فيها بعض حصونهم.

ضم مصر:

لا يبدو بأن نور الدين كان قد فكر في البداية بضم مصر ـ إلى جبهته فقد كانت خاضعة للفاطميين ولهم فيها دولتهم التي لم يكن نور الدين في ظروفه وقتئذ على استعداد للدخول في صراع معها. إلا أن تفكيره بضم مصر لدولته

ربما جاء سنة ١١٦٢ عندما قدم إليه وزير العاضد الفاطمي وهو شاور السعدي يطلب منه مساعدته لإرجاعه إلى منصب الوزارة الذي عزل منه في مقابل أن يقدم له من أرض مصر- مع التعهد بالولاء والإذعان لنور الدين فيما يأمر به. فوجه نور الدين في السنة التالية قائده أسد الدين ليقوم بالمهمة فأتمها على أحسن وجه. ولكن شاور انقلب عليه بعد أن عاد إلى وزارته واستدعى الصليبيين لمعاونته ضد أسد الدين مما أضطر الأخير إلى الانسحاب ولكن ليس قبل أن يقاتل ببسالة كبيرة مع جنوده القليلين ضد الصليبين الذين اضطروا إلى تركه بعد أن وضع نور الدين من جهته ضغطا على الجبهة الشمالية للصليبيين لكي يضطرهم إلى الانسحاب وترك أسد الدين، وقد نجح في ذلك بعد أن استعاد من الصليبيين منطقتين مهمتين جدا وهما حارم وبانياس. لقد أضطر أسد الدين إلى العودة إلى بلاده ثم المجيء إلى مصر مرتين من بعد ذلك لكي يستطيع السيطرة تماما على مصر سنة ١١٦٨م، وذلك بسبب خيانة شاور الذي استدعى الصليبيين إلى مصر فنهبوا خيراتها وأرهقوا سكانها وقد عين العاضد أسد الدين وزيرا.

وهكذا بسط نور الدين يده على مصر وازدادت سيطرته وضوحا عندما قام صلاح الدين الأيوبي، ابن أخ لأسد الدين، بخلافة عمه في منصب الوزارة إثر وفاته سنة ١١٦٨م، بقطع الخطبة للفاطميين وجعلها للخليفة العباسي المستضيئ فعادت مصر رسميا ثانية للتوحد مع الدولة العباسية الولاء لها وذلك في سنة ١١٧١م، وكل ذلك بفضل جهود نور الدين محمود.

لقد عملت هذه الجهود على تقوية وضع نور الدين في تصديه للصليبيين وجعلت منه نداء قويا لهم فتمكن منهم في أكثر من مناسبة فإنه سيطر على معظم

التحصينات التي بين الشريط الموحد الممتد من الرها فحلب فحماة فحمص إلى دمشق وبـين الإمارات الصليبية المتمثلة بأنطاكية وطرابلس على الساحل.

صلاح الدين الأيوبي والصليبيون:

إن الحرب بين الأيوبيين والصليبيين شكلت المحور الأساسي في تاريخ الدولـة الأيوبيـة، ذلك أن الأيوبيين ورثوا هذه الحروب مما ورثوه عن الزنكيين.

تميزت سياسة صلاح الدين تجاه الصليبيين في فترة بناء الوحدة (منـذ وفاة نـور الـدين سـنة ٥٦٩ هـ / ١١٧٣م وبين سنة ٥٨٢هـ / ١١٦٨م) بطابع اللين والموادعة والمهادنة. وسبب ذلك أن صلاح الـدين كـان يهدف إلى القضاء على الصليبيين مؤقتا لتصفية الحساب مع الأمراء المسلمين الذين يقاومون أثناء دولـة موحدة.

ومع ذلك فقد حدثت في هذه الفترة عدة اصطدامات عسكرية بينه وبـين الصليبيين تمثلت بهجوم الصليبيين على الإسكندرية ونجاح صلاح الدين في الدفاع عنها وإفشال مخططاتهم التي كانت تهدف السيطرة على السواحل المصرية. ثم معركة الرملة سنة ٥٧٣هـ / ١١٧٧م التي انـدحر فيها صلاح الدين قرب عسقلان ثم أعقب ذلك انتصار صلاح الدين المتكرر عـلى العديد مـن القطاعات الصليبية وتخريبه لحصن بيت الأحزان سنة ٥٧٤هـ /١١٧٨م. ثم هجماته المتكررة على حصن الكرك. وإجباره أمير طرابلس الصليبي (القومص) إلى تقديم تنازلات لصلاح الـدين انتهـت بموافقتـه القومص بالوقوف إلى جانب صلاح الدين ضد مملكة بيت المقدس الصليبي.

وهكذا تبين أن صلاح الدين أقتصر في الفترة السابقة الذكر على غارات خاطفة ومركزة على بعض معاقل الصليبيين والموافقة على عقد مهادنات قصيرة لغرض التفرغ الكامل لبناء الوحدة وتعبئة القوى. وبعد أن حقق هدفه السابق تقدم بكل قواته لطرد الغزاة الصليبيين من أرض الشام.

معركة حطين:

حدث في مملكة بيت المقدس بعض الاضطرابات الداخلية بسبب ولاية العرش استغله رينال شايتون (المسمى في المصادر العربية بالبرنس أرناط الذي كان حاكما على إقليم ما وراء الأردن وأمير لحصن الكرك) فعمد إلى نقض الهدنة التي كانت بين مملكة بيت المقدس وصلاح الدين والتي بمقتضاها يتمتع التجار من كلا الجانبين بالحرية التامة في الذهاب والإياب من مصر وإلى بلاد الشام. ولا شك أن هذه المعاهدة كانت قد عادت بالفوائد الجمة على أرناط لأنه كان يفرض على القوافل القادمة من بلاد المسلمين ضرائب ومكوس. غير أن أرناط هذا ‐ كما يقول المؤرخ الفرنسي غروسية ‐ كان لصا لا يستطيع الحياة بدون السلب ونهب السلع. ولم يكتف بذلك بل تعمد غزو البحر الأحمر. ومهاجمة المدينة المنورة، وكاد ينجح في مسعاه لولا أن تتبعته جيوش دمشق، بقيادة ابن أخي صلاح الدين وأجبرته على العودة إلى حصن الكرك.

وهكذا ونتيجة لانتهاك الهدنة، أمر صلاح الدين للقيام بحركة تحشيد كاملة لقواته بعد أن أعلن حركة الجهاد في سبيل الله. وأعلم الأطراف المعنية بقراره الحازم في محاربة الصليبيين حربا شاملة لا تنتهي إلا بطردهم من بلاد الشام. وكان عندما أتم بناء الوحدة وجاءته الذريعة في حرب الصليبيين تلك الذريعة التي لا تجعله المسؤول لوحده في الحرب التي لا يعلم نتائجها والتي

ربما تكون عواقبها وخيمة. وكان لا شيء معدا له عند نهاية سنة ٥٨٢هـ / ١١٦٨م حيث جاءت العساكر من كل فج إلى ضواحي دمشق.

وبعد أن أكتملت استعداداته غادر مسرعا دمشق إلى الجنوب في ١ محرم سنة ٥٨٣هـ بعد أن ترك ولده الأكبر الأفضل عند دمشق ليستقطب العساكر. ومن بصرى خرج صلاح الدين إلى عشترا وهناك استعرض عسكره وكان عددهم اثني عشر ألف جندي فخرج بهم إلى الأردن يوم الجمعة ١٧ ربيع الثاني سنة ٥٨٣هـ ونزل في الأقحوانة وأقام بها خمسة أيام يعين مواقع القتال، ويشرح للأمراء والقادة مواقعهم في حين كان عسكره قد وصل بحيرة طبرية وأحاط بها. وقد تولى صلاح الدين بنفسه قيادة قلب الجيش، وابن أخيه صفي الدين الميمنة، بينما تولى مظفر الدين كوكبري الميسرة.

ولما وردت الأنباء بأن صلاح الدين اجتاز نهر الأردن علم الصليبيون بأنه قاصدهم لذلك سارعوا بجمع قواتهم من الإمارات الساحلية فبلغ عددهم قرابة خمسين ألفا.

أما صلاح الدين فقد أستغل فترة تجمع القوات الصليبية وعدم مسيرها إليه بالقيام بهجوم سريع على طبرية بقصد إجبار الصليبيين على الخروج من صفورية مركز تجمعهم ، ولم يمض وقت قليل حتى تمكن من الاستيلاء على البلد ما عدا قلعتها، وظل الصليبيون يخططون للهجوم على صلاح الدين وكانوا وقت ذاك بإعداد إحدى خطتين، أحدهما هجومية تقدم بها الأمير أرناط والأخرى دفاعية تقدم بها ريموند الذي نصح الملك و النبلاء بعدم مغادرة صفورية لحصانتها الجغرافية وتوفر الماء فيها. عن طريق تجنب الاشتباك بقوات صلاح الدين في معركة حاسمة. في أمل أن صلاح الدين سوف ينسحب من طبرية

لحرارة الجو وبعده عن الماء إلا أن أرناط تمكن من التأثير على الملك جاي ودفعه إلى إصدار أوامره بالتقدم نحو صلاح الدين من دون استشارة بقية النبلاء، وبذلك سار الجيش الصليبي إلى مصيره البائس. وتحقق لصلاح الدين النجاح الأول لسياسته الحكيمة التي قضت بإخراج الصليبيين من صفورية عن طريق الهجوم على طبرية لان صفورية كانت مشتهرة بغزارة مياهها. وقد خرج صلاح الدين بتحرك الصليبيين هذا وأعلن لعسكره قوله "جاءنا ما نريد ونحن أولو بأس شديد وإذا صحت كرتهم فطبرية وجميع الساحل ما دونه مانع ولا عن فتحه وازع". ثم أخذ يخطط مواضع القتال لأجناده.

وما أن وصل العسكر الصليبي إلى جبل طبرية عند منطقة تعرف باللوبيا في صباح يوم الجمعة ٢٤ ربيع الثاني سنة ٥٨٣ ه / ٣ تموز ١١٨٧م حتى أسرع صلاح الدين بالتقدم نحوهم والاصطدام بهم قبل أن ينتقلوا إلى موضع أخر يتحصنون فيه لأن المنطقة التي وصل إليها الصليبيون كانت أرضا مكشوفة خالية من كل شيء وكان صلاح الدين قد ردم هذه المنطقة بصهاريج المياه في هذه المنطقة ومنع الصليبيين من الوصول إلى المياه القريبة من طبرية. لذلك وجد الصليبيون من العطش كثيرا وقرروا المبيت فوق الهضبة بعيدا عن خطر المسلمين، وقد استغل صلاح الدين ظلام الليل فعمد إلى محاصرة أعدائه ولم تكد شمس اليوم التالي تشرق حتى وجد الصليبيون أنفسهم محاصرين بعيدا عن المياه، لذلك نزلوا مسرعين إلى حطين وهناك دارت معركة حاسمة انتصر فيها المسلمون انتصارا عظيما بعد أن كبدوا الصليبيين خسائر فادحة في الأرواح والمعدات وكانوا قد أحرقوا تحت أقادمهم الأعشاب المحيطة بجبل حطين" فاجتمع عليهم العطش وحر الزمان وحر النار والدخان وحر القتال".

وهكذا انتهت المعركة بقتل مئات من الجنود الصليبيين مع أسر قادتهم ومنهم الملك جاي لوزجنان الذي فقد قتل رجاله ولم يبق حوله إلا مائة وخمسون فارسا وقعوا جميعا في الأسر. وقد أسر المسلمون الأمير أرناط وأمير حصن جبيل ولم ينجح إلا أمير طرابلس الذي هرب من ساحة المعركة قبل نهايتها إلى مدينة صور.

وهذه الخسارة التي أصابت الصليبيين لم تكن نتيجة ضعف أو فساد فيهم، لان العسكر الصليبي كان يفوق في العدد والعدة العسكر الإسلامي وكان المقاتل الصليبي محميا بواسطة سلاح ثقيل هو وحصونه. ولذلك فإن انتصار صلاح الدين هذا كان بسبب قيادته المحنكة وخطته العسكرية الجيدة التي اتبعها في المعركة ومشاركته الفعلية فيها. فقد أحسن اختيار أرض المعركة ووقت وقوعها الذي كان في شهر تموز أشد أشهر السنة حرارة وأقله ماء علما بأن صلاح الدين كان قد أمر بردم بعض صهاريج المياه القريبة من مواقع الصليبيين وبذلك أصبح الحر والعطش من بين الأسلحة التي أستخدمها صلاح الدين ضد عدوه. ولا يخفي ما كان من بساطة المقاتلين وتوحيدهم واستماتتهم في القتال الذي اعتبره ركنا مهما من أركان عقيدتهم إلا وهو الجهاد في سبيل الله، مما أثر في انتصارهم في معركة حطين.

كان انتصار المسلمين في معركة حطين بمثابة "مفتاح الفتوح الإسلامية" في المنطقة فقد اتجه صلاح الدين بعدها إلى سائر المدن والبقاع الصليبية وأخذ يسقطها الواحدة تلو الأخرى ففي يوم الأربعاء ٢٨ ربيع الثاني سنة ٥٨٣هـ / ٨ تموز ١١٧٨م، تقدم صلاح الدين نحو عكا، وما أن وصلها حتى خرج إليه أهلها

يطلبون الأمان، فأمنهم على أنفسهم وأموالهم، وخيرهم بين الإقامة والرحيل، فاختاروا الرحيل وأخذوا ما أمكنهم حمله وتركوا الباقي في المدينة.

وكان لهذه السياسة السمحة التي أتبعها صلاح الدين مع أهالي عكا فوائد كثيرة فقد حافظت على استمرار الحياة الاقتصادية، لأن أولئك التجار الأوروبيين استمروا بأعمالهم التجارية بعد أن لمسوا من صلاح الدين العدل والإصلاح، إضافة إلى أن تلك السياسة المعتدلة، ساعدت على تسهيل مهمة فتح المدن التي كانت تحت السيطرة الصليبية كما أن هذه المعاملة الحسنة - أتاحت للنصارى مغادرة عكا وغيرها من الحصون فتخلص المسلمون من الصليبيين دون حرب.

وبعد أن فتحت عكا تقدم جيش صلاح الدين نحو فتح الحصون المجاورة لها أمثال (الناصرة و قيسارية و حيفا و صفورية و الطور) وغيرها، ثم تقدم حسام الدين بن لاجين، بأمر من خاله صلاح الدين. نحو مدينة نابلس وحاصرها واستنزل في مكان كان بها من الصليبيين الذين طلبوا الأمان. وتسلم قلعتها، وأقر أهالي البلد على أموالهم وأملاكهم، لأنهم كانوا مسلمين وقد مكثوا في مدينتهم بعد استيلاء الصليبيين عليها.

وقد خرج صلاح الدين إلى تبنين استجابة لنداء الملك المظفر تقي الدين الذي حاصرها ولم يتمكن من فتحها وعندما وصل صلاح الدين حاصرها حصارا شديدا حتى اضطرها إلى طلب الأمان، وبعد أن استعاد صلاح الدين تبنين خرج نحو مدينة صيدا، فلما علم صاحبها الخبر، غادرها هاربا، وتركها من غير مدافع، وجاءت رسل صاحبها بمفاتيح البلد إلى صلاح الدين فدخلها آمنا مطمئنا، سنة ٥٨٣هـ.

ومن صيدا خرج صلاح الدين إلى مدينة عسقلان، ولم يتجه نحو صور، لأنها أصبحت في هذه الفترة مركز تجمع صليبي الساحل الشامي فرأى صلاح الدين التوجه نحو عسقلان،لأنها تقع في ملتقى الطرق بين سوريا ومصر، فحاصر صلاح الدين عسقلان، حتى تمكن النقابون من جزء من السور فاضطر أهالي البلد إلى طلب الامان، فأمنهم صلاح الدين.

تحرير القدس:

اقتضت سياسة صلاح الدين ألا يتقدم لتحرير القدس، إلا بعد أن يفتح الحصون والمدن المجاورة لها، كي يؤمن خطوط تقدمه إليها، ويمنع التفاف الأعداء حوله، وقد تمكن من تحقيق هذا الهدف، وفتح كل الحصون والمدن التي تقع في فلسطين ولم يبق سوى القدس وصور.

وفي ١٥ رجب سنة ٥٨٣هـ / ٢٢ أيلول ١١٨٧ وصل صلاح الدين بقواته إلى ظاهر بيت المقدس وبقي خمسة أيام يطوف حول سور المدينة لينظر من أين يهاجمه ثم وقع اختياره أخيرا على جهة الشمال فانتقل إليها في العشرين من رجب وبقي طول الليل يعبئ قواته ويخطط للمعركة وفي صبيحة اليوم التالي حدث قتال شديد، وكانت العساكر الإسلامية تندفع إلى المدينة بقوة وبسالة.

وقد انتهت المناوشات القريبة من القدس بوصول القوات الإسلامية سور المدينة وتمكنهم من إحداث ثقب فيه، ورغم كثرة الصليبيين الموجودين في القدس، والذي قدر عددهم بستين ألف رجل ما بين فارس وراجل، فإن ذلك الثقب قد أحدث قلقا شديدا في نفوسهم فطلبوا الأمان على إثره، غير أن صلاح

الدين رفض طلبهم ولأول مرة - وقال " لا أفعل بكم إلا كما فعلتم بأهله حين ملكتموه من المسلمين سنة إحدى وتسعين وأربعمائة من القتل والسبي وجزاء السيئة بمثلها" غير أن صلاح الدين الذي غير موقفه بعد أن عقد مجلسا استشاريا مع أصحابه وقادة عسكره فوافق على منح الأمان للصليبيين بعد أن وضع على كل رجل صليبي عشرة دنانير وعلى المرأة خمسة وعلى الطفل دينارين يدفعهما الصليبي في مدة أقصاها أربعين يوما فمن أداها نجا ومن لم يؤدها صار مملوكا. علما أن صلاح الدين عفا من هذه الجزية كل فقراء الصليبيين الذين تجاوزوا الثمانية آلاف شخص عدا الأعداد الكبيرة التي خرجت من القدس بطرق غير مشروعة.

وهكذا فتح صلاح الدين القدس في يوم الجمعة ٢٧ رجب منه ٥٨٣ / ١٢ - ١٨٧٩م، وقد أمر بانتشار عساكره في المدينة المقدسة ليمنع أي اعتداء قد يقع على نصارى القدس أو الصليبيين المسلمين " وقد توجه إليه آلاف من النساء وبنات الفرسان الذين اسروا أو قتلوا في تلك المعارك وخدمهم يسألنّه الرحمة، فأمر بإطلاق سراح أزواجهن وأخواتهن ومنح بعضهن هبات مالية مناسبة" وكان من بين الذين عفا عنهم صلاح الدين زوجة الأمير أرناط وابنه الملك أموري كما سمح صلاح الدين للبطريرك الكبير أن يخرج من القدس بسلام ومعه كل أموال البيع والكنائس، وكانت تلك الأموال عظيمة لدرجة أنها جلبت أنظار المسلمين غير أن صلاح الدين رفض طلبهم وقال " لا أغدر بهم" ولم يأخذ منه سوى عشرة دنانير. وبذلك منحت الرحمة للمدينة المقدسة ولم تتعرض دار من دورها للنهب ولم يحل بأحد من الصليبيين مكروه، بينما خاض الصليبيون ضد المسلمين مذبحة كبيرة عند احتلالهم بيت المقدس ونتيجة لهذه المعاملة الحسنة فقد طلب

نصارى الشرق الذين كانوا داخل القدس للسماح لهم بالمكوث فيه فوافق صلاح الدين.

وقد مكث صلاح الدين في القدس ثمانية وعشرين يوما، كان خلالها قد أعاد للمدينة وجهها العربي الأسلامي، حيث عمد إلى إزالة التغييرات التي أحدثت بعد احتلال المدينة من قبل الصليبيين سنة ٤٩٢هـ من ذلك كشف الجدار الساتر لمحراب المسجد الأقصى الذي كان الصليبيون قد بنوه في وجه المحراب كما أعاد نصب المنبر في المسجد الأقصى لإقامة خطبة الجمعة كما عين صلاح الدين للمسجد الأقصى إماما وخطيبا وقد أمر أيضا بفتح المساجد والمدارس في القدس لتدريس الفقه.

وبعد أن أتم صلاح الدين أعماله في القدس خرج منها في ٢٥ شعبان سنة ٥٨٣هـ / ٣ - ١٠ - ١١٨٧م، لإتمام مهمة تحرير الشام من الغزاة الصليبيين فوصل إلى عكا وحاصرها حصارا بعد أن وزع الأمراء العسكريين على جهات مختلفة من السور ليجعل بينهم التنافس من أجل الإسراع في فتح البلد. كما قسم العسكر إلى ثلاثة أقسام، وقسم القتال بحيث يكون لكل قسم منه وقت معلوم لقتال الأعداء كي يستمر القتال ويجهد الأعداء غير أن صلاح الدين لم يتمكن من فتحها لأسباب عسكرية ومناخية. فقد حل فصل الشتاء وكثرت الأمطار. فأمر صلاح الدين العساكر بالتفرق على أن يعودوا في أقرب فرصة بعد انقضاء فصل الشتاء لمواصلة عملية الجهاد ، أما في البحر فإن الصليبيين تمكنوا من بعض السفن الإسلامية المحيطة بصور عن طريق البحر واسقطوا بعضها في كمين، مما دفع صلاح الدين إلى إصدار أوامره بمسير باقي الأسطول بالذهاب إلى بيروت في حين سار هو إلى عكا حتى دخلها سنة ٥٨٤هـ.

ومن الأسباب التي مكنت صلاح الدين من أن يتم تحريره للمدن والحصون (اللاذقية و جبلة و انطوسوس) وغيرها بتلك السرعة - بالإضافة إلى الأمور العسكرية - إن صلاح الدين شارك عسكره في العمليات الحربية وأظهر لهم العزم في القتال وفهم قواته العسكرية أن الهدف من بقائهم في الشام هو إكمال عملية التحرير وأنه لاشيء يعلو على ذلك الهدف، ولذلك عاد صلاح الدين من تحرير حصن كوكب، ومر بمدينة دمشق فوجد متولي الديوان فيها (الصفي بن القابض) قد هيأ له دار جميلة مطلة على الشرفين فيها العديد من وسائل الراحة، فلما رآها صلاح الدين أعرض عنها وقال " ما يصنع بالدار من يتوقع الموت؟"

الحملة الصليبية الثالثة (**١١٨٩ – ١١٩٢**):

إن انتصار صلاح الدين في حطين وما أعقبه من نجاح في تحرير بيت المقدس ومعظم ساحل بلاد الشام من أيدي الصليبين، أحدث رد فعل عنيف في أوروبا دفع بمعظم ملوكها إلى نسيان أحقادهم والاتفاق على حرب المسلمين في الشام وإعادة بيت المقدس إلى حظيرتهم. وكان من استجاب لتلك الدعوة وليم الثاني ملك صقلية النورماني الذي عقد صلحا مع البيزنطيين وأرسل إلى تعبئة ملوك أوروبا يدعوهم فيه القيام بحملة صليبية جديدة بعد أن أرسل في صيف سنة ٥٨٤ ه / ١١٨٨م أسطولا يحمل عدة مئات من فرسانه لمساندة الصليبيين في صور. أو تعبيرا منه لملوك أوروبا عن عزمه في مقاومة المسلمين.

وقد تلقت البابوية أيضا أنباء انتصارات صلاح الدين وما حل بالصليبيين من خسائر عن طريق رئيس أساقفة صور فبادر على الفور جريجوي الثامن إلى

إرسال كتيبة إلى سائر أنحاء أوروبا يدعوهم إلى حمل السلاح وإلى اتخاذ الصليب بعد أن وعدهم بغفران الذنوب وقد واصل أعماله البابا كلمنت الثالث الذي أتصل بملكي فرنسا وإنكلترا وطلب إرسال حملة سريعة لإنقاذ الموقف بعد أن استجاب لندائه من قبل الإمبراطور فردريك بربروسا إمبراطور ألمانيا.

استجاب ملك فرنسا فيليب اوغسطس، وملك إنكلترا ريتشارد الأول الملقب "قلب الأسد" لنداء البابا. ونسيا كل شيء واتفقا على وجوب الذهاب إلى الشرق واقتسام ما يحصل لديهم من غنائم وعلى فرض ضريبة عشرية على كل من لم يشترك من رعاياها في الحرب ضد المسلمين وأطلق عليها "عشور صلاح الدين".

وهكذا نجح البابا وأنصاره من رجال الدين من إثارة الباعث النفساني والديني لدى العالم الأوروبي حيث استخدموا الأساليب الدعائية التي تقوم على إثارة العواطف الدينية في استقطاب قواهم.

فقد كان إمبراطور ألمانيا فريدريك بربروس أسرع للعمل من غيره فقد تحرك في جمادي الأولى سنة ٥٨٥هـ / أيار ١١٨٩بما يقرب من مائة ألف محارب عن طريق البر مارا بمدينة القسطنطينية عبر هنغاريا، غير أن هذه الحملة واجهت عداء كبيرا من قبل الإمبراطور البيزنطي إسحق الذي راسل صلاح الدين من أجل أن يعقد صلحا معه، ويعرفه بكل تحركات الحملة الألمانية، نظرا للأضرار التي ألحقها الألمان بالأراضي البيزنطية، وإيذائهم فلاحيها، لذلك كله فضل إسحق صداقة صلاح الدين على عداوة الصليبيين.

ولم تنقطع الإمدادات الصليبية من الغرب الأوروبي للصليبيين المحاصرين لعكا، وكان بين الفترة والأخرى يصل إلى الشام عدد لا بأس به من

السفن الحربية المحملة بالفرسان والعدد الحربية، وفي سنة ١١٩١ وصل إلى عكا فيليب أغسطس ملك فرنسا، وريتشارد الأول ملك إنكلترا، الذي دخل جزيرة قبرص في ٢٦ ربيع الثاني من سنة ١١٩١ واستولى عليها ثم وصل إلى الشواطئ السورية في أوائل حزيران وأحرق أسطولا للمسلمين، ومنذ هذه اللحظة التي وصل فيها ريتشارد الأول بدأ ميزان القوى يتغير لصالح الصليبيين، وأصبحت جزيرة قبرص من المراكز المهمة بعد فتحها لتموين بقايا الصليبيين بالشرق، ومحطة للاتصال بين الصليبيين الشرق والغرب.

وقد ازداد الضغط على عكا حتى سقطت بأيدي الصليبيين ظهر يوم الجمعة ١٧ جمادي الآخرة سنة ٥٨٧هـ / ١٢ تموز ١١٩١، وبعد استيلاء الصليبيين على بعض الموانئ الساحلية عاد الملك الفرنسي فيليب إلى بلاده، بينما ظل الملك الإنكليزي ريشتارد الأول في الشام فترة طويلة فحقق خلالها بعض الانتصارات على المسلمين. وفشل ريتشارد في إعادة احتلال القدس وأخذها من صلاح الدين مما دفعه إلى طلب الصلح معه فتم ذلك في سنة ٥٨٨هـ / ١١٩٢م. وكان من أهم بنود الصلح أن يكون أمده ثلاث سنوات، وتعهد المسلمون بزيارة الأماكن المقدسة في فلسطين. بعد هذا عاد ريتشارد إلى بلاده التي كانت قد اضطربت عليه، انصرف صلاح الدين بعد ذلك إلى إصلاح دولته وبنائها حتى وافاه الأجل فتوفي سنة ٥٩٨هـ/ ١١٩٣م.

الحملة الصليبية الرابعة (١٢٠٢ – ١٢٠٤)م:

اتخذ الصليبيون من سقوط القدس بأيدي المسلمين ذريعة لتشكيل حملة صليبية رابعة وإرسالها إلى المشرق لقد أراد البابا أنوسنت الثالث (١١٩٨

- ١٢١٦) أن يحقق لنفسه زعامة عالمية داخل أوروبا وخارجها، فأخذ يـدعو الملوك الأوروبيين لتسـوية الخلافات بينهم وتوجيه قواتهم العسكرية في حملة صليبية إلى المشرق كي تستعيد القدس من المسلمين ولم يستجب لدعوة البابا هذه المرة ملك إنكلترا ولا ملك فرنسا ولا إمبراطور ألمانيا، بل لبى دعوته بعض الأمراء الإقطاعيين في فرنسا وإيطاليا وألمانيا.

وقد استطاعت مدينة البندقية الإيطاليـة بمـا لـديها مـن قـوة بحريـة أن تسـيطر عـلى زمـام الحملة الصليبية وتوجيهها حسب مصالحها الخاصة. حيث طلب دوق البندقية من الصليبيين (٨٥ ألف مارك) مقابل نقلهم على السفن البندقية إلى مصر ولما كان الصليبيون لا يملكون هـذا المبلغ مـن المـال. فقد طلب منهم دوق البندقية مهاجمة مدينة زارا ونهبها لتسديد الأمـوال المطلوبـة، وقـد وافـق البابـا على غزو هذه المدينة المسيحية، مما يدل على انحلال الدافع الديني أمام المصالح الخاصة.

كان الصليبيون المتجمعون من فرنسا وإيطاليا وألمانيا ، بزعامة البابا يريدون أن تتجه الحملة الصليبية الرابعة إلى مصر لأن مصر غدت مركز القوة الإسلامية في المشرق، فإذا اسـتولوا عليهـا أصـبح استرجاع القدس أمرا مقضيا أما تجار البندقية (أصحاب السفن) فلم يرغبوا بمهاجمة مصر- لأنهم كـانوا قد عقدوا مع سلطانهم (الملك العادل أخي صلاح الدين) اتفاقية حصلوا بموجبها على امتيـازات تجاريـة في الأسواق المصرية. وكان تجار البندقية يريدون أن توجه الحملة الصليبية ضد البيزنطـة التـي كانـت تنافسهم على التجارة بين الشرق والغرب، كما كان الإمبراطور البيزنطي قـد ضيق عـلى جاليـة البندقيـة التجارية في القسطنطينية، في حين أغدق الامتيازات على منافسيهم تجار مدينة بيزا الإيطالية.

وساعدت الظروف تجار البندقية على تحقيق رغبتهم في غزو القسطنطينية فالإمبراطور الكسيوس الثالث كان قد استولى على العرش البيزنطي من أخيه إسحق وسجنه، بينما فر ابن إسحق إلى أوروبا وطلب من البابا وجموع الصليبيين أن يساعدوه على استعادة عرش والده ووعد الكسيوس بن إسحق البابا بإخضاع الكنيسة البيزنطية للبابوية، كما وعد الصليبيين أيضا بأن يقدم لهم مساعدات مالية وعسكرية لاستعادة القدس، إذا ما عادوا له أو لوالده العرش البيزنطي. وهكذا تحولت الحملة الصليبية الرابعة عن هدفها الأول واتجهت نحو القسطنطينية.

وفي سنة ١٢٠٤م أحتل الصليبيون العاصمة البيزنطية فاحرقوا بعض أحيائها ونهبوا كنوزها. ولم تسلم الكنائس والأديرة البيزنطية من السرقة والنهب على أيدي هؤلاء الصليبيين الأوروبيين. وبعد احتلال القسطنطينية تابع الصليبيون توسعهم في الأراضي البيزنطية حتى سيطروا على معظمها. ولم يعد الصليبيون العرش البيزنطي إلى الإمبراطور المخلوع إسحق أو إلى ابنه الكسيوس، كما أنهم لم يفكروا بالتوجه إلى مصر أو استعادة القدس من المسلمين بل أسسوا لأنفسهم دولة خاصة في بيزنطة، وقد سميت هذه الدولة الصليبية الجديدة " الإمبراطورية اللاتينية".

الحملة الصليبية الخامسة (١٢١٧ – ١٢٢١):

قبل الحديث عن هذه الحملة لابد من الإشارة، ولو بشكل موجز إلى حملة الصليبيين سنة ١٢١٢م، والحملة الهنغارية سنة ١٢١٧م، فهما يشيران إلى حلقة طريفة من تاريخ الحروب الصليبية ابتدأها صبي في الثانية عشرة من عمره

أدعى في فرنسا بان المسيح (ع) سلمه رسالة أمره فيها بـأن يقـوم هـو والأطفـال الصليبيين لوحدهم بحملة صليبية وأن الرب سيكون معهم وأن البحر المتوسط سينشق أمامهم وأنهم سيتمكنون من إعادة البيت المقدس إليهم. وقد اجتمع حوله ما يقارب مـن خمسـين ألـف طفـل مـن فرنسـا. وقـد حملـتهم السفن من ميناء مرسيليا. ومنذ ذلك الوقت لم يسمع الغرب عن مصيرهم شيئا، ويقال إن بعضهم وصل إلى شمال إفريقيا وهناك بيعوا في أسواق الرقيق وحملوا منها إلى سائر المدن الإسلامية الأخرى.

أما الحملة الهنغارية التي دعا إليها البابا انوست الثالث والتي شملت أيضا عددا مـن الألمـان والقبارصة. فإنها وصلت عكا ثم اتجهت إلى بيسان ثم قامت بعدة غارات على جبل لبنان ولكنها في كل أعمالها لم تحقق أي نجاح يذكر مما اضطرها إلى العودة خائبة إلى أوروبا.

تشكلت في أوروبا حملة صليبية خامسة وانطلقت إلى مصر (١٢١٧- ١٢٢١) بهـدف احتلالهـا أولا ثم احتلال فلسطين ثانيا وفي هذه الحقبـة التاريخيـة كـان يحكـم الملـك العـادل الأيـوبي مـن مصر- وفلسطين. وصلت الحملة الصليبية الخامسة إلى مصر- فاستولت عـلى مدينـة دميـاط سنـة ١٢١٩، ثـم انطلقت منها إلى القاهرة ونتيجة لمقاومة الأيوبيين المستميتة وشجاعتهم فقد أحبطوا محاولة الصليبيين التوغل في مصر واضطرهم إلى قبول الصلح سنة ٦١٨هـ / ١٢٢١م. آب بعد ثلاث سنوات في الحـرب عـلى الشروط الآتية:

١. جلاء الصليبيين من دمياط وأعادتها لأصحابها.

٢. عقد هدنة لمدة ثماني سنوات.

٣. إطلاق سراح الأسرى من كلا الجانبين.

٤.   تبادل الرهائن بين الجانبين إلى أن يتم تنفيذ الجلاء سلميا.

الحملة الصليبية السادسة (١٢٢٨ – ١٢٢٩):

تشـكلت في ألمانيا حملة صـليبية سادسـة انطلقت سـنة ١٢٢٨ بقيـادة الإمبراطور الألماني فريدريك الثاني. وكـان هـذا الإمبراطور في صراع مـع البابا غريغـوري التاسع ومحروما مـن الكنيسـة البابوية، وهذا يعني أن البابا لم يدع إلى هذه الحملة ولم يكن راغبا فيها. واعتمـد الإمبراطور فريدريك الثاني على الأساليب الدبلوماسية والمفاوضات السياسية أكثر مـن اعتماده على السـلاح فحصـل على القدس وبيت لحم وشريط ساحلي ضيق في فلسطين.

لقد سمح سلطان مصر العادل الأيوبي للصليبيين باسترداد هذه المـدن والمناطق لأنه كان في صراع مع أمير دمشق ويرغب في أن تشكل القوات الصليبية حاجزا بينه وبين أمـير دمشـق، وبالإضافة إلى هذا فقد تعهد فريدريك الثاني لسلطان مصر بمنع الصليبيين مـن مهاجمـة مصرـ في المسـتقبل بعـد عودة الإمبراطور فريدريك إلى ألمانيا فشب الخلاف بين قواته التي تركها في فلسطين، مما سهل على ملك مصر الصالح أيوب استعادة القدس وطرد الصليبيين من فلسطين سنة ١٢٤٤.

الحملة الصليبية السابعة (١٢٤٨ – ١٢٥١):

اتخذت الحملة الصليبية السابعة على مصر طابعا فرنسيا لكون غالبية عناصرهـا مـن فرنسا وجعلت هذه الحملة من قبرص قاعدة لانطلاقها واتخذت مصر هدفا لها وذلك لتراثها، إضافة إلى حالة التصدع التي كان يعيشها البيت الأيوبي بسبب المنازعات على الحكم.

وفي ٥ حزيران ١٢٤٩م وصل الصليبيون بقيادة الملك الفرنسي لويس التاسع أمام دمياط وكانوا زهاء الخمسين ألف مقاتل. فوجد الحامية الإسلامية تنتظره بقيادة الأمير فخر الدين وهناك على الشواطئ دارت معركة قاسية انتصر فيها الصليبيون وشرعوا بالتوجه نحو القاهرة واختاروا طريق الدلتا على الضفة الشرقية لفرع دمياط في المنطقة التي تسمى (جزيرة دمياط) لا حاطتها بالماء من الشمال الشرقي والغرب ومن الجنوب الشرقي.

ومعنى هذا أن بحر أشموم كان يعترض طريق الصليبيين للوصول إلى المنصورة مركز تجمع القوات الإسلامية - ومن ثم للزحف على القاهرة وهو الأمر الذي أعطى القوات الإسلامية مركزا جيدا في ضرب الصليبيين وعرقلة مسيرهم. وقد نجحوا فعلا في مسعاهم وكبدوا الصليبيين خسائر فادحة. ومع ذلك تقدم الصليبيون ولم يجدوا أنفسهم إلا وهم محاصرون بالمياه في المثلث بين فرع دمياط وبحر أشموم والمسلمون أمامه في المنصورة محصنين لا يتمكنون من العبور إليهم، ولم ينقذه من الموقف ويمكنه من عبور بحر اشموم سوى مخاضة سلمون التي تقع في بلدة سلمون التي دلهم عليها بعض أهل تلك البلدة من غير المسلمين. وقد عبر الجيش الصليبي النهر واقتحموا المنصورة وهناك دارت معركة انتصر فيها المسلمون انتصارا ساحقا على الصليبيين وكبدوهم خسائر فادحة.

ولم يكتف المسلمون بهذا النصر بل عبروا وراء الملك لويس التاسع بحر أشموم واصطدموا بقواته في عدة معارك كان النصر في معظمها للجيش الإسلامي. ولذلك أخذ الملك لويس يتراجع عائدا إلى دمياط غير أنه اصطدم بنبأ قطع المسلمين الطريق عليه واستيلائهم على السفن الصليبية التي كانت تحمل

المساعدات له. وهكذا وجد الملك لويس نفسه محاصرا، ضعيفا لم يبق أمامه سوى التخضع ومفاتحة السلطان نوران شاه بشأن الصلح، إلا أن السلطان رفض طلبه، وقد كانت نهاية الصليبيين عند (فارسكور) حيث هجم عليهم المسلمون من كل جانب وألحقوا الهزيمة بهم، وكان من جملة الأسرى الملك لويس التاسع نفسه الذي اقتيد إلى القاهرة. وهناك أكرم السلطان نوران شاه مكانته وعامله بالحسنى وكانت النهاية بإطلاق سراحه مقابل تخلي الصليبيين عن دمياط. وانسحابهم وعدم محاربتهم المسلمين وبموجب هذا الاتفاق تم عقد هدنة للسلام أمدها عشر سنوات. كما عاد الفرنسيون إلى بلادهم بعد أن فقد منهم الكثيرون.

الحملة الصليبية الثامنة (١٢٧٠ - ١٢٧١):

لم يتعظ الملك الفرنسي لويس التاسع من فشل الحملة الصليبية السابعة في مصر بل قاد الحملة الصليبية الثامنة إلى تونس سنة ١٢٧٠م، على رأس حملة ضخمة شارك فيها مجموعة من أمراء فرنسا وإيطاليا وفوجئت الحملة عند وصولها الساحل التونسي بالإجراءات التي اتخذها حاكم تونس من تحصينه للمدينة واستنفاره للقبائل العربية من أرجاء تونس، واعتماد أسلوب عدم المواجهة المباشرة باستثناء الهجمات التي شنتها المتطوعة والحقت الخسائر الجسيمة بالصليبيين وقد أدى ارتفاع الحرارة وقلة المؤن إلى تفشي مرض الطاعون وموت الآلاف منهم ومن ضمنهم لويس التاسع، وعاد الباقون خائبين إلى بلادهم.

بعد فشل الحملة الصليبية الثامنة بدأ بابوات روما يدعون ملوك أوروبا وأمراءها للقيام بحملات صليبية جديدة إلى المشرق، ولكن هذه الدعوات فشلت

لأنها لم تجد أذنا صاغية لدى الأوروبيين، فلم تتشكل أية حملة صليبية فيما بعد, هـذا ولم يعـد يتلقـى الصليبيون في المشرق مساعدات عسكرية من أوروبا فآلت إماراتهم إلى الضـعف والانحـلال ، ثـم زالـت نهائيا على أيدي سلاطين المماليك ففي سنة ١٢٨٩ استولى السلطان قلاون على إمارة طرابلس وبسـقوط عكا في يد السلطان الأشرف خليل بـن قـلاون سـنة ١٢٩١ زال الوجـود الصـليبي مـن المشـرق ولم يبـق للصليبيين سوى قبرص.

أسباب انحسار الحروب الصليبية:

كانت الحملة الصليبية الرابعة آخر حملة استعمارية كبيرة أرسـلت إلى الشرق، فلقـد اشـترك عدد كبير من الجماهير الأوروبية العامة في الحملات الصليبية الأولى والثانية والثالثـة والرابعـة بيـنما لم يشترك إلا قليل من عامة الأوروبيين في الحملات الصليبية الخامسة والسادسة والسابعة والثامنة وهكذا لم يستجيب العامة الأوروبيون لدعاة الحروب الاستعمارية لأنهم لم يروا في هذه الحـروب سـوى المـوت المحتم.

ومن ناحية ثانية حصل في أوروبا تطور اقتصادي، حيث تطورت الأدوات الزراعيـة واسـتخدم السماد في الزراعة على نطاق واسع وثم استصلاح بعض الغابات والأراضي البوار كما طـرأ تحسـن عـلى الفلاحين، فاشترى بعضهم أرضا من الإقطاعيين وغدوا يستأجرون الأراضي مـن الإقطـاعيين ويسـتثمرونها على أن يدفعوا لهم مبلغا من المال لأجرة الأرض السنوية.

وعندما تحسنت أوضاع الفلاحين الاقتصادية ضعفت الحماسة القتالية عندهم وامتنعـوا عـن الاشتراك في حروب صليبية محفوفة بالمخاطر كذلك

تطورت وسائل الإنتاج الصناعي في المدن الأوروبية، مما دفع الكثيرين من الفلاحين الفقراء للهجرة إلى المدن ليشتغلوا في الصناعة فيحصلوا على قوتهم اليومي.

وتطور في أوروبا النظام السياسي أيضا فأوروبا لم تعد تربطها فكرة الإمبراطورية الواحدة والكنيسة الواحدة، بل تعرضت وحدة الغرب الأوروبي لتفتت سياسي فظهرت الدول القومية المتعددة. هذا وقويت السلطة الملكية داخل كل دولة، فضعف نفوذ كبار الإقطاعيين الذين كانوا فيما مضى ـ يتنافسون للوصول إلى السلطة الملكية أو يشتركون في حروب استعمارية بغية تأسيس إمارات أو ممالك خاصة بهم خارج حدود بلادهم وصار الفرسان الصغار جنودا مأجورين لدى الملوك في حين أخذ بوجه الملوك نشاطهم الاستعماري فمن الأراضي الأوروبية نفسها. ورأت البابوية أخيرا أن من الأفضل لها أن تستغل ما بقي من حماسة دينية عند بعض المسيحيين في تشكيل حملات صليبية ترسلها ضد الشعوب القاطنة على خفاف بحر البلطيق التي تختلف عنها في العقيدة والمذهب.

أما التجار الأوروبيون فقد عقدوا مع الحكام المسلمين اتفاقيات تجارية تضمن لهم تحقيق مصالحهم التجارية، لذا لم يحتاجوا بعد هذا إلى إرسال الحملات الصليبية ضد المشرق وهكذا نلاحظ أن جميع الطبقات والفئات التي اشتركت بحماسة في الحملات الصليبية الأولى قد ضعفت عندها هذه الحماسة، حيث زالت الدوافع والأسباب التي كانت تدفعها للاشتراك في مشاريع خطيرة إلى ما وراء البحار.

إن السبب الرئيس لانحسار الحروب الصليبية وتوقف الأمواج الاستعمارية الأوروبية عـن التدفق على المشرق العربي هو اتحاد مصر وسـوريا والعراق في جهة واحدة، بحيث غدت جيوش هذه الجبهة قادرة على أن تكيل الضربات الرادعة للمستعمرين الأوروبيـين وأن تحمـي الأرض العربيـة مـن الغزو الاستعماري.

نتائج الحروب الصليبية:

أولا : نتائج الحروب الصليبية على أوروبا

لعل الحروب الصليبية قد فاقت غيرها من الحروب فيما خلفتـه مـن نتائـج مبـاشرة وغير مباشرة على أوروبا. فقد أقامت علاقات ثقافية واجتماعية واقتصادية بين أوروبا والشرق أدت إلى تطور تلك النواحي جميعا، بفضل اقتباس الأوروبيين للعديد من نواحي تقدم المجتمع العربي الذي كان يرفل بالأزدهار والتقدم الحضاري وينعم بنتائج الإسلام التي نشرت الأخلاق والفضيلة والتسامح بين معتنقيه.

فالمجتمع الأوروبي الذي قدر له أن يحتـك بـالمجتمع العربي الإسلامي في بـلاد الشـام. خلال الحروب الصليبية. كان قد بدأ يتلمس عناصر الحياة الجديدة في حين كان المجتمع العربي الإسلامي قد بلغ الذروة في النواحي الاجتماعية والاقتصادية والفكرية. غير أن ضعفه في الجانب السياسي والعسكري كان قد أدى إلى تفككه ويؤكد بداية انحداره.

ومن الجدير بالذكر أن كل الحضارات قديما وحديثا هـي حضارات متصلة ومنفصلة في آن واحد. فهي متصلة لأن كل أمة تقتبس من الأمم التي

سبقتها ما تراه مناسبا لحضارتها وتترك مالا يتفق وحضارتها ثم تعمل على صياغته وإبرازه بشكل جديد يعطي للحضارة الجديدة طابعها الخاص الـذي يميزها عـما سـواها والحضارة العربية الإسلامية التـي امتازت بأصالتها ودقتها انفتحت على حضارات الأمم الأخرى من دون تعصب فقد خرج العرب مـن جزيرتهم فاتحين الكثير من المناطق التي كانت خاضعة لتكتلات سياسية وحضارية مختلفة. وقد عمدوا منذ البدء إلى التفاعل معها بحيث لا يؤثر ذلك على عقيدتهم ودولتهم. فكانوا متسامحين مـع غـيرهم وقد وجدوا بتتبع العلوم والأخذ بها ولو كانت في أرض الصين. ولذلك أقبلوا على علوم غيرهم من الأمـم ينهلون من إيجابياتها. وهذا الاقتباس البعيد عن التقليد المحض امتزج بابتكاراتهم ومخترعاتهم التـي كانوا بحاجة إليها فنتج عن كل ذلك حضارة جديدة أصيلة لها طابعها ومميزاتها الخاصة التـي ميزتها عن سواها من الحضارات.

ولم يكن فضل العرب في اقتباس إيجابيات الحضارات القديمة التي سبقت الإسلام فحسب بـل في المحافظة عليها وإيصالها إلى الغرب بشكل مدروس ومحقق فكانت الحضارة العربية الإسلامية بـذلك الجسر الأمين الذي مد أوروبا بكل معطيات الشرق العلمية ومنجزاته الحضارية، ولـذلك فـلا عجب أن وجدنا العديد مـن الكلمات العربيـة والمصطلحات العمليـة داخلـة في اللغات الأوروبيـة في مختلـف الميادين ومنذ عصر الحروب الصليبية.

وجاء تأثير الحروب الصليبية عن طريق إطلاع مئات الألوف مـن الصليبيين عـلى حضارة المسلمين في الشرق وتعرفهم عليها عن كثب وكان وجودهم في بلاد الشـام بمثابـة هجـرة مؤقتـة كسبوا بتلك الهجرة العديد من العادات والتقاليد والأفكار الشرقية التي نقلوهـا إلى بلادهـم لتحدث هنـاك انقلابا عظيما في

مجتمعهم وأفكارهم -لأن الشرق - كان متقدما على الغرب في نواحي الحياة قبل الحروب الصليبية.

ولذلك فالحروب الصليبية رغم أنها سلسلة طويلة مـن الحروب والسـيطرة عـلى أرض الغـير تمثلت بشكل من أشكال الاستعمار الاستيطاني فهي تعتبر من وجه أخرى فصل من فصول تاريخ المدينة في الغرب لأن الصليبيين الذين عاشوا على أرض الشام سنوات طويلة وجدوا أنفسهم ضمن مدنية راقيـة أبهرت أبصارهم وأخذت بعقولهم فنشأ عـن اختلاطهم هـذا انتباههم مـن الخمـول الـذي كانوا فيـه منغمسين بملذات الحياة فأحسوا بضرورة تمزيق غشاوة الجهل التي أسدلت عليهم.

النتائج السياسية:

ساعدت الحروب الصليبية على ازدياد هيبة الملوك وتقوية السلطة الملكيـة في أوروبـا. حيـث ضعفت الطبقة الإقطاعية التي كانـت تلعـب بـالعرش الملكي حسـب مصالحها الخاصة بنتيجـة هـذه الحروب.

وقد ظهـر خـلال الحـروب الصـليبية التعصب القومي والصراع بـين الشـعوب المختلفـة (كالفرنسيين والإنكليز والألمان). فأخذت تتلاشى فكرة الإمبراطورية الواحدة. بينما تنشأ الـدول القوميـة المستقلة ذات النظام الملكي، ومن ناحية أخرى. اقتضت الحروب إلى اتساع الشقاق بـين الغرب الأوروبي اللاتيني والشرق البيزنطي اليوناني.

أما بالنسبة إلى تأثير الحروب الصليبية على البابوية فمن دون شك أنها عـززت مـن نفوذهـا السياسي وجعلتها تظهر آنذاك زعيمة للعالم المسيحي، ذلك

أنها خضعت لسيطرتها جميع البطريركيـات القديمـة، أنطاكيـة و بيـت المقـدس والقسطنطينية. ولقد اكتسبت نفوذها هذا من خلال كونها هي التي دعت إلى الحروب الصليبية، وأنفقت عليها وأرسلت مندوبين عنها لقيادة الحملات نحو الشرق. ثم أخذت البابويـة تشعل هـذه الحـروب لتحقيـق مآربها السياسية في أوروبا. بالإضافة إلى اتساع نفوذها وطغت زعامتها الروحية على العالم الأوروبي.

النتائج الاجتماعية:

ساعدت الحروب الصليبية على تطور العلاقات بين الطبقـات المختلفـة، وأسـهمت في تعجيـل التحولات الاجتماعية داخل المجتمع الإقطاعي في أوروبا فلقد أضطر بعض الإقطاعيين الأوروبيـين الـذين اشتركوا في الحروب الصليبية أن يبيعوا قسما من أراضيهم. وأن يمنحوا الحرية لعدد من فلاحيهم مقابـل حصولهم على مبلغ من المال منهم من أجل تغطية نفقاتهم خلال الحروب. وهـذا مـما أدى إلى ضعف الطبقة الإقطاعية من جهة، وازدياد عدد الملاكـين الصغار والفلاحـين الإصرار مـن جهـة أخرى ونتيجـة تدفق الثروات من المشرق على أوروبا تطورت الصناعة والتجارة في المدن الأوروبية، فـازداد عـدد أفـراد الطبقة العمالية، كما تشكلت طبقة برجوازية أخذت تسيطر تدريجيا على مقاليد الأمور السياسية.

ومن ناحية أخرى تطورت مظاهر الحياة الاجتماعية، فنشأ لدى الطبقـات الغنية اهتمام كبير بالترف المقتبس مـن المشرق، فلـم يعد يقنع الأمراء الأوروبيـين بالمنـازل المتواضعة والثيـاب الرديئـة والمأكولات والمشروبات

البسيطة، بل أخذوا يقلدون الأمراء الشرقيين بالعطور وأدوات الزينة وغيرها من مظاهر الزينة.

النتائج الاقتصادية:

كان الدافع الاقتصادي يشكل حافزا كبيرا للحروب الصليبية، لذا كان من الضروري تحديد المجالات التي أثرت بها تلك الحروب على الاقتصاد الأوروبي. وكانت التجارة تحتل حيزا كبيرا بالنسبة لهذه التأثيرات، وما ترتب على هذا الجانب من تطور وتغير بالنسبة للمجالات الاقتصادية الأخرى، إذ بالرغم مما شهده القرن الحادي عشر من تطور ونمو في المدن التجارية الإيطالية، إذ أصبحت تتمتع بنفوذ واسع على الحركة التجارية في البحر المتوسط، إلا أنها بقيت عاجزة عن إحكام وفرض هيمنتها على منافذ التجارة الشرقية الواقعة ضمن ممتلكات السلطات العربية الإسلامية سواء في موانئ بلاد الشام أم في مصر. لذا وجدت المدن التجارية للقرب الأوروبي في الحروب الصليبية فرصة سانحة لتحقيق هدفها للاستيلاء على هذه المنافذ بمجرد تأكدها من جدية الحروب الصليبية، وتساندها في احتلال المدن الساحلية العربية.

وحققت المدن التجارية مكاسب اقتصادية لها، ذلك أنها أصبحت لكل منها أحياء خاصة بها، وإعفاءات ضريبة واحتكارات تجارية في المدن العربية التي تم الاستيلاء عليها والتي أصبحت بمثابة مستودعات تجارية للغرب الأوروبي آنذاك.

ترتب على ازدهار التجارة بين الشرق والغرب انتعاش الأوضاع الاقتصادية للمدن التجارية مثل مرسيليا وبرشلونة والبندقية وجنوا، ودفع تدفق

سلع ومنتوجات الشرق إلى هذه المدن إلى أن تبحث بدورها عن أسواق استهلاكية داخل أوروبا تظهر على ضوء ذلك طرق تجارية جديدة هناك وتمخض عن هذا ظهور مدن جديدة داخل أوروبا، ومن ثم إلى نشاط تجاري كبير في إقليم الفلاندور وحوض الراين فضلا عن سهول لمبارديا، وكان هذا عاملا في ظهور النظام الرأسمالي.

ومكنت العلاقات التجارية بين أوروبا والمشرق خلال الحروب الصليبية وبعدها الأوروبيين من الإطلاع على حضارات شعوب المشرق واقتباس الكثير من المظاهر الحضارية عنهم. فلقد أخذ الأوروبيون بعض المزروعات الجديدة (كالقمح الأسود، والرز، والسمسم، والليمون، والفستق) من المشرق، كما اقتبسوا صناعة السكر واستخدموا الطواحين الهوائية، واستفاد الأوروبيون من التقدم الصناعي في المشرق لتطوير المصنوعات النسيجية والمعدنية في أوروبا، فأصبح الكثير من المنسوجات الأوروبية يحمل أسما شرقيا عربيا. كما قامت بعض الصناعات في أوروبا على استيراد المواد الخام من المشرق كالحرير والقطن والأصبغة وغيرها، واقتبس الأوروبيون عن المشرق أيضا بعض الأدوات التي تستخدم في تسليح الجيش كالعربة والحربية والبوق والطبل والشعارات والرموز العسكرية. بالإضافة إلى اقتباس بناء القلاع الحربية، كما تأثروا بالألعاب والمنازلات والفروسية.

النتائج الحضارية:

إن الإخفاق العسكري السياسي الذي منيت به الحركة الصليبية لتحقيق هدفها باحتلال المنطقة العربية، لم يكن بعديم الفائدة للقرب الأوروبي وخاصة في الجانب الحضاري

برغم اختلاف المؤرخين في تقديرهم الإسهام الحضاري للحروب الصليبية بالنسبة لأوروبا. الـذي جـاء بسبب تعدد القنوات المكانية والزمانية التي عبرت من خلالها الحضارة العربية الإسلامية إلى أوروبـا، والتي حددت بالأندلس وصقلية والإمبراطورية البيزنطية والحروب الصليبية إضافة إلى مـا أسـهمت بـه العلاقات التجارية.

وتجدر الإشارة إلى أهم الجوانب الحضارية التي جاءت بتأثير الحروب الصليبية، فعلى صعيد التأثير الحضاري في الحياة اليومية تجد أن الصليبيين   الذين استوطنوا المنطقة العربية قد جـاء تـأثرهم بها واضحا وقويا ويعزى ذلك إلى حالة التخلص الحضاري الذي كانوا عليه عند قدومهم للمنطقة. وكان للظروف الطبيعية للمنطقـة العربيـة التـي لم يكـن يعهدها هـؤلاء المسـتوطنون في أركانها إلى جانـب طبيعة المواجهة الإسلامية، دورها في جعل هؤلاء الأوروبيين يكيفون نمط حياتهم بشكل يتلاءم وطبيعـة هذه التحديات، وعلى هذا نجد تأثر هؤلاء بملابس وأزياء الشرق التي انتقلت فيما بعد إلى مدن أوروبا إضافة إلى تأثرهم بفنون الشرق من حيث الموسيقى والزخرفة والناحية الفنية في البناء.

ولقد دخلت كثير من الكلمات العربية إلى اللغات الأوروبيـة وانتشرت القصص الشرقية في أوروبا وكان لهذه الأمور أثرها في تهذيب سلوك الأوروبيين وجعلهم في مستوى حضاري أرقى مما كانوا عليه سابقا.

وقد استفاد الصليبيون من الخبرة العربية في مجـال الطب والجراحـة والصيدلة وفي الوقت الذي كان يغلب عليهم طابع الجهل في هذا المجال، ومما لا شك فيه أن بعض هؤلاء الأوروبيين اتجهوا إلى الأخذ بهذه المعارف الطبية العربية، كمـا دأب الأوروبيون أثناء تواجـدهم في المنطقـة العربيـة عـلى نقل جانب من الصناعات المحلية وغيرها من الأمور التي انتقلت إلى أوروبا والتي يصعب

حصرها بسبب تعدد القنوات والأطوار الترفية التي مـرت بهـا مسـألة التـأثيرات الحضارية العربيـة إلى أوروبا.

ثانيا: نتائج الحروب الصليبية على المنطقة العربية

النتائج السياسية:

أحدثت الحروب الصليبية تـأثيرات واضحة في المنطقـة العربيـة وكانـت التـأثيرات السياسية أهمها وأبرزها. ويمكن رصدها مـن خـلال مقارنـة الأوضـاع السياسية للمنطقـة العربيـة قبل الوجود الصليبي في المنطقة ظهر في المجتمع العربي الإسلامي بمـا سـمي بحركـات اليقظة الوحدويـة لمواجهـة التحدي الصليبي، وما تمخض عنها من منجزات سياسية على الأصعدة كافة.

إن طبيعة الأوضاع السياسية التي شهدتها المنطقة العربية عند قدوم الغزاة الصليبيين، والتـي اتسمت بطابع التجزئة والصراع بين الكيانات السياسية المتعددة والمتمثلـة بالخلافـة الفاطميـة في مصرـ والاتابكة والسلاجقة الذين كانوا يسيطرون على مقاليد الأمور بـالعراق وكانـت كـل واحـدة مـن هـذه القوى تطمح إلى تحقيق مكاسبها السياسية على حساب بقية الأطراف.

إن حالة التردي السياسي الذي كانت تعيش في ظله المنطقة العربية لم يمنع ظهور محـاولات فردية لعدد من القادة المسلمين استطاعت أن تحقق بعض الانتصارات المحدودة والآنية ضد الصليبيين، إلا أنها بقيت وبدون شك عاجزة عن إزاحة هذا الكيان الاستعماري، وذلك نتيجـة غيـاب الإسـتراتيجية الموحدة للمجابهة التي تقتضي تكوين جبهة حشد قوى الشام والجزيرة من الشمال والشرق

وقوى مصر من الجنوب، للأطباق على الصليبيين من جميع الجهات بحيث لا يبقى أمامهم سوى البحر منفذا ليعودوا من حيث أتوا.

إن هذا الوعي بخطورة الغزو الصليبي لم يكن كافيا لمواجهته بل كانت تعوزه القيادة التي تأخذ على عاتقها تحشيد القوى العربية الإسلامية لمواجهة العدوان وكان هذا أمرا طبيعيا لظهور شخصيات قيادية أمثال عماد الدين زنكي وابنه نور الدين وصلاح الدين الأيوبي والظاهر بيبرس.

ومن جهة أخرى، أثرت الحروب الصليبية تأثيرا غير مباشر في أحداث تغيرات سياسية في المنطقة العربية تمثلت بظهور، أسر سياسية جديدة في المنطقة جاءت من خلال تبنيها شعار الجهاد ضد الصليبيين وليس بحكم أصولها القومية.

كما أثرت الحروب الصليبية تأثيرا مباشرا في استنزاف طاقات المجتمع العربي الإسلامي وصرفته عن المواجهة الكافية للغزو المغولي، من خلال انشغال القوى الإسلامية في حروبها المستمرة ضد الصليبيين، فسحبت المجال أمام المغول لاجتياح العراق واحتلال بغداد سنة ٦٥٦هـ / ١٢٥٨م. والتوجه نحو بلاد الشام واحتلالهم حلب ودمشق سنة ٦٥٨هـ / ١٢٦٠م في الوقت الذي كان الوجود الصليبي يشكل عائقا أمام وصول الإمدادات العسكرية من مصر للإسهام لدرء الخطر المغولي.

وكانت سياسية البطش والإرهاب والمجازر التي أرتكبها الصليبيون عند احتلالهم المنطقة العربية وتهجير أهاليها، وتشجيع المسيحيين الفاطميين في المناطق المجاورة للقدس للاستيطان فيها. وهكذا خلفت الحروب الصليبية حالة من التعصب والعداء الديني سادت العالم عدة قرون لازال يقاسي من آثارها إلى

الوقت الحاضر، كما عمقت النزعة الطائفية في المجتمع العربي ولا زال الغرب الاستعماري يعمل على استثمار هذا الجانب لغرض أضعاف وإنهاك الأمة العربية من الداخل ليتسنى له بعد ذلك إحكام قبضته الاستعمارية عليها.

النتائج الاقتصادية:

أحدثت الحروب الصليبية تأثيرات اقتصادية أخذت أشكالا متباينة وذلك بفعل الفترة الطويلة للوجود الصليبي في المنطقة العربية وما ترتب عليه من متغيرات في العلاقات بين الصليبيين والسلطات الإسلامية المختلفة.

ومما لاشك فيه أن طابع العنف والقسوة والوحشية التي اتسم به سلوك الغزاة الصليبيين ترك آثاره السلبية في الأحوال الاقتصادية للمنطقة العربية وخاصة في بلاد الشام، فلقد نزحت غالبية السكان المسلمين من المناطق التي وقعت تحت السيطرة الصليبية إلى مناطق بعيدة عن خطرهم، مما أدى إلى إرباك الوضع الاقتصادي. ولم يقتصر الأثر التخريبي للصلبيين على المناطق التي استولوا عليها بل امتدت أعمال السلب والنهب وإتلاف المزروعات إلى دمشق وحلب وضواحيهما والمناطق الأخرى.

وأثرت الحروب الصليبية على التجارة العربية الإسلامية بشكل مباشر وغير مباشر، فمن المعروف أن الحوافز التجارية للمدن التجارية الأوروبية كان لها دور بارز في تنفيذ المشروع الصليبي لاحتلال المنطقة العربية لقاء الامتيازات التي حصلت عليها في المدن الساحلية العربية التي أسهمت في احتلالها وأصبحت هذه المدن بمثابة مستعمرات تجارية غربية.

ولقد ازدهرت هذه المستعمرات نظرا للنشاط التجاري الذي تمارسه بالنسبة لتجارة الغرب مع الشرق، إضافة إلى الدور الذي لعبته هذه المدن في دفع السلطات الصليبية إلى التحكم بالتجارة الداخلية للمنطقة العربية، وذلك من خلال التعرض للقوافل التجارية التي كانت تعمل بين مدن بلاد الشام لمحاولة فرض هيمنتها على الطرق التجارية بين الحجاز وبلاد الشام من جهة، وبين بلاد الشام ومصر من جهة أخرى. ومما لا شك فيه أن هذه السياسية أدت بدورها إلى أضعاف الحركة التجارية في بلاد الشام، ومن ثم أخذ الموقع التجاري لبلاد الشام بالتدهور والتضاؤل، وخاصة بعد أن تقلصت التجارة الأسيوية الأوروبية عبر الخليج العربي بسبب الغزو المغولي للعراق الذي ترتب عليه ازدهار النشاط التجاري في مصر لتحول التجارة الآنفة الذكر صوب البحر الأحمر ومنه إلى موانئها وعلى ذلك انتقل مركز الثقل الاقتصادي من بغداد إلى مصر.

النتائج الاجتماعية والحضارية:

إن التأثيرات الاجتماعية والحضارية للحروب الصليبية تكاد تكون عديمة الأثر، وهذا يعود إلى عدة أسباب، في مقدمتها أن الحضارة العربية الإسلامية كانت تعيش في أوج عظمتها. ولقد سبقت الغرب الأوروبي آنذاك بأشواط بعيدة ونجد هذا التباين في المستوى الحضاري بين الطرفين، بالإضافة إلى الكراهية التي كان يشعر بها المجتمع العربي آنذاك تجاه هؤلاء المستعمرين الأجانب، إضافة إلى الخلاف العقائدي بين الطرفين.

الحروب النابليونية (١٨٠٤ – ١٨١٥):

هي الحروب التي شنها نابليون بونابرت في مطلع القرن التاسع عشر، لتثبيت دعائم حكمه ومد نفوذه إلى عدد من الدول المحيطة بفرنسا، وبناء إمبراطورية قوية تحقق طموحاته.

الأوضاع التي أدت إلى الحروب:

إن صلح أميان ١٨٠٢، الذي عقد بين إنكلترا ونابليون لم يكن سوى هدنة دامت سنتين، وكان يستعد خلالها الطرفان لأجل الحرب، أما نابليون فقد عظم طموحه، فامتد نفوذه إلى الأراضي المنخفضة والراين واستحوذ على نهر المسيسبي في أمريكا، فازدادت مخاوف بريطانيا من تعاظم فرنسا وتوسع نفوذها وشعرت بالخطر على تجارتها ومستعمراتها إن هذه الأسباب جددت الحرب ثانية، فأعلنت الحرب على فرنسا سنة ١٨٠٤، فاستبشر بها نابليون وحاول أن يقضي على إنكلترا لتحقيق آماله.

سعى نابليون أول الأمر إلى أن يعزز الجزر البريطانية، فاعد لذلك حملة بمساعدة أسبانيا (لقاء إطلاق يدها في البرتغال) ولكن نابليون تخلى عن مشروع غزو الجزر البريطانية بسبب اقتناعه بتفوق الأسطول البريطاني الأمر الذي سيؤدي بالمشروع إلى الفشل.

التحالف الأوروبي الثالث:

كان عدو نابليون رئيس وزراء بريطانيا السابق وليم بن قد عاد إلى السلطة ثانية وبدأ بالتحرك لتكوين تحالف أوروبي ضد فرنسا وقد وفق توجيه في

شهر آب ١٨٠٥، أي قبل وقوع معركة الطرف الأغر بعدة أشهر، لقد أقنعت بريطانيا كلا من روسيا والنمسا والسويد بالتكاتف معها للوقوف في وجه نابليون، وكانت هناك دوافع لكل طرف من أطراف التحالف هي:

١. كان قيصر روسيا الاسكندر الأول يعتبر نفسه مدافعا عن حق آل بوربون في العودة إلى العرش ولم يكن راضيا على تدخل نابليون في شؤون ألمانيا، ولعل الأهم من كل هذا تطلعات روسيا القيصرية للسيطرة على منطقة الشرق الأوسط على حساب الإمبراطورية العثمانية والدولة الفارسية والتي اصطدمت مع خطط نابليون في مد النفوذ الفرنسي إلى الأستانة والقاهرة والخليج العربي وطهران ونيودلهي مما يعني القضاء على أحلام التوسع الروسي في هذه المنطقة.

٢. كانت النمسا تكن لنابليون كل الحقد والعداء بسبب هزائمها المتوالية أمامه وقد زاد من عدائها وخوفها إعلان نابليون نفسه ملكا على إيطاليا حين وضع التاج الإيطالي على رأسه سنة ١٨٠٥، وضم أراضي جنوه وبارما وبيامونت إلى الإمبراطورية الفرنسية. فارتفعت صيحات الحرب في العاصمة النمساوية بعد أن وجد النمساويون أن نابليون عازم على تقويض القوى الأوروبية الكبرى فانضمت النمسا إلى معاهدة بطرسبورغ سنة ١٨٠٥، التي كانت قد عقدت بين بريطانيا وروسيا.

٣. تمكنت الدبلوماسية البريطانية من ضم السويد إلى هذا التحالف، مستغلة نقمة السويد على فرنسا بسبب محاولات الهيمنة على شؤون أوروبا الغربية وكان لدخولها أهمية خاصة بالنسبة إلى روسيا التي تخشى إرسال جيوشها إلى قلب القارة الأوروبية.

موقف نابليون من التحالف الثالث:

عندما علم نابليون بقيام التحالف الأوروبي الثالث ضده قرر أن تقوم خطته في القتال على أساس ضرب الجيوش المعادية في داخل القارة الأوروبية وذلك بسحب بعض الجيوش التي كانت مرابطة في شمال فرنسا استعدادا لغزو بريطانيا وتوجيه ضربة سريعة للنمسا قبل أن تستكمل استعداداتها أو أن تصلها النجدات العسكرية من حليفتها روسيا ثم العودة بسرعة لتنفيذ خطة الإنزال في الجزر البريطانية، تقدمت الجيوش الفرنسية صوب النمسا ودارت أول معركة بين الطرفين على نهر الدانوب في مدينة (أولم) حيث تمركزت القوات النمساوية وقد حققت قوات نابليون نصرا حاسما انهزم على إثره النمساويون مخلفين وراءهم خمسين ألف أسير. لقد وقعت هذه المعركة في يوم ٢٠ - تشرين الأول ١٨٠٥،أي قبل يوم واحد من هزيمة الطرف الأخر، مما جعل نابليون يستمر في حروبه في القارة الأوروبية بعد أن يئس من تحقيق الإنزال الفرنسي في بريطانيا. اتجهت الجيوش النمساوية المندحرة صوب الشرق للالتقاء مع الجيش الروسي القادم لنجدتها. وفي أوستدليتز وقعت واحدة من أشهر معارك التاريخ بين القوات الفرنسية من جهة والقوات الروسية والنمساوية من جهة أخرى حقق فيها نابليون انتصارا ساحقا على أعدائه الذين خلفوا في أرض المعركة ستة وعشرين ألف قتيل، لقد وقعت هذه المعركة في ٢ كانون الأول ١٨٠٥، وأبرمت النمسا على إثرها معاهدة (برسبورغ) التي فقدت من جرائها الإمبراطورية النمساوية ثلث مساحتها واعترفت بنابليون ملكا على إيطاليا وأطلقت يد نابليون في ألمانيا وتنازل فرنسوا الثاني عن لقب الإمبراطور الروماني المقدس ليقتصر لقبه على إمبراطور النمسا وهو أقرب إلى الواقع من

سابقه. وبهذا انسحبت النمسا من التحالف الأوروبي الثالث، أما روسيا فقد انسحبت من الحرب دون توقيع معاهدة.

واجه نابليون بعد تحقيقه انتصاراته هذه القضية مع بروسيا التي غضبت لاجتيازه أراضيها دون إذن منها عند تقدمه لقتال النمساويين والروس وهي التي كانت قد قبلت على مضض وباستياء تقسيم ألمانيا بتشكيل اتحاد الراين تحت النفوذ الفرنسي الذي تعهد بتزويد فرنسا بـ ٧٠ ألف مقاتل وقت الحرب وجعل القسم الشمالي من ألمانيا تتفوق فيه بروسيا، والقسم الآخر في الجنوب الشرقي للنفوذ النمساوي.

اتصلت بروسيا بالروس بعد اختراق نابليون أراضيها للتنسيق معهم، إلا أنها لم تستمر بسبب انتصار أو سترليتز ولأملها بأراضي هانوفر التي وعدها بها نابليون لكن البروس شعروا بضرورة قتال نابليون بعد أن علموا أنه يفاوض البريطانيين سرا لإعادة هذه الأراضي إليهم. فاتجهت إلى روسيا وإنكلترا والسويد لإقامة التحالف الأوروبي الرابع، وبدأت بروسيا التحرش بنابليون إذ طلبت منه الانسحاب إلى ما وراء الضفة الغربية للراين، فهاجمها نابليون وانتصر عليها في معركة (يينا) سنة ١٨٠٦، وتقدم في الأراضي البروسية ودخل برلين ظافرا. وعندما تراجعت القوات البروسية إلى حدودها مع روسيا بقيادة القيصر فردريك لنجدتها، خاض نابليون مع الدولتين معركة فريدلاند في شباط ١٨٠٧، وحقق فيها انتصارا جديدا كان خاتمة لمعارك أوروبا في هذه الفترة من الحرب.

صلح تلست:

في ٢٥- حزيران ١٨٠٧، عقد اجتماع بين نابليون وقيصر روسيا بعد أن طلبت بروسيا الصلح وتوصل القائدان إلى عقد معاهدة صلح في تلست وقعت في ٨ - تموز من العام نفسه وفيها فرض نابليون عقوبات شديدة على بروسيا سواء في التصرف بأراضيها أو في فرض تعويضات حربية باهظة عليها وتحديد قواتها المسلحة وإقامة جيش احتلال دائم في أراضيها. أما روسيا فقد خرج نابليون وقيصرها من الاجتماع صديقين جديدين اتفقا على عدم خسارة روسيا لأي جزء من أراضيها ومساعدتها من قبل فرنسا لتحقيق مصالحها في فلندة والدولة العثمانية مقابل اعتراف القيصر ـ الروسي بكل التغيرات التي أجراها نابليون والتي سيرجيها في الأراضي الألمانية بموجب معاهدة الصلح مع بروسيا، وتعهد القيصر أيضا بالانضمام إلى فرنسا في تنفيذ الحصار الاقتصادي ضد بريطانيا. أما السويد فقد هاجمتها حملة فرنسية من الدنمارك وأخرى روسية من فلندة أجبرتها على عقد الصلح وقطع علاقتها التجارية مع بريطانيا.

الحصار القاري:

شهد عام ١٨٠٧، ذروة قوة إمبراطورية نابليون في القارة الأوروبية بعد أن حقق انتصاراته البرية على دولها الكبرى ولم يبق شاهر السلاح بوجهه سوى بريطانيا التي استمرت تقاومه في البحر وتفرض سيطرتها عليه. ولما كانت قوة بريطانيا تعتمد على صناعتها وتجارتها في السوق الأوروبية فقد قرر نابليون توسيع الحصار الاقتصادي الذي بدأه من قبل واقتصر على فرنسا والمناطق التابعة لها قبل تحقيق سيطرته على أوروبا. لقد أراد نابليون أن يخذل الإنكليز

اقتصاديا بعد أن فشل في الانتصار عسكريا من أجل إرغام بريطانيا على طلب عقد الصلح وبالتالي فرض شروطه عليها كما يريد. وعليه إصدار مراسيم برلين عام ١٨٠٦، التي حرم بموجبها على دول أوروبا التعامل تجاريا مع بريطانيا، كما حرم على السفن البريطانية أن ترسو في أي ميناء أوروبي. وأعلن أن كل سفينة أوروبية ترسو في ميناء بريطاني أو في موانئ مستعمراتها سوف تصادر بضائعها، وستعتبر كل سفينة لا تلتزم بهذا الحصار واحدة من سفن الأعداء يحق للفرنسيين إغراقها وهكذا أعلنت روسيا وبروسيا والنمسا والسويد والدانمارك التزامها بمراسيم الحصار الاقتصادي على بريطانيا الذي أطلق عليه أسم الحصار القاري.

مقابل هذه المراسيم أصدرت بريطانيا قرارات من جانبها أيضا نصت على وجوب القبض على أي سفينة تتاجر مع فرنسا، ففرض الأسطول البريطاني حصارا شديدا على موانئ الدول الأوروبية التي التزمت بمراسيم برلين ومنعت الاتصال فيما بينها وكذلك بينها وبين مستعمراتها وسائر بلدان ما وراء البحار مما سبب أزمات اقتصادية أوروبية فانتشر التهريب والرشوة لادخال البضائع إلى فرنسا وبقية الدول الأوروبية والحقيقة أن أكثر المتضررين من الحصار القاري الفرنسيون والبريطانيون.

احتلال البرتغال:

فشلت كل جهود بونابرت لإقناع البرتغاليين بمقاطعة إنكلترا لما بين البلدين من علاقات سياسية واقتصادية وثيقة. ونظرا لكون مرافئ البرتغال قد تحولت إلى مراكز لتهريب البضائع الإنكليزية إلى القارة عزم نابليون على

احتلال هذه البلاد وعقد لذلك مع رئيس الوزراء الأسباني غودي الوصولي المقتر إلى أبسط مبادئ الأخلاق والضمير لدرجة لا توصف من شعبه، اتفاقا يقضي بالسماح لجنوده بالعبور إلى البرتغال عبر أراضي إسبانيا على أن يقوم البلدان باقتسام الغنيمة فيما بعد.

ولم يجد الجيش الذي أرسل عبر إسبانيا بقيادة الجنرال جينو، أية صعوبة في احتلال البرتغال. ذلك أن العرش البرتغالي، نظرا لما كان لفرنسا آنذاك من سيطرة ومهابة لم يفكر حتى بالمقاومة وفرق العائلة المالكة إلى البرازيل تاركة القائد الفرنسي يتم احتلال البلاد دون مقاومة فعلية. وكان ذلك في عام ١٨٠٧.

احتلال إسبانيا:

لقد دفع النصر السريع الذي حققه نابليون بونابرت على البرتغال التفكير باحتلال إسبانيا وضمها إلى إمبراطوريته متجاهلا كونها بلد صديق وحليف له. ولعل اكتشاف نابليون أن المدن الساحلية الأسبانية كانت مصدرا أساسيا من تهريب البضاعة البريطانية وكانت أحد الأسباب التي دفعته للتفكير باحتلال إسبانيا. بناء على ذلك عين نابليون الجنرال بونابرت مورا قائدا عاما للجيوش الفرنسية في إسبانيا وكلفه باحتلال أراضيها تدريجيا. إلا أن الأمر لم يكن شبيها بإيطاليا لعوامل عديدة أدت إلى اندلاع المقاومة الوطنية المسلحة، ويأتي في مقدمتها أن الشعب الأسباني كان أقل الشعوب الأوروبية تأثرا بالمبادئ الثورية التحررية التي جاءت بها الثورة الفرنسية ولهذا لم يلتفت إلى نداءات نابليون في هذا المجال، بل أن الشعب الأسباني الذي كان متمسكا بكاثوليكية ومتدينا قد نقم على نابليون بسبب موقفه من البابا ومن جانب آخر كان الشعور الوطني

والقومي عاليا عند الأسبان الموحدين منذ عدة قرون فتعبأت المقاومة القومية المسلحة للأسبان بشكل سريع وقد ساعدهم في ذلك طبيعة الأراضي الأسبانية التي تقف حائلا بوجه كل غزو يأتيها من الشمال، إضافة إلى انتشار الجيوش الفرنسية في جميع أنحاء البلاد مما سهل شن حرب المقاومة عليها من كل جانب التي قادها الفلاحون والمزارعون والعسكريون ورجال الدين تحت شعار الدفاع عن الوطن ومحاربة أعداء الدين المسيحي.

ولقد حقق الثوار الأسبان بدعم من البريطانيين سلسلة من الانتصارات يساعدهم في ذلك روح التذمر التي سادت بين الجنود الفرنسيين بسبب نقص الأغذية والمؤن واختلاف القادة العسكريين الفرنسيين ومع عام ١٨١١، كان ولنكتون قد احتل بمساعدة الثوار الأسبان معظم الأراضي الإسبانية ودخل العاصمة مدريد. لقد كانت هذه الانتفاضة البداية لانتفاضات قومية في جميع أنحاء أوروبا أدت إلى فشل الحصار القاري وكانت كذلك بداية الطريق الذي أنحدر به نابليون إلى الهاوية. وكما يقول المثل فإن لكل حصان كبوة وكبوة نابليون هي البابا وإسبانيا.

الحرب مع النمسا:

لم يكن من المنتظر من دولة كبيرة ذات تراث قديم وأمجاد غابرة كالنمسا أن تسكت على الهزائم المتكررة التي أنزلتها بها فرنسا. السنوات الخمس التي مرت بين عام ١٨٠٥ وعام ١٨٠٩، قضتها النمسا في الاستعداد للحرب وتقوية جيشها وتطوير صناعاتها الحربية بانتظار فرصة مناسبة للثأر من

الفرنسـيين، فبيـنما كـان نـابليون مشـغولا في حربـه الأسـبانية شرع النمسـاويون بتـوغلهم في الأراضي البافارية.

لم يكن هجوم النمساويين اعتباطيا فقد كانت إنكلترا قد تعهدت بإرسـال جـيش لمسـاعدتهم، كما كانوا يأملون أن تساعدهم بروسيا إذا وقع القتال بفعل الموجة الحماسية القومية التي كانت تغلي في صدور شبابها للتخلص من نابليـون وهكذا حشد النمساويون عام ١٨٠٩، جيشـا ضـخما يتـألف مـن ٤٥٠ ألف جندي على درجة كبيرة من الإعداد والتـدريب والتسـلح شـارك في تمويلـه إنكلـترا والكنيسـة، وبدون إعلان حرب بدأت النمسا عملياتها العسكرية، فعـاد نـابليون مسرعـا مـن إسـبانيا لينـزل ضربـة كبيرة بهم في معركة (أكمول وليعبر الدانوب) ويدخل العاصمة فينا، إلا أن القـوات النمسـاوية جمعـت شتاتها بقيادة الأرشيدوق شارل بعد أن جاءتها نجدات من إيطاليا وخاضت معارك متفرقة مع نـابليون أظهر فيها النمساويون بطولات نادرة انتهت بمعركـة (وكـرام) الفاصـلة في السـادس مـن تمـوز - ١٨٠٩، حيث وجه الفرنسيون ضربة قاضية إلى الجيش الذي أنزله الإنكليز في هولندا لفتح جبهة ثانية وتحقيق الضغط على النمساويين فقد فشل في مهمته وفتكت الأمراض بجنوده ليعود متلبسا بالهزيمة، ثم فـرض نابليون على النمسا معاهدة قاسية عرفت بمعاهدة فينا تشريـن الأول عـام ١٨٠٩ مـن أجـل أن يرهـب شعوب أوروبا الأخرى.

وقد نصت هذه المعاهدة على دفع النمساويين غرامة حربية باهظـة تبلـغ ٨٥ مليـون فرنـك ذهبي وعلى الصعيد العسكري قضت بأن لا يزيد عدد جنود جيوشها في المستقبل بأي حال من الأحوال عن ١٥٠ ألف جندي، وفوق هذا قضت المعاهدة المذكورة أن تسلخ عن الإمبراطورية النمسـاوية أراضي غاليسيا

وأعطي قسم منها لقيصر روسيا أجرا لموقفه غير العادي من فرنسا وقسم آخر سلم لفرسـوفيا ثمنا لولائها لنابليون كما أعطيت مقاطعة الزبورغ إلى بافاريا صـديقة وحليفـة نـابليون. وكان أهـم مـا أصاب النمسا خسارتها لما كان عندها من شواطئ على الإدرياتيك سلخها منها بونـابرت وفقـدت بـذلك صفتها كدولة بحرية.

وقد عمل نابليون بعد عقد معاهدة فينا على استرضاء النمسا فتـزوج مـن ابنة إمبراطورهـا ماري لويز بعد أن كان قد طلق زوجته جوزفين. ذلك الـزواج الـذي سـعى إليـه وزيـر خارجيـة النمسـا مترنيخ في سبيل تمكين النمسا من إعادة بناء نفسها بسلام.

الحملة على روسيا:

لم يسترح نابليون بعد حربه مع النمسا فقد بدأت العلاقات تتدهور بينه وبـين قيصر ـ روسـيا لأسباب عديدة أهمها أن نابليون لم يف بوعوده إلى القيصر ـ الـروسي في تحقيقـه مطامعـه في السـيطرة على الأستانة ومضيقي البسفور والدردنيل قلب الدولة العثمانيـة وحلـم روسيا الأزلي في الوصول إلى المياه الدافئة.

من جانب آخر فأن الحصار القاري قد أضر بروسيا وهي بلـد زراعـي بحاجـة إلى المنتوجـات الصناعية، إذا كانت تجارتها تعتمد على تصدير المواد الزراعية واستيراد المواد الصناعية فتأثرت التجارة الروسية وتدهورت مصالح التجار والمـزارعين مما شكل ضغطا على القيصر ـ اضطره عـام ١٨١١، إلى السماح بدخول البضائع الإنكليزية إلى بلاده فاعتبر نابليون هذا العمل خروجا على صلح تلست وعمـلا عدائيا . وقد زاد في ذلك العداء من جانب روسيا زواج

نابليون من ابنة إمبراطور النمسا التي عارضت والدتها الروسية والوصية عليها فكرة الزواج، لقد كانت الأرستقراطية الروسية تأنف زواج إحدى أميرات آل روما نوف من رجل وضيع المنبت مهما كان مركزه السياسي، يضاف إلى هذا أن الأميرة أرثدوكسيه ونابليون محسوب على الكاثوليك رغم أنه لم يكن متدينا، لذلك تردد الروس في إرسال موافقتهم لنابليون وتأخروا عليه في ذلك فبادر نابليون إلى طلب يد الأميرة مما اعتبر إهانة كبرى بحق روسيا وعائلتها المالكة ولا شك أن رغبة القيصر- في أن يلعب دورا رئيسيا في السياسية الأوروبية قد دفعت إلى التخلي عن تحالفه مع نابليون تحرضه وتدعمه في ذلك الطبقة الأرستقراطية الروسية الشديدة العداء لنابليون صاحب أفكار التحرر والثورة.

بدأ القيصر في نيسان ١٨١٢، بالتحرش بنابليون بأن طلب منه التخلي عن تنظيماته التي أقامها في ألمانيا- اتحاد الراين- وأن يجلو بجيوشه عن بروسيا، فكان رد نابليون أن هيأ جيشا مؤلفا من ٧٠٠ ألف مقاتل (أي ما يقارب من ثلاثة أرباع المليون شخص) مكونا من مختلف القوميات الأوروبية، وتقدم صوب روسيا التي كان جيشها مؤلفا من ٢٥٠ ألف مقاتل فقد أي (ربع المليون) ووقع أول صدام بين الجيشين في أب ١٨١٢، عند مدينة سمولنسك في منتصف الطريق بين الحدود والعاصمة الروسية موسكو، وقد انتصر- الفرنسيون في هذه المعركة واحتلوا المدينة بينما انسحب الروس إلى الداخل ونابليون يتبعهم إلى أن دخل موسكو في ٤ أيلول فوجدها خالية من سكانها. وفي مساء اليوم نفسه أشعلت النيران في موسكو بأمر من حاكمها، فارتد نابليون خارج المدينة وانتظر شهرا أملا في أن يعرض عليه القيصر الصلح لكن الأخير لم يفعل ذلك واضطر نابليون إلى العودة بجيشه إلى فرنسا في تشرين الأول خشية قيام ثورة داخلية

وفي طريق العودة وقف الشتاء حليف روسيا الصامد في وجه نابليون فمات عشرات الآلاف في جنوده بردا وجوعا ومما زاد في مأساتهم هجمات الفلاحين القوقاز عليهم خلال انسحابهم بحيث لم يصل إلى الحدود الروسية البروسية سوى ١٠٠ ألف جندي لا غير. وفي بروسيا ترك نابليون جيشه وعاد إلى فرنسا في حين انقلبت روسيا من حالة الهجوم لتدخل الأراضي الروسية وتحتل دوقية فرصوفيا الموالية لفرنسا والتي أراد لها نابليون أن تكون حاجزا بين روسيا وأوروبا.

معركة الأمم:

كانت بروسيا قد اتجهت بعد صلح تلست لإصلاح أوضاعها الداخلية فألغيت الامتيازات الإقطاعية المفروضة على الفلاحين وأعلنت المساواة أساسا لعملية التغيير، وأدخلت قوانين مهمة في الجيش منها قانون الخدمة الإلزامية لخلق جيش عصري متطور. لقد قاد هذه الحركة وزير بروسيا فون شتاين والمستشار هارنبرك مما أيقظ الشعور القومي فتألفت جمعيات وطنية لنشر الحماس القومي الذي ظهر بشكل انتفاضات صغيرة وتمكن نابليون من القضاء عليها إلا أنها كانت الشرارة الأولى لانضمام البروس إلى الروس في تحالف عقد في ٢٨ شباط ١٨١٣، وأعلنت الحرب على فرنسا في ١٦ - آذار فسارع نابليون لقتالها وتمكنت من تحقيق انتصارات عليها واستعداد سكونيا واحتل قسما كبيرا من أراضي بروسيا لكنه فضل عقد هدنة بانتظار ووصول إمدادات جديدة. استمرت الهدنة من ٢٠ تموز إلى ١٠ آب ١٩٨٣، لعب فيها وزير خارجية النمسا مترينخ دورا بارزا للتوقف بين الجانبين. لقد أراد مترينخ إعادة ممتلكات النمسا كما كانت عليه وإنهاء سياسة فرنسا التوسعية لكنه فشل في ذلك فانضمت

النمسا إلى التحالف الروسي - البروسي - البريطاني ليكتمل التحالف الأوروبي الخامس ضد نابليون.

قاتل نابليون التحالف الجديد بـ ٤٥٠ ألف مقاتل أكثرهم ينقصهم التدريب الكافي والخبرة العسكرية فقد كان أغلبهم من الفتيان صغار السن أما الجيوش الأوروبية فقد كانت تضم جنودا مدربين أفضل تدريب ويمتلئون بحماسة قومية من أجل تخليص أممهم من نابليون. ومع ذلك حقق نابليون بعض الانتصارات بفعل عبقريته العسكرية إلا أن قادته في الجبهات الأخرى فشلوا في ذلك وانتشرت الأمراض بين صفوف الجنود الفرنسيين فاضطر نابليون إلى التراجع إلى الحدود الفرنسية مخلفا وراءه خمسين ألف أسير في بروسيا وفي تشرين الأول ١٨١٣، وقعت معركة ليبزك التي عرفت بمعركة الأمم. لقد دامت هذه المعركة أربعة أيام وكانت نسبة جنود التحالف الأوروبي أربعة إلى واحد فهزم نابليون وأخذ يتراجع ليعبر نهر الراين إلى حدود فرنسا القديمة ليتخذ موقف الدفاع لتدخل باريس في ٣١ آذار ١٨١٤، أما نابليون الذي كان يريد مواصلة القتال، فقد اضطر بعد أن أقنعه قادة الجيش بعدم جدوى المقاومة إلى إعلان تنازله عن العرش وسافر إلى جزيرة ألبا التي وافق الحلفاء على إعطائها له مع احتفاظه بلقب إمبراطور.

اجتمع الحلفاء المنتصرون في قصر تاليران الذي كان وزير خارجية نابليون مدة طويلة ثم أقاله وأبعده، وقد أذاع المجتمعون بيانا إلى الشعب الفرنسي دعوا فيه إلى إعادة الملكية بناء على اقتراح تاليران الذي دعا لويس الثامن عشر لاستلام السلطة بعد أن اجتمع

مجلس الشيوخ فيه إلى إعادة الملكية بناء على اقتراح تاليران الـذي دعـا لـويس الثامن عشر ـ لاسـتلام السلطة بعد أن اجتمع مجلس الشيوخ أقر إقالة نابليون وتشكيل حكومة مؤقتة برئاسة تاليران وفي ٣٠ أيار وقعت معاهدة باريس الأولى بين فرنسا والدول المنتصرة وكانت غـير قاسـية إذا عـادت فرنسـا إلى حدودها السابقة قبل الثورة وسمح لها بالاحتفاظ ببعض المناطق في الالزاس وجهات نهر الراين والقسم الأكبر من أراضي سافوي وافينيون كـما اسـتعادت فرنسـا معظم مسـتعمراتها ولم تفـرض عليها غرامـة حربية، ولم تطالب بإعادة روائع الفن الآثاري الذي نقلته من إيطاليا وألمانيا. ويعـود هـذا الاعتدال إلى أن الحلفاء كانوا لا يريدون إثارة الشعب الفرنسي وإقناعه بعودة آل بوربون واستقرار الأمور. ذلـك أن تطبيق معاهدة قاسية لن يسمح باستمرار عرش آل بوربون في فرنسا.

معركة واترلو:

لم يراع لويس الثامن عشر مشاعر الفرنسيين وعقائدهم الجديـدة التـي ربـتهم عليها الثورة الفرنسية ونادى بها نابليون رغم كونه إمبراطورا، فقد وضع دسـتورا أعلـن بموجبه ملكا وفق نظريـة الحق الإلهي، ومع أن السلطة التشـريعية قـد أنيطت بمجلسـين هـما الأعيان والنـواب إلا أن انتخاب النواب حدد بقيود مالية قوية كما أعطيت الحرية للصحافة والعبادة وأكد الدستور علـى الحريـة الفردية. لقد بدأ الدستور معتدلا في أعقاب هزيمة فرنسا، لكن لويس الثامن عشر أخذ يعـود تـدريجيا إلى الحكم بعقلية قديمة فأعاد للنبلاء حقوقهم وفرض الرقابة على الصحافة وسرح الضباط الجمهوريين من الجيش ومنح أبناء النبلاء مناصب وامتيازات كبيرة، ثم ألغى علـم الثورة وأحل مكانه علـم آل بوربون الأبيض أما في المجال الاقتصادي فقد تأزمت الأمور وانتشرت البطالـة في صفوف العـمال وصار الشعب يتمنى عودة نابليون.

من جانب آخر عقدت الدول المنتصرة مؤتمرا لحل المشاكل التي خلفها حكم نابليون في أوروبا حسبما نصت عليه معاهدة باريس، إلا أنه سرعان ما دب الخلاف بين روسيا وبريطانيا حول اقتسام الغنائم إضافة إلى الخلافات الأخرى المتعلقة بمصالح الدولة الأوروبية وقد شجعت أوضاع فرنسا الداخلية وهذه الخلافات نابليون على اتخاذ قرار بالعودة إلى فرنسا فغادر منفاه سرا في ٢٦ شباط ١٨١٥، ونزل الأراضي الفرنسية حيث استقبل من قبل الفرنسيين استقبال الأبطال فسارع لويس الثامن عشر إلى إرسال جيش للقبض عليه لكن الجيش حالما رأى إمبراطوره بلباسه العسكري وقبعته المشهورة حياه مرحبا وهاتفا (يحيا الإمبراطور) ففر لويس الثامن عشر إلى بلجيكا ودخل نابليون باريس في ٢٠ آذار من العام نفسه.

أراد نابليون أن يوحد الأمة الفرنسية معلنا نبذه لأية سياسة توسعية فأقر وجود مجلسين أحدهما للشيوخ وآخر لنواب منتخب من قبل الشعب بدون قيود، بمعنى أنه تخلى عن مبدأ السلطة المركزية حين كان يمسك بأمور البلاد بيده لوحده. وأعلن قبوله لمعاهدة باريس لإقناع الدول الأوروبية بنياته السلمية. لكن الحلفاء لم يأبهوا لأعلانه هذا خصوصا وأنهم كانوا قد أصدروا بيانا مشتركا قبل دخوله باريس بأسبوع وقعه تاليران بأسم فرنسا اعتبروا فيه نابليون عدوا للعالم المتمدن ودعوا شعوب أوروبا لقتاله والقضاء عليه، ثم بدأت الجيوش الأوروبية تتجمع حيث تعهدت كل واحدة من الدول الكبرى بتقديم (١٥٠) ألف جندي.

لم يجد نابليون أمامه غير القتال فجمع جيشا فرنسيا تعداده نصف مليون جندي وقرر أن يبادر بالهجوم على الجيشين البريطاني بقيادة ولنكتون والبروسي بقيادة بلوخر اللذين كانا قد وصلا بلجيكا قبل غيرهما من الجيوش الأخرى

مستفيدا من الوقت قبل أن تتجمع كل الجيوش وكانت خطته أن يضرب كـل شيء لوحده فهـاجم في ١٦ حزيران ١٨١٥، جيش بلوخر وانتصر عليه وكلف أصدقاءه بمطاردة جيـش بلـوخر المتقهقر لينتقل هو لمقاتلة الجيش البريطاني في واترلو وكاد أن ينتصر عليه لولا الوصول المفاجئ للجيش البروسي بقيـادة بلوخر لنجدة البريطانيين، فانهزم نابليون تاركا خلفه ثلاثين ألف قتيل. ومنـذ ذلك التـاريخ ١٨ حزيـران انتهى عهد نابليون حيث حملته مدمرة بريطانية إلى جزيرة سنت هيلانه ليسجن هناك حتى وفاتـه في ٥ أيار ١٨٢١، وكانت وصية نابليون أن يدفن على ضفاف السين أرض مجده الغابر.

أما عن الحلفاء فقد دخلوا باريس ثانية في ٧- تموز ١٨١٥، ومعهم لويس الثامن عشر. وفي ٢٠ تشرين الثاني فرضوا على فرنسا معاهدة باريس الثانية التي جاءت شديدة الوطأة لأنها نصت علـى أن تدفع فرنسا غرامة حربية مقدارها ٧٠٠ مليون فرنك ذهب وتعويضات تقدر بـأكثر مـن ٣٠٠ مليـون فرنك وأن يبقى ١٥٠ ألف جندي من جيوش الاحتلال في بعض مقاطعـات فرنسـا لمـدة خمـس سنوات وتقلصت أراضيها في أوروبا حيث أعيدت حدودها إلى عام ١٧٩٠، بعد أن كانت معاهدة بـاريس الأولى قد أعادتها إلى حدود ١٧٩٢. وهكذا انتهى عهد نابليون بنهاية المائة اليوم الأخـيرة مـن حكمـه وانتهت معه إمبراطورية فرنسا لتظهر سياسية جديدة لأوروبا وفقا لقرارات مؤتمر فينا الـذي اسـتأنف أعمالـه بعد سقوط نابليون.

حرب الخليج الثالثة ٢٠٠٣ م

بعد اثني عشر عاما من حرب الخليج الثانية إثر اجتياح القوات العراقية للكويت وقيام التحالف الدولي بقيادة الولايات المتحدة بإخراج القوات العراق دبلوماسيا واقتصاديا وعسكريا بشكل لم يسبق له مثيل في تايخ المنظمة الأممية منذ تأسيسها قبل أكثر من نصف قرن.

وبعد سنوات طويلة من التفتيش عن الأسلحة غير التلقيدية - أسلحة الـدمار الشـامل، وتـأزم العلاقـت بين الأمم المتحدة والولايات المتحدة من جهة والعراق من جهة أخرى وصلت إلى حـد توجيـه ضربـات فيما سمي بثعلب الصحراء في ديسمبر/ كانون الأول ١٩٩٨ في عهد الرئيس الأمريكي السابق بيل كلينتون / ١٩٩٢ – ٢٠٠٠ على مناطق متفرقة من العراق بعد انسحاب فرق التفتيش الدولية من أراضيه.

وعندما وصل الـرئيس الأمـريكي الجديـد جـورج دبليوبـوش (٢٠٠٠- ٢٠٠٤) إلى الحكـم ومـع تـداعيات الهجوم على نيويورك وواشنطن في ٢٠٠١/٩/١١ م تسارعت خطـى الإدارة الأمريكيـة في مـا عـرف ب، " مكافحة الإرهاب الدولية" حيث وضعت الإدارة الأمريكية قائمة بـالمنظمات والـدول التـي وصـفها ب " الارهابية " و " المارقة " أو " محور الشر" ، وبدأت بحملة على

القاعدة وطالبان في أفغانستان كخطوة أولى سيطرت فيها على البلاد ونصبت حاكماً جديدا فيه وإزاحة حكومة طالبان.

وفي منتصف عام ٢٠٠٢ م تصاعدت حمى التصريحات الأمريكية من الرئيس الأمريكي وأركان البيت الأبيض وخاصة في الدفاع والخارجية تجاه العراق، وضرورة تقيده بقرارات مجلس الأمن وعودة فرق التفتيش عن أسلحته غير التقليدية مع ادعاءات برعياته للمنظمات الإرهابية وعلاقات مع منظمة القاعدة وغيرها والت يتصب في اتجاه تصعيد الحملة والضغوط على العراق.

ووصلت الأوضاع إلى توجيه إنذار للعراق بضرورة عودة المفتش أو مواجهة عواقب عسكرية محتملة وبعد ضعوط من الأمين العام للجامعة العربية وأطراف دولية وعربية أعيد عمل فرق التفتيش الدولية برئاسة هانز بليكس ومحمد البرادعي الذي وضع ترتيبات وشروط على العراق أن يطبقها وإلا واجه عواقب وخيمة، وكانت صياغة القرار أمريكية وبريطانية وبدعم اسباني أيضاً:

وقد وافق العراق عل تطبيق القار وتسارعت خطى عمليات التفتيش في كل أرجاء العراق وبتعاون كامل من حكومته وصاحبها تنفيذا منها لبنود القار الأخرى مثل مقابلة العلماء وتسليم الوثائق وتدمير الأسلحة وغيرها.

وبعد أربعة أشهر منذ صدور القرار ١٤٤١ في نوفمبر/ تشرين الثاني ٢٠٠٢ وحتى آذار / مارس ٢٠٠٣ كانت الساحة الدولية تشهد صراعاً سياسيا بين قوتين الأولى تبحث عن الذرائع لشن الحرب والعغدوان على العراق بزعامة واشنطن ولندن وتأييد ن مدريد، والثانية تدعو إلى الأساليب والطرق السلمية والدبوماسية لإنها الأزمة بزعامة باريس وبرلين وموسكو وبدعم من قوع دولية وعربية أخرى، بل إن حركة الشعوب في العالم لم تتوقف من أمريكا إلى الصين تطالب بوقف العدوان ولاحرب وضد العراق وتغليب الحلول السلمية.

إلا أن واشنطن كانت مصممة على فرض الحرب، لأسباب غير معلنة (غير نزع أسلحة العراق) وذلك لحاجتها إلى النفط العراقي، ووضع ترتيبات جديدة بشأن الشرق الأوسط والتسوية العربية مع اسرائيل، فقرت مع شركائها (بريطانيا واسبانيا) عقد مؤتمر في إحدى الجزء البرتغالية في منتصف آذار / ماسر وضع فيه الخطوة الأخيرة للحرب وأعلن بعدها الرئيس الأمريكي توجيه إنذار للرئيس العراق صدام حسين بأن يترك الحكم ويرحل مع نجليه خلال ثمان وأربعين ساعة، وإلا واجه حملة عسكرية لتجريده من أسلحة الدمار الشامل.

وبعد انقضاء المدرة بساعات قليلة شنت الولايات المتحدة فجر يوم الخميس العشرين من آذار/ مارس ٢٠٠٣ هجوما جويا عنيفا على مواقع كان يعتقد أن الرئيس العراقي وكبار معاونيه ونجلاه يجتمعون فيها جنوب بغداد بناء على معلومات استخبارية، وتوالت الهجمات الجوية على كافة مناطق العراق من الشمال غلى لاجنوب، ورافقها هجوم بري انطلق من

الأراضي الكويتية اليت تجمعت فيها القوات الحليفة الأمريكية والبريطانية والاسترالية بعد أن رفضت تركيا السماح لها باتخاذ الأراضي التركية مجالا للهجوم على العراق.

وقد انطلقت الخطة الأمريكية - البريطانية بمحاصرة الجنوب الشرقي، وتقدمت القوات البريطانية نحو أم قصر والقفاو وعلى محور البصرة، أما القوات الأمريكية فتقدمت باتجاه الشطرة والناصيرية على محور الكوت نحو بغداد، والمحور الثاني من الجنوب الغربي من السماوة إلى الصحراء الغربية نحو كربلاء والحلة والنجف نحو بغداد، إلا أن أم قصر كانت درسا قاسيا للبريطانيين في هذه البلدة الصغيرة التي لا يتجاوز عدد سكانها عشرين ألف نسمة بقيت تقاتل أكثر من أسبوعين رغم شدة القصف الجوي والاجتياح البري.

ثم واجهت النجف وكربلاء بشدة قوات المارينز الامريكية وتكبدت الأخيرة خسائر كبيرة خاصة مع تقدم قوات الحرس الجمهوري من بغداد اتجهاها، ثم معارك المسيبات والحلة المريرة، وأخيراً معارك الكوت مع فرق الحرس الجمهوري، علما أن قوات غير نظامية أخرى شاركت في الحرب التي خططت لها القيادة العراقية على أنها حرب مدن وليست حربا تقليدية للفوارق في التجهيزات والمعدات التقنية والتسليح والتدريب، فكانت جماعات المتطوعين العرب الذين قدموا من دول عربية وإسلامية للقتال في العراق، وفدائيون صدام، والقوات الحزبية ومدنيون آخرين.

إلا أن القيادة الأمريكية وفي مواجهة ههذ الاستراتيجية العراقية وحرب المليشيات قامت بتغيير سياستها بالاندفاع حول المدن العراقية سريعاً

نحو العاصمة بغداد ومحاصرتها من ثلاث جهات الشرقية والغربية والجنوبية، وإنزال قوات بين تكريت وبغداد لقطع الامدادات عن القوات العاصة من الشمال.

وبعد سقوط أم قصر والفاو وحصار طويل للبصرة ودخلت القوات البريطانية للمونية، ودخول السماوة والشطرة والحلة وكربلاء والنجف، والتقدم نحو المسيب والحاويل حيث أصحبت على مشارف جنوبي وجنوبي شرقي وغربي بغداد.

تقدمت القوات الأمريكية ومن أبي غريب نحةو مطار صدام الدولي ودخلته في مفاجأة للقيادة العراقية ورغم المواجهة الشديدة بين الطرفين إلا أن تداعيات الوضع في داخل العاصة كان سريعاً، ويبدو أن تسلل الدبابات الأمريكية من منطقة الدورة جنوبي بغداد، والوصول إلى جسر الجمهورية قد قلب التوازنات العسكرية وأفرغت العاصمة يوم الثامن من يسان ، ابريل وانسحبت القيادات بسرعة ودخل الامريكان القصور الرئاسية، وشرقي العاصمة ووصلو إلى ساحة الفردوس أمام فندق فلسطين مقر الصحفيين الأجانب، ونقلت الكاميرات سقوط تمثال الرئيس العراقي من قبل المواطنين والقوات الأمريكية لتعلن نهاية النظام.

وبهذا انتهت المعرفكة الرئيسية وتبعها تسليم كركوك والموصل للقيادة الأمريكية ودخول القوات الكردية لها، ثم سقوط تكريت أيضا ودخول القوات الامريكية وهكذا خضع العراق للاحتلال الامريكي بأسره على الرغم من بقاء المقاومة في أكثر من مكان وسقوط قوات أمريكية بين قتلى وجرحى

جراء المقاومة العراقية وسقط في أسر القوات الأمريكة أكثر من خمسة آلاف عسكري ومدني عراقي تم اطلاق سراح بعضه بعد انهيار القوات العراقية ونقلوا الى الولايات المتحدة، ودخلت العاصمة بغداد قوى المعارضة العراقية في المنفى والفصائل الكردية ليدخل العراق مرحلة جديدة في ظل الإدارة المدنية الأمركيية ومحاولات إقامة حكومة مدنية عراقية من القوى السياسية العراقية في الخارج والداخل ليبدأ عهدا جديدا ليس في تاريخ العراق المعاصر بل والشرق الأوسط والوطن العربي بأسره.-

ملاحق اتفاقيات الهدنة

اتفاقية الهدنة للحرب الكورية (١٩٥٣)

نص الاتفاق :

اتفاق بين القائد العام لقوات الأمم المتحدة الطرف أول، وبين القائد الأعلى لجيش كوريا الشعبية وقائد متطوعي الصين الشعبية الطرف الثاني، متضمناً وقف القتال في كوريا.

ديباجة:

نحن الموقعين أدناه قائد قوات الأمم المتحدة والقائد الأعلى لجيش كوريا الشعبية وقائد متطوعي الصين الشعبية رغبة منهم في إيقاف القتال في كوريا بكل ما فيه من خسائر وفقدان للأرواح، وحقناً لدماء الطرفين، وبغرض إقامة اتفاقية لوقف القتال تكون أساساً لإيقاف العمليات العسكرية كافة في كوريا حتى يتم الاتفاق على معاهدة للسلام يتعهدون تعهداً كاملاً بقبول والتزام الشروط في البنود الواردة بهذه الاتفاقية والوارد ذكرها في البنود التالية والتي تضمنت التزامات وشروطاً ذات صفة عسكرية.

الباب الأول

خط الهدنة والمنطقة المنزوعة:

١. سيمدد خط الهدنة، وعلى كل من الطرفين أن ينسحب لمسافة ٢ كيلومتر من هذا الخط لإنشاء منطقة منزوعة السلاح بين القوات المتحاربة. إن التعرض من إنشاء هذه المنطقة هو للحيلولة دون وقوع أي حوادث قد تؤدي إلى استئناف القتال.

٢. أن خط الهدنة تحدد كما هو موضح على الخريطة.

٣. أن المنطقة المنزوعة السلاح قد حددت شمالاً وجنوباً كما هو موضح بالخريطة.

٤. سيصبح تحديد خط الهدنة بوساطة لجنة الهدنة التي ستشكل بعد ذلك إن قادة القوات المتحاربة سيكون لديهم السلطة في تحديد الحدود الفاصلة بين مناطقهم وبين منطقة الحرام. إن لجنة الهدنة ستشرف على تحديد خط الهدنة وحدود المنطقة المنزوعة السلاح.

٥. سيسمح بالملاحة المدنية في مياه نهر هان لكل من الطرفين حتى في الأماكن التي تكون منها إحدى ضفتي النهر تحت سيطرة أحد الطرفين، بينما الضفة الأخرى تحت سيطرة الطرف الآخر. إن الملاحة المدنية لكل الطرفين سيكون لها حق غير مشروط للأراضي الواقعة تحت السيطرة العسكرية لأحد الطرفين.

٦. كلا الطرفين لن يقوم بأي عدوان على المنطقة المنزوعة السلاح.

٧. غير مسموح لأي فرد مدني أو عسكري باجتياز خط الهدنة إلا بتصريح خاص من لجنة الهدنة.

٨. غير مسموح لأي فرد مدني أو عسكري بدخول المنطقة المنزوعة السلاح بدخول إحدى المناطق الخاضعة للسيطرة العسكرية لكلا الطرفين إلا بإذن خاص من القائد المراد الدخول بمنطقته.

٩. غير مسموح لأي فرد مدني أو عسكري بدخول المنطقة المنزوعة السلاح، ويستثنى من ذلك موظفو الإدارة المدنية والأفراد المصرح لهم بتصريح خاص من لجنة الهدنة.

١٠. أن الإدارة المدنية للمنطقة الواقعة جنوب خط الهدنة بالمنطقة المنزوعة السلاح ستكون من مسؤولية القائد العام لقوات الأمم المتحدة، وكذلك الإدارة المدنية في المنطقة المنزوعة السلاح التي تقع شمال خط الهدنة ستكون من مسؤولية القائد الأعلى لجيش كوريا الشعبي وقائد قوات متطوعي الصين الشعبية.

إن عدد الأفراد مدنيين وعسكريين، من كلا من الطرفين المصرح لهم بالتواجد في المنطقة المنزوعة السلاح لأغراض الإدارة المدنية، سيحدد بمعرفة القادة المسؤولين. وفي جميع الحالات لن يتجاوز العدد بالنسبة لأي من الطرفين ١٠٠٠ فرد في وقت من الأوقات، وأن عدد قوات الشرطة والأسلحة التي يرخص لهم بحملها سيكون طبقاً لما تحدده لجنة الهدنة. أما باقي الأفراد فغير مسموح لهم بحمل السلاح إلا بموجب تصريح خاص من لجنة الهدنة.

١١. أن أياً من الاشتراطات المنصوص عليها في هذه الاتفاقية لا يمكن أن تحدد بأي حال من الحرية المطلقة للتحرك من والى تلال المنطقة المنزوعة

السلاح بالنسبة للجنة الهدنة ومعاونيها ولجان الرقابة الملحقة بها ومعاونيهم والأمم المحايدة المسؤولة عن الرقابة والمنصوص عليها فيما بعد معاونيهم ولجان التفتيش التابعة للأمم المتحدة ومعاونيها وكذلك بالنسبة لأي أفراد أو مواد أو معدات مصرح لها بدخول المنطقة المنزوعة السلاح بوساطة لجان الهدنة.

إن حرية المرور مكفولة داخل الأراضي الخاضعة للسيطرة العسكرية لكلا الطرفين على أي طريق رئيسي لازم للتحرك بين النقطة الواقعة في المنطقة المنزوعة السلاح والتي لا تصلحها طرق تقع بأكملها في المنطقة المنزوعة السلاح.

الباب الثاني

إجراءات وقف إطلاق النار ووقف القتال:

١. إن قادة الأطراف المتنازعة ستأمر وتلزم وتنفذ الوقف الكامل للحركات العسكرية كافـة في كوريـا للقوات الموجودة تحت قيادتها منضمة الوحدات والأفراد البريين والبحريين بعد مضي ١٢ ساعة من توقيع هذه الاتفاقية.

٢. ضماناً لاستقرار هذه الاتفاقية العسكرية بإيقاف القتال ولتسهيل التوصـل إلى اتفاق شامل للسلام عـن طريق عقد مؤتمر سياسي على مستوى عال لكلا الطرفين يتعهد قادة كلا الطرفين المتنازعين بما يأتي:

أ. في خلال ٧٢ ساعة من تنفيذ هذه الاتفاقية يتم انسحاب كـل القـوات العسكرية والإمـدادات من المنطقة المنزوعة السلاح عدا ما هـو منصوص عليه وأن كـل العوائـق والألغام والأسـلاك الشائكة وكل ما يحول دون سلامة التحرك لأفراد لجنة الهدنة أو معاونيها مـن أطقـم المراقبـة والمحتمل وجودها في المنطقة المنزوعة السلاح بعد انسحاب القوات العسكرية وكذلك الطرق الخالية من العوائق يجب أن تقدم بها تقـارير إلى لجنـة الهدنة بوسـاطة قائـد القـوات التـي وضعت قواته هذه العوائق. وعلى العموم فإن الطرق كافة تم تطهيرها عمليـاً في خلال ٤٥ يومـاً من انتهاء مدة ٧٢ ساعة المنصوص عليها سابقاً – العوائق كافة – من المنطقة المنزوعة السلاح تحت إشراف ورقابة لجنة الهدنة، وفي نهاية فترة ٧٢ سـاعة، وباسـتثناء القـوات غير المسـلحة التي حددت لها فترة ٤٥ يوماً لإنهاء كافـة العمليـات تحـت إشراف لجنـة الهدنـة العسكرية والوحدات ذات الصفة

البوليسية والتي تطلب بوساطة لجنة الهدنة وبعد موافقة قادة القوات المتحاربة وكذلك الأفراد المنصوص عنهم في البندين (١٠ و ١١) فإنه غير مسموح لأي فرد من كلا الطرفين بدخول المنطقة المنزوعة السلاح.

ب. في خلال الأيام العشرة التالية لتنفيذ هذه الاتفاقية يتم انسحاب القوات العسكرية والإمدادات والمعدات كافة من المؤخرة ومن الجزر الساحلية والمياه الكورية التابعة للطرف الآخر. وإذ لم يتم انسحاب القوات المذكورة خلال الفترة المحدودة ولم يكن هناك سبب مقبول لهذا التأخير فأن الطرف الأخر لحق في اتخاذ ما يراه من الإجراءات اللازمة لحفظ الأمن والنظام. أن تغيير الجزر الساحلية المذكورة فيما سبق مقصود به تلك الجزر التي تكون محتلة بوساطة أحد الطرفين والتي كانت في وقت قبل توقيع هذه الاتفاقية خاضعة للطرف الأخر في تاريخ ٢٤ تموز ١٩٥٠.

ج. ومنعاً لتدفق القوات إلى كوريا لزيادة القوة العسكرية قد نص على أن تغيير الوحدات والأفراد ووصول أي أفراد إلى كوريا لمهام خاصة مؤقتة وكذلك عودة الأفراد إلى كوريا بعد قضاء مدة من العطلة أو المهام خاصة خارج كوريا سيتم بالتطبيق للأحكام الواردة بعد. التغيير وإحلال وحدات وقوات محل وحدات أو قوات أخرى تكون قد تمت دورها في الخدمة في كوريا. سيكون دخول الأطفال وخروجهم خلال عمليات من الموانئ المحددة في البند ٤٣ من هذه الاتفاقية وسيتم على أساس رجل محل رجل، ومحددة بألايتجاوز تعداد القوات العسكرية لأي من الطرفين في كوريا (٣٥٠٠) رجل في أي وقت من الأوقات بناء على السياسة السابقة، ولن يسمح للأفراد التابعين للقوى العسكرية لأي من الطرفين بدخول

كوريا إذا كان سيترتب على دخوله زيادة التعداد العسكري لأي من الجانبين منذ بدء تنفيذ هذه فيما يتعلق بزيادة العدد الإجمالي لقوات هذا الجانب التي غادرت كوريا من هذا التأريخ. وستقدم تقارير عن وصول الأفراد العسكريين وترحيلهم من كوريا وإليها يومياً إلى لجنة الهدنة وإلى لجنة الرقابة التابعة للدول المحايدة، وستحدد هذه التقارير أماكن القيام والوصول وعدد الأفراد القادمين والراحلين من كل مكان. إن جهاز الرقابة التابع للأمم المتحدة سيقوم بفرض الرقابة والتفتيش عن طريق فرق التفتيش المحايدة التابعة له على عمليات للوحدات والأفراد من الموانئ المحددة في البند ٤٣ من الاتفاقية.

د. منعاً لتدفق القوات في كوريا بقصد تقوية القوات والمدرعات والأسلحة والذخائر فأن الإمداد بها سيكون على الوجه التالي: الطائرات المقاتلة، والمدرعات والأسلحة والذخائر التي دمرت أو أتلفت أو استهلكت خلال مرحلة الاتفاق على الهدنة يكون استبدالها على أساس قطعة محل قطعة من النوع نفسه والكفاءة نفسها. وهذه الطائرات أو المدرعات أو الأسلحة أو الذخائر ستصل إلى كوريا عن طريق الموانئ المحددة في البند (٤٣) من الاتفاقية ولرقابة سلامة الإمداد بالطائرات والمدرعات والأسلحة والذخائر التي سترد إلى كوريا وهي لأغراض الصيانة فإن تقارير شاملة تحدد عدد ومحل نزول هذه الأصناف سترفع إلى لجنة الرقابة على الهدنة، وكذلك إلى لجنة الدول المحايدة وستحوي هذه التقارير الأصناف التي ستغير محلاتها. والأصناف التي سترحل ستنقل فقط من الموانئ المحددة في البند (٤٣) من الاتفاقية. إن لجنة الرقابة التابعة للأمم المتحدة بوساطة أطقم التفتيش التابعة لها ستفرض الرقابة والتفتيش على عمليات

تغير لون الطائرات والمدرعات والأسلحة باللون المسموح بها في الموانئ المتفق عليها والمحددة بالبند (٤٣) من الاتفاقية.

ه‍. أن الأفراد التابعين للقيادة العسكرية من الطرفين ملزومون باحترام أحكام هذه الاتفاقية وكل من يحاول الخروج عنها يعاقب بصراحة.

و. في الحالات التي يلزم فيها تسجيل قيوده وأماكن دفن الشهداء سيسمح لجماعات تسجيل دفن الموتى لأي من الجانبين بالدخول إلى الأراضي الكورية الخاضعة للأشراف العسكري للطرف الأخر لنقل جثث الشهداء وجثث أسرى الحرب كذلك وتسجيل القبور التابعة لهذا الجانب. وسيتم ذلك خلال مدة تحدد بعد دخول هذه الاتفاقية حيز التنفيذ وستقوم لجنة الهدنة بتحديد الوقت والإجراءات اللازمة لتنفيذ هذه العملية كما سيقوم قادة القوات العسكرية لكل من الطرفين بتقديم المساعدات كافة للطرف الأخر لتيسير تحديد أماكن مقابر الشهداء التابعين لهذا الطرف.

ز. ستقدم كل الضمانات والمساعدات الممكنة، والحماية والتعاون للجنة الهدنة العسكرية وقوات الرقابة التابعة لها وللجنة الرقابة التابعة للأمم المتحدة ولفريق التفتيش التابعة للأمم المتحدة في سبيل قيامها بمسؤولياتها والتزاماتها المنوطة بها بناء على هذه الاتفاقية وبناء على ما للجنة الرقابة التابعة للأمم المتحدة ولفريق التفتيش التابع لها من حق التنقل بين مقر رئاسة هيئة الرقابة التابعة للأمم المتحدة والموانئ المحددة بالبند (٤٣) من هذه الاتفاقية على الطرف الرئيس.

ح. تقدم المساعدات كافة بما في ذلك تسهيل الاتصال وتيسير سبل النقل التي تطلبها لجنة الهدنة العسكرية وهيئة الرقابة التابعة للأمم المتحدة ولفريق التفتيش الملحق بها.

ط. كل منشآت أو مباني أو مطارات صالحة للعمل كانت واقعة تحت سيطرة أي من الطرفين انتقلت إلى المنطقة المنزوعة السلاح يجب أن تكون معدة للاستعمال طبقاً لاحتياجات رئاسة لجنة الهدنة.

ي. ويؤكد أن الأفراد التابعين لهيئة الرقابة التابعة للأمم المتحدة ولجنة إعادة الأسرى التابعة للأمم المتحدة المنصوص عليها هنا سيتمتعون بالحريات والتسهيلات اللازمة كافة مهماتهم في ذلك المميزات والحصانات المساوية لتلك التي يتمتع بها الدوليون.

٣. تتعهد بموجب هذه الاتفاقية القوات الأرضية التابعة لكلا الطرفين المتنازعين باحترام المنطقة المنزوعة السلاح وكذلك المنطقة الكورية الخاضعة للسيطرة العسكرية لكلا الجانبين.

٤. تتعهد بموجب هذه الاتفاقية القوات الجوية التابعة لكلا الطرفين المتنازعين باحترام المجال الجوي للمنطقة المنزوعة السلاح وكذلك المنطقة الكورية الخاضعة للسيطرة العسكرية للطرف الأخر ولا تتدخل في أي نزاع كوري.

٥. تتعهد بموجب هذه الاتفاقية القوات الجوية التابعة لكلا الطرفين المتنازعين باحترام المجال الجوي للمنطقة المنزوعة السلاح وكذلك المنطقة الكورية الخاضعة للسيطرة العسكرية الأخر وكذلك المجال فوق المياه المجاورة لكوريا.

٦. أن مسؤولية الحفاظ على احترام وتنفيذ بنود هذه المعاهدة يقع على عاتق القادة الموقعين على هذه الاتفاقية ومساعديها والذين تحت قيادتهم، وإن القادة العسكريين لكلا الطرفين المتحاربين سيقومون بوضع كافة التعليمات والأوامر التي تضمن تنفيذ واحترام بنود هذه المعاهدة بواسطة قواتهم سيتعاون كل من الأخر وكذلك مع لجنة الهدنة العسكرية وهيئة الرقابة التابعة للأمم المتحدة على تنفيذ هذه الهدنة نصاً وروحاً.

٧. أن تكاليف عمليات لجنة الهدنة العسكرية وكذلك لجنة الرقابة التابعة للأمم المتحدة ستقسم بالتساوي بين الطرفين المتنازعين.

لجنة الهدنة العسكرية

التشكيل:

١. تشكل لجنة الهدنة العسكرية.

٢. سيتم تشكيل لجنة الهدنة العسكرية من (١٠) ضباط عظام، خمسة منهم يعينهم القائد العام لقوات الأمم المتحدة، وخمسة منهم يعينهم القائد الأعلى لجيش كوريا الشعبي وقائد قوات متطوعي الصين الشعبية على أن يكون ثلاثة من كل جانب ضمن هؤلاء العشرة من رتبة الجنرال أو رتبة العلم، أما الاثنان الباقيان من كل جانب فيمكن أن يكون من رتبة ميجور جنرال أو بربجاربر أو كلونيل أو رتب مساوية له.

٣. أعضاء لجنة الهدنة العسكرية سوف يسمح لهم باعتماد مساعدين من أركان الحرب حسب الضرورة.

٤. تلحق بلجنة الهدنة هيئة إدارية تتضمن السكرتارية اللازمة لمساعدة اللجنة بوساطة المراقبين والسكرتاريين والمترجمين وأي أعمال أخرى تحتاج إليها اللجنة. وسيعين كل من الجانبين سكرتيراً وسكرتيراً مساعداً، وبعض الكتبة والمختصين حسب ما هو مطلوب لأعمال السكرتارية، والوثائق تكتب باللغات الإنجليزية والكورية والصينية وكلها ذات صفة رسمية.

أ. سيلحق بلجنة الهدنة العسكرية، فرق للمراقبة ويمكن تخفيض عددها باتفاق رؤساء الجانبين في لجنة الهدنة العسكرية.

ب. يشكل كل فريق للمراقبة من (٦) على الأكثر و(٤) على الأقل من ضباط الميدان، على أن يعين مثلهم القائد العام لقوات الأمم المتحدة. والنصف

الأخر يعينه القائد الأعلى لجيش كوريا الشعبي وقائد قوات متطوعي الصين الشعبية ويضاف أفراد إداريون لاتصال الترجمة والكتابة وسائقون من كل جانب لتسهيل قيام فرق المراقبة بواجباتهم.

الواجبات والسلطات:

٥. أن المهمة الأساسية للجنة الهدنة العسكرية هي مراقبة تنفيذ هذه الهدنة والعمل على وقف أي خرق لهذه الهدنة عن طريق المحادثات.

٦. للجنة الهدنة العسكرية أن:

أ. تنتمي رئاستها في منطقة بانمو نجوم (٥٧٢٩) (٣٧) شمالاً ١٢٦٤٠٠٠ شرقاً) كما أن لها تنقل مقر قيادتها إلى أي مكان آخر داخل المنطقة المنزوعة السلاح باتفاق رؤساء الجانبين في اللجنة.

ب. أن تعمل لجنة اتصال بدون رئيس.

ج. تقترح ما تراه مناسباً من إجراءات من وقت إلى آخر حسب الحاجة.

د. تراقب تنفيذ نصوص اتفاقية الهدنة وخاصة ما يتعلق بالمنطقة المنزوعة السلاح ومصب نهر الهان.

ﻫ. إدارة عمليات فرق المراقبة.

و. توقف أي خرق لهذه الهدنة عن طريق المحادثات.

ز. أن تحول في الحال كافة التقارير التي تصلها فيما يتعلق بأعمال خرق الهدنة إلى قادة الجانبين وكذلك كافة التقارير والوثائق التي تصلها عن طريق لجنة الرقابة التابعة للأمم المتحدة.

ح. تراقب وتحديد نشاط لجنة تـوطين أسرى الحـرب ولجنـة مساعدة عـلى إعـادة المـدنيين المشكلة وفق هذه الاتفاقية.

ط. تعمل وسطاً لنقل وجهات النظر بين قادة كلا الجانبين، على ألا يمنع ذلـك قـادة الجـانبين من استخدام وسائل الاتصال الشخصي إذا ما رغبوا في ذلك.

ي. استخراج الأوراق الرسمية المميزة لموظفيها ولفرق المراقبة الملحقة وكذلك تضـع علامـات مميزة لعرباتها وطائرتها وأية وسائل أخرى تستعملها في أداء مهماتها.

٧. أن واجب فرق المراقبة هو مساعدة لجنـة الهدنـة العسـكرية في مراقبـة تنفيـذ أحكـام هـذه الاتفاقية خاصة ما يتعلق منها في المنطقة منزوعة السلاح ومصب نهر الهان.

٨. للجنة الهدنة العسكرية، وكذلك لرئيس ممثلي كـلا الجـانبين فيهـا السـلطة في أن يرسـل فـرق المراقبة باللجنة للتحقيق في أية فرق الهدنة يبلغ عن حدوثـه في المنطقـة المنزوعـة السـلاح أو مصب نهر الهان. وإذا كان أكثر من نصف لجان الرقابة قد أرسل بواسـطة اللجنـة فأنـه يمكـن إرسالها في أي وقت بوساطة رئيس ممثلي أي من الجانبين في اللجنة.

٩. للجنة الهدنة العسكرية، وكذلك لرئيس ممثلي الجانبين فيهـا، السـلطة في أن يطلـب إلى لجنـة المراقبة التابعة للأمم المتحدة أن تفرض رقابة خاصة وتفتيشاً في إحدى المناطق الواقعة خـارج نطاق المنطقة المنزوعة السلاح والتي يكون قد أبلغ عن وقوع أي خرق للهدنة فيها.

١٠. حالما تقرر لجنة الهدنة العسكرية أن هناك خرقاً للهدنة فإنه يجب عليها أن تبلغ ذلك في الحال لقائد كلا الجانبين.

١١. حالة تقرر لجنة الهدنة العسكرية أن أي خرق للهدنة قد انتهى وعادت الأمور إلى طبيعتها فأنه يجب عليها أن تبلغ ذلك لقادة كلا الجانبين.

لجنة الرقابة للدول المحايدة

التشكيل:

١. تشكل لجنة رقابة من الدول المحايدة.

٢. يكون تشكيل لجنة الرقابة للدول المحايدة من أربعة من الضباط العظام، اثنان منهم يعينان بوساطة الدول المحايدة التي يختارها القائد العام لقوات الأمم المتحدة وقد حددهما بسويسرا والسويد، واثنان آخران يعينان بوساطة الدول المحايدة التي يختارها القائد الأعلى لجيش كوريا الشعبي وقائد قوات متطوعي الصين الشعبية وقد اختارا بولندا وتشيكوسلوفاكية. أن معنى الدول المحايدة في هذه الاتفاقية هي الدولة التي لم تشترك قواتها في العمليات الحربية في كوريا. إن الأفراد المختارين لهذه اللجنة يمكن أن يكونوا من القوات العسكرية للدول المختارة، كل عضو سبعين عضواً احتياطياً لحضور اجتماعات اللجنة التي لا يمكن للعضو من جنسية العضو الأصلي نفسه، وتعهد اجتماعات لجنة الرقابة للدول المحايدة صحيحة إذا كان الأعضاء الممثلون للدول المختارة بوساطة أحد الجانبين مساوياً لعدد ممثلي الطرف الأخر من الدول المحايدة.

٣. يسمح لأعضاء لجنة الرقابة من الدول المحايدة استعمال مساعدين (أركان الحرب) على أن يقدموا من الدول المحايدة حسب الطلب. هؤلاء المساعدون يمكن أن يعدوا كأعضاء احتياطيين في اللجنة في أعمال السكرتارية والترجمة وأي أغراض أخرى تحتاجها اللجنة.

٤. أ. تزويد لجنة الرقابة للدول المحايدة، لمساعدتها، بعشرين فريقاً من الدول المحايدة للتفتيش. وهذا الرقم يمكن تخفيضه بناء على اتفاق رؤساء ممثلي كلا الجانبين في لجنة الهدنة العسكرية. إن فرق التفتيش للدول المحايدة ستكون خاضعة ومسؤوليته أمام لجنة الرقابة للدول المحايدة فقط.

٥. ب. كل فريق تفتيش تابع للدول المحايدة يتكون من أربعة ضباط على الأقل نصفهم سيكون من الأمم المتحدة، والنصف الآخر سيكون من الدول المحايدة التي اختارها القائد الأعلى لجيش كوريا الشعبي وقائد قوات متطوعي الصين الشعبية، والأفراد المختارين لفرق التفتيش التابعة للأمم المتحدة يمكن أن يكونوا من ضمن القوات المسلحة لهذه الأمم المختارة. ولتسهيل أداء فرق التفتيش بواجباتها تشكل أنصاف فرق تتكون على الأقل من عضوين إحداهما سيكون من إحدى الدول المحايدة التي اختارها القائد العام.

٦. أن تحرص لجنة الرقابة التابعة للدول المحايدة هو القيام بواجب المراقبة والملاحظة والتفتيش والاستجواب كما هو موضح في الفقرة ١٣ج، ١٣د، وكذلك في الفقرة ٨ من هذه الاتفاقية، ويجب عليها أن تقدم تقارير بنتائج هذه المراقبة والملاحظة والتفتيش والتحقيق إلى لجنة الهدنة العسكرية. وستقوم لجنة الرقابة التابعة للدول المحايدة بالآتي:

أ. إنشاء قيادتها بالقرب من قيادة لجنة الهدنة العسكرية.

ب. وضع القواعد الإجرائية التي ترى لزومها من وقت لآخر.

ج. مواصلة رقابة تنفيذ المهمة المكلفة في البنود ١٣ ج، ١٣د من هذه الاتفاقية بوساطة أفراد التفتيش التبعة للدول المحايدة في الموانئ المعينة

بالبند ٤٣ من هذه الاتفاقية وكذلك فرض رقابة خاصة وتفتيش بالنسبة للمهمة الملقاة عليها بالبند ٢٨ من الاتفاقية في هذه الأماكن التي يحتمل حدوث خرق للهدنة فيها. إن التفتيش على الطائرات المقاتلة والمدرعات والأسلحة والذخائر بواسطة فرق التفتيش التابعة للدول المحايدة سيكون مفيداً لمساعدتهم على التأكد من عدم زيادة الطائرات المقاتلة والمدرعات والأسلحة والذخائر الواردة إلى كوريا. ولكن هذه السلطة التفتيشية لا تعطيهم الحق في اختيار أو كشف أسرار تصميم أو مميزات أية طائرات أو مدرعات أو أسلحة أو ذخائر.

د. الإشراف وإدارة عمليات فرق التفتيش التابعة للدول المحايدة.

ه. تعيين خمس فرق للتفتيش في موانئ الدخول المحددة في البند ٤٣ من الاتفاقية والموجودة في المنطقة الخاضعة للسيطرة العسكرية للقائد العام للقوات الأمم المتحدة وتعيين مس فرق للتفتيش تابعة للأمم المتحدة في موانئ الدخول المحددة في البند ٤٣ من الاتفاقية والموجود في المنطقة الخاضعة للسيطرة العسكرية للقائد الأعلى لجيش كوريا الشعبي ولقائد قوات متطوعي لصين الشعبية وتشكيل عشر فرق تفتيش تابعة للأمم المتحدة متحركة كاحتياطي يبقى بمقر قيادة لجنة الرقابة التابعة لدول المحايدة . وهذا الرقم يمكن تخفيضه بالاتفاق بين رؤساء وممثلي كلا الجانبين في لجنة الهدنة العسكرية، ولا يمكن بآية حال إيفاد أكثر من نصف فرق التفتيش المتحركة التابعة للأمم المتحدة بناء على طلب رئيس ممثلي أي من الجانبين في لجنة الهدنة العسكرية.

و. من أغراض الفرق المشكلة في الفقرة السابقة القيام فوراً وبدون أدنى تأخير بأجراء تحقيقات في أي بلاغات عن وقوع أي خرق لأحكام الهدنة

ويجب أن يتم التحقيق في هـذه البلاغـات في الحـال كـما طلبـت إليهـا ذلك لجنـة الهدنـة العسكرية أو رئيس ممثلي أي من الجانبين في اللجنة.

ز.   تقديم الأوراق والمستندات المميزة للأفراد العاملين بها للأفراد من فرق التفتيش التابعـة للأمـم المتحدة كذلك، وضع علامات مميزة على العربات والطائرات ووسائل النقل التي تسـتعملها في أداء مهمتها.

الباب الثالث

الترتيبات الخاصة بأسرى الحرب:

١. إطلاق سراح. أسرى الحرب المعتقلين لدى كل من جانبين وإعادتهم وقت إبرام هذه الهدنة يجـب أن ينفذ، على أن تراعي فيه الشروط التالية التي وافق عليها مندوبو كل من الطرفين الموقعين على هذه الهدنة.

أ. في خلال ستين يوماً من تنفيذ هذه المعاهدة سيقوم كـل جانـب مباشرة وبـدون أي عوائـق بإعادة أسرى الحرب الموجودين في معتقلاته والذين يصرون على العودة إلى الجانب المنتمين إليه وقت اعتقالهم ويسلمهم وستتم لإعادة بناء على الشروط المنصوص عليها في هذا الباب. من أجل الإسراع في إعادة هؤلاء الأفراد سيقوم كل جانب بمجرد التوقيع على اتفاقية الهدنة، بمبادلة العدد الإجمالي لجنسيات الأفراد الـذين سيرحلون مباشرة. وكل جماعـة مـن أسرى الحرب ستسلم إلى الطرفين يجب أن تكون مصحوبة بمستندات توضح الاسم والرتبة والـرقم العسكري.

ب. سـيقوم كـل جانـب بـإطلاق سراح أسرى الحرب الـذين لا يرغبـون في العـودة مباشرة مـن سيطرته العسكرية ومن معتقلاته ويسلمهم إلى لجنة التوطين التابعة للأمـم المتحدة لتقـوم بتنظيمها طبقاً للترتيبات الموضعة بالبند التالي تحت عنوان (الشروط الواجب اتباعها للجنـة التوطين التابعة للأمم المتحدة).

ج. حتى لا يكون هناك مجال للخلاف لاستعمال اللغات الثلاث فإن عملية تسليم أسرى الحرب من جانب إلى آخر تحقيقاً لأهداف هذه الاتفاقية سيطلق عليها باللغة الإنجليزية Repatriation وباللغة الكورية Song Howan وباللغة الصينية Chien Fan دون النظر إلى جنسية أو محل إقامة الأسير.

٢. يتعهد كلا الطرفين بعدم استعمال أسرى الحرب الذين يطلق سراحهم ويعادون إلى الوطن تنفيذاً لهذه الاتفاقية في أية عمليات حربية في كوريا.

٣. كل المرضى والجرحى من أسرى الحرب الذين يطلبون العودة للوطن ستكون لهم الأولوية في الترحيل، وكلما أمكن سيطلق سراح الأفراد الجيدين المعتقلين مع هؤلاء حتى يقدموا لهم الرعاية الطبية في أثناء الطريق.

٤. أن إعادة أسرى الحرب المنصوص عليها في الفقرة ٣٧ من هذه الاتفاقية ستتم خلال ٦٠ يوماً من تاريخ الاتفاقية. وفي خلال هذه الفترة سيتعهد كل طرف بإتمام ترحيل أسرى الحرب الموجودين بمعتقلاته والمذكورين بالبنود السابقة في أقرب فرصة ممكنة.

٥. تحددت مدينة بانمونجوم لتكون مكان تسلم وتسليم الأسرى من كلا الجانبين بالإضافة إلى ذلك يمكن تحديد مكان آخر تسليم وتسلم الأسرى في المنطقة المنزوعة السلاح على أن يعين مكانهما إذا دعت الحاجة إليها بوساطة لجنة توطين أسرى الحرب وإعادتهم.

٦. أ. ستشكل لجنة لإعادة وتوطين أسرى الحرب. وستتكون من ستة ضباط ثلاثة منهم يعينهم القائد العام لقوات الأمم المتحدة وثلاثة يعينهم القائد الأعلى

لجيش كوريا الشعبي وقائد قوات متطوعي الصين الشعبية، وهذه اللجنة تحت إشراف لجنة الهدنة العسكرية وستكون مسؤولة عن تنظيم خطط كل من الجانبين وتنسبها لإعادة أسرى الحرب ولمراقبة التنفيذ لكلا الطرفين لكل الترتيبات المنصوص عليها في المعاهدة والمتعلقة بإعادة أسرى الحرب إلى المكان المحدد لتسليم أسرى الحرب القادمين من معسكرات الاعتقال من الجانبين كما أن من واجبها أيضاً كلما دعت الحاجة إقامة الترتيبات الخاصة بالنظر إلى وسائل المواصلات وحالة المرضى والجرحى من أثر الحرب، والتنسيق مع عمليات الصليب الأحمر المنصوص عليها في البند ٤٣ من هذه الاتفاقية والمساعدة في ترحيل أسرى الحرب وأعادتهم كما هو منصوص عليه في البنود ٣٩ ، ٣٠ من بنود هذه الاتفاقية، واختيار المكان الإضافي لتسليم وتسلم لأسرى إذا دعت إلى ذلك الحاجة والقيام بأي واجبات أخرى تتصل أو تطلب لعمليات إعادة الأسرى.

ب. وفي حالة عدم القدرة على الوصول إلى اتفاق في أي من الأمور المتعلقة بمسؤولياتها، فإن على لجنة إعادة وتوطين أسرى الحرب سرعة تبليغ ذلك إلى لجنة الهدنة العسكرية لتتخذ قراراً فيها، وباستثناء لجنة إعادة أسرى الحرب وتوطينهم رئاستها بالقرب من رئاسة لجنة الهدنة العسكرية.

ج. ستمل لجنة إعادة أسرى الحرب وتوطينهم مجرد انتهائها من تنفيذ برنامج إعادة أسرى الحرب بوساطة لجنة الهدنة العسكرية.

٧. أ. مجرد التوقيع على اتفاقية الهدنة يسمح لفرق الصليب الأحمر المشكلة من ممثلين لجمعيات الصليب الأحمر الدولية الممثلين للدول المشتركة في قوات الأمم المتحدة من جانب وممثلي جمعيات الصليب الأحمر في جمهورية كوريا الشعبية وممثلي الصليب الأحمر في جمهورية الصين الشعبية من

الجانب الآخر، بممارسة نشاطها وستعمل هيئات الصليب الأحمر على مساعدة كلا الجانبين في تنفيذ التزاماته في هذه الاتفاقية لعمليات إعادة وتوطين أسرى الحرب الراغبين في العودة للوطن والمنصوص عنهم في البند ٣٧ من الاتفاقية، ولتقديم هذه المساعدات الإنسانية والترفيهية والتي تعد لازمة لأسرى الحرب وتسلمهم في كلا الجانبين للأشراف على الراحة أسرى الحرب في كلا الجانبين، وحسن معاملتهم ولتوزيع الهدايا، كما ستقدم أيضاً المساعدات والخدمات لأسرى الحرب خلال الطريق من معسكرات الاعتقال إلى أماكن تسليم وتسم الأسرى.

ب. يتم تشكيل فرق الصليب الأحمر على الوجه التالي.

١. فريق مكون من عشرين عضواً، عشرة منهم ممثلون لهيئات الصليب الأحمر لكلا الطرفين للمساعدة في تسليم وتسلم أسرى الحرب في كلا الجانبين مكان تسليم أسرى الحرب وتسلمهم، وستكون رئاسة هذا الفريق بالتناوب يومياً مع ممثلي الصليب الأحمر لكلا الطرفين.

٢. فريق يشكل من ستين عضواً، ثلاثين من ممثلي الصليب الأحمر في كوريا الجنوبية لزيارة أسرى الحرب في معسكرات الاعتقال الخاضعة لجيش كوريا الشعبي ومتطوعي الصين الشعبية. وهذا الفريق يقدم الخدمات لأسرى الحرب خلال الطريق من معسكرات الاعتقال إلى مكان تسليم وتسلم الأسرى. ويرأس هذا الفريق أحد ممثلي الصليب الأحمر التابعين لجمهورية كوريا الشعبية وأحد ممثلي جمهورية الصين الشعبية.

ج. ويتعهد قادة كل من الجانبين بتقديم المساعدات والمعاونات المطلوبة كافة لفرق الصليب الأحمر المشتركة للقيام بواجباتها كما يتعهد بحماية أفراد هذه

الفرق في المنطقة الخاضعة لسيطرته العسكرية. وسيقوم قائد كل جانب كذلك بتقديم المساعدات والمواصلات اللازمة كافة لتسهيل مهمة فرق الصليب الأحمر المشتركة التي تطلبها هذه الفرق التي تعمل في المنطقة الخاضعة لسيطرته العسكرية.

د. بمجرد الانتهاء من برنامج إعادة أسرى الحرب الذين يصرون على العودة إلى الوطن وتوطينهم والمنصوص عليه في البند ٣٧ تحل فرق الصليب الأحمر المشتركة.

٣.   جميع المدنيين الموجودين وفق تنفيذ هذه الاتفاقية في المنطقة الخاضعة للسيطرة العسكرية لقائد قوات الأمم المتحدة والواقعة في يوم ٢٤ يونيو ١٩٥٠ جنوب خط الهدنة المحدد في هذه الاتفاقية سيسمح لهم.

بالعودة إذا ما أرادوا العودة إلى بلادهم، وستقدم لهم المساعدات بوساطة قائد قوات الأمم المتحدة إلى المنطقة الواقعة شمال خط الهدنة وكذلك جميع المدنيين الموجودين وفق تنفيذ هذه الاتفاقية في المنطقة الخاضعة للسيطرة العسكرية لقائد جيش كوريا الشعبي وقائد قوات متطوعي الصين الشعبية والواقعة شمال خط الهدنة المحدد في هذه الاتفاقية ، سيسمح لهم إذا ما أرادوا العودة إلى بلادهم ويعد قائد كل جانب مسؤولاً عن اتخاذ الإجراءات الكفيلة لتنفيذ البند السابق في المنطقة الخاضعة لسيطرته العسكرية، بما في ذلك المساعدات والإرشاد اللذان يجب أن تقدمها السلطات المدنية لهؤلاء المدنيين الذين يرغبون في العودة إلى ديارهم.

ب. ستوضع القواعد اللازمة لتسهيل انتقال المدنيين المنصوص عليها بالبند ٤٤ وكذلك لتسهيل تحركات المدنيين المنصوص عليها في البند ٤٤ من

الاتفاقية وسوف يتفق عليها بين كلا الجانبين في أقرب فرصة بعد البدء في تنفيذ الاتفاقية.

ج. تشكل لجنة لإعادة المدنيين الراغبين في العودة إلى ديارهم وستكون من ٤ ضباط، اثنين منهم يعينون بمعرفة قائد عام قوات الأمم المتحدة واثنين يعينان بمعرفة القائد الأعلى لجيش كوريا الشعبي وقائد قوات متطوعي الصين الشعبية، وستعمل هذه اللجنة تحت إشراف وتوجيهات لجنة الهدنة العسكرية، وستكون مسؤولية تنسيق الخطط التي يتبعها كل من الجانبين للمساعدة في إعادة المدنيين المذكورين فيما سبق وللأشراف على تنفيذ كل من الجانبين من الإجراءات والخطوات المنصوص عليها في هذه الاتفاقية والمتعلقة بإعادة المدنيين المذكورين فيما سبق. سيكون كذلك من واجب هذه اللجنة اتخاذ الترتيبات اللازمة بما في ذلك تجهيز وسائل النقل اللازمة لتسهيل نقل المدنيين المذكورين، وكذلك تحديد النفط التي يمكن لهؤلاء المدنيين اجتياز خط الهدنة فيها، وعمل ترتيبات الأمن في هذه النفط، والقيام بأية واجبات أخرى يرى لزومها لإتمام عودة المدنيين.

٢. في حالة عدم القدرة على الوصول إلى اتفاق بشان أي من الإجراءات اللازمة لتنفيذ مهمتها، فأنه يجب على اللجنة أن ترفع الأمر إلى لجنة الهدنة العسكرية لتتخذ قراراً في شأنه في الحال وستأخذ اللجنة المساعدة في إعادة المدنيين مقر رئاستها بالقرب من رئاسة لجنة الهدنة العسكرية.

٤. ستحل لجنة المساعدة في إعادة المدنيين بوساطة لجنة الهدنة العسكرية بمجرد انتهائها من انتهاء مهمتها.

الباب الرابع

موضوعاته عامة:

١. أية إضافات أو تعديلات لبنود هذه الاتفاقية يجب أن يوافق عليها قادة كلا الجانبين المتنازعين.

٢. تبقى أحكام هذه الاتفاقية نافذة ما لم يتم الاتفاق على تعديلها أو إجراء أية إضافات لها أو اتفاق على معاهدة السلام الدائم بين ساسة الطرفين المتنازعين.

٣. جميع بنود هذه الاتفاقية ستصير نافذة عدا البند ١٢ اعتباراً من .... يوم.......

تحرر بانمو نجوم كوريا ساعة ...... يوم ...... / ٠ / ١٩٥٣ باللغات الإنجليزية و الكورية والصينية، وتعد كل منها لغة رسمية.

التوقيعات

كيم آل سونغ	ينتج تي هواي	مارك . و. كلارك
مارشال جمهورية كوريا الشعبية	قائد قوات متطوعي	جنرال .الجيش الأمريكي

القائد الأعلى لجيش كوريا الشعبية   الصين الشعبية

اتفاقيات – رودس (١٩٤٩):

اتفاقيات رودس، أو اتفاقيات الهدنة الأولى، هي الاتفاقيات التي عقدت بين عـدد مـن البـلاد العربية من جهـة والكيـان الصهيوني مـن جهـة أخرى، في أعقـاب الحـرب العربيـة- الصـهيونية الأولى (١٩٤٨). وقد جرت المفاوضات بين الجانبين في رودس بشكل غير مباشر إذ كان الاتصال يتم عـن طريـق طرف ثالث هو الوسيط الدولي رالف بانش الذي جاء إلى المنطقة بعد مقتـل الوسـيط الـدولي الكونـت برنادوت.

١. اتفاقية الهدنة المصرية – الصهيونية:

وقعت اتفاقية الهدنة بين مصر- والكيان الصهيوني في ٢٤ شباط ١٩٤٩ وهـي أول اتفاقيـات الهدنة من حيث الترتيب الزمني للتوقيع. وقد وقعها عـن الحكومـة المصـرية العقيـد محمـد إبراهيم سيف الدين والعقيد محمد كامل الرحماني، وعن الحكومة الصهيونية والترآتيات والعقيد بيغـال بـادين والياس ساسون وتضمنت الاتفاقيات المواد التالية.

المادة الأولى:

بغية المساعدة على إعادة سلام دائم إلى فلسطين، واعترافاً بأهميـة الضـمانات المتبادلـة بهـذا الصدد، فيما يتعلق بمستقبل العمليات العسكرية للفريقين،

تؤكد فيما يلي المبادئ التالية، التي ستكون موضع مراعاة دقيقة من جانب الفريقين خلال الهدنة.

١. يحترم الفريقان كل الاحترام توصية مجلس الأمن بعدم اللجوء إلى استخدام القوة العسكرية في تسوية مشكلة فلسطين.

٢. لا تقوم القوات المسلحة – البرية أو البحرية أو الجوية، لأي من الفريقين – بأي عمل عدواني، أو تخطط لمثل هذا العمل، أو تهديد به، ضد شعب الفريق الثاني أو قواته المسلحة مع العلم أن استخدم لفظه (تخطط) في هذا الإطار لا علاقة لها بتخطيط الأركان العادي، كما يمارس عادة في المؤسسات العسكرية.

٣. يحترم حق كل من الطرفين في أمنه وتحرره من الخوف من هجوم تشنه القوات المسلحة للفريق الأخر، كل الاحترام.

٤. يسلم بأن إقامة هدنة بين القوات المسلحة للفريقين خطوة لابد منها نحو تصفية النزاع المسلح وإعادة السلام إلى فلسطين.

المادة الثانية:

١. بناء على المبادئ المذكورة وعلى قراري مجلس الأمن الصادرين في ٤ ،١٦ تشرين الثاني ١٩٤٨، تمت إقامة هدنة عامة بين القوات المسلحة للفريقين البرية والبحرية والجوية.

٢. يمنع أي عنصر من القوات البرية أو البحرية أو القوات شبه العسكرية لدى الفريقين، بما في ذلك القوات غير النظامية، من ارتكاب أي عمل حربي أو عدائي ضد القوات العسكرية، أو شبه العسكرية للفريق الآخر، أو ضد

المدنيين داخل الأراضي التي تخضع للفريق الآخر، كما يمنع مـن عبورهـا، أو دخول ميـاه الفريق الأخر على مسافة ثلاثة أميال من ساحله.

المادة الثالثة:

١. بناء على قرار مجلس الأمن الصادر في ٤ تشرين الثاني ١٩٤٨، وبغية تنفيذ قرار مجلس الأمن الصادر في ١٦ تشرين الثاني ١٩٤٨، تسحب القوات المصرية العسكرية في الفالوجة.

٢. يبدأ هذا الانسحاب في اليوم الذي يلي توقيع هذا الاتفاق في الساعة الخامسة صباحاً بتوقيـت غرينتش إلى ما وراء الحدود المصرية- الفلسطينية.

٣. يتم الانسحاب بإشراف الأمم المتحدة، ووفقاً لخطة الانسحاب الموضوعة في الملحـق رقـم (١) من هذا الاتفاق.

المادة الرابعة:

الإشارة بشكل خاص إلى تنفيذ قراري مجلس الأمن الصادرين في ٤ تشرين الثاني و ١٦ تشرين الثاني ١٩٤٨، تؤكد المبادئ والأغراض التالية:

١. يعترف بمبدأ عدم كسب أية فائدة سياسية أو عسكرية بموجب الهدنة التي أمر بها مجلس الأمن .

٢. يعترف كذلك بأن الأغراض الأساسية للهدنة وروحها لا تخدم باسـترداد المواقع العسكريـة المحتلـة سابقاً، أو الانتقال إلى المواقع المنصوص عليها في هذا الاتفاق أو بتقديم القوات العسكرية لأي من الطرفين إلى ما وراء المواقع التي يحتلها عند توقيع هذا الاتفاق.

٣. ويعترف أيضاً بأنه يجوز لأي من الفريقين أن يؤكد الحقوق والمطالب والمصالح ذات الطبيعة غير العسكرية في منطقة فلسطين التي يشملها هذا الاتفاق وأن هذه التي استثنت من مفاوضات الهدنة باتفاق الفريقين، ستكون وفقاً لتقدير الفريقين موضع تسوية في وقت لاحق. ويشدد على أن ليس من غاية هذا الاتفاق تثبيت أية حقوق إقليمية أو حقوق حراسة أو أية حقوق أو مطالب أو مصالح أخرى قد يدّعيها أي من الفريقين في منطقة فلسطين، أو في أي جزء أو موقع يشمله هذا الاتفاق أو الاعتراف بهذه الحقوق أو المطالب أو المصالح أو إلغائها أو تقويتها أو ضعافها بأي شكل من الأشكال، سواء انبثقت هذه الحقوق أو المطالب أو المصالح أو إلغائها أو تقويتها أو إضعافها بأي شكل من الأشكال، سواء انبثقت هذه الحقوق أو المطالب أو المصالح من قرارات مجلس الأمن بما فيها القرار الصادر فيه ٤ تشرين الثاني ١٩٤٨، أو من أي مصدر آخر. وقد أملت شروط هذا الاتفاق اعتبارات عسكرية فقط، وهي صالحة فقط لمدة الهدنة.

المادة الخامسة:

١. يعرف الخط المحدد في المادة السادسة من هذا الاتفاق بخط الهدنة، وقد حدد وفقاً لأغراض وأهداف قراري مجلس الأمن الصادرين في ٤ تشرين الثاني ١٩٤٨ و ١٦ منه على التوالي.

٢. يجب أن لا يفسر خط الهدنة بأي شكل من الأشكال بأنه حد سياسي أو إقليمي. وقد حدد دون أن يكون فيه إجحاف بحقوق من فريقي اتفاق الهدنة أو مطالبة أو موافقة بالنسبة إلى تسوية مشكلة فلسطين نهائياً.

٣. الغاية الأساسية من خط الهدنـة، هـي تحديـد الخـط الـذي لا يجـوز أن تتحـرك وراءه القـوات المسلحة للفريقين المعنيين، إلا بالنسبة ما نص عليه في المادة الثالثة من هذا الاتفاق.

٤. تظل الأحكام والأنظمة المعمول بها في القوات المسلحة للفريقين التي تمنـع المـدنيين مـن عبـور خطوط القتال أو عبور المناطق من هذه الخطوط، سـارية المفعـول بعـد توقيـع هـذا الاتفـاق. وتطبيق خط الهدنة المحدد في المادة السادسة. (ثم تـأتي بعـد ذلـك المـادة السادسـة والسـابعة والثامن تتوضح بصورة أفضل بالملحقات).

المادة التاسعة:

يتم تبادل أسرى الحرب لدى أي مـن فريقـي هـذا الاتفـاق سـواء كـانوا ينتمـون إلى القـوات النظامية أو غير النظامية للفريق الأخر. طبقاً لما يلي:

١. يتم تبادل أسرى الحرب بإشراف الأمم المتحدة ومراقبتهـا في جمـع مراحلـه ويبـدأ هـذا التبـادل خلال عشرة أيام من توقيع الاتفاق وينتهي في موعد لا يتجاوز ٢١ يوماً من بدئه. وعنـد توقيـع هذا الاتفاق يضع رئيس لجنة الهدنة المشتركة المشكلة بموجب المادة العاشرة من هـذا الاتفـاق وبالتشـاور مع السلطات العسكرية المختصة للفريقين خطة لتبـادل أسرى الحـرب خـلال المـدة المذكورة في أعلاه، تحدد تاريخ مكان التبادل وأية تفصيلات أخرى بهذا الشأن.

٢. يشـمل تبـادل الأسرى هـذا جميـع الملاحقـين قضـائياً. والـذين صـدرت بحقهـم أحكـام بجـرائم ومخالفات أخرى ارتكبوها.

٣. تعاد جميع الأمتعة الشخصية والأشياء القيمـة والرسـائل والوثائق ومسـتندات إثبـات الهويـة والأمتعة الشخصية مهما تكن طبيعتها. سواء التي تخص أسرى الحرب الـذين يـتم تبـادلهم. أو التي تخص القوات المسلحة التي ينتمون إليها إذا كانوا قد هربوا أو توفوا.

٤. يبت في جميع المسائل التي لا تنص عليها أحكام هذا الاتفاق – بشكل خـاص – طبقـاً للمبـادئ التي حددها الميثاق الدولي المتعلق بمعاملة أسرى الحرب الموقع في جنيف في ٢٧ تموز ١٩٢٩.

٥. تتولى لجنة الهدنة المشتركة التي تنص عليها المادة العاشرة مـن هـذا الاتفاق مسـؤولية تحديـد مصير الأشخاص المفقودين. داخل الأراضي التي تخضع لأشراف أي مـن الفـريقين، بغيـة تسـهيل لإسراع في تبادلهم. ويتعهد كل مـن الفـريقين تقـديم كـل معونـة ومسـاعدة إلى اللجنـة خـلال قيامها بمهمتها.

المادة العاشرة:

١. تشرف على تنفيذ أحكام هذا الاتفاق لجنة هدنة مشتركة تتـألف مـن سبعة أعضـاء، يعـين كـل مـن فريق هذا الاتفاق ثلاثة منهم، ويرأسها رئيس أركان هيئة المراقبـة الدوليـة عـلى الهدنـة أو أحـد كبـار الضباط من فريقي المراقبين التابع لهذه الهيئة، يعينه رئيس الأركان بالتشاور مع فريق الاتفاق.

٢. تتخذ لجنة الهدنة المشتركة من العوجة مقراً لها، وتعقد اجتماعاتها في المكان والوقت اللـذين تراهم مناسبين للقيام بمهماتها بشكل فعال.

٣. يدعو رئيس أركان هيئة المراقبة الدولية على الهدنة المشتركة – إلى الاجتماع الأول في وقت لا يتجاوز أسبوعاً واحداً من توقيع هذا الاتفاق.

٤. تستند قرارات لجنة الهدنة المشتركة ما أمكن إلى مبدأ الاجتماع وفي حالة تعذر الاجتماع تتخذ القرارات بأكثرية أصوات أعضاء اللجنة الحاضرين الذين يدلون بأصواتهم. وفي ما يتعلق بالمسائل ذات المبدأ، تحال القضية إلى لجنة خاصة تتألف من رئيس أركان هيئة المراقبة الدولية الذي يدعو اللجنة إلى الاجتماع في أقرب وقت ممكن.

٥. تضع لجنة الهدنة المشتركة أنظمتها الخاصة بها، وتعقد الاجتماعات بعد إشعارات يتلقاها الأعضاء من الرئيس، ويكون النصاب القانوني للاجتماع بأكثرية الأعضاء.

٦. تخول اللجنة صلاحية استخدام مراقبين قد يكونون من المؤسسة العسكرية للفريقين أو من العسكريين العاملين مع هيئة المراقبة الدولية على الهدنة، أو من الجانبين بأعداد تعتبرها ضرورية للقيام بمهماتها. وفي حال توظيف مراقبين دوليين يبقى هؤلاء المراقبون تحت قيادة رئيس أركان هيئة المراقبة الدولية على الهدنة، وتكون المهمات ذات الطبيعة العامة أو الخاصة التي يتعهد بها إلى المراقبين الدوليين الملحقين بلجنة الهدنة المشتركة، وهذا بموافقة رئيس أركان هيئة المراقبة الدولية على الهدنة أو ممثله المنتدب الذي يعمل رئيساً لها.

٧. تحال جميع المطالب أو الشكاوى المتعلقة بتطبيق هذا الاتفاق، والتي يتقدم بها أي من الفريقين، على لجنة الهدنة المشتركة فوراً من قبل رئيسها، وتتخذ اللجنة الأجراء الذي تراه مناسباً بهدف تحقيق تسوية عادلة ومرضية للجانبين، وعن طريق أجهزة مراقبتها وتحقيقها بصدد جميع هذه المطالب والشكاوى.

٨. عندما ينشب خلاف على معنى نص معين في هذا الاتفاق، يعتمد تفسير لجنة الهدنة شريطة أن يخضع ذلك لحق الاستئناف، كما هو منصوص في الفقرة ٤، ويجوز للجنة حسب تقديرها، ومتى اقتضت الحاجة ذلك، أن توصي الفريقين بين حين وحين إدخال تعديلات على نصوص هذا الاتفاق.

٩. ترفع لجنة الهدنة المشتركة إلى كلا الفريقين تقاريرعن أعمالها كلما رأت ذلك ضرورياً. وترسل صورة عن كل من هذه التقارير إلى الأمين العام للأمم المتحدة لإحالتها إلى الإدارة أو الوكالة المختصة في الأمم المتحدة.

١٠. يمنح أعضاء اللجنة ومراقبوها حرية التنقل والوصول في المنطقة المشمولة بهذا الاتفاق إلى المدى الذي تراه اللجنة ضرورياً، على أنه في حالة اتخاذ مقررات كهذه بأكثرية الأصوات يستخدم مراقبوا الأمم المتحدة.

١١. توزع نفقات اللجنة غير تلك العائدة إلى مراقبي الأمم المتحدة بين فريقي هذا الاتفاق بالتساوي.

المادة الحادية عشر:

لا يمس أي بند من بنود هذا الاتفاق بأي شكل من الأشكال حقوق أي من الفريقين أو مطالبة أو موافقة في التسوية السلمية النهائية لقضية فلسطين.

١. لا يخضع هذا الاتفاق للمصادقة وقد جرت فيه المفاوضات وعقد استجابة لقرار مجلس الأمن الصادر في ١٦ تشرين الثاني ١٩٤٨، الذي دعا إلى إقرار الهدنة لدرء الخطر الذي يهدد السلم في فلسطين، ولتسهيل الانتقال من المهادنة الحالية و إلى سلم دائم في فلسطين، فأنه يبقى نافذاً حتى يتم التوصل إلى تسوية سلمية بين الفريقين باستثناء ما ورد في البند الثالث من هذه المادة.

٢. يجوز لفريقي هذا الاتفاق بالرضى المتبادل تعديله هو وأي من أحكامه، ويجوز لهما وقف تطبيقه، فيما عدا المادتين الأولى والثانية، في أي وقت. وإذا لم يتوصل إلى رضى متبادل، وبعد أن تكون قد انقضت سنة واحدة على وضع هذا الاتفاق موضع التنفيذ من تاريخ توقيعه، يجوز لأي من الفريقين أن يطلب إلى الأمين العام للأمم المتحدة دعوة ممثلي الفريقين إلى مؤتمر غايته مراجعة أو تعديل أو تعليق أي من الأحكام الواردة في هذا الاتفاق باستثناء المادتين الأولى والثانية. ويكون الاشتراك في مؤتمر كهذا إلزامياً للفريقين.

٣. إذا لم يسفر المؤتمر المشار إليه في البند ٣ من هذه المادة عن حل متفق عليه لنقطة مختلف عليها، جاز لأي من الفريقين أن يرفع الأمر إلى مجلس الأمن التابع لهيئة الأمم المتحدة طلباً للحل المنشود على أساس أن هذا الاتفاق إنما عقد استجابة لقرار مجلس الأمن في سبيل إقرار السلم في فلسطين.

٤. ينسخ هذا الاتفاق الاتفاق العام لوقف إطلاق النار بين مصر والكيان الصهيوني الذي اشترك فيه الفريقان في ٢٤ كانون الثاني ١٩٤٩.

٥. وقع هذا الاتفاق على خمس نسخ، يحتفظ كل من الفريقين بنسخة منها، وتسلم نسختان إلى الأمين العام الأمم المتحدة لإرسالها إلى مجلس الأمن وإلى لجنة التوفيق التابعة للأمم المتحدة والخاصة بفلسطين ونسخة إلى الوسيط لفلسطين بالوكالة وثباتاً لذلك وقع ممثلو الفريقين المتعاقدين هذا الاتفاق بحضور وسيط الأمم المتحدة في فلسطين بالوكالة ورئيس أركان هيئة مراقبة الهدنة التابعة للأمم المتحدة.

الملحق (١) - خطة الانسحاب من الفالوجة.

يجري سحب القوات المصرية بجميع معداتها العسكرية من منطقة الفالوجة إلى نقاط وراء الحدود المصرية - الفلسطينية وفقاً للخطة التالية:

١. تبدأ عملية الانسحاب في ٢٦ شباط ١٩٤٩، في الساعة ٥٠٠ بتوقيت غرينيتش وتكون تحت إشراف الأمم المتحدة ومراقبتها في جميع المراحل.

٢. بالنظر إلى كثرة عدد القوات المشمولة بهذا التدبير، وفي سبيل التقليل من احتمال الاحتكاك والحوادث، ولضمان المراقبة الفعالة من جانب الأمم المتحدة أثناء عملية الانسحاب، يتم الانسحاب خلال خمسة أيام من تاريخ تنفيذ خطة الانسحاب.

٣. يستخدم طريق الفالوجة ٠ عراق سويدان - بربرة - غزة - رفح طريقاً للانسحاب شرط أنه إذا تبين أنه لا يمكن سلوك هذا في تاريخ الانسحاب، فعلى رئيس أركان هيئة مراقبة الهدنة التابعة للأمم المتحدة أن يختار طريقاً آخر بالتشاور مع الفريقين.

٤. على القائد العام للقوات المصرية في فلسطين قبل الوقت المحدد للانسحاب بثماني وأربعين ساعة على الأقل، أن يقدم إلى رئيس أركان الأمم المتحدة (أو ممثله) للموافقة، خطة مفصلة لسحب الحامية المصرية من الفالوجة على أن تشمل تلك الخطة: عدد القوات ومقدار ونوع المعدات التي سيجري سحبها كل يوم، وعد ونوع السيارات التي ستستخدم كل يوم في حركة الانسحاب، وعدد الرحلات اللازمة لإتمام الحركة كل يوم.

٥. تكون الخطة المفصلة المشار إليها في الفقرة ٤ في أعلاه مبينة على ترتيب أسبقية في عملية الانسحاب يحدده رئيس أركان هيئة مراقبة الهدنة التابعة

للأمم المتحدة ويتضمن أموراً أخرى على أنه بعد نقلا المرضى والجرحى الذي جرى فعلاً، تسحب أولاً قوات المشاة بأسلحتها الخاصة وأمتعتها، ولا تسحب المعدات الثقيلة إلا في المراحل الأخيرة من العملية. وتعرف المعدات الثقيلة بالمدفعية والسيارات المصفحة والدبابات وناقلات ومدافع برن وفي سبيل منع احتمال وقوع الحوادث بعد وصول وحدات المشاة إلى الأماكن التي تقصدها، يجري سحب المعدات الثقيلة إلى نقطة في الأراضي المصرية يعينها رئيس أركان الأمم المتحدة وهناك توضع كممتلكات مصرية تحت حراسة الأمم المتحدة. وختمها إلى أن يتأكد رئيس الأركان من أن الهدنة أصبحت نافذة، وحينئذ تسلم هذه المعدات إلى السلطات المصرية المختصة.

٦. على السلطات والضباط الصهاينة في منطقة الفالوجة - غزة أن يبذلوا معونتهم التامة في هذه العملية، وهم مسؤولون عن التأكد من خلو طريق الانسحاب وعدم وجود عوائق مهما كان نوعها أثناء حركات الانسحاب، ومن بقاء القوات الصهيونية أثناء العملية بعيدة عن الطرق المستعلمة في عملية الانسحاب.

٧. يرابط المراقبون العسكريون للأمم المتحدة مع القوات المصرية والصهيونية للتأكد من تقيد الفريقين تقيداً تاماً بخطة الانسحاب هذه وبالتعليمات اللاحقة التي قد يصدرها رئيس أركان الأمم المتحدة وحده دون سواه بكل تفتيش قد يكون ضرورياً في إجراء عملية الانسحاب وتعتبر قراراتهم في جميع هذه الحالات نهائية.

الملحق (٢) تحديد الجبهتين الغربية والشرقية في فلسطين:

بناء على الاعتبارات العسكرية وحدها التي تشمل القوات التابعة لفريقي هذا الاتفاق، وكذلك قوات الفرق الثالث في المنطقة غير المشمولة بهذا الاتفاق، يعتبر تحديد الجبهتين الغربية والشرقية في فلسطين كما يلي:

أ. الجبهة الغربية: المنطقة الواقعة إلى الجنوب والغرب من الخط المحدد في البند.

١. من مذكرة ١٣ تشرين الثاني ١٩٤٨، حول تنفيذ قرار مجلس الأمن الصادر في تشرين الثاني ١٩٤٨، من نقطة ابتدائها بالغرب إلى النقطة الواقعة عند خط الهاجرة ١٢٥٨١١٩٦ ومنها جنوباً على طول الطريق المؤدية إلى طريق حنا- الفالوجة عند خط الهاجرة ١٢١٤٠٨٢٣ – بئر السبع وتنتهي إلى الشمال من بئر عسلوج عند النقطة ٤٠٢.

٢. الجبهة الشرقية : المنطقة إلى الشرق من الخط المحدد في الفقرة (أ) في أعلاه ومن النقطة ٤٠٢ إلى أقصى نقطة في جنوب فلسطين، بخط مستقيم يدل على نصف المسافة بين الحدود المصرية – الفلسطينية وبين الحدود الأردنية – الفلسطينية.

الملحق (٣) تحديد قوات الدفاع:

أولاً : القوات البرية

١. يجب أن لا تتعدى : (أ) – ٣ كتائب مشاة كل كتيبة لا تزيد على ٨٠٠ من الضباط وسائر الرتب ولا تشتمل على أكثر من ١ – ٤ سرايا بنادق مع

الأسلحة المعتادة للمشاة (بنادق و رشاشات خفيفة و مسدسات رشاشة و مدافع هاون خفيفة و بنادق مضادة للدبابات أو مدافع صاروخية) ٢٠ - سرية ساندة (دعم) مسلحة بما لا يزيد على ٦ رشاشات متوسطة و ٦ مدافع هاون لا يزيد عيارها على ٣ بوصات و٤ مدافع مضادة للطائرات لا يزيد عيارها على ٢٥ رطلاً. (ج) بطارية واحدة مؤلفة مـن ٨ مـدافع مضادرة للطائرات لا يزيد عيارها على ٤٠ مليمتراً.

٢. تستثنى الأسلحة التالية من مفهوم عبارة قوات الدفاع:

أ. المصـفحات كالـدبابات والسـيارات المصـفحة وناقلات مـدافع بـرن والسـيارات نصـف المجنـزرة والشاحنات وغيرها من وسائل النقل المصفحة.

ب. جميع الأسلحة والوحدات المساندة غير تلك المحددة في البند (١) (أ) ٢ والبند (١) (ب) والبند (١) (ج) في أعلاه.

٣. تستخدم الوحدات الإدارية وفقاً لخطة تعدها وتوافق عليها لجنة الهدنة المشتركة.

ثانياً: القوات الجوية

في المناطق التي تسمح فيها بوجود قوات الدفاع، يجب التقيد بالشروط التالية فيما يتعلق بالقوات الجوية.

١. لا يجوز الاحتفاظ بأية مطارات عسكرية أو ساحات طيران أو ساحات هبوط أو أيـة منشـآت عسكرية أخرى.

٢. لا يجوز قيام أو هبوط أية طائرات عسكرية إلا في الحالات الطارئة.

ثالثاً: القوات البحرية

لا يجوز أن تقام أية قواعد بحرية في المناطق التي لا يسمح فيها إلا بقوات دفاعية ولا يجوز لأية سفن حربية دخول المياه الإقليمية الملاصقة لتلك المناطق.

رابعاً: في المناطق التي لا يجوز الاحتفاظ فيها إلا بقوات دفاعية

يجب أن يتم التخفيض اللازم للقوات خلال أربعة أسابيع من تاريخ توقيع هذا الاتفاق.

وهكذا حققت اتفاقية رودس ما أرادته أميركا للكيان الصهيوني. فقد دخل النقب شماله وجنوبه وشرقه داخل حدود الأراضي التي يسيطر عليها الكيان الصهيوني وبالوصول إلى هذه الاتفاقية المصرية- الصهيونية، انتهت المرحلة الحرجة التي ركزت الدول الاستعمارية جهودها للوصول إليها. ولم يعد هناك قطر عربي يجد حرجاً في اتخاذ خطوة ماثلة. ونجح المخطط الانكلو - أمريكي في تحقيق تسويات جزئية، وعلى مراحل ومع كل بلد عربي بصورة منفردة.

٢. اتفاقية الهدنة اللبنانية – الصهيونية:

كان لبنان ثاني دولة عربية يوقع الاتفاقية مع الكيان الصهيوني في ٢٣ آذار ١٩٤٩. ورغم أن توقيع الاتفاقية اللبنانية – الصهيونية والمحادثات لهذه الاتفاقية قد حدثت في رأس الناقورة (مخفر صغير يقع على الحدود اللبنانية) إلا أن هذه الاتفاقية تعتبر جزءاً من اتفاقية رودس. ولقد أراد لبنان أن يدخل في الاتفاق مادة صريحة بضمنها اعترافاً لا غموض فيه بحدوده السياسية واحتدم الجدل حول هذه النقطة، مما أطال الجلسات عدة أيام بعد ما كان

المفروض أن يتم التوقيع على الاتفاقية في جلسة واحدة. وكان تعدد الجلسات سبباً في نقل مقر الاجتماع الثاني إلى الأرض المحتلة حيث أقام الكيان الصهيوني مخفر حدودهم ووقع على اتفاقية الهدنة اللبنانية – الصهيونية من الجانب اللبناني المقدم توفيق سالم والمقدم جوزيف حرب، وعن الجانب الصهيوني المقدم مردخاي ما كليف ويهوشوع بيلمان وشيطاي روزين وتضمنت الاتفاقية المواد التالية:

المادة الأولى:

من أجل العمل على عودة سلام دائم في فلسطين، وإدراكاً لأهمية التأكيدات المتبادلة في هذا الشأن في ما يتعلق بالعمليات العسكرية مستقبلاً لطرفي هذا الاتفاق ويؤكد الجانبان المبادئ التالية التي سيجري التقيد بها تماماً من جانب الطرفين خلال الهدنة الدائمة.

١. يتعهد الجانبان من الآن فصاعداً بالتقيد التام بالأمر الصادر عن مجلس الأمن بشأن عدم اللجوء إلى القوة العسكرية لتسوية فلسطين.

٢. يتعهد الجانبان بامتناع القوات المسلحة لكل منهما، سواء القوات البرية أو البحرية أو الجوية عن اتخاذ أي عمل عدواني ضد شعب أو قوات الجانب الآخر أو إعداد مثل هذا العمل مع العلم بان استخدام (إعداد) في هذا المضمون لا يؤثر على عمليات التخطيط العادية لهيئة الأركان، كما هو متبع بوجع عام في المؤسسات العسكرية.

٣. يحترم احتراماً كاملاً حق كل طرف في أمنه وحريته من الخوف من هجوم تشنه عليه القوات المسلحة للجانب الآخر.

٤. يقر الجانبان بأن العمل بهدنة دائمة بين القوات المسلحة للجانبين خطوة لا مناص منها لتصفية النزاع المسلح وإعادة السلام إلى فلسطين.

المادة الثانية:

يؤكد الجانبان المبادئ والأهداف التالية بقصد تنفيذ قرار مجلس الأمن الصادر في ١٦ تشرين الثاني عام ١٩٤٨.

١. الاعتراف بمبدأ عدم تحقيق أية فائدة عسكرية أو سياسية من جراء الهدنة التي أمر بها مجلس الأمن.

٢. كما يدرك الجانبان أنه يجب ألا يسيء أي بند من بنود هذا الاتفاق - بأي شكل كان إلى حقوق ومطالب ومواقف أي من طرفي الاتفاق، في ما يتعلق بأية تسوية سلمية لقضية فلسطين يتم التوصل إليها في النهاية، إذا أن نصوص هذا الاتفاق تابعة من اعتبارات عسكرية محضة.

المادة الثالثة :

١. لقد تم الاتفاق على هدنة عامة دائمة بين القوات المسلحة للجانبين، وذلك بموجب المبادئ السابقة الذكر وقرار مجلس الأمن الصادر في تشرين الثاني عام ١٩٤٨.

٢. يتعهد الجانبان ألا يرتكب أي عنصر من القوات البرية أو البحرية أو الجوية العسكرية لجانب كل منهما، بما فيها القوات غير النظامية، عملاً من الأعمال الشبيهة بالأعمال الحربية، أو عملاً عدوانياً ضد قوات الجانب الآخر، أو ضد المدنيين في الأراضي لخاضعة للجانب الآخر، أو يعبر أو يتخطى لأي سبب من الأسباب خط الحدود في إطار الهدنة الدائمة كما هو مبين في المادة الخامسة من هذا الاتفاق أو يدخل المجال الجوي

للطرف الآخر، أو يمر عبره أو يدخل، أو يمر عير المياه على مسافة ثلاثة أميال من ساحل الجانب الآخر.

٣. يتعهد الجانبان ألا يقوم بأي عمل شبيه بالأعمال الحربية أو عمل معاد من أراض تحت إشراف أحد طرفي هذا الاتفاق ضد الطرف الآخر.

المادة الرابعة:

١. سيعرف الخط الوارد وصفه في المادة الخامسة من هذا الاتفاق في حدود الهدنة الدائمة، وسيحدد بموجب الهدف والقصد اللذين رمت إليهما قرارات مجلس الأمن الصادرة في ١٦ تشرين الثاني ١٩٤٨.

٢. أن القصد الرئيس من وراء إقامة خط الهدنة الدائمة هو تخطيط الخط الذي يجب على القوات المسلحة للأطراف المعنية ألا تتجاوزه.

المادة الخامسة:

١. يجب أن يتبع خط الهدنة الدائمة الحدود الدولية بين لبنان وفلسطين.

٢. يجب أن تتألف القوات المسلحة للجانبيين في منطقة خط الهدنة الدائمة من قوات دفاعية فقط كما هو معرف في ملحق هذا الاتفاق.

٣. يجب أن يكتمل سحب القوات إلى خط حدود الهدنة الدائمة وتقليصها إلى قوة دفاعية، بموجب الفقرة السابقة خلال عشرة أيام من توقيع الاتفاق. وبالمقياس نفسه، في إزالة الألغام عن الطرق الملغومة والمناطق التي جلا عنها أي من الطرفين. وتقدم الخرائط التي تحدد مواقع حقول الألغام هذه إلى الجانب الأخر خلال الفترة ذاتها.

المادة السادسة:

يجب تبادل جميع أسرى الحرب المحتجزين من جانب طرفي هـذا الاتفـاق، سـواء كـانوا مـن رجال القوات النظامية أو غير النظامية لأحد الجانبين كما يلي:

١.   تتم عملية تبادل أسرى الحرب في جميع مراحلها بأشراف الأمم المتحـدة وسيطرتها ويجب أن يتم التبادل عند رأس الناقورة خلال ٢٤ ساعة من توقيع هذا الاتفاق.

٢.   يجب ان يشتمل هذا التبادل كذلك على أسرى الحرب الذين تجري ملاحقتهم جنائياً، بالإضافة إلى أولئك الذين صدرت بحقهم أحكام في ما يتعلق بجريمة أو أية مخالفة أخرى للقوانين.

٣.   يجب أن تعـاد إلى الأسرى الـذين سـيجري تبـادلهم، جميـع الأغـراض الشخصـية والمـواد ذات القيمة والرسائل والوثائق وشارات الهوية وكل الأغراض الشخصية مهما كانت طبيعتها العائدة إلى هؤلاء الأسرى. وإذا كان الأسير قد هرب أو توفي فإن هذه الأغراض تعاد إلى الجانب الـذي كان الأسير يعمل في قواته المسلحة.

٤.   تقرر جميع الشؤون التي لم تنضم في هذا الاتفاق وفق المبادئ التي نص عليها الاتفاق الـدولي مسؤولية البحث عن الأشخاص المفقودين، سواء كانوا من العسكريين أو المـدنيين في المنـاطق الخاضعة لكل من الجانبين لتيسير تبـادلهم السـريع، ويتعهـد كـل طـرف بتقـديم كـل تعـاون ومساعدة اللجنة لتمكينها من تنفيذ هذه المهمة.

المادة السابعة:

١. تقوم لجنة دفاعية مشتركة مؤلفة من خمسة أعضاء، يعين فيها كل طرف في هذا الاتفاق عضويين ويكون رئيسها رئيس أركان هيئة الرقابة على الهدنة التابع للأمم المتحدة أو ضابط كبير من مراقبي الهيئة يعينه رئيس الأركان بعد التشاور مع طرفي هذا الاتفاق.

٢. تقيم لجنة الهدنة المشتركة مقرها في موقع الحدود إلى الشمال من المطلة، وفي موقع الحدود اللبناني في الناقورة. وتعقد اجتماعاتها في الأمكنة والأوقات التي تراها ضرورية لتنفيذ أعمالها بنجاح وفاعلية.

٣. تعقد لجنة الهدنة المشتركة أول اجتماع لها بدعوة من رئيس أركان هيئة الرقابة على الهدنة التابع للأمم المتحدة في وقت لا يتجاوز أسبوعاً من توقيع هذا الاتفاق.

٤. تتخذ قرارات لجنة الهدنة المشتركة، وفق مبدأ الاجتماع إذا تيسر ذلك. وفي حال عدم التوصل إلى الإجماع، تتخذ القرارات بأغلبية أصوات أعضاء اللجنة الحاضرين المشتركين في التصويت.

٥. تعد لجنة الهدنة المشتركة أنظمتها الإجرائية الخاصة بها. وتعقد الاجتماعات بعد أن يكون رئيس اللجنة قد ابلغ الأعضاء قبل وقت كاف من موعد انعقاد الاجتماع، ويتطلب النصاب لعقد الاجتماعات أغلبية الأعضاء.

٦. تكون للجنة الهدنة صلاحيات استخدام مراقبين، قد يستعان بهم من بين صفوف الهيئات العسكرية لطرفي الاتفاق أو من العسكريين التابعين لهيئة الرقابة على الهدنة التابعة للأمم المتحدة أو من كليهما بأعداد تعتبر كافية

لإنجاز مهماتها. وفي حالة الاستعانة بمراقبي الأمم المتحدة في هذا الشأن، فإن هؤلاء المراقبين يبقون تحت إمرة رئيس أركان هيئة الرقابة على الهدنة التابع للأمم المتحدة. وتخضع المهام ذات الطبيعة العامة أو الخاصة التي توكل لمراقبي الأمم المتحدة الملحقين بلجنة الهدنة المشتركة، لمرافقة رئيس أركان الأمم المتحدة أو ممثلة في اللجنة وفق من منهما يرأس اللجنة.

٧. ترفع الدعاوى المقدمة من أي من الجانبين في ما يتعلق بتنفيذ هذا الاتفاق إلى لجنة الهدنة المشتركة عن طريق رئيسها فوراً. وتتخذ اللجنة إجراءات بشأن كل هذه الدعاوى أو الشكاوى عن طريق جهازها الخاص بالمراقبة والتحقيق وفق ما تراه مناسباً لتحقيق تسوية عادلة ومرضية للجانبين.

٨. في حال قيام خلاف في تفسير معنى بند ما من هذا الاتفاق، باستثناء المقدمة والفقرتين الأولى والثانية يؤخذ بتفسير اللجنة. وتقدم الجنة توصيات إلى الجانبين لإجراء تعديل في بنود هذا الاتفاق من حين لآخر كلما دعت الحاجة إلى ذلك.

٩. تقدم لجنة الهدنة المشتركة تقارير إلى الجانبين عن نشاطاتها في الفترات التي تراها ضرورية وتقدم نسخة من كل هذه التقارير إلى السكرتير العام للأمم المتحدة، ليقدمه بدوره إلى الجهاز أو الوكالة المختصة في الأمم المتحدة.

١٠. يمنح أعضاء اللجنة ومراقبوها كذلك قدراً من حرية التحرك والوصول في المناطق التي يشملها هذا الاتفاق وفق ما تراه اللجنة ضرورياً في هذا

الشأن شرط الاستعانة بمراقبي الأمم المتحدة عندما يتم التوصل إلى القرارات التي تتخذها اللجنة بأغلبية الأصوات.

١١. يتحمل طرفا هذا الاتفاق نفقات اللجنة بالتساوي باستثناء تلك النفقات المتعلقة بمراقبي الأمم المتحدة .

المادة الثامنة:

١. لا يخضع هذا الاتفاق للمصادقة، ويوضع موضع التنفيذ فوراً بمجرد توقيعه.

٢. يبقى هذا الاتفاق الذي تم التفاوض عليه والوصول إليه، وفق قرار مجلس الأمن الصادر في ١٦ تشرين الثاني لعام ١٩٤٨، القاضي بإقامة هدنة للقضاء على التهديد القائم على السلام في فلسطين وتسهيل الانتقال من حالة الهدنة إلى حالة السلام الدائم في فلسطين- يبقى ساري المفعول إلى أن تتحقق تسوية سلمية بين الجانبين باستثناء ما نصت عليه الفقرة الثالثة من هذه المادة.

٣. يحق لطرفي هذا الاتفاق - بالاتفاق في ما بينهما - تعطيل هذا الاتفاق أو أي من نصوصه أو تعليق تطبيقه في أي وقت، باستثناء المادتين الأولى والثالثة ويحق لأي من الطرفين في حال تعذر الوصول إلى اتفاق مشترك، وبعد أن يكون قد مضى عام على وضع هذا الاتفاق موضع التنفيذ من تاريخ توقيعه، أن يطلب إلى السكرتير العام للأمم المتحدة عقد مؤتمر لممثلي الجانبين، بقصد إعادة النظر في أي من نصوص هذا الاتفاق أو تعديله أو تعليقه باستثناء المادتين الأولى والثالثة، ويصبح لزاماً على الجانبين الاشتراك في مثل هذا المؤتمر.

٤. إذا لم يثمر المؤتمر المنصوص عليه في الفقرة الثالثة من هذه المادة، عن تحقيق حل متفق عليه لنقطة ما من نقاط الخلاف يحق لأي من الجانبين عرض الموضوع على مجلس الأمن الدولي للحصول على ما يريده، على أساس أنه تم الوصول إلى هذا الاتفاق وفق إجراء مجلس الأمن الهادف إلى تحقيق السلام في فلسطين.

٥. يوقع هذا الاتفاق بخمس نسخ يحتفظ كل جانب بنسخة منها، وترسل نسختان إلى السكرتير العام للأمم المتحدة ليرفعها إلى مجلس الأمن الدولي ولجنة المصالحة الخاصة بفلسطين التابعة للأمم المتحدة ونسخة إلى الوسيط الخاص بفلسطين بالوكالة.

ملحق تعريف القوات الدفاعية:

١. لا تتجاوز القوات الدفاعية العسكرية التي أشير إليها في الفقرة الثانية من المادة الخامسة.

أ. كتيبتان وسريتان من مشاة الجيش النظامي اللبناني، وبطارية ميدان واحدة مؤلفة من أربعة مدافع، وسرية واحدة مؤلفة من ١٢ سيارة خفيفة مصفحة مسلحة بمدافع رشاشة، وست دبابات خفيفة مسلحة بمدافع خفيفة (٢٠عربة) - المجموع ١٥٠٠ ضابط وجندي.

ب. يجب أن لا ترابط أية قوات عسكرية أخرى غير تلك التي ورد ذكرها في الفقرة (أ) الآنفة الذكر، في أية نقطة إلى الجنوب من الخط العام -القاسمية النبطية التحتا - حاصبيا.

٢. في ما يتعلق بالكيان الصهيوني:

أ‌.   كتيبة مشاة واحدة، وسرية مساندة واحدة، مع ستة مدافع مورتر، وستة مدافع رشاشة، وسرية استطلاع واحدة، مع ست عربات مصفحة، وست سيارات جيب مصفحة وبطارية مدفعية ميدان مؤلفة من أربعة مدافع ، وفيصل من مهندسي الميدان، ووحدات خدمة كالتموين والمعدات، بحيث لا يتجاوز عددهم ١٥٠٠ ضابط وجندي.

ب‌.   يجب أن لا تربط أية قوات عسكرية أخرى غير تلك التي ورد ذكرها في الفقرة (أ) من الجزء الثاني الانفة الذكر في أية نقطة إلى الشمال من الخط العام نهارياً ترشيحاً – الجش – مروس.

ج‌.   يجب أن لا تفرض أية قيود على تحرك أي من الجانبين في ما يتعلق بتموين أو تحرك هذه القوات الدفاعية خلف خط الهدنة.

إن ما تجدر ملاحظته في هذه الاتفاقية هو ان حدود الهدنة الجديدة بين لبنان والكيان الصهيوني يتوافق مع حدود فلسطين الانتداب الشمالية، بغض النظر عن حدود الهدنة السابقة وعن كل قرارات الأمم المتحدة أو مجلس الأمن، ودن أي مراعاة لمواقع جيش الإنقاذ والجيش اللبناني عند الهدنة السابقة.

٣. اتفاقية الهدنة الأردنية – والكيان الصهيوني:

وقعت اتفاقية الهدنة بين المملكة الأردنية الهاشمية والكيان الصهيوني في ٣ نيسان ١٩٤٩، وهي الثالثة، وفق الترتيب الزمني لتوقيع الاتفاقيات العربية – الصهيونية. وقد وقعها عن الحكومة الأردنية كل من العقيد أحمد صدقي الجندي

والمقدم محمد المعايطة، وعن الحكومة الصهيونية روبين شلوح والمقدم موشي ديان.

وصل الوفد الأردني إلى رودس في ٢٨ شباط ١٩٤٩، وفي يوم ٣ نيسان، تم توقيـع عـلى اتفاقيـة الهدنة الأردنيـة – الصهيونية وتتشابه نصوص الاتفاقيات المصرية واللبنانيـة تشابهاً تامـاً، بحيـث يمكن إسقاطها بهدف تجنب الإعادة والتكرار للوصول إلى المادة الخامسة.

المادة الخامسة:

تحدد خطوط الهدنة لجميع القطاعات، باستثناء القطاع الـذي تحتلـه القـوات العراقيـة مـن هذا الاتفاق على الشكل التالي.

أ.   في قطاع دير عرب (م.و ١٥١٠ / ١٥٧٤) شمالاً – إلى نهاية الخطوط المحـددة في اتفـاق وفق إطلاق النار الموقع في ٣٠ تشرين الثاني سنة ١٩٤٨ لمنطقة القدس، وستتبع خطوط الهدنـة خطوط المهادنة كما أوضحتها هيئة الرقابة الدولية على الهدنة.

ب.   تتفق خطوط الهدنة في قطاع القدس مع تلك الخطوط التي حـددت في اتفـاق وقف إطـلاق النار لسنة ١٩٤٨، فيما يتعلق بمنطقة القدس.

ج.   في قطاع الخليل – البحر الميت، يكون خط الهدنة كما هو مؤشر عليه بالحرف (ب) في الملحـق الرقم من هذا الاتفاق.

د.   في القطاع الممتد مـن نقطـة عـلى البحـر الميـت (م. ١٩٢٥ / ٠٩٥٨) إلى طـرف أقصى جنوب فلسطين، يحدد خط الهدنة بالمواقع العسكرية. كما تم مسحها في شهر آذار سـنة ١٩٤٩، مـن قبل مراقبي الأمم المتحدة ويسير من الشمال إلى الجنوب.

المادة السادسة:

١. اتفق على أن تحل قوات المملكة الأردنية الهاشمية محل قوات العراق في القطاع الذي تحتله هذه القوات الأخيرة، بعد ما نقل عن الحكومة العراقية بأن هذه القوات ستنسحب.

٢. يبين خط الهدنة في القطاع الذي تحتله القوات العراقية في الملحق الرقم ١ من هذا الاتفاق المؤشر عليه بالحرف أ.

٣. يتم إنشاء خط الهدنة المنصوص عليه في الفقرة الثانية من هذه المادة علا مراحل وفقاً لما يلي، وإلى أن يتم ذلك تظل الخطوط العسكرية الحالية قائمة:

أ. في المنطقة الواقعة إلى الغرب من الطريق الممتدة من يقع إلى جلجولية من ثم إلى الشرق من كفر قاسم، خلال خمسة أسابيع من تاريخ هذا التوقيع.

ب. في منطقة وادي عارة إلى الشمال من الخط الممتد من يقع إلى زبيبة خلال سبعة أسابيع من تاريخ هذا التوقيع.

ج. في جميع مناطق القطاع العراقي، خلال خمسة عشر أسبوعاً من توقيع هذا الاتفاق.

٤. عدل خط الهدنة في قطاع الخليل - البحر الميت المشار إليه في الفقرة (ج) من المادة الخامسة من هذا الاتفاق الذي ينطوي على انحرافات ملموسة عن الخطوط العسكرية القائمة لمصلحة قوات المملكة الأردنية الهاشمية بغية تغطية تعديلات الخطوط العسكرية في القطاع العراقي المحدد في الفقرة (٣) من هذه المادة.

٥. تعويضات عن الطريق التي يتم الحصول عليها بين طول كرم وقلقيلية، توافق حكومة الكيان الصهيوني على أن تدفع لحكومة المملكة الأردنية الهاشمية نفقات إنشاء طريق جديد من الدرجة الأولى طولها ٢٠ كيلومتراً.

٦. حين تتأثر قرى بإنشاء خط الهدنة المنصوص عليه في الفقرة ٢ من هذه المادة يحق لسكان هذه القرى أن يحتفظوا بحقوقهم كاملة، من حيث الإقامة والممتلكات و الحرية وستكون هذه الحقوق موضع حماية. وإذا قرر أي من هؤلاء السكان ترك قراهم، فإنه سيكون من حقهم اصطحاب ماشيتهم وجميع ممتلكاتهم المنقولة والحصول دون تأخير على تعويض كامل عن الأراضي التي يتركونها. وتمنع القوات الصهيونية دخول مثل هذه القرى أو المرابطة فيها وسيجند رجال شرطة من العرب المحليين وينظموا ليرابطوا فيها لأغراض الأمن الداخلي.

٧. تتحمل المملكة الأردنية الهاشمية مسؤولية جميع القوات العراقية في فلسطين.

٨. يجب أن لا تفسر نصوص هذه المادة بأنها تلحق ضرراً بأي شكل من الأشكال بتسوية سياسية نهائية بين فريقي هذا الاتفاق.

٩. تم الاتفاق على خطوط الهدنة المحددة في المادتين الخامسة والسادسة من هذا الاتفاق، دون أن يكون في ذلك ظلم (حيف) يلحق بأية تسويات إقليمية في المستقبل، أو الحدود أو بأية مطالب لأي من الفريقين بصدد ذلك.

١٠. يتم إنشاء خطوط الهدنة، بما في ذلك انسحاب القوات المسلحة الذي تقتضيه هذه الغاية خلال عشرة أيام من تاريخ توقيع هذا الاتفاق، إلا في الحالات المنصوص عليها خلافاً لذلك.

١١. تخضع خطوط الهدنة المحددة في هذه المادة والمادة الخامسة لأية تعديلات يتفق عليها فريقا هذا الاتفاق، وسيكون لجميع هذه التعديلات القوة ذاتها والمفعول ذاته وكأنها ضمنت بكاملها اتفاق الهدنة العامة هذا.

المادة السابعة:

١. تقتصر القوات العسكرية لفريقي هذا الاتفاق على قوات دفاعية فقط، في المناطق التي على مسافة عشرة كيلومترات على جانبي خط الهدنة، إلا إذا جعلت اعتبارات جغرافية ذلك أمراً غير عملي هي الحال في أقصى ـ الطرق الجنوبي من فلسطين والقطاع الساحلي. ستكون القوات المسموح بها في كل قطاع محددة في الملحق ٢ من هذا الاتفاق. وفي القطاع الذي تحتله القوات العراقية، ستتناول الحسابات المتعلقة بتخفيض القوات عدد القوات المسلحة في هذا القطاع.

٢. يتم تخفيض القوات إلى قوة دفاعية، وفقاً للفقرة المذكورة أعلاه، خلال عشرة أيام من إنشاء خطوط الهدنة المحددة في هذا الاتفاق. وتتم كذلك إزالة الألغام من الطرق الملغومة، والمناطق التي يجلو عنها أي من الفريقين، ونقل الخطط التي تبين مواقع حقول الألغام هذه إلى الفريق الآخر خلال المدة ذاتها.

٣. يخضع قوام القوات التي يجوز للفريقين الاحتفاظ بها على كل من جانبي خط الهدنة، لإعادة النظر بين آونة وأخرى بغية إحداث تخفيض في مثل هذه القوات بموافقة الطرفين معاً.

٤. تنظيم اللجنة الخاصة فور سريان مفعول هذا الاتفاق وستوجه انتباهها لوضع الخطط والترتيبات اللازمة لمثل هذه المسائل التي يعرضها أي من الفريقين

عليها، والتي ستشمل على كل حال الأشياء التالية التي كان الاتفاق قد تم بشأنها وهي:

أ. حرية حركة السير على الطرق الحيوية بما فيها طريق بين لحم – القدس، وطريق اللطرون – القدس.

ب. استئناف العمل العادي في المعاهد الإنسانية والثقافية على جبل سكوبس حرية الوصول إليها.

جـ. حرية الوصول إلى الأماكن المقدسة واستعمال المقبرة على جبل الزيتون.

د. استئناف العمل في محطة الضخ اللطرون وتوفير الكهرباء القديمة واستئناف العمل فبي خط السكة الحديدية إلى القدس.

المادة الثامنة:

١. تكون اللجنة الخاصة ذات صلاحية في ما يتعلق بالمسائل التي تحال عليها. ويجوز أن تكون الخطط والترتيبات التي تضعها أساساً لممارسة أعمال المراقبة التي تقوم بها اللجنة المشتركة التي تشكل بموجب المادة الحادية عشرة.

وتعالج بعد ذلك المادة التاسعة فكرة التخفيض المتبادل للقوى. أما المادة العاشرة فتعالج موضوع تبادل الأسرى في حين تركز الفقرات الحادية عشرة والثانية عشرة على تنظيم عمل لجنة الهدنة ومقرها القدس ومعالجة تطوير العلاقات وما يجب عمله في حالة تقديم الشكوى كل ذلك يتوافق مع الفقرات العاشرة والثانية عشرة في الاتفاقية المصرية سابقة الذكر.

نتج عن اتفاقية الهدنة الأردنية – الصهيونية أن ضم إلى القسم الذي يحكمه الكيان الصهيوني مساحة تزيد على نصف مليون دونم من اخصب أراضي

فلسطين مما كان في حوزة الجيشين العراقي والأردني ومما لم تحتله القوات الصهيونية في أي فـترة مـن الفترات ومما لم يكن الصهاينة شيئا على الإطلاق. ولم يكن فيه صهيوني واحـد. ولقـد ضمت هـذه المساحات الشاسعة من أراضي المثلث العربي ومن أراضي النقب الجنوبي ومـن وادي عربـة حـتى البحر الأحمر بكل ما عليها من قرى ومزارع ومنشآت وألحقت بالمناطق التي يسـيطر عليها الصهاينة، ونتج عن ذلك حرمان قرى عديدة مـن أراضيها وموارد رزقها، وقذف آلاف من النساء والأطفال والشيوخ مـن أهلها العرب إلى التشرد والعيش حياة اللجوء والبؤس.

وأصبح خط الهدنة بموجب اتفاقية رودس يمتد نحو ٥٣٠ كيلو مـتراً يبـدأ عند ملتقى الحـدود السورية - الأردنية - الصهيونية جنوبي بحيرة طبرية في الشمال، ثم يتجه معقباً مجرى نهر الأردن حتى جنوب جسر الشيخ حسين بعشرة كيلومترات، ومن هناك ينحرف نحو الغـرب فالشمال ليمر شـمالي جنين، حيث يترك المدينة ومحطتها في الجانب الأردني. ثم يقطع كل من خط السـكة الحديد والطريق بين طولكرم وقلقيلية ليصل إلى هذه البلدة الأخيرة التي يقترب عنـدها خط الهدنـة إلى البحر الأبيض المتوسط حتى يصبح على بعد لا يتجاوز خمسة عشر كيلومتراً. ومن قلقيليـة يتجه جنوباً تاركاً اللـد والرملة في الجانب الصهيوني فيصل قرية اللطرون، التي ينعطف عنـدها نحو الشرق ليمر مـن وسط القدس تاركاً القدس في الجانب الأردني، ثم ينحرف غرباً فيحيط بمنطقة بيـت لحم والخليـل، وقبل أن يقطع طريق الخليل - بئر السبع- ينعطف شرقاً حتى يلتقي بالبحر الميت عند عين جدي. ومن وسط البحر الميت ينحرف خط الهدنة جنوباً حتى نهايته الجنوبية، حيث يعقب بعدها وادي عربة إلى رأس خليج العقبة، تاركاً ميناء العقبة في الجانب الأردني وميناء إيلات في الجانب الصهيوني.

٤. اتفاق الهدنة العامة السورية – الصهيونية:

خلال مراحل المفاوضات بين الجانبين اللبناني والصهيوني حدث خلاف حول الهدنة من الناحية الجغرافية بين فكرة (الحدود السياسية) و(الحدود الدولية) وعبر هذه المفاوضات كانت هناك محاولات متبادلة بين سوريا والكيان الصهيوني لاستطلاع الآراء. وكان هناك وفد سوري يحضر إلى لبنان للاطلاع على بعض التفاصيل بعد انتهاء كل اجتماع لبناني – صهيوني بإشراف الأمم المتحدة. وقام الوفد اللبناني إلى اجتماعات الهدنة بحمل رسالة من الصهيونيين إلى السوريين جاء فيها: (إننا نعتبر أن سوريا هي الركيزة في هذا الشرق، ونرى أننا إذا كنا على وفاق مع سوريا فيمكن أن نجعل من هذه المنطقة قوة ثالثة في العالم. ونحن ندعو سوريا إلى عهد من الوفاق تكون معنا ونكون معها، لنؤلف معاً مستقبل القوة الجديدة في العالم).

وثمة ملاحظة يجب التنويه بها، وهي أن التوقيع على الهدنة بين كل من مصر والأردن من جهة والكيان الصهيوني من جهة أخرى، تم في رودس في إطار ما يشبه (المؤتمر الدولي) بكل مظاهره وتفاصيله، في حين أن اتفاقية الهدنة بين كل من لبنان وسوريا من جهة والكيان الصهيوني من جهة أخرى وقعت على الحدود في إطار اجتماعات بين ممثلين عسكريين عقدوا اتفاقاً لوقف إطلاق النار، وبتعبير آخر لم تكن الصفة السياسية مرافقة أو ملازمة لاتفاقيتي الهدنة بين لبنان والكيان الصهيوني، وسوريا والكيان الصهيوني كما هي الحال بالنسبة إلى مصر والأردن.

وقعت اتفاقية الهدنة بين سوريا والكيان الصهيوني في ٢٠ تموز ١٩٤٩، وقد وقعها عن الحكومة السورية كل من العقيد فوزي سلو والمقدم محمد ناصر

والنقيب عفيف البرزة، وعن الحكومة الصهيونية المقدم موردخاي ماكليف وبموشوع بيلمان وشيطاي روزين.

تتوافق الديباجة والمواد الأولى والثانية والثالثة والرابعة في الاتفاقية السورية الصهيونية مع مثيلاتها في الاتفاقيات المصرية واللبنانية (بحيث يمكن الرجوع إليها قبل الانتقال إلى المادة الخامسة التي تحمل بعض الاختلاف.

المادة الخامسة:

١. يؤكد انه لا يجوز تفسير الترتيبات التالية المتعلقة في الهدنة بين القوات الصهيونية والسورية المسلحة، وبالمنطقة المجردة من السلاح، وكأنها ذات علاقة، مهما يكن نوعها بالترتيبات الإقليمية النهائية بين فريقي هذا الاتفاق.

٢. بناء على روح قرار مجلس الأمن الصادر في ١٦ الثاني ١٩٤٨، حدد خط الهدنة والمنطقة المجردة من السلاح، بغية الفصل بين القوات المسلحة للفريقين بشكل يخفف احتمال وقوع احتكاك وحادث في وقت تتسنى فيه العودة تدريجياً إلى الحياة المدنية الطبيعية في المنطقة المجردة من السلاح، دون أن يمس ذلك بالتسوية النهائية.

٣. يكون خط الهدنة خطاً يسير في منتصف الطريق بين خطي المهادنة كما حددتها هيئة الرقابة الدولية على الهدنة للقوات السورية والصهيونية ويتبع خط الهدنة الحد الدولي في الأمكنة التي تسير فيها خطوط الهدنة القائمة في محاذاة الحد الدولي بين سوريا وفلسطين (حدود تقسيم الانتداب).

٤. لا يجوز للقوات المسلحة للفريقين أن تتجاوز خط الهدنة في أية منطقة.

٥. أ. وحين لا يتوافق خط الهدن مع الحدة الدولي بين سوريا وفلسـطين، تعتـبر المنطقـة بـين خـط الهدنة والحد منطقة مجردة من السلاح، إلى حين الوصول إلى تسـوية إقليميـة بـين الفريقين، تمنع قوات الجانبين من دخولها، ولا يسمح فيها بـأي نشاط تقوم به القوات العسكرية وشبه العسكرية، ويشمل هـذا الشرط قطاعي عـين غيـق والـدردراة اللـذين سيشكلان جـزءاً مـن المنطقة المجردة من السلاح.

أ. يعتبر أي تقدم به القوات المسلحة لأي من الفريقين، عسكرية كانت أو شبه عسكرية، أي جزء من المنطقة المجردة من السلاح، إذا أكده ممثلو الأمم المتحدة المشار إليهم في الفقرة التالية، انتهاكاً صارخا لهذا الاتفاق.

ب. يكون رئيس لجنة الهدنة المشتركة التـي يتم إنشاؤها بموجـب المـادة السابقة مـن هـذا الاتفاق ومراقبو الأمم المتحدة بهذه اللجنة، مسؤولين عن تنفيذ هذه المادة بحذافيرها.

ج. يتم انسحاب القوات الموجودة الآن في المنطقة المجردة من السلاح، وفقـاً لجدول الانسحاب المرفق بهذا الاتفاق (الملحق ٢).

د. يخول رئيس لجنة الهدنة المشتركة صلاحية إعادة المدنيين القـرى والمسـتعمرات في المنطقـة المجردة من السـلاح، واسـتخدام عـدد محـدود مـن رجـال البـوليس المحليـين في المنطقـة لأغراض الآمن الداخلي، مسترشداً بهذا الصدد بجدول الانسحاب المشار إليه في الفقرة (د) من هذه المادة.

٦. تكون على جانبي المنطقة المجردة من السلاح مناطق بينها (الملحق ٣) من هـذا الاتفاق تـرابط فيها فقط قوات دفاعية، وفقاً لتعريف القوات الدفاعية الوارد في (الملحق ٤) من هذا الاتفاق.

(وتعالج الفقرة السادسة من الاتفاقية السورية – الصهيونية موضوع تبـادل الأسرى، والفقـرة السابعة تنظيم لجنة الهدنة المشتركة وعملها، وكيفية معالجة الشكوى والخلافات عند ظهورها ، أما المادة الثامنة فتعالج الحالة الختامية للاتفاقية كل ذلك بما يتوافق مع الفقرات المماثلة في الاتفاقيـة اللبنانية – الصهيونية).

وتضمن الملحق رقم (١) تحديد الهدنة بين سوريا والكيـان الصـهيوني. وذلك ضـمن ٢٤ بنـداً تفصيليا وهو خط يسير بمحاذاة خط الحدود الدولية تقريباً بين سوريا. وفلسطين قبل حرب ١٩٤٨.

أما الملحق رقم (٢) فقد تناول مسائل سـحب القوات العسكرية وشـبه العسـكرية التابعـة للفريقين. مع جميع معداتها العسكرية. من المنطقة المجردة من السلاح. كما هي محدده في المادة الخامسة من الاتفاق خلال مهلة اثني عشر أسبوعا من تـاريخ توقيع الاتفاق كـما تناول الملحـق المذكور مسائل نزع حقول الألغام وإزالة التحصينات الثانية في المنطقة المجردة مـن السـلاح في كـل قطاع بنهاية الأسبوع الثالث والسادس والثاني عشر على التـوالي مـن تـاريخ توقيع الاتفاق (وهـي المواعيد ذاتها التي يتم خلالها) سحب القوات العسكرية خلال مراحل ثـلاث، ضـمن مهلة الأثنتي عشر أسبوعاً المشار إليها آنفاً).

وتضمن الملحق رقم (٣) تحديد (منطقة الدفاع) التي لا يسمح فيها بوجود قوات عسكرية تزيد عن القوات المحددة في الملحق (٤). وتحددت المنطقة المذكورة على الجانب السوري بالمنطقة الممتدة من الحدود إلى خط الإحداثيات الشمالي الجنوبي رقم ٢٠٤، وبما أن خط الهدنة المذكور يمر في نتوء (مشمارها يردين) تكون منطقة الدفاع على بعد ستة كيلومترات إلى الغرب من الخط المذكور واعتبرت القرى التي تخترقها الخطوط المحددة لمنطقة الدفاع داخله كلها في منطقة الدفاع.

وتناول الملحق رقم (٤) تحديد قوات الدفاع على النحو التالي:

أولاً: القوات البرية

١. يجب أن لا تتجاوز هذه القوات ما يلي:

أ.   ثلاث كتائب مشاة لا يزيد عدد كل منها عن ٦٠٠ رجل، على ألا تتعدى الأسلحة المرافقة لكل كتيبة ١٢ رشاشاً متوسطاً من عيار ٨ مم على الأكثر و٦ هاونات من عيار٨١ مم. و٤ مدافع مضاد للدبابات من عيار لا يتجاوز ٧٥مم.

ب.   ست مفارز خياله للقوات السورية. على ألا تتعدى كل مفرزه ١٣٠ رجلاً. ومفرزتا استطلاع للقوات الصهيونية. تتألف كل منهما من تسع سيارات جيب وثلاث عربات نصف مجنزرة. ولا يتجاوز أفرادها ١٢٥ رجلاً.

ج.   ثلاث بطاريات من مدفعية الميدان. على ألا يزيد عدد كل بطارية عن ١٠٠ رجل. وتتألف كل بطارية من أربعة مدافع لا يزيد عيارها على ٧٥ مم وأربعة رشاشات لا يزيد عيارها على ٨ مم.

د.   لا تتجاوز الوحدات الإدارية الملحقة بالقوات المحددة أعلاه ما يلي:

- ١٠٠ رجل لأغراض التموين.

- وحدة مهندسين لا يتجاوز عددها ٢٥٠ رجلاً.

- نستثني من عبارة (قوات الدفاع) الدبابات بالمصفحات وعربات نقل الجنود المدرعة.

ثانياً: القوات الجوية:

في المناطق التي لا يسمح فيها إلا بقوات دفاعية . يمنع استخدام الطائرات العسكرية.

ثالثاً: القوات البحرية: (بسبب وجود بحيرة طبرية)

لا يسمح بوجود أية قوات بحرية في منطقة الدفاع التي لا يسمح فيها بقوات دفاعية.

ويجب أن يتم التخفيض اللازم للقوات خلال ١٢ أسبوعاً من تاريخ توقيع هذا الاتفاق.

لا تفرض أية قيود على حركة وسائط النقل المستخدمة لنقل قوات الدفاع والمؤن داخل منطقة الدفاع.

المصادر والمراجع

المصادر باللغة العربية:

١. إبراهيم خليل أحمد- "الوطن العربي في العهد العثماني ١٥١٦-١٩١٦" - الموصل – ١٩٨٣م.

٢. إبراهيم خليل أحمد وخليل علي مراد – "إيران وتركيا" – الموصل – ١٩٩٢م.

٣. أبو القاسم سعد الله – "الحركة الوطنية الجزائرية" – بيروت- ١٩٦٩م.

٤. أبو المجد ، صبري – "فيتنام شعباً ونضالاً " مصر ١٩٦٩.

٥. أحمد إبراهيم خليل وآخرون – تاريخ العالم الحديث" الموصل – ١٩٨٩.

٦. أحمد توفيق المدني – "هذه هي الجزائر" – القاهرة – ١٩٥٦م.

٧. أحمد حمروش – "قصة ثورة ٢٣ يوليو" – بيروت – ١٩٧٤م.

٨. أحمد عبد الرحيم مصطفى – "تاريخ مصر السياسي" – الإسكندرية – ١٩٦٧م.

٩. أحمد عطية الله – "القاموس السياسي" – القاهرة – ١٩٦٨م.

١٠. أحمد قدري – "مذكراتي عن الثورة العربية الكبرى" – دمشق – ١٩٥٦م.

١١. أحمد محمود – "عمر المختار" – القاهرة – ١٣٥٣هـ.

١٢. أحمد نوري النعيمي – "ظاهرة التعدد الحزبي في تركيا ١٩٤٥- ١٩٨٠"- بغداد – ١٩٨٩م.

١٣. إسماعيل أحمد ياغي- "تطور الحركة الوطنية العراقية ١٩٤١-١٩٥٢"- بغداد – ١٩٧٩م.

١٤. إسماعيل صبري مقلد – "الاستراتيجية والسياسة الدولية، المفاهيم والحقائق الأساسية"- بيروت – ١٩٧٩م.

١٥. ألبرت حوراني – "الفكر العربي في عصر النهضة" – بيروت – ١٩٧٧م.

١٦. أمين بديقة – " المشكلة اليهودية والحركة الصهيونية" بيروت – ١٩٧٤.

١٧. أمين حسين – " العراق في العصر السلجوقي" – بغداد – ١٩٦٥.

١٨. أمين سعيد – "ثورات العرب في القرن العشرين" – القاهرة – (د.ت).

١٩. أنيس صايغ – "الهاشميون وقضية فلسطين" – بيروت – ١٩٦٦م.

٢٠. ايدن انتوني – " مذكرات ايدن" القسم الأول . ترجمة خيري حماد- بيروت – ١٩٦٠.

٢١. الأيوبي ، هيثم، تاريخ حرب التحرير الوطنية الكورية (١٩٥٠ – ١٩٥٣) بيروت ١٩٧٣

٢٢. باركر أرنست – " الحروب الصليبية " – ترجمة الباز العريني – بيروت – ١٩٦٧.

٢٣. بيير رنيوفن – "تاريخ القرن العشرين" – ترجمة نور الدين حاطوم – لبنان – ١٩٦٩م.

٢٤. بارنت ريتشارد- " حروب التدخل الأمريكية في العالم" ترجمة منعم النعمان- بيروت – ١٩٧٤.

٢٥. البدرري، اللواء حسن وآخرون – " حرب رمضان " – القاهرة – ١٩٧٤.

٢٦. البزاز، عبد الرحمن – "العراق من الاحتلال متى الاستقلال" – بغداد – ١٩٦٧.

٢٧. بونية غابرييل – "الحرب النورية في فيتنام" – ترجمة أكرم الديراوي والمقدم هيثم الأيوبي – بيروت ١٩٧٠.

٢٨. تايلر، أ، ج،ب- " الصراع على السيادة في أوروبا ١٨٤٨ – ١٩١٤" ترجمة د. كاظم هاشم نعمة ود. يوئيل يوسف عزيز – الموصل – ١٩٨٠.

٢٩. تشايلدز ، ارسكين – " الطريق إلى السويس" – ترجمة خيري حماد – القاهرة – ١٩٦٢.

٣٠. التكريتي، سليم طه –"حرب في كوريا" - بغداد – ١٩٥٠.

٣١. التل، عبد اللـه- " كارثة فلسطين" - القاهرة – ١٩٥٩.

٣٢. تونغ، ماوتسي – " حرب العصابات تعبويتها الأساسية وعملياتها" – ترجمة ناجي علـوش - بـيروت – ١٩٧٠.

٣٣. جابر إبراهيم الراوي – "الحـدود الدوليـة ومشكلة الحـدود الشرقية للـوطن العربي"- البصرة – ١٩٧٤م.

٣٤. جرجي زيدان – "تراجم مشاهير الشرق في القرن التاسع عشر" – بيروت.

٣٥. جلال أمين – "شخصيات لها تاريخ" – لندن – ١٩٩٧م.

٣٦. جلال الفأسي- "محاضرات في المغرب العربي منذ الحرب العالمية الأولى" – القاهرة – ١٩٥٥م.

٣٧. جورج انطونيوس – "يقظة العرب. تاريخ حركة العرب القوميـة" – ترجمـة د. ناصر الـدين الأسد ود. احسان عباس. ط١.ط-٥ دار العلم للملايين (بيروت. ١٩٦٦م، ١٩٧٨م).

٣٨. الجوهري، عبد الحميد – "الخليج العربي وعدمان الحلفاء عل العراق" – بغداد – ١٩٩٤.

٣٩. جياب فونغـوين – " أيـام لاتنسى-" ترجمـة سـهيلة منصور – بـيروت – ١٩٨٣ "حرب المقاومـة الشعبية" ترجمة ناجي علوش ومنير شفيق – بيروت – ١٩٦٧.

٤٠. حاطوم، نور الدين- " تاريخ عصر النهضة الأوروبية" بيروت – ١٩٦٨.

٤١. حبشي، حسن – "الحروب الصليبية الأولى" – القاهرة- ١٩٥٨.

٤٢. الحريري، الفريق فاروق – الحرب العالمية الأولى" ج٢، بغداد – ١٩٩٠.

٤٣. حسن البدري وآخرون –"حرب رمضان"- القاهرة – ١٩٧٤م.

٤٤. حسن سليمان محمود – "ليبيا بين الماضي والحاضر"- القاهرة – ١٩٦٢م.

٤٥. حسن محمد جوهر وآخرون –"ليبيا" – القاهرة – ١٩٦٠م.

٤٦. حسن نافعة – "الأمم المتحدة في نصف قرن – دراسة في تطور التنظيم الدولي منذ ١٩٤٥م" – الكويت – ١٩٩٥م.

٤٧. حسين غنيم - "الاستعمار الأمريكي وحلف جنوب شرق آسيا" – القاهرة – ١٩٥٨م.

٤٨. حسين، فاضل وكاظم هاشم نعمة – التاريخ الأوروبي الحديث " – الموصل – ١٩٨٢.

٤٩. الخشاب وفيق حسن – "أسيا" – بغداد – ١٩٦٤.

٥٠. خليل، عماد الدين – "عماد الدين زنكي" – بيروت – ١٩٧١.

٥١. الدبس، شاكر- " الدول العربية في منظمة الأمم المتحدة" – دمشق – ١٩٤٨.

٥٢. الدسوقي، محمد كحال –" تاريخ ألمانيا" – مصر – ١٩٦٩.

٥٣. دوللو، لويس- "التاريخ الدبلوماسي"- ترجمة سموحي فوق العادة – بيروت – ١٩٨٢.

٥٤. الديراوي، عمر – "تاريخ الحرب العالمية الأولى"- بيروت – ١٩٦٦.

٥٥. ذوقان قرقوط – "تطور الحركة الوطنية في سوريا ١٩٢٠-١٩٣٩م" بيروت – ١٩٧٥م.

٥٦. الراوي ، جابر إبراهيم – " الحدود الدولية ومشكلة الحدود العراقية الإيرانية" – بغداد –١٩٧٥.

٥٧. رجاء حسين – "المسؤولية التاريخية في مقتل الملك غازي" – بغداد - ١٩٨٥م.

٥٨. رفعت كمال – " تاريخ القرن العشرين" – ترجمة د. نور الدين حاطوم – لبنان – ١٩٦٩.

٥٩. روجيه غارودي – "في سبيل نموذج وطني للاشتراكية" – ترجمة فؤاد أيوب – دمشق.

٦٠. روم لاند –"أزمة المغرب الأقصى" – ترجمة إسماعيل علي وحسين الحوت – القاهرة – ١٩٦١م.

٦١. رياض الصمد – "العلاقات الدولية في القرن العشرين" – بيروت (د.ت).

٦٢. ريتشارد بارنت – "حـروب التـدخل الأمريكيـة في العـالم" – ترجمـة مـنعم الـنعمان – بيـروت – ١٩٧٤م.

٦٣. ريدر بولارد – "بريطانيا والشرق الأوسط" – ترجمة حسن أحمد السلمان –بغداد – ١٩٥٧م.

٦٤. زاهية قدوره – "تاريخ العرب الحديث" – بيروت – ١٩٧٥م.

٦٥. زين، نور الدين – "الصراع الدولي في الشرق الأوسط" – بيروت – ١٩٧١.

٦٦. سالمون، مالكوم– " أضواء على الهند الصينية" – ترجمة رفعت السعيد- القاهرة - ١٩٨٦.

٦٧. سعد الدين الشاذلي – "حرب أكتوبر" – بيروت – ١٩٨٠م.

٦٨. سليم طه التكريتي – "حرب في كوريا" – بغداد – ١٩٥٠م.

٦٩. شكري، محمد عزيز - " الأحلاف والتكتلات في السياسة العالمية - الكويت -١٩٧٩.

٧٠. شكري، محمد فؤاد - الصراع بين البرجوزاية والإقطاع ١٧٨٩ - ١٨٤٨- القاهرة - ١٩٥٨.

٧١. الشناوي، عبد العزيز - "أوروبا فقي مطلع العصور الحديثة" - القاهرة - ١٩٧٥.

٧٢. شنايدر، لويس - " العالم في القرن العشرين" - ترجمة سعيد عبود السامرائي بيروت - (د.ت).

٧٣. شيدرن وليام - " تاريخ ألمانيا الهتلرية"- ترجمة خيري حماد -بيروت - ١٩٦٦.

٧٤. صالح، محمد محمد وآخرون -"الدول الكبرى بين الحربين العالميتين ١٩١٤ - ١٩٤٥"- الموصل - ١٩٨٤.

٧٥. صلاح الدين عبد القادر الفائز- "عشرون عاماً مع حربنا مع إسرائيل (١٩٤٨-١٩٦٧م) - بغداد - (د.ت).

٧٦. صلاح العقاد - "المغرب العربي من الاستعمار الفرنسي إلى التحرر القومي"- ج٢ - دار الطباعة الحديثة (د.ت).

٧٧. الصمد، رياض -" العلاقات الدولية في القرن العشرين - بيروت - (د.ت).

٧٨. صوف، محمد مصطفى - " انكلترا وقناة السويس ١٨٥٤- ١٩٥٦- القاهرة (د. ت).

٧٩. ضرار صالح ضرار- "تاريخ السودان الحديث" - بيروت - ١٩٦٥م.

٨٠. طابع، احمد فرج - " فلسطين في الهيئات الدولية - القاهرة - ١٩٤٦.

٨١. طالب محمد وهيم - "مملكة الحجاز ١٩١٦-١٩٢٥" - البصرة - ١٩٨٢م.

٨٢.   عاشور سعيد عبد الفتاح - " الحركة الصليبية" - القاهرة -١٩٦٣.

٨٣.   العبادي، أحمد مختار - " قيام دولة المماليك الأولى في مصر والشام" - بيروت- ١٩٦٩.

٨٤.   عباس، محمد جلال - " فيتنام قصة كفاح شعب "- القاهرة - ١٩٧٠.

٨٥.   عبد الحميد البطريق - "تاريخ أوروبا الحديث من عصر النهضة إلى مؤتمر فينا" - الرياض (د.ت).

٨٦.   عبد الرحمن البزاز - "العراق من الاحتلال حتى الاستقلال" - بغداد - ١٩٦٧م.

٨٧.   عبد الرزاق الحسني - "الثورة العراقية الكبرى ١٩٢٠" - بغداد - (د.ت).

٨٨.   عبد الرزاق الفهد - "تاريخ العالم الثالث" - بغداد - ١٩٨٩م.

٨٩.   عبد العزيز سليمان نوار وعبد الحميد نعني - "التاريخ المعاصر- أوروبا مـن الثـورة الفرنسية إلى الحرب العالمية الثانية" - بيروت - ١٩٧٣م.

٩٠.   عبد العزيز سليمان نوار - "التاريخ المعاصر - أوروبا مـن الحـرب البروسـية الفرنسية إلى الحـرب العالمية الثانية" - القاهرة - ١٩٨٢م.

٩١.   عبد القادر ، دريد- " سياسة الناصر صلاح الدين الأيوبي - بغداد - ١٩٧٦.

٩٢.   عبد الكريم رافق - "العرب والعثمانيون ١٥١٦م-١٩١٦م"- دمشق - ١٩٧٤م.

٩٣.   عبد الله بن أحمد النور - "ثورة اليمن ١٩٤٨-١٩٦٨" - القاهرة - ١٩٦٨م.

٩٤.   عبد المعطي، فتحي فوزي - " المزاعم الصهيونية في فلسطين" - القاهرة- (د.ت).

٩٥. عبد الوهاب القيسي وآخرون" - تاري العالم الحديث ١٩١٤م-١٩٤٥م"- الموصل- ١٩٨٣م.

٩٦. العريني، السيد الباز - " الشرق الأوسط والحروب الصليبية" - القاهرة - ١٩٦٣.

٩٧. علي رضا - "قصة الكفاح الوطني في سوريا ١٩١٨م-١٩٤٦م" - حلب - ١٩٧٩م.

٩٨. علي الشلقاني - "ثورة الجزائر" - القاهرة - ١٩٥٦م.

٩٩. عمر برادلي – "تاريخ جندي" - ١٩٥١م.

١٠٠. فائز، صلاح الدين محمد – " عشرون عاماً مع رحبنا مع إسرائيل" - بغداد - ١٩٧٢.

١٠١. فاروق صالح العمر - "الأحزاب السياسية في العراق ١٩٢١م-١٩٣٢م".

١٠٢. فاضل البراك - "دور الجيش العراقي في حكومة الدفاع الوطني والحرب مع بريطانيا ١٩٤١م"- بغداد - ١٩٧٩م.

١٠٣. فاضل حسين وكاظم هاشم نعمه –"التاريخ الأوروبي الحديث ١٨١٥م-١٩٣٩م"- الموصل - ١٩٨٣م.

١٠٤. فؤاد دواره –"سقوط حلف بغداد" - القاهرة - ١٩٥٨م.

١٠٥. فؤاد شباط - "الحقوق الدولية العامة" - جامعة دمشق - ١٩٦٥م.

١٠٦. فيشر، ه.أ.ل، "تاريخ أوروبا في العصر الحديث ١٧٨٩م-١٩٥٠م"- ترجمة أحمد نجيب هاشم ووديع الضبع - القاهرة - ١٩٦٤م.

١٠٧. القصاص، فؤاد –" أسرار حرب حزيران" - بيروت - ١٩٦٧.

١٠٨. القيسي، عبد الوهاب وآخرون - "تاريخ العالم الحديث ١٩١٤ - ١٩٤٥" - الموصل - ١٩٨٣.

١٠٩. كارلتون هيز – التاريخ الأوروبي الحديث ١٧٨٩م-١٩١٤م – ترجمة د. فاضل حسين – بغداد د ١٩٨٧م.

١١٠. كارلون فون كلاوزفيتر – "في الحرب"- ترجمة أكرم ديري – بيروت – ١٩٧٤م.

١١١. الكسواني سالم –" المركز القانوني لمدينة القدس"- عمان – ١٩٧٨.

١١٢. كعوش، يوسف-" الدروس المستفادة من الحروب العربية الإسرائيلية ١٩٤٧- ١٩٨٦". عمان- ١٩٨٧.

١١٣. لنشوفسكي، جورج-" الشرق الأوسط في الشؤون العالمية" – ترجمة جعفر خياط – بغداد – ١٩٦٤.

١١٤. لويس. ل. شنايدر – "العالم في القرن العشرين" – ترجمة سعيد عبود السامرائي – بيروت (د.ت).

١١٥. ليث عبد المحسن الزبيدي – "ثورة ١٤ تموز ١٩٥٨م في العراق" – بغداد – ١٩٧٩م.

١١٦. لينينن ف.أ. "الدولة والثورة" – موسكو – ١٩٧٠م.

١١٧. ليكي، روبرت – " حرب كوريا (١٩٥٠ – ١٩٥٣)" – ترجمة منير شفيق. بيروت – ١٩٦٧.

١١٨. ماجد شدود –"قاضيا عالمية معاصرة" – جامعة دمشق – ١٩٨٦م.

١١٩. محمدأنيس – "حريق القاهرة" – بيروت – ١٩٧٠م.

١٢٠. محمد التونجي – "مشاهير العالم" – بيروت – ١٩٩٩م.

١٢١. محمد رجب – "التوسع الإيطالي في شرق أفريقيا"- القاهرة – ١٩٦٠م.

١٢٢. محمد عابدين صالح – "الصراع على السلطة في السودان" – مصر – ١٩٩٧م.

١٢٣. محمد عطار –"فلسطين وصراع القوى" – القاهرة – ١٩٦٧م.

١٢٤. محمد عزيز شكري – "الإرهاب الدولي – دراسة ثانوية ناقدة" – بيروت – ١٩٩١م.

١٢٥. "التنظيم الدولي بين النظرية والواقع" – دمشق – ١٩٧٣م.

١٢٦. محمد قاسم – "عبد الحميد بن باديس الزعيم الروحي لحرب التحرير الجزائرية" – ١٩٦٨م.

١٢٧. محمد كمال الدسوقي – "تاريخ ألمانيا" – مصر – ١٩٦٩م.

١٢٨. "الدول الكبرى بين الحربين العالميتين ١٩١٤م-١٩٤٥م" – الموصل – ١٩٨٤م.

١٢٩. محمد مصطفى حنون – "إنكلترا وقناة السويس ١٨٥٤م-١٩٥٦م" – القاهرة – (د.ت).

١٣٠. محمد مصطفى الشويكي – "قادة الجيش العربي ١٩٢٣م-١٩٩٦م"- عمان – ١٩٩٦م.

١٣١. محمد النيرب – "المدخل في تاريخ الولايات المتحدة الأمريكية" – مصر- ١٩٩٧م.

١٣٢. مورجنتاو، هانز – " السياسية بين الأمم " – ترجمة خيري حماد – القاهرة – ١٩٦٥.

١٣٣. موسى محمد الغرب – " حرب الأفيون" – مصر – ١٩٦٨.

١٣٤. مونتغمري – ب – "من الورماندي إلى البلطيق" – لندن – ١٩٤٦م.

١٣٥. ميتشام، جيم - :نظرة أعمق على نتائج حرب فولكاند " – بيروت – ١٩٨٣.

١٣٦. نديم، العميد شكري محمود – " حرب إفريقيا الشمالية" – بغداد - ١٩٧٤.

١٣٧. نوار، عبد العزيز سيلمان وعبد المجيد النعنعي -التاريخ المعاصر، أوروبا من الثورة الفرنسية إلى الحرب العالمية الثانية - " بيروت - ١٩٨٣.

١٣٨. هيثم الأيوبي - "تاريخ حرب التحرير الوطنية الكورية ١٩٥٠م-١٩٥٣م" - بيروت - ١٩٧٣م.

١٣٩. هيثم الكيلاني - "الاستراتيجيات العسكرية للحروب العربية - الإسرائيلية ١٩٤٨-١٩٨٨" - بيروت - ١٩٩٢م.

١٤٠. هيز، كارلتون، " التاريخ الأوروبي الحديث ١٧٨٩ - ١٩١٤" - ترجمة د. فاضل حسين الموصل - ١٩٨٣.

١٤١. وليد قمحاوي - "النكبة والبناء في الوطن العربي" - ج١ - بيروت - ١٩٦٢م.

١٤٢. وانتي، الجنرال أميل - " فن الحرب" - ترجمة أكرم ديري والمقدم هيثم الايوبي بغداد - ١٩٨٤.

١٤٣. يحيى جلال - "العالم المعاصر" - الإسكندرية - ١٩٧٧.

١٤٤. اليوسف، عبد القادر أحمد - " العصور الوسطى الأوروبية" - بيروت - ١٩٦٧.

المصادر باللغة الإنجليزية:

١. Albertini,luigi- “the origins of the war of ١٩١٤ “-london-١٩٦٧.

٢. Anderson, m.s –“the eastern question ١٧٧٤- ١٩٢٣”- london – ١٩٧٤.

٣. Berkes, rossni, and bedi, mohinders –“ The dipkomacy of india” – california – ١٩٥٨.

٤. Buss, claude -" asia in the modern world' – londan – ١٩٦٤.

٥. Cardner, iloydc-" american forign ploicy present to past" – new york – ١٩٧٤.

٦. Clarkson, jesse,d –" ahistory of russia from the ninth century'-london – ١٩٦٢.

٧. Clangh, ralph, " east asia and united states security" washington- ١٩٧٥.

٨. Dulles, john forster-' war of peace"- newyork – ١٩٥٧.

٩. Fairbank, jounking –" the united states and china'- london – ١٩٦٢.

١٠. Fizgerald, c.p –"ahistory of east asia' - lond – ١٩٧٣ .

١١. FontaiN, anderi- "history of codwar'- lonon – ١٩٧٠.

١٢. Ieiye,akira –"the cold war in asia"- new york – ١٩٥٦.

١٣. Richard, storry - "ahistory of modern hapan " –england . ١٩٧٨.

١٤. Rosser, richard, "anintroduction to soviet forignplicy newyork – ١٩٦٩.

١٥. Spean pereired –" ahistory Of india'- brition – ١٩٧٢.

١٦. Thoms, david –"europesince napoleon "- london ١٩٥٦.

١٧. Truman, harrys. " years of trial and hope", great britain ١٩٥٧.

الفهرس

الجزء الأول

الجزء الثاني

الجزء الثالث

الحروب - ١١٢٣ -

الجزء الخامس

الجزء السادس

Printed in the United States
By Bookmasters